邵统亮 著

『体悟式』
TIWUSHI YUWEN JIAOYU YANJIU
语文教育研究

江苏大学出版社

镇江

图书在版编目(CIP)数据

"体悟式"语文教育研究 / 邵统亮著.—镇江：
江苏大学出版社,2012.12
ISBN 978-7-81130-324-7

Ⅰ.①体… Ⅱ.①邵… Ⅲ.①语文课－教学研究－中
小学 Ⅳ.①G633.302

中国版本图书馆 CIP 数据核字(2012)第 108845 号

"体悟式"语文教育研究

著　　者/邵统亮
责任编辑/芮月英　吴小娟
出版发行/江苏大学出版社
地　　址/江苏省镇江市梦溪园巷 30 号(邮编：212003)
电　　话/0511-84446464(传真)
网　　址/http://press.ujs.edu.cn
排　　版/镇江文苑制版印刷有限责任公司
印　　刷/句容市排印厂
经　　销/江苏省新华书店
开　　本/718 mm×1 000 mm　1/16
印　　张/25
字　　数/471 千字
版　　次/2012 年 12 月第 1 版　2012 年 12 月第 1 次印刷
书　　号/ISBN 978-7-81130-324-7
定　　价/52.00 元

如有印装质量问题请与本社营销部联系(电话:0511-84440882)

序一　在语文"体悟"教学的理论与实践中穿行

王荣生

　　统亮先生的《"体悟式"语文教育研究》即将付梓,他把书稿发给我让我审读,并嘱我作序。这才让我更深一步走进了他的语文研究世界。

　　他告诉我,这个课题从语感培养的研究出发,积于今已经20多年了。在这20多年的研究中,他一直受到浙派语文"王家军"的影响,他第一次做语感课题的时候,聘请的导师是王尚文先生,王老师指导的手稿他收藏了不少;绍兴文理学院的王松泉先生也曾一一悉心指点;当今正红的浙江语文名师王崧舟曾把研究资料毫无保留地寄给他……大概这就是自20世纪90年代以来"语感"研究重镇在浙江的原因吧,统亮先生的语感问题的研究不断从浙江语文研究界得到指导和启发,慢慢前行。

　　江苏—浙江—上海,这就是圆圆满满的长三角了,这大概也就是他请我作序的原因吧。

　　他在一所重点中学担任副校长,终日忙得"一地鸡毛",这件"私活儿"只能在晚上和节假日做。所好的是这研究属于草根化的,问题即课题,现象即对象,行动即研究。把脑袋"扎在"两脚上,穿行在理论和行动中间,从宏观理论层面走到中观的策略研究,进而再微观地走入一篇篇课文、一堂堂课、一个个教学板块,每次做它一点点,积累着、沉淀着、提炼着、升华着,居然就有了这洋洋几十万言,竟无意间成了煌煌专著。

　　在当前这急功近利的浮躁时代,有关语文教学的各种口号层出不穷、乱花迷眼,语感培养的研究也由热趋冷。他能够坐得住冷板凳,始终坚守,不断向深处和远处开掘,精神着实可钦可敬。

　　读这本专著,我有一个极强烈的想法,就是作为一线语文教师一定要有语文教学大视野。下面就此谈几点想法。

　　语文"体悟"教学思想的建构,从学理上来说需要大视野,对研究者的学养来说也是一个巨大的挑战。仅从理论建构上来看,作者在哲学的"认识论"和"存在论"之间发现了"体悟"语文的哲学原点,在语文的"人文"和"科学"结合处寻找生长点;从语感培养理论中汲取营养,从中国哲学"气"的思想中吸取精华;拿来波兰尼"隐性学习与显性学习"理论,借助"应用语言学"、"文章学"、"美学"的研究成果;从"思维科学"中爬罗,在"体验"理论中剔抉,用母语第二次习得理论证明……并且,在这些方面他都不是食而不化,能够屡屡发出属于自己的声音,实在是难能可贵。

语文老师不能仅仅满足于姓"语",更不能被考试"分数"蒙住双眼,而要关注学生终生的幸福,这应该成为语文老师的文化自觉。统亮先生把语文教育目标锁定为"人文情怀、科学态度、优秀习惯、敏锐语感"四句话。所谓"人文情怀"就是要有爱心、进取心、责任心。所谓"科学态度"就是好奇探索、理性求真、质疑创新、求实存诚、客观公正。所谓"优秀习惯",主要表现在阅读与写作两方面,对于高中生来说,阅读上要养成摘录、批注、积累、质疑的习惯,写作上要养成喜欢自由写作和考场写作的习惯,有平时敏感观察,深刻分析、思辨的习惯,写作中有良好的文体感,写作后有修改的习惯。所谓"敏锐语感",即是对语言感受与表达要有广度、深度、美度和速度。这不能不说是立足于"以文化人"的自觉追求。

统亮先生认为,语文教学要处理好五大关系。第一要处理好人文与科学二者的关系,在二者之间要"执中守正","顺人之天,以致其性"。第二要协调好知识与能力之间的关系,陈述性知识要坚持"精要、好懂、有用"的教学原则;规律性知识要注意向基本技能转化;策略性知识与程序性知识要在过程中固化为习惯。第三要处理好形式与内容的关系,"养气"是内容与形式的融合点。第四要协调教师点化与学生自悟的关系,坚持"以学定教,以研促教"。第五要处理好积学与创新的关系,要确立"大积累观",通过"整合"、"感受与鉴赏"、"思考与领悟"、"应用与拓展"、"发现与探究"等学习过程,实现积累向创新的转化。我以为,这是"体悟"语文教学在策略选择上表现出的大视野。

在语文教学的微观层面,统亮先生主张"点化式"教学,追求课堂的简约朴素,这也是一种"大气"的追求。"点化式"教学,具体来说就是以"知识体验、生活体验、情感体验和审美体验"为核心,采取"创生"、"问题"、"整合"、"素教"四种教学策略,以对话式语文活动为手段。在实际操作中,他还探索形成了"体悟"课堂教学"四步走"范式。第一步:整合感受,触发体悟。第二步:自我涵泳,加深体悟。第三步:重点品读,点化体悟。第四步:积累拓展,积淀体悟。并设计了"导读体悟课、涵泳品读课、自读点评课、自读自教课、测试讲评课、变式训练课、四维导写课、升格导改课"等8种课型。总结出了激发灵性、打通积累、提升悟性的15种语文学习的对话活动方法。诸如拓展书架法、卡片整理法、复述加工法、批注评点法、信息纲要法、切己体察法、比较揣摩法、涵泳美读法、咬文嚼字法、"问题"引悟法、浮想联翩法、读写互融法、思维导图法、比类启悟法、仿写体悟法等。这些微观层面的研究均是从实践中来,在实践中提炼,再回到实践中接受验证,这是当前语文教育实践界应该倡导的研究导向。

能够从宏观的层面统领、从中观的层面统合、从微观的层面来设计验证,这本身就表现出研究者在个人学养的修炼中、在个人专业的发展中、在语文教育中所追求并形成的"杂家"风格,其实,语文教育本就该从"杂家"出发,语文教育的"纯"、"醇"来源于"杂"。

我很感兴趣的是"素教"策略,近些年来语文教学在一只无形之手的推动下,有趋繁、趋秀、趋豪华之势。能坚持洗去铅华、素面朝天,需要一点淡泊的心志、沉静的心态,需要一点勇气,还要一点能拿得起瓷器活的功夫。

当然,我一直以为,对于语文教育来说,教什么远比怎么教来得更重要。读完书稿,我有一个突出的感觉,作者对"体悟"语文教学的研究,在"教什么"问题的研究上尚嫌薄弱。这个问题不解决,"体悟"语文教学的根基就很难牢固。统亮先生说,这是他下一步语文教育研究的问题,我们期待他有更丰硕的成果面世,语文教育研究界的脊梁实际上就是像统亮先生这样的思考着的实践者和实践着的思考者。

谨以此为序。

2012 年 4 月

序二 我们需要推扬怎样的教育研究

陈国安

　　从 1998 年末展开中国全社会的教育大讨论始,1999 年至今的十多个年头中,教育学(包括心理学)著作或语文教育学(不包括各种各类练习册)著作的出版数量虽然没有具体统计的数字,但一个基本的判断应是事实:这个数字可能是 1949 年至 1998 年总和的若干倍数! 若以单纯的数字看,中国 21 世纪以来的教育学和语文教育学的发展应是急速的了,也应是欣欣向荣的了。可是,我们的教育现状却并未有令人满意的改变,语文教育现状甚至有越来越向糟糕的泥潭陷下去的迹象,这究竟是怎么回事呢? 仅仅是一个理论研究与实践相脱节的理由可以搪塞过去的吗? 这些疑问时时在我的心底泛起,固然时下绝大多数人不愿将这样的疑问展露于阳光之下,如今的学界,我们已经习惯用谎言或圆谎的策略来抵挡疑问了,缺少平心静气的研究,缺少实事求是的讨论,缺少踏实严谨的实践。身处今天的教育学界,我时时感到无比的彷徨困惑与窒息苦痛,午夜鸡窗读统亮兄的新著《"体悟式"语文教育研究》稿,眼前似乎有了些温暖的希望。

　　我们需要怎样的教育研究? 我们需要怎样的语文教育研究?

　　2010 年,在朱永新教授所倡导的"新教育实验"石家庄年会上,我提出了要分清楚教育学研究和教育研究的不同价值,教育学研究的价值可以是多元的,而教育研究的价值始终是指向本国教育现状的,是为了解决本国教育问题的。一切教育研究的问题都应该是从本国教育实践中产生的,而教育学研究的问题未必囿于本国教育实践。教育研究是研究实践,是实践研究。教育学研究是研究理论,是理论研究。理论指导实践是需要条件的,不具备指导实践的理论当然可以研究,也应该研究;教育研究则不然,不是从教育实践中产生的教育研究是不好的,也可以说是"伪研究",当然问题没有真伪,只有好坏,而命题是有真伪的,但凡不是从教育实践中产生的命题于教育研究而言就是伪命题,但于教育学研究而言则未必是伪命题,也许还是个好问题。

　　统亮兄的《"体悟式"语文教育研究》属于教育研究。姑且不说下编所述均为语文教育的实践叙事生动课例,其上编所论亦均为语文教育实践中的"眼前"问题。语感培养、情感体验、思维感悟和言语审美这四大问题是目前高中语文教育实践中的关键问题,作者在讨论这四个问题时自然不免要联系"工具性和人文性的统一"这样"公理式"的论断,但我实在觉得讨论其中任何一个问题都要比阐释这一看似正确的论断有价值,那样靠演绎支撑出的看似完满的判断于教育研究而言实在无所益处,甚至还时有误导!而作者由语感、情感、思维和言语切入,展开高中语文教学中的语言教学和文学教育的若干问题的实践课例的讨论更是我所喜欢看到的教育研究。

语感问题是语文教学研究的核心问题,在语文教学中让学生形成哪些语感,如何形成这样的语感等,这些问题是语文教学绕不过的核心问题,虽需要理论演绎,但更需要对实践中的教学现象作理性分析,因此这更是一种实践研究的立场,是一种教育的研究。对语感问题进行理性分析的视角有三个:语文教学中的情感、思维和言语,我极赞同统亮兄分析路径的选择。这三个视角是进行语言教学研究的三个基本路径,尤其母语教学研究更是需要以此为基本立足点和出发点,在三个视角的问题没有澄清之前,空泛地讨论"工具性和人文性的统一",无异于"痴人说谎",然后随之而来的便是"众人圆谎"。就目前的语文教学研究看来,这三个视角的研究尚未取得共识,甚至尚未有令多数人信服的体现以汉语为母语基本特征的语文教育的基本论断的阐释,基于这一事实,统亮兄的语文教学实践和语文教育研究值得推扬!语文教学现在不是理论少了,而是无用的理论太多了;从语文教学实践出发的理性分析太少了,"抡圆了侃"的所谓学术性很强的理论太多了!因此我更喜欢读统亮兄的这样理性分析的著作,这有益于语文教学实践不断地理性推进,在本著中,也许你不能读到高深的理论推演,但是你可以由作者所讨论的问题而进行更为深入的实践思考,这是现在最缺少的教育研究。

任何研究都有一个循序演进的过程和一个研究的基本底线。在我看来,语感问题及其分析所需要的情感、思维和言语问题的研究是研究语文教育、语文学科基本特征的基础。在语感问题及语文教学中的情感、思维和言语问题未得到充分解决的时候便用一句看似正确的话——"工具性和人文性的统一"——去涵括语文学科或语文教育的本质属性,继而再以此为基点研究语感问题和语文教学中的情感、思维和言语问题,难免会陷入循环论证的混沌境地,这是不利于语文教育学研究的,而语文教育学研究的基本底线是从汉语出发、从中国出发!尤其近十来年,中国教育学研究陷入西方教育学概念的包围之中,离开了"西方"我们还会说话吗?在大家努力地用各种中国教育实践去证明西方(尤其欧美)教育学界的理论是如何正确的时候,目睹如斯,我在尴尬的同时更喜欢看到"从中国出发"的教育学的研究,我在看到很多用西方教育学的理论来解决语文教育问题时总有一种莫名的难受,常常很警惕地问一句：是这样的吗？

在这样一个有月亮的夜央，读到了统亮兄从汉语出发分析语感问题及语文教学中的情感、思维和言语问题，不由地产生了共鸣：是这样的！从中国文学和汉语本身出发思考语文教育问题、解决语文教学问题，这是语文教育研究的基本底线。我一直固执地认为：不同民族、国家之间的母语教育相互借鉴的可能性是很弱的，甚至，有的不同母语教育之间的可资借鉴的可能近乎于零！中国有着两千多年极有成就的母语教育的实践，今天，因为种种原因，我们对"过去"产生了隔膜，我们仍然缺少理性的思考和静心的总结。如今，又是一片大呼"接轨"的声音，于此，我想说的是：语文教育的实践和研究，"回归"比"接轨"的立场更重要！读者只需从"中国古代'气'的哲学思想对语文教学的启示"等问题的论述中便可以看出，作者是恪守语文教育研究的基本底线的。从中国文学、中国文学批评等"中国"视角研究语文教学，在小学语文教学界有李吉林先生"情境教育"的成功先导，那是中国教育回应世界教育的声音。

其实李吉林先生最初提出的概念是"语文情境教学"，后来才扩展成"语文情境教育"，再后来才拓开为"情境教育"。也如荣生兄在序一中所说本著主要研究语文教育中的"怎么教"的问题，希望作者随后有"教什么"的研究著作继续面世。其实，本著题为"'体悟式'语文教育研究"实际上合题的书名是："体悟式"语文教育教学研究。教育不仅包括"怎么教"和"教什么"，还应该包括"去教谁"、"谁来教"，所以我期待着统亮兄后继的："体悟式"语文教育课程研究、"体悟式"语文教育学习研究和"体悟式"语文教育教师研究，这样，"体悟式"语文教育研究便是一个丰满的中国语文教育研究的个案了，我想这四本书一定是我所喜欢读的语文教育研究著作。

说了如上的读后感言，并非说我完全同意统亮兄的所有思考和结论，比如前揭"中国古代'气'的哲学思想对语文教学的启示"的论述，我在阅读时便请他参阅家师钱仲联先生的论文《释气》，这样可能在结论的表述上会有所不同。此外，我觉得整个著作中中外各类著作的引文略觉琐碎，当然统亮兄的阅读之宽博我一向是钦佩的，而大量的引述，甚或有些相关性不算紧密的引文一并涌来，眼花缭乱自是难免，还有点"掉书袋"的嫌疑呢。统亮兄是自谦的君子，其实真的要让他"掉书袋"的话，估计引文还要多出三四倍来！话又反过来说了，我们不正是需要这样勤勉读书的语文老师吗？语文教育实践和研究的希望不就是在这样的基础教育的语文老师身上的吗？

是为序。

岁次壬辰苏台秋庐大暑日

目录 contents

导　论

"语文体悟"的教育思想

体悟教学是当前教育改革中正在逐步兴起并被重视的教学思想和教学方法。我们在《高中生语感培养的实践研究》的实施和推进中,对高中语文"体悟"教学形成了以下几点认识,也是我们的教学主张。

一、"体悟语文"的哲学起点

从文化意义上说,哲学可分为认识论哲学和存在论哲学。

认识论哲学是典型的"二元论"哲学,它的理论基础是主体和客体的分离与对立。人是认识世界的主体,周围的世界是认识的客体,其基本的理论假设是对事物可以通过个别认识普遍,可以通过具体获得抽象,可以通过感性认识升华为理性认识。① 具体到语文教学,其表现是以"作者为中心"或"以文本为中心",它侧重理性分析,对一篇课文的阅读要通过分段、概括段落大意、归纳中心内容和概括中心思想达到对课文的理解,日积月累,形成语文能力。在这种哲学指导下的语文教学,其成果是显著的,学生的语文能力得到了发展;但弊端也不容忽视,如主体性的缺失、情感的冷漠、价值观的迷失等。

"存在论"哲学主张以人为本,认为世界上唯一存在的是人,而不是物。"存在先于本质"②,拿一篇文学作品来说,"本质"就是所表达的主旨。在认识文学作品的主旨之前,要调动生活积累、知识积累、情感积累和思想积累,经历"文—象—意"的感知、体验和理解的过程,这就是"存在"。其阅读过程就是"存在先于本质"。用存在论指导语文教学,突出的表现就是"以读者为中心",读者要通过感受、体验,参与文本的创造,通过语言文字领会"韵外之意"、"言外之旨"。用存在论哲学指导语文教学,着重的是感悟、体验,注重的是语文实践的过程,即所谓的"在场"。

语文"体悟"教学主张既要发挥认识论的指导作用,重视理性分析,引导

---

① ［德］康德:《三大判断精粹》,杨祖陶,邓晓芒编译,人民出版社,2001 年。
② ［法］保罗·富尔基埃:《存在主义》,潘培庆,等译,上海译文出版社,1988 年。

学生了解文章主要写什么，获得文章所传达的主要信息，又要发挥存在论哲学的指导作用，引导学生感受、体验文章所蕴含的情感和韵味等。发挥主体性的作用，接受人文熏陶。整合认识论和存在论的指导作用，既有对文章的理性分析，又有感悟和体验，从而使语文教学进入一个新的境界，使学生在受到人文精神的熏陶的同时发展语文能力。这就是"体悟语文"的哲学起点。

二、"人文"与"科学"的融合观

语文教学科学化的探索曾为语文教学改革带来了一股热风，诸如作文训练序列化的探索、语文教学民族化特征的探索、语文自学能力的培养、思维训练的研究、课堂教学模式实验等，成绩斐然。但是由于过分强调"科学化"，难免出现"科学主义""工具化"甚至"伪科学"的倾向。

人文语文给语文教学带来了多元价值观念。它强调人文情怀，着意精神塑造，重视家国爱、山河恋、儿女情的培养；强调语言和思维的结合，重视求异思维和想象力的培养；强调文、理、情并重，重视教学内容贴近学生身心，从而使学生获得真切体验。但如果过于强调语文学习的人文作用、贬抑语文教学科学化，语文教学又可能患上"凌空蹈虚综合征"。

"执中守正"是语文体悟教学的大智慧、大境界。语文本身属于一门人文学科，积累人文知识，运用人文方法，磨练人文思维，陶冶人文精神，在人文性追求中体现出科学性。科学性与人文性必须融合于三维目标的达成之中。"过程与方法"要遵循语文体悟规律，要讲究科学性，它是语文学习的主轴也是载体。"知识与能力"都应该在过程中体现，"情感态度价值观"总是通过前两维的达成来实现的。

体悟语文主张，语文教学要坚守"顺人之天，以致其性"的原则。"顺人之天"就是要顺应学生语文学习的灵性，基于学生的"智力"，重视语文学习中的"情商"；"以致其性"就是不"好烦其令"，尊重语文体悟的科学规律，通过营造一种生态化的环境，辅以科学的方法，培养学生的"知识与能力"，引导其"情感态度价值观"合乎规律地、全面主动地健康发展。

三、"体悟语文"的大积累观

语文积累是促进语文体悟的前提条件，其重要性无论怎么说都不为过。首先，语文积累不只是语文字词句篇的识记与背诵，还应包括"思想修养的积累"、"语文基本技能(听说读写)的积累"、"语文知识的积累"、"文化积累"、

"生活积累"等。其次,语文积累的根本途径在于"独立阅读"、"个性化的学习"和生活体验,这是培养创新能力的关节点;要特别强调"阅读"的重要作用,因为语文积累最主要的途径恰恰是阅读。再次,语文积累不只是背诵记忆,还要通过"整合"、"感受与鉴赏"、"思考与领悟"、"应用与拓展"、"发现与创新"等学习过程,才能使积累的内容相互生发。最后,语文积累要有一个量化的要求,就是"听、说、读、写基本技能要达到自动化的水平",做到"一听就明,一说就清,一读就懂,一写就顺"。语言材料积累的"量"要达标,才能转化为素养。

要特别注意澄清对语文知识积累的认识。从现代认知心理学的角度看,人们通常把语文知识系统划分为语文陈述性知识、语文规律性知识、语文程序性知识和语文策略性知识四个序列。如果仅仅局限于陈述性知识是远远不能形成体悟能力的,因此语文知识的学习与积累应该把握好一个尺度。以基础教育阶段为例,语文学习至少不全是为了培养"语法学家"、"修辞学家"、"逻辑学家",所以语文知识的积累应该谨遵"精要、好懂、有用"六字大法,以达到每一个人都有一本自己的"语文学"目标,终极旨归在于语文素养的达成。

要正确把握生活积累与语文学习的关系。语文学习与生活的外延相等,因此要把生活变为能够与语文学习相互动的资源。生活积累主要方法有:观察、体验、思考、联想、想象和回忆等,而情感是这一过程的催化剂。

四、"体悟语文"体验思想

语文学习过程融汇了人生的各种体验,如知识体验、生活体验、情感体验和审美体验等。在听、说、读、写中,自觉地强化这些方面的体验,是"体悟"教学处于核心地位的教学思想。

1. 知识体验

"知之越深"才能"爱之越深"。在情境创设或亲历过程中,通过如临其境的感受悟得知识,丰富知识、创生知识,即为"知识体验"。《沧浪诗话·诗辨》中说:"夫诗有别材,非关书也;诗有别趣,非关理也。然非多读书,多穷理,则不能极其至。"从本质上看,体悟与学问、典故、思理是截然不同的,但体悟的培养却离不开学问与思理,否则体悟也容易流于浅薄浮荡。陶渊明《归去来兮辞》中有"植其杖而耘耔",这句用了《论语·微子》中的典故"植杖而耘",寄托了陶渊明的怀抱,他热烈地憧憬着荷蓧丈人的不累于世的恬淡自然、自由自在的隐逸生活。《绿》成功地运用了比喻、比拟、衬托等修辞手法,文章满怀激情地反复喻绿,用几处名胜衬绿,再加上尽情的比拟和呼告,情感表达酣畅淋漓。如果不能透过这些修辞而心醉其情真是浪费了作者的一番苦心和美意。

强调知识体验,也要反对那种为知识而知识的不良现象。不能用烦琐的篇章学、语法学、语汇学、修辞学等空洞的说教来取代文本解读与生活的对话。

2. 生活体验

叶圣陶说:"不能单从语言文字上揣摩,而要把生活经验联系到语言文字上去,指导学生切身体察。"我们都有这样的体会,有的文章,自己看时很受感动,满口生香。而在上课或听课后,经过分析时代背景、作者生平、段落大意、中心思想、写作方法等,却感到味同嚼蜡甚至面目可憎。所以一定要把注意力放在开发文本自身所具有的生活化要素上。如对《祝福》一文的学习,通常的做法会把祥林嫂的四次肖像神态变化、祝福的命题、倒序的手法等作为教学体悟的重点。笔者认为,这是篇章学意义上的重点,而让学生关注祥林嫂的命运才是中学语文教学应关注和研讨的视角。我引导学生关注几个与平常生活密切相关的细节:没有春天的祥林嫂、祥林嫂的身价、阿毛故事叙述的三次对比。关注了祥林嫂的命运,原先总也读不进去的《祝福》,现在愈加感到它的精彩了。

生活体验要找准能够实现体验的"生活",即能与读者心灵发生价值联系、激发其思绪的那部分生活。正如孙绍振所说:"所谓生活并不是你所见所闻的一切现象,而是被你的心灵同化了的、成为自己心灵的一部分、与最精彩的体验联系在一起的东西。"只有找到了学习主体与生活的契合点,让学生的心灵如同"建构"课堂知识那样去"建构"客体的生活,这样,自我与生活才能合而为一。

3. 情感体验

日本著名心理学教授佑泽武曾用大量的实验证明:学生一旦对学习失去了情感,那么他的思维、理解、记忆等机能就会受到压抑。情感体验,首先是走进文本,与人物同呼吸,与事件共命运,与作者同悲欢。更进一步,体味作者情感之美,戚戚共鸣,心向往之。苏轼《念奴娇·赤壁怀古》最后一句:"人生如梦,一尊还酹江月",阅读主体只有在了解了词人此时的际遇并对词人的遭遇深表同情的基础上,才可能深入地体悟、判断这一"梦"一"酹"中的情感内涵。如此深厚的情感内容,仅靠译"语"成"象"是无法体味得到的,没有情感经验的催化,没有情感判断的渗入,是难以感受深透的。所以费尔巴哈说,"感情只能向感情说话,感情只能为感情所了解"。

4. 审美体验

审美体验是语文学习中最高形式的体验活动，要通过多种语言活动来体悟语言文字的内容美、形式美。内容美主要包括知趣美、形趣美、情趣美、意趣美和理趣美；形式美主要指字词句的锤炼、谋篇布局的巧妙构思等。

审美需要调动多种多样的体验手段，如美读与涵泳、表演与影视、理解与赏析、反思与整合。在此过程中联想和想象发挥了不可或缺的作用。诵读柳永的《雨霖铃》，学生需调动所有感官，"目视、口诵、耳听、心惟"，进行综合的心理体验，形成立体交叉思维，从多方面感知作品。在头脑中既要呈现"寒蝉凄切，对长亭晚，骤雨初歇"的背景环境；还要呈现依依惜别的两人执手相看、泪眼婆娑、无语凝咽、但又兰舟催发的情景。要想象到兰舟已去，送别的人企足远眺，此时已是暮霭沉沉，天与江水一片迷蒙混沌的景象，还要想象到离人酒醒，已是残月隐树，晓风吹寒，岸边杨柳依依。从内容到形式，从形式到内容，从画面到意境形成一个有机结合的整体美，从而感受到蕴含在画面中的别情离绪。只有通过这一层感知，作为审美主体的学生才能把握审美对象的各种体性状貌，才可以引起美感，不断激发他们学习的强烈兴趣和求知欲望，为进一步理解赏析奠定感性基础。

审美体验在感知的基础上，从形象的直觉向思维的深处推进。这就需要进一步"理解"，进一步把握"情趣"、"意趣"、"理趣"等。《念奴娇·赤壁怀古》一词，我们可以从"长江"、"乱石"、"惊涛"、"周瑜"等形象中体验出宇宙无穷与人生短暂的感叹，江山壮丽与人生局促的无奈，周瑜雄姿英发与自己老大无为的一声叹息，希图一展才华但又怀才不遇的矛盾，儒家的积极入世、道家的超脱出世、佛家的精神解脱在一个词人心中的难解难分与复杂纠结。从词中的一江、一石、一雪浪、一个古人，我们体验出的是一种精神、一种生活、一种人生以及对人的生命意义的思考。

审美体验生成反思，反思与自己的原有经验整合产生问题，从而进一步激发探究与创造的欲望。从《念奴娇·赤壁怀古》可以看出苏轼在被贬黄州后陷于苦闷彷徨的泥淖之中，处于奸党与小人的重重狙击之下，他将何以突围？我指导学生阅读林语堂的《苏东坡传》和余秋雨的《苏东坡突围》，再来进行探究。理解了他"旷达"背后的无奈、"痛苦"之下的旷达，对于每一个学生来说无疑又是一次人生之旅。

五、正确处理语文教学的三大关系

第一是处理好知识与能力的关系。要改变对"语文知识"的误解甚至是错解。有人认为语文主要是语言的运用,没有知识,从而否定知识教学,这是不对的;有人认为,语文知识就是指"字、词、句、篇、语、修、逻、文",这是片面的;有人认为语文就是"文字、文章、文学、文化",知识全在其中,这种理解过于笼统且具有局限性;有人认为,"知识就是力量",只要知识熟练就能形成语文能力和素养了,这是一种并不科学的理性至上的"哲学"观。

把知识分成"陈述性知识"、"规律性知识"、"策略性知识"和"程序性知识"是目前比较科学的划分法。对于语文来说,陈述性知识要坚持"精要、好懂、有用"的教学原则。规律性知识要注意向基本技能转化,要注意对转化途径和作用的研究。对策略性知识与程序性知识目前的研究还很不够,只是流于"学法指导",因此要大力加强和完善。我们还主张语文知识应该做到"基础等级共性化"和"提高等级个性化",关键是要让每一个人都建构出属于自己的"语文学",有了这样的"语文学",才能够保证"体悟"的个性化和多样化。

语文知识的学习要有利于语理分析。语理分析与语文自悟相辅相生。语理分析运用于语文教学的方法很多,如,运用"鉴赏"法,让语文学习成为赏美之旅;运用"训诂"法,体悟语言运用之妙;运用语言知识,培养语言理解和运用的敏感性;运用"剥茧"法,层层解悟;运用"探究"法,建构创新的思维方式;运用"思路"分析法,打磨思维品质。

第二是处理好形式与内容的关系。商友敬说:"学习由两个层次组成,浮在上面的是信息,它能为你所用,而不能沁人心脾;沉在下面的是文化,它积淀而为你的修养、思想、观念。我们今日教育的弊病是取其花而不取其实,大家都成了追逐信息的'狂蜂浪蝶',难以培养出有文化修养、有思想观念、有独立人格的读书人。"关键是要处理好语言内容与形式的关系,找准内容与形式的融合点——我们认为阅读应由"文气"入手。文气就是流淌于字里行间的作者的情韵,弥漫在词句虚实中的某种情绪、结构篇章的逻辑脉络。具体看应包括音韵节律、作者情绪、文章脉络、语言风格等。对于不同学段的学生来说,养气会有不同的方式。总括起来说,有因声求气、积累蕴气、体验蓄气、品鉴育气等不同的方法。

"披文(品味语言)以入情",是养气的重要手段。朱光潜说:"我读书非常注重语言形式,如果语言形式不美,根本不想看。"首先,从语调和语气上感受语言的情味。《纪念刘和珍君》的写作距"三一八"惨案的发生只几天,《为了忘却的记念》距五烈士死难已三年。后者属于"长歌当哭""痛定思痛之后"的文字,语调平静,语脉也颇为理性、语言表达逻辑性强,如果从情感的类型来分析,应属于热情型的,而前者属于激情型的。因此表现在语调和语气上两文颇不同,"我实在无话可说","呜呼,我说不出话来",是愤激的语言;"洋铁碗,要两三只,如不能见面,望转交赵少雄",不是闲笔,也不是为了表现狱中生活的苦难,而是把它作为对柔石怀念悼惜之情的载体。

注重语言形式的作用,但万万不能"死于言下"。死于言下有几种表现:一是把七宝楼台拆成琉璃砖瓦,二是过于追求语言形式而忽视思想与说理,三是语言形式的审美标准过于追求生动和文采而忽视应有的准确、简明、连贯、得体。

第三是处理好教师点化与学生自悟的关系。课堂教学要处理好教师的教与学生的学之间的关系,以学定教,为学定教。能够让教与学两个主体相互和谐互动才是最好的教学策略,姑且把这种追求名曰"点化"教学。"点化"是道教常用语言,道教传说中,神仙运用法术能使外物变化,后来人们还把僧道用言语启发人悟道称之为"点化"。运用"点化"启发诱导,即如一粒灵丹,让人醍醐灌顶。下面介绍三种"点化式"教学的常用策略。

1. 创生策略

"教什么远比怎样教"来得更重要。为了优化教学内容,我们探索教材第二次加工法。主要有以下四种:补白法,包括铺垫性补白、探究性补白、拓展性补白、互文性补白;调序法,即根据不同的内容、文体的特点、学习方法的需要、学生的认知规律而调整教材顺序;增减法,即根据教学的实际情况,对教材进行适当的增减;整合法,就是通过发掘和整合与教学内容相似、相近、相关、相反的资源进而形成一个主题化或专题化的教学单元;编创法,即教师自己开发课程,在课程实施过程中不再把教材奉为圭臬,教师和学生一起成为课程创生的主体。

2. 问题策略

根据学生思维方向的特征,课堂中的问题可以分为聚合性问题和发散性问题;根据问题对学生思维强度的要求不同,可以把问题划分为低水平问题与高水平问题两种。低水平的问题主要包括识记(记忆)性的、领悟(理解)性的、应用性的;高水平的问题主要包括分析(联系)性的、整合(创造)性的、评价判断性的问题。

为了使问题提出得更有意义,教师要学会追问,这样,才能使得这个问题更有意义,引出学生富有创见的回答。进一步追问能够将最初的、表面的、不够深入的答案引向深入。通过一步步的追问,初步粗糙的答案会得到深入、丰富和扩展。同时,通过追问能够对先期的答案进行修订,使答案更为清楚明白,或者更进一步地丰富学生相关知识。

在语文问题教学中,要注意三点:一是要选择凸显语文教学的个性点,即以"语文问题"为教学的中心,要时刻牢记让"语文姓语",使语文课获得个性化的"本体感";二是要选择一个"核心问题"作为一堂课教学的重点,使语文课获得清楚的"深刻感";三是要选择一个"核心问题"中的"审美问题"来建构课堂,使语文课获得意味深长的"美感"。

3. 整合策略

"整合"是一种打上民族文化烙印的特定思维方式,它是阅读与写作中直奔"智慧"的最优化策略。

从宏观上看,"整合"的第一个含义是指知识、方法、能力、文化、情感、态度、价值观的融会贯通。表现在阅读和写作中,就是以"养气"为旨归,以"比类"、"体味"、"涵泳"为主要特征,以"好读书不求甚解"为趣味,以"观其大略"、"深入浅出"、"不死于言下"为读书法,以"通经致用"为阅读追求,以文质并胜为写作标准,以"立片言以居要"为写作讲究。

"整合"的第二个含义是指阅读中的融会贯通,要融会贯通就要强化五种阅读意识,即整体意识、层次意识、语境意识、提炼意识、品评意识。所谓整体意识主要指善于辨析文体,粗知作者写作的意图、基本思路、文章的主要倾向,把握文章的结构形式,同时在解决局部问题时不仅要深入局部,看一定的语境,更要从整体的角度来分析判断,进而从整体和局部的结合上最优化地解决问题。所谓层次意识是指要能追溯作者的行文思路及其思路表现出来的结构形式,善于分析语段的层次,弄清句子之间、语段之间的关系。语境意识不仅要求阅读时要疏通文义,看清观点与观点之间、观点与材料之间、材料与材料之间的关系,辨明文章的整体倾向,准确把握文意,弄清特定语境下词语的言外之意;还要理清文脉,要对行文中为表达文义起穿针引线作用的语句进行分析,侧重于标题与全文、开头与结尾、过渡与照应、关联词语、文中的暗示、提示语句等。提炼意识要求能从文章中提炼中心、提炼观点,能够归纳段意,还能够根据阅读目的,定向提取有关内容。品评意识要求能够从文章的立意选材、构思技巧、表现方法、语言风格等方面评价文章的得失优劣,能够表述自己阅读文章后获取的新认识、新感受。

4. 素教策略

首先是强化"读"的重要作用,耐下心来、沉下气来涵泳、诵读。其次是"洗课",课堂教学素面朝天,不搞烦琐哲学,不作秀,直接对准学生的最近发展区。再次,尊重语文学习规律,积学创新、博学、审问、慎思。最后,尊重并珍惜师生阅读中"最富个性色彩"的原初感受,让这种阅读的原初感受逐渐升华为人生的创造力。

上编　"体悟式"语文学理探究

第一章 “体悟式”语文“语感”观

第一节 语文“体悟”教学的五个视点①

20 世纪 90 年代,语感研究从“工具语文”中杀出重围,近些年来,语感研究虽然由热趋冷,但并不表示这方面的研究停滞不前或是隐退消歇,反而显得更趋于冷静与理性,在寻求着新的突围。体悟式语文便是这个突围的成果。

一、从语言智能的视点,看语文“体悟”教学的目标

在《关于人道主义的书信》中,海德格尔说,“语言是存在的家。人居住在语言之家中”。语言文字是民族文化的地质层,积淀着民族文化的精粹。语言和思想、感情是同时发生的,它不仅仅是载体,实质上它就是意识、思维、心灵、人格的组成部分。立足于文字、文章、文学、文化来培养学生的语感,也就是同时在用中华民族的精神文明的乳汁哺育着学生的成长,提高他们对自然、对社会、对人生的认识。

任何一个行业的成功人士,都有着对该行业“语言”的敏锐的直觉。贝多芬耳朵全聋了,就凭着他的良好的乐感在工作;小泽征尔在指挥过程中之所以敢于大胆判定名家的作品音符不协调,是因为他的乐感好;郭橐驼的“树感”好,马拉多纳球感好,高敏水感好,凡·高的色彩感好,高考状元题感好。

语言智能水平的高低,决定了一个人的事业是否成功。三百六十行,每一个行业的成功人士都是这个行业的话语权威者。也是这个行业语感水平最优秀者。20 世纪初,心理学家们观察到,一个人生活是否成功与他的本专业词汇量大小及其运用词汇的能力有着直接的关系。英国著名学者东尼·博赞甚至这样说:“一个人专业词汇量越大,语言智能就越高,他在生活的各个方面——工作、社交、个人生活及学习上——就越成功,越自信。”②这是经

---

① 本文发表于《上海教育科研》,2010 年第 6 期。
② [英]东尼·博赞:《提高语言智能的 10 种方法》,《外语教学与研究出版》,2002 年第 4 期。

过无数事实验证过的结论。美国波士顿人力工程实验室的一位研究人员曾对 100 位正在学习企业管理的年轻人作了一个词汇量的测试,5 年之后,他调查了一下这些年轻人的事业发展情况。他发现,词汇测试成绩排在前 25 名的年轻人,已全部跻身高层管理人士之列。后 25 人里面,没有一人成为高层管理人士。① 当然,这里所说的词汇指的是本专业的语汇,这里所说的语感也是指一个人在其所从事专业内的语感。原因大概就在于语感表现为一个人的语言智能,是综合素养的内核。

有人认为语感培养的目标只是"一听就明,一说就清,一读就懂,一写就通",从而否定语感在语文素养中的核心地位。其实这只是语感培养的第一层,即技能目标;第二层应是精神目标,即培养濡染中华民族的文化和精神;第三层应是人生目标,即丰富生存智慧,为成功的人生做好准备。

二、从"生态位"的视点,看语文"体悟"的特性

语感对于一个人来说具有高度个性化的"生态"特点。即使在同一文化背景下生活的人们,每一个人也都有自己特殊的语感"生态环境":区域不同,家庭不同,职业不同,经历不同,听说读写不同,即使以上都相同,还有大脑细胞的语感生成机制不同,这就形成每一个人不同的语感"生态位"。所以说,有一千个读者,就有一千个哈姆雷特;"一部红楼梦,道学家看到了淫,经学家看到了易,才子佳人看到了缠绵,革命家看到了排满,流言家看到了宫闱秘事。"

语感还有不断生长的"体膨胀"的现象。黑格尔说:"正像同一句格言,从年轻人(即使他对这句格言理解得完全正确)的口中说出来时,总是没有那种在饱经风霜的成年人的智慧中所具有的意义和广袤性,后者能够表达这句格言所包含的内容的全部力量。"②语感既具有长度又具有宽度,著名作家王蒙谈过对"神圣"的感觉的形成,就很能说明问题:"我很小的时候,父母带我到寺庙或者教堂里去,我体会不到任何神圣的感觉;甚至于上初中了,我上一个教会学校,唱赞美诗,也是一点神圣的感觉都没有。但是后来我知道一个词,叫作'神圣',神圣这个词开始在我的头脑当中起作用,在头脑中生发,使我慢慢就有了神圣感,唱起国际歌来就有了神圣感。"而早年的宗教生活对他的语言鉴赏又有了作用,《国际歌》歌词有一句原来译成"起来,饥寒交迫的奴隶;

---

① [英]东尼·博赞:《提高语言智能的 10 种方法》,《外语教学与研究出版》,2002 年第 4 期。
② [苏]列宁:《黑格尔〈逻辑学〉一书摘要》,《列宁全集》(第 38 卷),人民出版社,1959 年,第 98 页。

起来,全世界的罪人!"后来又有人把"全世界的罪人"改译成"全世界受苦的人",王蒙总是觉得"全世界的罪人"特别地有感情,特别地带劲。[1] 我们称语感这种现象为语言的"体膨胀"现象,它主要来自两个方面——一是运用语言的写作者所赋予的,一是欣赏语言的阅读者所"创造"的。

千百万独特的语感个体构成了共生共荣的繁华家园。有了语感的个性化、多元性,在语言的生态环境中也就产生了语感的互补性,这样才使语言森林永远保持着"生物"的多样性。"但愿人长久,千里共婵娟",苏东坡当初是用它来表达兄弟之间互相思念,共祝美好的;现在,有人用它来表达男女恋人之间的相互祝愿,也有人用来表示朋友之间共祝美好。这是形成诗句理解与运用丰富和繁荣现象的例子。2009年语坛以流行句型繁殖、流行语刷新的便捷快速之利甚至拉动多种"旧瓶装新酒"式流行语纷至沓来,也很能说明问题。"如果爱,否则滚";"我抢的不是沙发是寂寞";"有山必有路,有墙必有车";"我不同意你的观点,但我誓死捍卫不让你说话的权利";"黑夜给我黑色的眼睛,我却用它寻找光明楼——求租光明楼两室一厅"……这些脱胎于旧瓶(句式)中的新酒(新句)真是迷死人,这正是不同个性的语感共生共荣的结果。

各自独立语感个体在共通共融中形成交集。生物学家将200多万种生物分为生物界、原核生物界、真菌界、植物界、动物界"五界",每一个界分成不同的"门","门"内分"纲",每个纲中再分目,依次再进一步划分"科"、"属"、"种"。据研究同一个界中的生物亲缘关系就近,共同点就多,也就有很多相通点,比如,最近的基因工程也研究表明,大猩猩的基因序列和人的基因序列只有1.3%的区别,就连以打洞为生的老鼠和人的基因序列也有高达95%的相同序列。即使在不同的界内甚至也可以找到相通点。最新研究表明,给植物放人们喜欢听的音乐,植物就能长得更为茁壮。事实证明在一定的文化背景下,人们的语感有时候是相通互融的。向外国朋友介绍《梁山伯与祝英台》说这是"中国的《罗密欧与朱丽叶》",于是他们顿悟。听了琵琶女弹奏琵琶曲,白居易如同听到"声声泪"的倾诉,那曲子也就成了"琵琶语"而至于"青衫湿",这是因为他们"同是天涯沦落人"。《明湖居听书》中,白妞说书后,一人评价,另一个湖南口音的人跟着说"于我心有戚戚焉",这是因为他们之间有着近乎相同的感受。基于这一点认识,语感虽然具有突出的个性化特点,但不同个性语感之间是有交集的,这个交集决定了语感的共通性与共融性。同时也说明了可以通过语感培养来营造民族的甚至是人类的、共同的精神家园。

---

[1] 王蒙:《语言的功能与陷阱》,《文学自由谈》,2004年第1期。

三、从语感的个性化视点，看语文"体悟"教学的途径

既然语感的生长是呈生态化的,所以就有为每一个学生建立一个"语感生态室"的必要。

特殊的家庭背景、各自不同的人际关系、千姿百态的生活阅历、不同的生活体验和情感体验是每一个人语感生长的土壤。

学校教育在培养学生的独特的个性化语感方面也是大有可为的。

首先,鼓励个性化阅读,为学生提供最优化的阅读服务。老师可以开一些推荐书目,少开一点必读书目,不必千人一腔共读一种书;只要把不好的读物拒之门外,不必每天读经典,让每一个人根据自己的阅读兴趣去选择自己的所爱。文史哲可读,自然科学也可读;人物传记可读,科幻类也可读;文本类可读,视频类的也可读。

其次,在课堂教学中推进个性化解读策略(即"本色化阅读",参见笔者《本色化阅读:让阅读教学返璞归真》)。随着目的与需要的不同,阅读可以有以下几种:如果阅读是消遣性的、休闲性的,那么要能看懂大致内容就行;如果阅读是寻找资料性的,那么他只会在某块内容或某个点上作深入理解,就不会刻意去谋求新的发现;如果阅读是认读文字性的,那么他只会在认读陌生字上做文章。语文的阅读教学与其不同,语文的阅读教学是一种文化传承行为,它的实质就是文化的创造;语文阅读能使我们获得知识、体验人生、认识社会;阅读是我们成长的必由之路,我们在阅读中走向成熟。本色阅读的教学策略主要有情境式阅读、对话式阅读、整合式阅读、点评式阅读等。

再次,创设尊重个性化解读的氛围。语文阅读理解"答案是丰富多彩"的,要做到个性化解读,就要提供个性化解读的条件,课堂上老师就要少一点话语霸权,不同的声音应该受到保护而不应被视为异端。尽可能多地为学生提供解读的文化背景材料,让他们通过对信息的整合而形成自己的思考。尽可能多地给学生提供"自说自话"的时间和空间,而不是教师包讲到底,或"导演"全局。阅读的原初感受是个性化解读中最具有生命力的因子,创造力和思维习惯即由这个基因发育长大。因此要创造条件为原初阅读感受提供一个温度、阳光和水最为适宜的温床。

四、从语感共通性的视点，看语文"体悟"教学的策略

同宗同文,血浓于水。相同的语言、文本、语境、学习情境、学习方式,也

就有了相对认同的语感。因此在文本解读中,即使是在文学鉴赏中,也会有"懂"、"通"之感,也会有"正确"、"错误"的区别,更不用说有高下优劣之分了。

语感的认同需要一定的条件,包括:语音的认同,语调的认同,文字、词语的认同,语法与修辞的认同,语言表达所使用意象的认同,人们的社会、自然生活文化的认同。这些认同率越高,则语感的"认同度"就越高。总之,文化素养的"前结构"是生成语感的"知识"前提。

笔者曾就流沙河的《还是那一只蟋蟀》的教学做过分析,指出有关蟋蟀的文化知识的"前结构"在感知诗歌形象美和情韵美方面特别重要的意义。由此我们可以认识到,在阅读教学中最重要的是为学生提供丰富的学习背景知识。也就是建构起可以相互认同的语感的知识结构,使新的信息能够被顺应和同化。

雨果的《巴尔扎克葬词》,学生都反映很难读懂,教者用了一节课的时间简单介绍了法国文学历史,特别是把浪漫主义与批判现实主义两大流派做了较详细的介绍。然后再让学生阅读课文,很多难以理解的句子学生都能主动理解了。

比较性阅读是提供学习的文化背景的好方式。比如把鲁迅的《药》与叶圣陶的《夜》比较阅读,就会对双线结构、国民精神劣根性、作品的主题有很好的感悟。把《念奴娇·赤壁怀古》与《雨霖铃·寒蝉凄切》比较阅读,会有助于对豪放词与婉约词的风格理解。

校本课程的开发使阅读教学有了更为丰富、更为广阔的学习背景资源。如专题性的文化考察,使学习有了更为鲜活的生活体验;大量的专题阅读可以使课内学习得以延伸拓宽,理解与鉴赏也就得以进一步延续。

一篇文章就是一个可以核裂变的原子,只要有了大量的文化积淀,就会有高强度的能量释放出来。

五、从基本语感生成的视点,看语文"体悟"的基本技能

母语的习得可分为两个阶段,第一阶段主要是口语的习得。口语习得生长最快的阶段是在 2~4 岁之间,第二阶段是书面语的习得,比较漫长,可以说贯穿了一个人自从识字后的整个一生。基础教育阶段属于打底色阶段,因此应该说是关键时期。英国著名学者东尼·博赞认为这两个阶段的语言智能的培养有三个共同规律,一是大量训练使之自动化,第二个特点是大胆模仿为我所用,第三个特点是不断创新使其永葆生机活力。对于语感的最初生成

来说,首先要做到听、说、读、写等基本技能的自动化。

语感的生成其实就是语文的基本技能"熟练之后"的必然的升华。自动化的标准就是:一听就明,一说就清,一读就懂,一写就通。就像庖丁解牛,庖丁的"牛感"好的根本原因在于他所杀数千牛,后来达到可以"以神遇不以目视"、"目无全牛"的地步了。庖丁不但解牛有了乐趣因而"踌躇满志",同时还左右逢源,"游刃有余",升华出"道"来,所以他说"臣之所好者'道'也"。

由于语感研究是从语文工具论中突围而来,使得很多研究者谈"基本技能"而色变。笔者通过大量的调查得出一个结论:一个高中生的语感水平与其"语文双基"(基础知识和基本技能)呈非常紧密的正相关关系。因此必须旗帜鲜明地倡导"双基"的训练和培养。

对于书面语习得阶段来说,"读"与"写"的基本技能自动化是最为重要的。

苏霍姆林斯基认为许多学生之所以不能掌握知识,是因为他们还没有学会流畅地、有理解地阅读,没有学会在阅读的同时进行思考。他说:"凡是没有学会流利地、有理解地阅读的人,他是不可能顺利地掌握知识的。所谓流利地、有理解的阅读,就是一下子能用眼睛把握住句子的一部分或整个的较短的句子,然后使眼光离开书本,念出所记住的东西,并且同时进行思考——不仅思考眼前所读的东西,而且思考到与所读材料有联系的某些画面、形象、表象、事实和现象。"①他还设计了一个阅读自动化的检验方法:即在阅读文本的同时,另外还出示有关文本内容的其他形式的信息,如"图画"的信息、音像的信息等,在阅读文本结束后学生还要同时能够浏览这些信息,并且表述出这些信息。苏霍姆林斯基在这里提出了阅读自动化的指标,那就是阅读要能够做到"一心二用"。

同理,书写也要达到自动化,也就是要求能够迅速而有理解的书写。苏霍姆林斯基提供了这样一个检验办法:教师向儿童们讲述某一种自然现象、事件或劳动过程,在讲述中要能明确地区分出各个逻辑的组成部分,而每一部分中又有重点以及与重点有关的细节和详情。在教师讲述的时候,要求学生按照教师讲述材料的顺序,把要点记录下来。他说:"如果学生没有这种在听讲的同时就把故事(演讲、解说)的内容简要地记录下来的技能,那就根本谈不上掌握知识。在许多情况下,学生学业落后的原因,正好是由于他缺乏这种基本的、但同时也是十分复杂的技能。"②

---

① [苏]苏霍姆林斯基:《给教师的建议》,教育科学出版社,1984 年,第 52 页。
② 同①。

近年来语文教学存在着一种忽视语文基本技能的现象。这种现象所带来的恶果我们已经初步品尝到:有不少的高中生,读书不能流畅,更不用说边读边思考一心二用了;汉字书写不规范、不流利、不美观;写作更是不容乐观,思想内容低幼化,文章思路不清晰,语言表达不流畅。这些已成为当前语文教学的痼疾。

距离基本技能"四个一"的要求,语文教学还有很长的路要走。这个问题不解决,皮之不存,语文的体悟焉附!

第二节 "体悟"语文教学的"大语感"观①
——《全日制义务教育阶段语文课程标准》和
《普通高中语文课程标准》解读

《全日制义务教育阶段语文课程标准》(以下简称《语文课程标准》)吸收了从20世纪30年代以来特别是90年代以来对语感研究的成果,同时也呈现出"大语感"理念。整理这些思想对于我们建构"体悟教学"的理论与实践体系不无裨益。

语文教学虽然不能以"语感"为圆心,但是语感培养举足轻重。

《普通高中语文课程标准》明确指出:"语文课程应致力于学生素养的形成与发展。"语文素质是学生学好其他课程的基础,也是学生全面发展、终身发展的基础。在此前提下,"语感中心"的地位显然已不复存在。但是,我们应看到,语感是语文素养的重要组成部分,是语文素养的一种重要的外在表现形式。它表现为对语言知识的活学活用、融会贯通,甚至表现为一种对语言的默契和灵性。它不但可以通过语言实践训练使学生获得经验意义上的启迪,而且可以使学生创造性地获得适合自己个性和学科特点的学习方法,进而能动自主地学习探究。这些都和新课改的要求不谋而合。因此,在新的课程标准中有四次提到"尤其要重视培养良好的语感",不言而喻,新课程背景下语感培养仍应在语文教学中占有举足轻重的地位。

不要因为"一块马蹄铁"而损失了一支军队,整合能力的培养与语感培养密切相关。

《语文课程标准》指出:"语文课程还应考虑汉语言文字的特点对识字写字、阅读写作、口语交际和学生思维发展等方面的影响,在教学中尤其要重视培养良好的语感和整体把握的能力。"在要"重视培养良好的语感"的后面,放

---

① 本文发表于《中学语文教学》,2007年第4期。

上"整体把握的能力",也就意味着语感培养切不可把七宝楼台拆成片片琉璃砖瓦。整合是一种打上民族文化烙印的特定思维方式。西方文化重理性,以逻辑思维为特点;而东方文化重感性,以形象思维为特点。西方人在解读文章甚至在解读文学作品时,都非常重视逻辑分析和语法分析,分析、演绎、归纳、综合等方法成为其使用的基本思维方法。东方人特别是中国人则比较重视"整体、直觉、取象比类",表现在阅读中,就以比类、体味、涵泳为主要特征,实际上这就是"整体直觉"、"整体感知"的阅读方式。"这样的思维方式体现于文学批评便是将文学作品所有的各部分作为一个整体进行观赏,泯去读者与作者的界限,充分地投入,体会其精蕴,同时发挥自己的想象,加以理解,做出判断。"

语感与语文双基是发展语文素养的两根支柱,"记诵"在语感培养中不能包打天下。

《语文课程标准》强调:要通过"丰富语言的积累,培养语感,发展思维",使学生"具有适应实际需要的识字写字能力、阅读能力、写作能力、口语交际能力"。《普通高中语文课程标准》在强调对文言文阅读能力培养时,把"文言语感"与"文言文语言知识和古代文化常识"并列提出,表明了新课程标准对语文知识的重视程度。王尚文从"语言知识的学习为语感培养这一中心服务"的角度论述了语感与语文知识之间的关系:语感必以一定的语言知识为基础,理性的语言知识只有通过言语作品的言语这一中介才有可能转化为学生的语感。但有的教师却把传授语言知识当作终极目的,光是趴在语言知识下面,把课文言语支离破碎地理解为有关语言知识的例证,以有关的语言知识来取代学生对课文言语的感受。很显然这是不可取的。

《语文课程标准》把语感与知识并列起来使其成为语文素养的两根支柱,一味地记诵并不能代替语文的所有学习,应该说这是一种理性的再认识,显得更为科学合理了。

丰富的积累是促成语感发展的基础,不可只限于"熟读唐诗三百首"。

《普通高中语文课程标准》把语文学习的"积累"放在相当重要的位置。据统计,"积累"一词共出现了14次之多。《语文课程标准》在教学目标中提出:"语文教学要注重语言的积累、感悟和运用,注重基本技能的训练,给学生打下扎实的语文基础。同时要注重开发学生的创造潜能,促进学生持续发展。"《普通高中语文课程标准》教学建议中提出:"能围绕所选择的目标加强语文积累,在积累的过程中,注重梳理。根据自己的特点,扬长补短,逐步形成富有个性的语文学习方式。了解学习方法的多样性,掌握学习语文的基本方法,能根据需要,采用适当的方法解决阅读、交流中的问题。通过对语文知识、能力、学习方法和情感、态度、价值观等方面要素的融汇整合,切实提高语文素养。"解读这两段文字,我们最起码可以得到以下几点认识。第一,语文积累是"形成良好语感"、"提高语文素养"的有效途径;第二,语文积累不只是字词句篇的识记与背诵,还要通过"感受与鉴赏"、"思考与领悟"、"应用与拓展""发现与创新"相互作用,互为支撑;第三,积累的根本途径和目的在于"独立阅读"和"个性化的学习",这是培养创新能力的关节点;第四,语文积累的价值还在于通过积累式的学习有效地实现"三维目标"的达成。

一个合格的中学生要有哪些语文积累,到目前为止还没有科学的说法。在20世纪50年代,曾认为一个合格的高中生的语文素养应该是背一肚子诗文、写一笔好字、作一手好文章、说一口流利的普通话。根据《语文课程标准》的阐释、大语文学习理念和语文学习的传统经验,语文积累应包括:语言材料积累、语文基本技能积累、语文知识积累、文化积累、生活积累。也就是说语言材料的积累只是语文积累中的一个方面,当然这对于基础教育阶段的学生来说又是重要的一个方面。

敏锐的情感体验是生成语感的催化剂,语感培养的真功夫在语感之外。

在有机化学反应中有时候缺少某种催化剂就无法得到所需要的生成物,换用不同的催化剂也会得到不同的生成物。情感体验在语感生成中有着与催化剂同等重要的作用。"语言半是事物的代名词。半是精神和情感的代名词"(滨田正秀《文艺学概念》)。语言是非常情意化的,往往要靠体验感悟来内化,需要在情感的催动下、在情境的感染下"激活"、"点燃",需要表象、想象的高度活跃来支撑符号化、声音化的文字。

因此在《普通高中语文课程标准》中,"体验"一词成了整个文本的一个关键词,总计出现了17次之多,贯穿了全书三个部分的各主要方面。从课程的基本理念到课程的目标,从教学建议到评价建议都体现了"体验"的取向。

情感体验贯穿理解、感悟和表达三个阶段。可以划分为三个境界:愿意(阅读者或听者愿意听从作者或教者的教诲)、同意(顺应并被作者或教者的情感所同化)、乐意(趋向鼓舞,中心喜悦。正如朱熹所说:"譬之时雨春风,霑被卉木,莫不萌动发越,自然日长月化")。促进情感体验的实现,可以营造浓郁的抒情氛围;可以利用角色效应,强化学生的主体意识,使他们如临其境,如莅其事,身化其人,情情相融;可以披文入情,品味涵泳文本言语的意义情味和旨趣,使作品之情、教师之情、学生之情,情情相激、情情相撞、情情相融、情情相生。很可惜,由于众多的原因,我们语文教学在许多地方被搞得像半温不开的"温吞水",像螺丝钉、斧头、凿子之类,甚至像毫无情感的僵尸。语文教学是需要"返冷归热"了。

关注并促进思维发展要纳入语感培养的视野,而不能自圈"语言形式"之牢。

最新科学研究表明,语言与思维只是相关,并不完全等同。因此语言训练并不等于思维训练。"新课程标准"吸收了这一研究成果,把语言能力与思维能力相提并论,从而更进一步强化思维发展的重要性。在《普通高中语文课程标准》一节中指出:"语文课程应培育学生热爱祖国语文的思想感情,指导学生正确地理解和运用祖国语言,丰富语言的积累,培养语感,发展思维,使他们具有适应实际需要的识字写字能力、阅读能力、写作能力、口语交际能力。"在"培养目标"中指出:"在发展语言能力的同时,发展思维能力,激发想象力和创造潜能。逐步养成实事求是、崇尚真知的科学态度,初步掌握科学的思想方法。"这就意味着语感水平提高并不等于思维能力提高,只有当语感的培养关注思维发展的时候,注意吸收思维培育的研究成果,有选择地采用思维培育的策略,语感的生成才能与思维发展相互伴生。当然,思维的培育对于语文教学来说也要强化语文意识,以语言文字为载体。

语感培养的能力目标要逐渐提升,对"语文意识"的认识要不断深化。

《语文课程标准》在"课程的基本理念"中明确提出:"语文课程应培育学生热爱祖国语文的思想感情,指导学生正确地理解和运用祖国语文,丰富语言的积累,培养语感,发展思维,使他们具有适应实际需要的识字写字能力、阅读能力、写作能力、口语交际能力。"而《普通高中语文课程标准》则要求:"应该继续关注学生的语言积累以及语感和思维的发展,帮助学生在阅读与欣赏、表达与交流的实践中,掌握学习语文的方法,增强语文应用能力,培养审美能力、探究能力。""能围绕所选择的目标加强语文积累;具有良好的现代汉语语感和初步的文言语感。"可以明确地看出课程标准对九年义务教育阶段非常重视语文双基的培养,而对高中阶段的语文的素养则在义务教育的基础上提出了更高的要求,更加注重书面语言能力、文言阅读能力、审美鉴赏能力、自学探究能力的培养。所以在语感培养目标的制定和语感培养策略的选择上,都应该逐渐提升。"语文"二字内涵丰富,一个"文"字包括"文字"、"文学"、"文化",我们所说的"语文意识"不能仅仅局限于对"语言形式"的赏玩。

语感培养的最重要的手段是独立阅读能力的培养,阅读的形式要有自己的常规武器。

《语文课程标准》把独立阅读能力的培养放在语感培养的至关重要的位置。"具有独立阅读的能力,注重情感体验,有较丰富的积累,形成良好的语感。"可见独立阅读能力是语感生成的关键。独立阅读应包含两层含义:一是让阅读者自己阅读,二是让阅读者学会阅读。所以语感培养有一个重要的任务就是要"培养合格的读者"。要改变学生"被阅读"的现象,让学生自己主动阅读。应该加强阅读方法的指导,让学生逐步学会精读、略读和浏览。要根据文体写作规律,教给学生举一反三的迁移能力。叶圣陶和夏丏尊曾在《文心》中介绍过一种《个人书橱》式阅读,即以一篇文章为中心,带动其他相关文章的阅读。在语感培养的研究和实践中,人们对诵读、精读强调过多,而对默读、略读、浏览的训练强调不够,这也亟须矫正。这些是宏观上的阅读方法指导。

微观的阅读方法指导也许更为重要,笔者比较重视阅读"点评"方法,这是一种中国文人传统的阅读方法,集读、赏、疑、评与写作于一体,事实证明这是一种独立阅读的有效方法。

运用"大语感"观来经营语感培养,一定会使语感培养研究进入豁然开朗的境界,也一定会给语文教学带来崭新的气象,这就是语文"体悟式"教学。

第三节　从语言习得的特点看语文体悟教学

语言习得,是指一个人通过一定的方式获得语言知识、养成语言运用习惯、提高语言运用能力的过程。充分认识语言习得的特点,对于寻求语文教学的科学化道路是必须而有意义的。应该说,语言习得的个性特征是比较鲜明的,因为每一个人习得语言的方式都有各自的特点。或许正由于这一点,我们研究语文教学的时候,常常忽视了这个十分关键而又基本的问题。我们完全可能也必须从无数个性特征中归纳出语言习得的基本的共性特征,来作为思考语文教学的重要出发点,因为语文教学的本质目的就是帮助学生习得语言。那么语言的习得具有哪些基本特点呢?

一、与生命共成长

无论是我们自身语言习得的经验,还是许多典型的事例都告诉我们,语言的习得绝不是一个纯语言的过程。可以说,语言习得是一种生命行为。我们总是在语言习得的过程中发展思想、铸炼人格、陶冶性情。法国人米亚拉雷说:"在母语教学中,社会学和政治方面的因素占举足轻重的地位。"这也就是每一个民族和国家都特别看重母语学习的根本原因。反过来说,有了母语,才有了特定的民族文化,子子孙孙才能在母语习得中将自己的民族文化生生不息地繁衍下去。于漪说:"中学语文是教文育人。"这也是由语言习得的生命化特征决定的。分开来说,听和读决不只是一个获得信息的过程,它同时也是一个感受和体验说话人与作者感情的过程;说和写,也不只是一个信息输出的机械方式,而是一个言情阐理的过程。这恐怕是电脑永远无法替代人与人之间语言交流的重要原因。

二、伴随实践而生长

吕叔湘说:"语文的使用是一种技能,一种习惯,只有通过正确的模仿和反复的实践才能养成。"这是对语言习得基本规律的总结。一个人即使不经老师的指导,只要有实践的机会,就会习得语言,甚至会成为语言运用的能手。对语文学习中语感的重要性,大家早已形成共识。但语感是"讲"不出来、"教"不出来的,要靠大量的语言实践。朱熹说:"读书是自己读书。"这就是说语言习得非靠自己实践不可。可以说,任何人的语言习得都不是主要依赖于课堂中教师的"教"。高明的教师也只是帮助学生养成语言习得的良好习惯、提高语言习得的实践效率而已。叶圣陶先生那句至理名言"教是为了不教",正是以语言习得的实践性为前提而得出的结论。

三、妙悟而生成

东方思维强调妙悟:一是渐悟,强调主体自身的渗透,强调一个非人为的循序渐进的积累过程;二是顿悟,即刹那间的"觉悟"、灵感的迸发,强调的是长期坚持,偶然得之。即对于语言习得来说,首先要自己"悟",即自习得之。语言本身的许多特点决定了语言习得要靠"自悟"。它和数理化等学科不同,它具有浓厚的情意性,数理化学习主要靠"智",语言习得靠"智"与"心"的结合、"智"与"情"的结合,甚至更强调"心"和"情"的作用。因此语言习得要强调积累(语言材料的积累、语言实践的积累、语感的积累),积累到一定程度则可自悟,或是千锤百炼,或是妙手偶得,或是灵丹一粒。如果没有这样的积累,则是空中楼、水中月,说"法"、点拨全是徒劳。

四、"无定"而遵道

就程序和方法而言,语言习得无定于一尊。首先是过程无序。大而言之,听、说、读、写四项能力的培养无序。从整个过程上看,听说在先,读写在后,但深入研究又并不如此。听与说似乎易于读与写,限在某一层次上看是如此;再高一层次,读写又是听说的基础。小而言之,某方面知识的获得和能力的培养提高尤其无序。学习语法知识、修辞知识和逻辑知识谁先谁后?学写应用文、说明文谁先谁后?全无一定之规。其次是凭借无定。叶圣陶说:"习惯不能凭空养成,必须有所凭借。我想这个凭借就是听说读写。但各人的凭借又有不同,有人侧重于听,有人侧重于读。但一般说必须凭借一定的相当的文字材料,而凭借什么样的材料又不完全相同","教材无非是个例子"。这就是说,同样的材料,不同的语言习得者可以从中得到不同的习得结果;另一方面,凭借不同的语言材料又可得到相同的语言习得结果。

语文教学的科学化就是教师按语言习得的规律教,也让学生按语言习得的规律去学。因此,必须在充分认识以上四大特点的基础上去探索科学化的具体途径和方法,否则是难有出路的。魏书生之所以创造了语文教学的神话,正是由于他在深刻认识到语言习得的特点的基础上探索了一套科学化的做法。他的整个思想,尤其是教学思想,具有浓厚的人文精神,他的语文教学的一整套措施便是立足于让学生自身进行主动的语言实践,从而不同程度地达到语言习得的"自悟",他的语文课堂教学常"随意"到让学生确定课文和制定教学目标。遵循了规律,便有了不同寻常的效果。

然而,我们又常常违背语言习得的规律去寻找语文教学科学化的途径和方法,常常把语文混同于其他纯"理性"的学科,一味追求形成体系、序列,热衷于进行所谓"科学"的其实是机械的训练。夸大一点说,从小学到高中都程度不同地忽视(除极个别富有见识的探索者)学生语言习得的实践、积累和自悟。叶圣陶在 1942 年就说过:"现在的许多学生除了教本以外,不再接触什么书,这是不对的。为养成阅读的习惯,非多读不可,同时为充实自己的生活,也非多读不可。"如果统计一下,全国有多少学校的语文教学有学生自主的阅读课和写作课,有多少学校的学生每天有半小时以上的课外阅读(被精神垃圾污染占领的时间不在之列),有多少高中生看完了四大名著,其结果将是令人吃惊的。而这个不遵循语言习得规律的后果已开始恶性循环,许多由这种方式训练出来的学生已开始做教师又去训练别人。不少教师说起"法"来头头是道,真正动手动口便捉襟见肘,自身的语言实践无法为学生提供语言习得示范,对学生更无法进行科学的"教"。

因此,我们应该多思考、多反思,回到语言习得这个根本上来思考,对我们目前的想法和做法进行反思。

首先,应该在更广阔的背景中认识"教"与"学"的关系。

关于"教"与"学"的关系,这些年大家思考讨论得很多。钱梦龙"教师为主导,学生为主体"的观点代表了一种成熟而先进的思想。但存在的问题是,大家常把着眼点局限在课堂教学之中,对学生"主体"的内涵理解过于偏窄,对学生在语文习得中实践、渐悟的主体性认识不够。往往是宏观上、整体上先把学生放了被动的位置,只在一些细小的环节上给以"主动"。学生比较普遍地还只是在考试需要、老师要求的驱动下去学习语文,而远远未把语文习得当成一种人生行为的自觉要求,怎样习得也只是服从于统一的安排和统一的训练,缺少主动的自我选择。

其次,要挣脱应试动机的束缚,认识"讲"和"练"的关系。

吕叔湘先生曾多次讲到语文教学要"讲"与"练"结合,但他强调的"练"是学生在老师指导(讲)下进行语言习得的实践和积累。我们今天许多人的"练"则几乎都是针对考试做练习、做题目。学生的语言习得要提高效率,无疑必须把"讲"与"练"结合。但没有大量的语文实践便是空"讲",而那种以考试为目的的"练"是万万不能和语言实践的"练"混为一谈的。现在突出的问题是学生语言实践的机会太少,吕叔湘先生指出,一个中学生一学期要阅读80万字才可培养起阅读能力,而现在的中学生远不能达到这个要求。这与把学生的大量精力引导在做练习上不无关系。应该说,针对考试的"练"多了,语言习得的"练"少了。

再次,要在真正科学的立场上理解定量、定序和定性的内涵和范畴。

语文教学的科学化,必须有科学的量和序。无明确的量,无合理的序,一切都只是模糊的定性描述确实是语文教学低效率的原因之一。张志公曾十分尖锐地说:"我们的语文教学中有多少科学性成分?我看经验主义居多。我们语文教育研究了这么多年,有统计数据吗?你教《阿房宫赋》,我教《醉翁亭记》都有道理。一部语文教材中,总共有多少个印刷符号?有多少个成语?词汇量是多少?出现频率是多少?学生阅读水平应达到一小时读多少字的速度才合格?我们的语文教学,吃亏就在于没有科学性,没有真正的深入调查研究,随意性太强。"平心而论,这许多年来,我们对语文教学科学化的探索还是极为重视的,投入的精力也不算少。问题是着力点的选择似乎不够准确。追求科学化,必然要思考定量定序的问题。但这又不能是绝对的简单化的。哪些该定量,哪些可以定序,哪些只能定性,要在认真调查的基础上从实际出发去确定。

总的来说,我们定量的工作做得很不够。我们常常局限在限定的教材里边,局限在45分钟课堂里思考科学化,几乎都是用模糊语言描述教学要求,有些看似科学,一旦落实起来,一旦细化起来,就经不住深究。对调查统计的忽视也是一个很重要的问题。满足于经验式的"科学化",常常忽视生活对语言的需要这个实际,常常忽视语言习得的规律这个根本。张志公曾问道:"孩子写作,先教记叙文,记叙文学好了,高中再教议论文。这符合实际吗?"吕叔湘在《关于中学语文教学的种种问题》中曾专门谈了调查的问题,并提出了许多具体要求。我们认为要在充分调查的基础上,能定量的要明确量(如字词,阅读总量等),能明确范围的要明确范围(如文学文化常识等),可以定序的则明确一定的序,无法定量定序的则定性要求,让学生和教师学得清清楚楚,教得明明白白,尤其是语言实践的要求,更应该明白清楚。应该说这些是寻求科学化首先要做的事。吕叔湘说:"我觉得每逢在种种具体问题上遇到困难,长期得不到解决的时候,如果能够退一步在根本问题上重新思索一番,往往会使头脑更加清醒,更容易找到解决问题的途径。"所以,在寻求语感培养出路的时候,不妨从认识语言习得的基本规律入手。

第四节　着眼于语文素养,落根于创造品格①
——"诱思感悟"式语文教学的思考

语文是百科之母。工具性与人文性犹如语文这枚硬币的两面,语文教学应当致力于使学生"熟能生巧"地操作语文工具,还应当致力于为他们打下一个"修身齐家治国平天下"的精神底子,使学生既能有"一肚子诗文、一笔好字、一手好文章、一口流利的普通话",又能有"正义感、民族爱、山河恋、儿女情"健康的人格,还能会学习,善思考,懂创造。实行"诱思感悟"式教学是实现这一目的的有效途径。

一、"诱思感悟"式教学设计

高中语文"诱思感悟"式的教学,变课堂为学堂,是一种"以人为本,以感悟为中心,以'自读加诱导'为手段"的教学模式。通常有以下几种经常使用的课型:

1. **助读涵泳课**

选择语言典范、学生学习有一定难度的文章。由教师定向,组织学生或独立思考或集思广益或争辩讨论。使学生在思维碰撞中,产生顿悟,积淀语感。

---

① 本文发表于《教学管理》,2001 年第 11 期。

2. 自读点评课

选择语言比较典范而难度不大的篇章,组织学生独立阅读,主要采取点评的方法,自我发现,自我探究。

3. 文言品读养气课

对于文言文教学,以词句的理解、品味、积累为主线,以朗诵为主要方法,积淀语感。

4. 专题变式训练课

对课本和考试说明所列的语言基础知识学习及相关的技能训练。分四步:范例阐明"个"——范例阐明"类"——范例掌握规律——变式训练。达到通过自己的体验提高解决问题的直觉能力。

5. 感悟导写课

联读悟写,先放后收。提供范例,从模仿到创新。导写中注重从激发真情实感入手,激活表象,抽绎事理,调动思维。

6. 作文积淀式导改课

重视挖掘每一位学生作文中的闪光点,引导学生积累其他同学作文中的优美的语言、闪光的思想,吸纳新信息,借鉴成功的谋篇布局构思和写作技巧,重视专题修改。

7. 口头语言实践课

与活动课结合,设计创设不同情境的口语交际课。如诗歌朗诵会、辩论课、新闻发布会、读书报告会、演讲等。

8. 延伸阅读课

以教材为圆点,多角度向课外延伸,把课外阅读纳入规范化、科学化的轨道,形成立体的阅读教学网络。

结合自己多年的教学实践,我将阅读课的基本程序概括为四步:

第一步:整合感受,触发语感。让学生通过听(听范读)、看(默读)、说(复述)等途径,从整体上感受语言材料。在熟悉内容、把握思路、了解主旨的同时触发语感。即触发对文章的体裁、文章的风格、文章的情感、文章的质地、文章的气势和文章的表达等方面整体的、笼统的感受。

第二步:自我涵泳,习得语感。创设情境,优化感悟背景,切己体察,朗诵品味,讨论激悟,自我发现,自我感悟。

第三步:重点品读,点拨语感。对于学生不能感悟的难点,老师加以点拨:或重点品读,或语感分析,或美读感染,或比较揣摩,或类比联想揭示规律。通过点拨,使学生阻滞的思维得以接通。

第四步:积累延伸,积淀语感。通过扩读、仿写、背诵、点评等形式,使学生的语感得以深化和积淀。自悟进一步发展为探究。学生的探究表现为针对问题——一定的学习目标,独立阅读思考,品味体验,钻研探求,不断深入,做到能感知语词,领悟语情,辨味语体,运用语理,悟其蕴藉,赏其格调,循其规律。

在以上的四步教学中,贯串了 14 种方法:卡片专题积累、整体合成、优化情境、复述加工、美读感染、讨论激悟、切己体察、比较揣摩、类比联想、涵泳评点、扩读联悟、背诵积累、仿写应用、变式训练等,保证把创造品格的培养落到实处。

二、"诱思感悟"式教学的理论思考

关注思维发展的素养观。思维与语言既不等同也不同步,但思维对智力和情感的发展起着决定性的作用,而智力和情感又是创造能力的关键因素。"诱思感悟"教学注意把握发展语言思维能力这个关键,走语言和思维辩证统一发展的路子。在指导学生理解和运用祖国语言文字的过程中,进行多种思维形式训练,指引思维的途径和方法。重视学生的抽象思维和形象思维的统合发展,关注发散思维的发展,落根于培养直觉思维。直觉思维是形象思维和逻辑思维相结合的产物,是立体型的,是创造能力的温床。

"工具性"与"人文性"相结合的教学观。母语的书面语学习不同于口语,它应是"学得"的。学生在老师的诱导下,通过自己在大量的、真实的、反复的语言活动中启动习得机制,经过自己不断的训练、感悟掌握了基本技能,形成了语感,获取了语言运用能力,接受了人格的陶冶,受到了精神洗礼,得到了思维训练。语文的工具性与人文性的效能就从这里得到了很好的表现和发挥。这样就有助于目前的语文教学实现四个转变:一是由只注重语文知识传授转变到注意良好习惯、语文能力进而是文化人格的培养;二是由只重"工具式"的操作转变到习文悟道,以文化人的更高更深的境界;三是由只注重篇章结构和思想内容的详尽剖析,转变到语言的领悟和品味;四是由只注重语言的静态分析转变到学生动态的语言学习和教师语言的示范。总之,它有助于语文教学摆脱迷惑,走出误区。

"以人为本"的价值观。"诱思感悟"式的语文教学不把分数作为衡量语文教学和学生水平的唯一的标准,它着眼于人的发展,通过语文学习真正能使学生"学会生存,学会学习,学会创造",并且能有可持续发展的潜力,终生受用。"诱导 + 自悟",不把"释词—分段—归纳段意—归纳中心—总结写作特点"的程式教学作为模式,而是着眼于发展和培养语感,强调积累养气,注重感悟,鉴赏探究,含英咀华,注意激发兴趣。因而在教学中因材施教,因人施教,科学合理地安排教学目标,恰当地选择教学内容,艺术地设计教学方法,做到"实与活"的和谐统一。

以"自悟"为核心的训练观。对学生创造品格的培养首先是要点燃学生熊熊燃烧的思想火炬,让学生拥有自由飞翔的心灵。在"诱思感悟"式教学中,教师要精心创造一种民主、宽容的教学气氛,与学生建立一种互相尊重、互相信任、互相学习的平等和谐的关系,从而使学生在没有外界的压力的氛围中充分展开认知活动,不畏惧、不迷信、不盲从,说他们心里要说的话,畅所欲言;写他们自己心里所想写的事,真情实感随心所欲。人们的一切语文能力的养成无一不是从感悟开始的:阅读书面语言是在具体的阅读感受中悟其旨趣,听人说话是在具体的话语感受中悟其语义,写文章也是一边写一边在心里默念感受而悟出表达之得失优劣的。正所谓"一朝悟罢正法眼,信手拈出皆文章"。"自悟"是感悟的最高境界,《菜根谭》中说"事理因人言而悟者,有悟还有迷,总不如自悟之了了;意兴从外境而得者,有得还有失,总不如自得之休休",说的就是这个道理。在"诱思感悟"式的教学中,诱导是为了催化学生的自悟,诱导是手段,自悟是目的。在教学活动中,诱导属渐减函数,自悟是渐增函数。

以诱思为手段的方法观。"诱思感悟"式教学对教师"教"的本质在操作的层面上作了明确的揭示:教即是"诱"、"促",它不是"填鸭",不是"牵牛",也不是"放羊"。教师以自己的心灵的自由,以自己追求真理、崇尚科学、独立思考的人文精神,以对学生的精神世界的信任和尊重的态度,以海纳百川宽容的人格,以"还丹一粒点铁成金,至理一言点凡成圣"的教学设计,创造一种气氛活泼、思想活跃、充满生命力的课堂氛围,催动学、引导学、促成学。在教学活动中,教学目标的科学性、提出问题的针对性、解决问题的启发性、教学语言的生动性、教学活动的吸引力等都直接影响着教学的成败和效率。只有"教"的积极性、科学性、创造性得到了充分发挥,才能使学习主体学得有序,学得有法,学而有获,学有兴趣,才能实现自身有效的发展。

"诱思感悟"式教学汲取了思维科学、语言学、教育心理学、学科教学论中的先进思想,吸纳了多年来语文教学界的研究成果,把语文的"工具性"与"人文性"有机地结合起来,形成了从哲学到教学本体论再到教学方法论完整的理论体系。在张扬主体精神、优化语文素养、培养创造品格等方面有其明显的优势。这种优势能够在吸收和运用其他教学方式的过程中逐渐发展壮大,显示出其特有的活力与生机。

第五节　关于"语文双基与语感培养之间关系"的调查与思考①

一、关于调查的几点说明

　　江苏省省级教育科研课题《中学语感培养的实践研究》以培养学生的语感能力和语文素质为研究目的,实施过程中参阅借鉴了相关理论著作,但经常会发现相互矛盾的各家之说。比如关于"双基训练与语感培养之间关系"的问题。有人认为,在语感培养中不排除落实双基训练,落实双基训练有助于语感培养;有人认为,基础知识特别是语文基础知识和基本技能并不能转化为语感能力;也有人认为,语感培养的重点是应是解决"一说就清,一听就明,一写就通,一读就懂"的问题而不是基础知识和基本技能。特别是近年来在语文教学界关于"工具论"与"人文论"之争中,有的论者对"双基训练"颇有微词,甚至把落实双基列为"工具论"乃至应试教育的"罪状"之一加以挞伐。在中学语文教学中特别是在语感培养中,应当怎样对待双基训练呢? 双基与语感究竟存在着什么样的关系? 为了语感培养应当进行怎样的双基训练呢? 我们认为这些都应当实事求是,从中学生的实际出发,从中学语文教学实际出发,从语感培养的科学性出发,还应该加强调查与研究以得出合乎实际的结论,而不能凭主观臆断,跟着感觉走。为此,课题组特地在高三两个实验班内进行了抽样调查。调查抽取 30 人,根据平时语文学习的情况和五次语文测试成绩选 15 位双基较差者编为 A 组;15 位双基较优秀者编为 B 组。调查的主要手段是笔试,时间为 2.5 个小时,试题分为双基题,语感题和作文题三个部分。考试后经过对学生成绩统计分析,我们整理为如下三个表格。

表 1-1　A、B 两组双基对比表

	难度系数	得分率		得分率差
		A	B	
字　音	0.47	60%	87%	27%
字　形	0.50	60%	94%	34%
标点符号	0.46	33%	60%	27%

①　本文获"圣陶杯"中青年教师论文大赛一等奖,发表于《徐州教育学院学报》,1998 年第 3 期。

续表

	难度系数	得分率		得分率差
		A	B	
文学常识	0.40	67%	95%	28%
文化常识	0.62	37%	87%	50%
诗文名句	0.75	60%	89%	29%
文言实词	0.73	73%	100%	27%
文言虚词	0.73	73%	100%	27%
语法知识	0.67	66%	71%	5%
修辞知识	0.70	68%	72%	4%

表1-2　A、B两组作文对比表

比较内容	A组	B组	比　差
平均篇错别字个数	4	0.8	−0.32
字迹潦草人数	12	0	−12
卷面可加分人数	3	13	10
文中经常出现笔下误人数	8	0	−8
出现两个以上病句人数	2	0	−2
阅读供料立意正确人数	11	15	4
平均每篇文章使用例证数	2.5	3.5	1
平均每篇说理角度数	1	2	1

表1-3　A、B两组语感对比表

题　类	语感类	难度系数	得分率		得分率比差
			A	B	
实词运用	语义感	0.17	17%	27%	10%
语义轻重	语义感	0.70	53%	87%	34%
具体内容加以概括	语义感	0.63	53%	73%	20%
概括内容加以阐释	语义感	0.13	4%	22%	18%
含蓄内容加以理解	语义感	0.21	0	42%	42%
主旨合成	语义感	0.36	30%	43%	13%
虚词运用	语脉感	0.73	47%	80%	33%
病句(客观题)	语法感	0.23	7%	40%	33%
病句(主观题)	语法感	0.25	16%	31%	15%

续表

题　类	语感类	难度系数	得分率		得分率比差
			A	B	
语言得体	语法感	0.87	87%	100%	13%
鉴赏评价	语艺感	0.53	40%	67%	27%
接　句	语脉感	0.67	47%	80%	33%

二、语感差距面面观

双基包括字词句篇、语法修辞、文学文化、生活科学等知识和读写听说等基本能力。我们先来比较 A、B 两组在这些方面的差距。A 组的学生对容易读错的字、容易写错的字判断能力差;书写上,A 组的学生字迹潦草,字体难看,卷面涂抹,行文之中很少注意标点符号的正确使用;表现在"笔下误"上,A 组的学生丢字添字、下意识写错字的现象比较多,错字别字平均每篇占 4 个以上。很明显造成 A 组学生基本能力差的原因是由于他们从小没有养成良好的习惯。A 组的双基差距还表现在语文知识面狭窄。文学常识得分低于 B 组 28 个百分点,文化常识得分低于 B 组 50 个百分点,诗文名句默写得分低于 B 组 29 个百分点,文言实词、文言虚词积累得分低于 B 组 27 个百分点。这次测试的作文题是供料议论文,A 组学生的作文使用典型例证平均每篇少于 B 组 1.5 个。语法知识题两组得分差距仅为 5%,修辞知识题两组得分差距为 4%。这也说明 A、B 两组在语法知识和修辞知识上对比差距不很明显。看来并不是语文双基中的各个组成部分都对语感培养有直接的作用,烦琐的语法修辞知识和名词术语并不能直接转化为语感能力。对于语感能力形成有直接作用的应是有助于语言应用的语文素材(信息)的积累、语文读写听说的基本技能和语文习惯的养成。

衡量一个人语感能力的高低有四项标准:效度(准确度)、深度、美度、速度。效度是最为基础也是最为重要的,因为如果不能准确,"深"就偏离了方向,"美"也就毫无意义,"速度"越快无用功也就越多。因此我们这一次测试把目标定在测试语感效度上。总的看来,双基差的 A 组比起双基较强的 B 组语感能力的差距比较明显。

首先,两组差距最大的是语脉感、语法感和对含蓄句子阐释的语义感。表现为语脉感的虚词的运用和接句题,A 组都比 B 组低 33 个百分点;对于病句的判断,A 组也差了 33 个百分点;语言得体题,由于难度较低,故两组相差不大;病句主观题两组差距也不大的现象值得重视,还需要深入研究;"含蓄句子的具体阐释"题表现为较高层次的语感能力,两组相差了 42 个百分点。

其次,A 组的词语运用能力、鉴赏评价能力、作文审题能力、说理能力也明显差于 B 组。这说明了由于双基较差,特别是由于语文知识面的狭窄,直接导致了语感能力的低下。

最后,语感差别对于难度在 0.2~0.7 之间的题目表现较为明显,可见双基对语感能力的影响是比较普遍的。

三、双基对语感影响的内在机制

语文双基优劣对语感能力的高低有直接的影响,这种影响是有科学道理的。根据皮亚杰智力结构理论,语感能力的形成与学生积累的图式有关。人的语感能力发展涉及图式、同化、顺应和平衡四个方面。图式最初来自先天遗传,一经和外界语言环境接触,语感能力就不断地丰富和发展。把环境因素纳入机体的已有图式之中叫同化,改变主体动作以适应客观变化叫顺应。个体通过同化和顺应这两种形式达到语感能力的生成。如果学生在平时的学习中没有形成良好的习惯、双基不扎实,积累的图式也就不准确或残缺甚至错误。如果知识面过于狭窄、积累的图式偏少或不全面,接受外界语言环境(读写听说)就很难实现同化,语感效度就低。美国现代教学论的代表人物布鲁姆认为:人的思想上有这样一些理论和模式,它们可能在一定程度上决定我们有什么知觉,甚至决定我们有多少知觉……知觉是我们把假设加在收到的信息上的结果,而产生这种假设的内在模式是一种省劳力的手段,使我们避免逐项处理这样的繁杂的工作。再从思维科学角度看,人脑的全部思维活动分为有意识活动和无意识活动(又称潜意识),有意识思维活动进入自动化阶段就是语感,无意识思维活动是语感的一种。但它们的基础和前提必须经历如下的过程:感觉—知觉—表象—想象,这样一个过程有赖于有效的知识信息的积累和坚持不懈循序渐进的思维能力的训练,使我们成为一种习惯,只有这样语感才得以形成和发展。正如西蒙所说,语感是"利用已有的知识认识了当前的情景",布洛赫也指出:"我认为直觉和经验是密切相关的,所谓直觉是把那些你已经了解得很充分的事物认识拼起来,形成一个更完整的认识。"语感就属于直觉思维。

四、当前学生的双基现状及探因

有效的知识积累、良好的习惯、扎扎实实的基本功是语感能力发展的前提。因此要进行语感培养就一定要抓好语文双基的落实,切不可好高骛远,希图在沙滩上建造大厦甚至是建造空中楼阁。但是,当前青年学生的语文基本功不容乐观。1995年11月2日《中国教育报》载文《大学生的汉语到底怎么了》,几天后《人民日报》又以编辑部的名义反映了同样的问题:在华东地区几所名牌高校为纪念抗战胜利50周年所写的"短短6篇千字文中竟然出现100多处错误"。《中华读书报》报道,1995年华东理工大学对该校3511名新入校的专科、本科、硕士、博士生做了一次中国语文水平测试,测试结果平均仅为63.9分,其中硕士和博士生均不及格。造成这种现象的原因是多方面的。一是在市场经济尚不完善的体制下,一部分人浮浮躁躁,急功近利,社会还缺少一种让人们涵泳在祖国优秀语言文化中的氛围,语文学习特别是基础训练受到了空前的冷落。二是高考指挥棒的作用,尽管高考语文试卷命题水平有了很大的提高,命题思想比以前更为科学,但尚未形成促进中学语文教学加强语文素质教育的机制。三是一部分中小学教师语文素质较差,对学生的语文学习有负面影响。四是课堂教学中,语文双基训练不科学,要求不严格。指导学生忙忙碌碌做无用功,在烦琐的名词术语中兜圈子,在文字游戏中摸爬滚打。五是语文教材质量不高,高中教材仅112.1万字,其中还有一半内容是教师不愿教、学生不愿学的,远未达到形成健全语感的基本的文化信息量,这样的教材很难使学习者在课内形成扎实厚实的基础。

五、两点结论

万丈高楼平地起,基础不牢,难以求发展。"发展"了,也是空中楼阁。因此为了使学生的语感能力得到健康的发展,为了使语感能力在语文能力中的核心地位得到加强和巩固,必须毫不动摇地狠抓双基训练。当然,双基训练应该讲究科学性。那么怎样的双基训练才有助于语感能力的养成呢?

首先,"基础知识"应是对于培养语感的"精要、好懂、管用"的基础知识,特别是生活素材、人类文化背景知识、必要的语用学修辞学知识、正确健康的思想观点,而不是烦琐的名词术语。语文学习与生活的外延相等,要真正树立大语文观念,建立大语文知识的学习的机制,使学生广泛阅读、广泛积累、反复训练。要注意对学生进行思维训练,不进行思维训练的知识积累只能是茶壶中的饺子。只有经过思维训练、进行分析比较归纳演绎,知识才能活化,思维的灵敏性、深刻性才能增强,语感水平才能提高。

其次,语文基本技能要自动化。母语的习得分成两个阶段,第一阶段主要是口语的习得。研究得出口语习得生长最快的阶段是在 2～4 岁之间,第二阶段是书面语的习得,比较漫长,可以说贯串了一个人自识字后的整个一生,基础教育阶段属于打底色阶段,因此应该说是关键时期。

语文素养其实就是语文的基本技能"熟练之后"的必然的升华。自动化的标准就是王尚文先生所说的四个"一":一听就明,一说就清,一读就懂,一写就通。就像庖丁解牛,他的"牛感"好的根本原因在于他杀了数千牛,后来达到可以"以神遇不以目视"、"目无全牛"的地步了。由于这样庖丁不但解牛有了乐趣而"踌躇满志",同时还左右逢源,"游刃有余",升华出"道"来,所以他说"臣之所好者'道'也"。

听说读写自动化是语文基本能力的基础,其实就是语文的素质教育。摆在我们面前的最重要的任务就是要走出"应试教育"和大而空的"思想教育"的阴影。

第六节　中国古代"气"的哲学思想对语文教学的启示

一、"气"的哲学思想即生命哲学

钱基博在他的《国文研究法》中曾指出:"我国文章尤有不同于欧美者,盖欧美重形式而我国文章重精神也。维欧美之尚形式也,故为文皆有定法,……皆屡析条分,日趋精密。后世无不本此以为著述。是以文少隐约模棱之弊,此其利也。然其失在过泥形式,文章不能活用,少生气。"[①]

"气"是中国古代哲学思想中的一个重要概念,它原指构成万物的始基。中国哲学认为,天地万物由一气派生,一气相连,世界就是一个庞大的气场,万物浮沉于一气之中。中国人视天地自然为一大生命、一流动欢快之大全体,天地之间的一切无不有气荡乎其间,生命之间被摄互荡,由此构成一生机勃勃的空间。我们的世界是一气化的世界。气使得一切事物都伴着同一生

---

① 胡立根:《美神精论——对汉民族传统文化心理的新透视》,《湖南教育学院报》,1993 年第 5 期。

命节奏,气的消息决定了生命的有序律动。《庄子》说"通天下一气耳"。《淮南子》说"天地之合和,阴阳之陶化,万物皆乘一气者也",说的就是这个意思。

气化流行反映了中国人根本的宇宙观。中国哲学的关键词是"生命"而不是知识形式。我们生活在一个气化的世界,这个气化的世界,就是生命的世界。一气流行,故生命是整体的、浑沦的;无不有气贯乎其间,故生命之间是相通的,世界因气而相互联系;世界在气化中存在,决定了生命是一个"过程",一个无限变化着的生命流程;世界因气而浮动了起来,没有绝对孤立的存在,也没有绝对静止的实体。总之,生命都在气中生存、流动、变化、生灭。

王夫之说:"天人之蕴,一气而已。"人与世界具有生命的统合性。人的生命也是一个气化的世界,是一种过程式的展开,人的心灵是个气韵流荡的世界。人与世界的合一不是通过感官去认识这个世界,而是以"气"去合于这个世界。以气合气,以生命合生命。

中国哲学的自然观由于持"凡可状,皆有也;凡有,皆象也;凡象,皆气也"的一元论,强调气的连续性质态,所谓"气有动之性,犹水有波之性",其理解的事象就是流动型的。如果说几何型的事象或语象是一种物理时间体,即层层组合的形式化构造,那么流动型的事象或语象就是一种心理时间流,即按时序铺排的语义流程。

二、"气韵"说与汉语的语言形式

"气韵"一语由"气"和"韵"合成,气侧重指天地生生之气,即生生不息的宇宙精神和生命情怀。韵,则是形式中所蕴之音乐感。宋范温说:"韵者,美之极也。"韵为至尚之法。气与韵合,气韵飘举,风神哗哗,气以包韵,韵以体气,生生而有节奏。

汉语言的组织深受气哲学的影响,汉语句子组织就是靠声气的止息和意向来完成的,从而形成了一个气韵生动的心理时间流。其特点主要表现在以下几个方面。

其一,气韵充盈。人以气而生,文以气为主。行文的声律有高有低,有长有短,才能充分传达"文气"。因此讲究以气盛为主的汉语言文句,汉语语句组合及其位置非常灵活,是以意统形,其布局就需力避单一、呆板。于是乎把一个意念的团块打散,用形散而神不散的一个个短语连续铺排,造成一种动态的节奏感、一种连贯的气势。语法的脉络就在这种"气"的运行中体现。这种由"气"疏通、延展、续断的句法与西方语言有很大的不同。

其二,气韵流动。汉语语句是一种按照事象或语象的时序铺排的语义流程,体现出一种动态的节奏感和一种流动连贯的气势。

其三,气韵意会。中国古代就有"气韵不可学"的理论,需要以生命去契合去体悟。通过天地之节奏,独得自然之精神。这就是董其昌所说的"自然天授"。在汉语的学习中,重要的是"意会",是那种不可言传的悟性,默契神会,不知然而然也。

三、气盛言宜的文学创作与批评观

早在战国时期孟轲就把"养气说"运用到文学批评和文学创作方面,他的"养气说"的核心是提高个人的道德修养,追求意志和思想的涵养,因为作家思想修养的高低与文学创作和鉴赏能力的高下有直接的关系。

继承孟轲这种"养气说",尤其是"气"论并构想了独特的文章论的是魏文帝曹丕,"文以气为主,气之清浊有体,不可力强而致。"(笔者按:"体"即文气所代表之文章主体)文章气质清浊,全由作者气质之清浊所决定,勉强不来。曹丕首次引入"文气"的概念。

"气"思想运用于文学批评和文学创作,最看中的是写作主体本身的胸襟气度、学养抱负、人格修炼、身心参悟、读万卷书,行万里路的沧桑阅历、事事洞明、人情练达的事物触媒。这种写作重道轻器,导致中国的绘画、书法、戏剧、武术等都崇尚大写意、大襟抱的人格表达。这种诗意人生和诗意写作学的贯注,使一个作者达到了某种境界,打开胸怀就是妙笔,触及万物就是灵性,举手投足即是道,一举一动都是功。金圣叹接过了这个批评武器,他反复强调作家的"识"、"胆"、"才"的重要作用,在总评苏轼的《乐毅论》中他写道:"直是心地光明,眼光洞越,手腕迅疾,笔墨恬净,故能至此。盖四者之中,若少一件,亦不得也。"作者生命力所驱遣全篇的"气"的流动就是"势","势"的表现蕴含于"形"、"体"之中,存在于语言文字的运行之际。由"气"生"势",也就成了语流之中内容上或表现手法上的互补、相反或对立所形成的张力。徐吟的《吟窗杂录》说:"势者,诗之力也。如物有势,即无往不克。此道隐其间,作者明然可见。"

一个人的"气"除掉先天生成的品性、气质外,还与后天的学习有关,正如刘勰所说"才力居中,肇自血气,气以实志,志以定言"。孟子曾毫不谦虚地说"吾善养吾浩然之气",那么怎样得气而养之?古人在这方面也做了很多的讨究。

四、养"气"之道

熟读精思，因声求气。清朝的桐城派代表作家刘大櫆在《论文偶记》中写道："（读古人书，）烂熟后，我之神气即古人之神气，古人之音节都在我喉吻间，合我喉吻者，便是与古人神气音节相似处，久之自然铿锵发金石声。"这就是写作学习中的"因声求气"。这是一种个人性的、经验主义的、神秘化体悟，不断地被后人加以阐发。唐彪在《读书作文谱》中介绍过自己的读写体验："文章读之极熟，则与我为化，不知是人之文，我之文也。作文时，吾意所欲言，无不随吾所欲，应笔而出，如泉之涌，滔滔不竭。文成之后，自以为辞意皆己出，他人视之，则认为句句皆从他文脱胎也。"他又说，"读之（古人文章）自然有以浑其气、苍其格、高其调、秀其色、脱胎换骨于其中而不自觉，是获益古文者无穷矣。"当代学者周振甫认为："作者由气盛决定言之短长与声之高下；读者则人言之短长与声之高下中求气，得到了气，就能体会到作者写作时的感情"。① 巴金背诵《古文观止》200篇，茅盾背诵《红楼梦》，才分别有了《家》、《春》、《秋》和《子夜》等巨著。所以有一位闻名全国的语文老师说，若一个人能熟诵"1、2、3"，即背诵100篇古文、200篇现代文、300篇古诗词，达到高中毕业的语文水平绝不成问题。

心书相洽，虚心纳气。曾国藩讲"文气"，既不质实，也不玄虚，立论很高而又有门径可循，其理论价值与实践意义都超过了前人。他在辛亥年七月的日记中写道："为文全在气盛，欲气盛，全在段落清，字段分束之际，似断不断，似咽非咽，似吞非吞，似吐非吐。古人无限妙境，难于领取；字段张起之际，似承非承，似提非提，似突非突，似纡非纡，古人无限妙用，亦难领取。"他讲了分段既要明晰，过渡又要巧妙，全篇需有严谨的逻辑性，得到这个技巧，要诀就在于"气盛"二字。怎样养这种"浩然之气"？他提出读书要让自己的心与书相融相洽，使书"如春雨之润花，如清渠之溉稻，如鱼之游水，如人之濯足"。如何才能达到这一境界呢？关键就是虚心静气，在读中理解音节和情绪的关系，熟习种种变化的句式和虚字的安排，品其调，感其情，味其美。他这里强调的是读书的一种沉潜的心态，只有这样才能达到心书相洽的境界，这时候"气"才会不召自来。

广泛阅读，同气相求。一首诗或一篇文章的文气是作者个性气质的外显，磅礴与平稳、雄伟与突兀、劲健与和顺、浩荡与曲折、豪迈与疏朗、广阔与

---

① 周振甫：《文章例话》，江苏教育出版社，2006年，第56页。

绵密、畅达与拗峭、舒缓与急迫,没有两片完全相同的"树叶"。但萝卜青菜各有所爱,世上原有所谓性情相近这件事,而发现与自己性情相近的作家,对培养自己的文气最为重要。苏东坡初次读《庄子》时,他觉得他幼时的思想和见地与书中所论完全相同;袁宏道在某夜偶然抽到一本诗集,发现同时代的一位不出名作家徐文长时,他不知不觉地从床上跳起来;乔治·伊里沃将他第一次读卢梭称为一次触电。如此这般地喜欢一个作家,他会觉得这个作家的笔法、心胸、见地、思想都是无与伦比的。于是他对这作家的著作就能字字领略,句句理会。并因为两人之间有一种精神上的融洽,所以一切都能融会贯通,他能很容易地从作家的书籍里得到滋养他灵魂的资料。

找到自己喜欢的作家绝非易事,它需要广泛的阅读,在阅读中找到知音。但是,书总是有高下优劣之分,要养成高尚的志趣、纯粹的思想品性,在广泛阅读中,必须慎选经典。韩愈《答李翊书》说:"虽然,学之二十年余。始者非三代两汉书不敢视,非圣人之志不敢存……气,水也;言,浮物也;水大而物主浮者大小毕浮。"韩愈在这里揭示自己思想品德提高的原因是只读"三代两汉之书",只存"圣人之志"。

生活体验,锻炼才气。刘勰对这一点早有论述,在《文心雕龙·物色》中说:"山林泉壤实文思之奥府","屈平所以能洞见风骚之情者,抑乎江山之助乎!"宋代苏辙认为周览和交游对文气的形成具有重要作用,在《上枢密韩太尉书》中说,"以为文者,气之所形,然文不可以学而能,气可以养而致。孟子曰:'我善养吾浩然之气。'今观其文章,宽厚宏博,充乎天地之间,称其气之大小。太史公行于天下,周览四海名山大川,与燕越间豪俊交游,故其文疏荡,颇有奇气。此二子者,岂尝执笔学为如此之文哉?其气充乎其中,而溢乎其貌,动乎其言,而见乎其文,而不自知也。""生活是创作的源泉",也揭示了一个道理:自然、社会其实都是"气"的源头所在,所谓"用笔不灵看燕舞"、"汝果欲学诗,功夫在诗外"也。生活的外延广大无边,究竟怎样的生活体验对于"养气"更为有效,从上文中不难看出,古人最为重视的还是"行万里路"(周览)和"听君一席话"(交游)两种。

写作体验,偷来文气。古人写作很讲究一个"偷"字,偷,即"模仿"。唐代诗僧皎然曾说过,作诗有"三偷",一曰偷语,二曰偷意,三曰偷势。(《诗式》)"浅者偷其字、中者偷其意、高者偷其气","偷意"、"偷式(气)"即是模仿中的创新。伏尔泰认为:"所谓独创的能力,就是经过深思的模仿。"胡适甚至说:"凡富于创造的人必能于模仿,凡不善于模仿的人绝不能创造……太阳之下,没有新的东西,一切所为创造都从模仿中出来。"古今中外,从模仿到创新的作品很多,人们所熟知的《滕王阁序》的作者王勃,模仿北朝庾信《马射赋》中的"落花与芝盖齐飞,杨柳共春旗一色",写出"落霞与孤鹜齐飞,秋水共长天一色"的千古佳句。仔细吟咏品味,后者境界开阔,意境深远灵动,我们仿佛感觉到作者飘逸旷达的气质。宋代朱熹曾说:"古人作文作诗,多是模仿前人而作之,盖学之既久,自然纯熟。"这种模仿是写作技能形成与提升的根本之路。

到这里,"气"的思想对于语文教学尤其是作文训练的启示意义已经是不言而喻了。

第七节 语文教学"科学性"与"人文性"之厘析①

一、要科学精神不要科学主义

语文教学科学化的自觉意识最初是由张志公提出来的,他说:"语文教学科学化是必要的。搞任何工作都要讲究科学性。有了科学性才能提高效率,加快速度。""我们一定要把语文教学的改革纳入科学的轨道,要在总结前人经验的基础上迈出新的步子。""要探索语文教学的规律,逐步做到教学比较的科学化一些。""由于历史的和其他种种原因,语文教学中确实存在着很不科学或者不够科学的做法,存在着因此而造成的不应有的浪费。"

因此在语文教学中必须大力弘扬科学精神。

科学精神的本质在于求真。要用"求真"的精神来驱除语文教学中的"假、大、空"现象。当前中小学语文教学一些不良现象有所抬头,有的流于"假、大、空"式政治说教,有的为了片面求新而剑走偏锋。主要表现在:脱离文本,架空语言,忽视能力,鄙弃训练,天马行空,来去无踪。钱梦龙称之为"凌空蹈虚综合征"。至于在公开课中作假、彩排"评优课"、虚构"教学案例"等学术不端行为,都是有违科学精神的。

探索规律、尊重规律,是语文教学的科学精神的追求。首先,要研究汉语的特点,正确把握汉语的民族特征。汉字既表音又表形,汉语句式短,汉语言重"神摄",需要"意会",与英语相比汉语更需要较强的语境意识,因此要重视语感培养,在语文教学中要重视体悟方法的运用。语言训练与思维训练相结

---

① 本文第一部分发表于《园区教育》,2004年第2期;第二部分发表于《苏州教育研究与实践》,2007年第3期。

合也是其内部的规律性,在这些方面都要走出一条科学之路。

承认语文的人文性是尊重语文教学规律的表现。人们强调情感教育、文理情并重;强调审美教育;强调教学内容贴近学生身心,强调学生表达要有真情实感、真切体验;强调求异思维和想象力的培养。另外,在语文教学中引入接受美学、模糊美学、格式塔完形理论等,所有这些努力实际就是从不同角度运用科学方法冲破科学主义的樊篱,强化和关注语文教学的人文精神。

强化情感体验是尊重语文学习规律性的体现。情感在语感的养成中有着重要的作用,是培养学生热爱母语的重要手段,是语言学习兴趣的引信,是语文实现人格教育的通道,是通向精神家园的向导,是连接文本与生活的桥梁,是实现阅读主体与客体对话的纽带。总之,它是由言语到人文精神、科学态度养成的催化剂和加速器。语文学习要调动一切可以调动的手段来拨动情感神经,语文教学要形成一个情感场,让每一个人都在这个情感场中享受着情感体验。

语文教学要发扬调查研究、实事求是的科学精神。母语口语的学习被称为习得,书面语言的学习被称为学得,二者有其共性,也有其特殊的规律性。语言的学得带有很强的经验性和操作性,语感即是在语言学习过程中所形成的直觉思维的产物,也就是语言的智慧。事实证明"积累"在这其中有着重要的作用,对于书面语言学习的积累的研究,还多停留在感性的层面上,还缺少实证性的调查研究与科学分析。选取什么篇目、量的多少、序的安排、时空资源的配置、促进阅读的机制等都要有一个周密的计划和组织安排,决不能随着感觉走,满足于经验式的"科学化"。叶圣陶有一个遗愿就是要求语文工作者能够通过调查研究和实践建立一个从小学到高中的语文教学的科学序列。吕叔湘曾专门谈了调查的问题,并提出了许多具体要求。要让学生和教师学得清清楚楚,教得明明白白。可惜,多年以来,这个问题一直没能解决。"头重脚轻根底浅"的现象没能从根本上解决,从这一点上说,语文教学的科学性不是泛滥,而是远远不够。

科学精神还体现在对知识的尊重上,要研究语文知识的特点,研究促成知识生成能力的机制。随着科学研究的深入,人们对知识的认识越来越科学。历史经验告诉我们,语文知识教学不容忽视。但语文知识教学存在的四大痼疾一直困扰着我国的语文教学,解决这个问题就要从四个方面来构建一本自己的"语文学":即规律陈述性知识、规律性知识、活动程序性知识、学习策略性知识。关于默会知识的研究,更为语文教学提供了一条科学之路。"默会知识"的概念与理论最初是由匈牙利裔的英国哲学家波兰尼于1958年在《个体知识》一书中提出的,是指一种只可意会不可言传、经常使用却又很难通过语言文字符号予以清晰表达或直接传递的知识。它本质上是一种理解力、领悟力、判断力。比如,眼光、鉴别力、趣味、技巧、创造力等。默会知识习得过程的主要特点是自主性、感悟性、实践性。习得方式主要有四种:一是通过显性知识及其产生理由的自然遗忘而获得。正如爱因斯坦所说,所谓能力就是把学习的知识遗忘后所剩下的东西。二是通过实践活动(如反复操练和训练)的方式获得,如技能的强化训练。三是通过建立"师徒学艺制"的方式获得,隐性知识在不同的个体之间实现转移。在此强调教师的传授作用是非常重要的。四是对他人的隐性知识加以显性化、符号化,然后对它的合理性加以检验、修正与利用。在这里,默会知识的外显化以及它的检验,必须借助个体自我反思能力的提升。

科学的精神还注重良好的习惯在语文学习中的重要作用。培养良好的习惯可以引导终生的发展。治学严谨,求真务实,讲究方法,追求创新,良好的习惯在平时的语文教学师生双边互动中生成,在读书、写字、作文、社会实践活动的细节中发展,良好的习惯一旦养成,将会蕴藏巨大的成功的能量,可以培养合格的读者。合格读者的标准是能够独立阅读、个性化阅读、探究性阅读、审美性阅读、终生阅读。

与时俱进地传承我国的语文教学传统才是科学理性的表现。我国自孔子、《学记》以来有着2000多年的优秀语文教学传统,必须运用大脑,放开眼光自己来拿,这一点不必说。即如20世纪80年代以来,语坛出现了一大批改革家和优秀的实践者,"南钱北魏"、于漪、陈仲梁、蔡澄清、陆继椿等一批领军人物,可谓群星灿烂。作文训练序列化的探索、语文教学民族化特征的探索、语文自学能力的培养、思维训练的研究、课堂教学模式实验……语文教学改革相对繁荣,成绩斐然。这些都是我们语文教学的宝贵财富,切不可视而不见,更不允许一把火烧光。但是随着信息网络技术的发展,语文教学又出现了很多新环境,暴露出了新问题,这都要求我们做出及时应对。

语文教学弘扬科学精神,最根本就是要"顺人之天,以致其性"。具体来说,就是:一要重视灵性,重视智力,重视人性,重视情感,重视规律;二要重视"引导"与"发展","引导"人的内在因素合乎其规律、全面而主动地向健康方面"发展";三要营造一个与"引导"、"发展"相应的、适宜的和谐环境;四要不"好烦其令",不把简单问题复杂化,无事生非地满怀好意地"横加干扰"。

语文教学弘扬科学精神,也要时时注意防范科学主义的泛滥。因为科学主义的理性方法永远不可能清晰地解决语文教学的复杂性,不可能从根本上解开语文教学之谜。如果语文教学中科学主义泛滥,就很容易出现上面描述过的情况:过度追求教材体系的逻辑化,教学点的细密化,教学过程的程式化、序列化,教学方法上对语言和内容的透析化、准确理解化,能力的训练层次化,测试的标准化,等等。

　　教学中需要分析词句,但不能停留在词义、句法上,而要体现在表意上、意境上、情趣上,要多些感性体悟,少些理性分析,多些直觉领会,少些条分缕析。语文教学中需要求知、求理、但更要求悟。这才是语文教学的科学态度。

二、要"人文",不要"人文主义"

　　韩军曾在《限制科学主义,张扬人文精神》中展现了科学主义远遁、人文精神张扬的美好前景:人们有意或无意地追求人文精神的渐趋复归;强调情感教育、文理情并重;强调审美教育;强调语言感觉(语感);强调教学内容贴近学生身心;强调语文教师的人文情怀、师生主体投入;强调学生表达要有真情实感、真切体验;强调求异思维、想象力培养;强调教师不同个性形成不同教学风格。

　　人文语文给中学语文教学带来了多元价值观念。但由于人文"主义"滥化、贬抑语文教学科学精神,所以要摆脱"人文主义"泛滥化的现象,就必须从"人文精神"、"人文思维"、"人文方法"三个方面对"人文语文"的内涵与外延进一步加以廓清。

(一)人文精神的培育:师生携手向语言共进

　　作为人文学科的语文,它的价值究竟何在?

　　有人认为,人文学科、自然科学和社会科学是当今人类科学研究的三足鼎立的学科群落,分别汇集了人类在人之精神世界、自然物质世界和社会结构组织这三个既有联系又相区别的领域进行科学探索和认识活动的总体成就。也就是说,人文学科的意义价值不在于提供物质财富或实用工具与技术,而是为人类构建一个意义的世界,守护一个精神的家园,让心灵有所安静、有所归依。

　　因此作为人文学科的语文教学应该注重人格的培养,关注生命,给学生打下一个精神的底子。特别是在当前全球化的时代,世界越来越趋同,保持残存文化精神的多样性显得尤为重要。所以,在当今社会,中国人关键是要有一个"精神依据"。语文教育除与一般学科有相同的价值之外,特别的意义在于塑造我们今天理想中的"国魂",塑造具有中国精神和文化的、具有迷人风度的中国人。

　　根据西方人文精神的传统,我们可对人文精神从三个方面进一步细化理解。第一,强调人在万事万物中的主体地位、人的自由和尊严,把人作为万物的朋友;第二,追求完人的理想和精神品格;第三,当代人文精神重视弘扬价值观念,提高文化意识和人格修养。目前,人文学者对"人文精神"内涵的揭示已逐渐形成共识:人文精神就是对人的存在、价值、命运及人生的意义等有关人的根本问题的关注;是人类对自身完满性的追求,主要是对人类完满性方面缺失的关注;是对理想人生、理想人格和理想社会的追求;是对彼岸的关怀。

当前,人文精神的培养,要处理好"自我价值实现"与"社会担当"之间的关系,既要让每个人聪明地、愉快地、像样地、诗意地生活,还要培养社会责任感,让人生的境界从"自然境界"、"功利境界"不断向"道德境界"、"天地境界"(冯友兰语)提升。

人文精神培育向我们提出了课堂上教什么的问题。比如有一个高中教学"联想、构思"的课例,教者选取了一些即使是小学生也可以进行活动的材料,缺少了作为高中学生应该有的大气。这种低幼化的教学内容,不是发展了学生,而恰恰是限制了学生。引导学生关怀什么,这是语文教学应该非常重视的问题,正像陈仲梁先生说的:教什么远比怎样教更重要。

反映新课程改革重要成果的语文教材在人文精神培养方面作出了很好的探索,以苏教版高中教材必修部分为例,这套教材旨在发挥语文的育人功能,着眼学生的精神发育,以人文话题为统领,从"人与自我"、"人与社会"、"人与自然"三个向度设置了22个专题。这22个专题是:向青春举杯;获得教养的途径;月是故乡明;像山那样思考;珍爱生命;历史的回声;和平的祈祷;慢慢走,欣赏啊;号角,为你长鸣;祖国土;文明的对话;寻觅文言津梁;我有一个梦想;直面人生;笔落惊风雨;走进语言现场;此情可待成追忆;一滴眼泪中的人性世界;说不尽的阿Q;如琢如磨;美的方程式;我们头上的灿烂星空。

教师如果能够准确把握编者的意图,在语文教学中又能更进一步结合学生的实际情况对教材进行创生,对学生的人文精神的培育无疑具有巨大的作用。

人文精神的培育,切忌把语文上成"思想品德课"或者"班会课"。在一次评说《世间最美的坟墓》课例时,韩军说:"语文课的核心还是离不开基础、文本。提倡超文本、个性、人文、诗情的时候,千万不要脱离文本,不要离开文字,很多东西都要落实到语言文字上。陈仲梁也说:在语文课堂上老师和学生一定要携手共同走进语言。要让我们的孩子体验民族语言的精神与吸引力,爱语文没商量,充分体验汉语的灵气。"

（二）人文语文的思维：在文本智慧解读中培育

人文科学是人类情感与想象的产物，是人类理性思维与艺术思维互动的产物。以情感的方式、艺术的方式、形象的方式、直觉的方式、顿悟的方式、灵感的方式来把握它的研究对象，这就是人文思维。有些人文主义者认为，人文思维是原创性思维的主要源泉，是创新能力的孵化器，是人所特有的，是最聪明最灵敏的人的灵性之花。

"人文思维"培育的根本途径不仅在于课程的设置，更在于课程的实施。以"培育悟性、化育智慧"为课程的核心，以"知识与能力"、"过程与方法"、"情感、态度、价值观"为课程实施的三维目标，以课程结构组织的"统合"为原则，实现学习者心智发展与教材结构逻辑吻合，情感领域（情绪、态度、价值）与认知领域（理智的知识与能力）的整合，相关学科在经验指导下的综合。只有这样，人文思维的培育才可以落地生根。

在课程实施的过程中，文本解读处于关键地位。文本的解读有两种景象，需要我们去关注。在一次中学语文教学艺术研讨会上，沪上名师朱震国与湖北省的特级教师胡明道执教示范课，一个执教鲁迅的《风筝》，一个执教李乐薇的《我的空中楼阁》。朱震国没有把自己对文本的解读强加给学生，而是让学生自己去领会，去感悟。有的学生可能根本没有理解课文，把作者的意思弄得驴头不对马嘴，朱震国仍然没有去"纠偏"，而是让学生们在讨论中逐渐加深理解。胡明道则坚决强调学生要准确理解文本，理解作者的原意，她在后来的学术报告中又反复强调了这一点。这两种现象在课后引起了听课人的截然不同的评论。其实这两种文本解读方法都不可偏废。当答案是丰富多彩的时候，解读也就不能定于一尊。当答案能够分辨出高低优劣的时候，也不可让语文阅读成了没有是非的"好好园"。

文本解读需要智慧。"智慧"强调的是不断的认知和思考，强调要学会选择，学会挑剔，学会融通。在一次高中语文教师评优课中，组织方选了余秋雨的《白发苏州》做为阅读教材。从20多节课例中，我们发现，授课教师的不同解读导致学生学习效果也大不相同。当前需要警惕"盲阅读、浅阅读、伪阅读"等不良倾向。

（三）人文语文的方法：在体悟中走向智慧

人文科学有适应自己研究对象与学科性质的特殊研究方法。比如解释学方法、接受学方法、发生学方法、精神分析学方法、哲学反思与顿悟直觉的方法。在体验过程中更多地使用意义、价值、理想、意志、情感、人性、人格、善恶、美丑等概念去理解体验人类的精神生活、宗教信仰和文化世界。更多时候，人文科学的研究活动更强调借助研究者个人的精神体验、生活积累、靠心性的领悟与知觉等许多非理性的手段。我们把人文语文的方法用"体悟"两字来概括。

由于对"工具语文"的教学方法的反拨常常出现"矫枉过正",把语文上成"思想品德课"或"班会课"的现象,这在一些新派的语文人那里表现得颇为突出。有一个指导六年级小学生学说话的课例,老师没有说话技巧的指导,缺少"说话"教学中的语文意识。这引起专家们的注意,于漪指出:"听说训练是语文,不能摆脱语言文字的推敲品味,不能上成思品课,摆脱语言文字,语文教学改革会要'失掉'的。教师一定要是语言文字的指导者,实施新课标决不能淡化、忘掉语言文字。"

人文语文还有一个怎样教的问题。课堂教学要尽可能实现师生的互动。要确立一个观念,教学的本质是生成性而不是预设性。教育的成功程度就是学生达到不可预期的成果的增加程度。所以说据一定预设目标而装配教学达成的决不是好老师。这种教学观对教师的备课将是一个挑战,将会从根本上颠覆在公开课教学中预先排练的做法。还原一个真实的课堂、呈常态的课堂、自然的课堂。只有这样才能真正实现课堂中师生的互动。教师要与学生实现平等和互相交流,教师不能高高在上、以无所不能的圣者君临学生,这样的教师就很难实现与学生的互动。

语文课堂要克服浮泛的毛病。人们常说,小学的语文课堂要活泼,初中的语文要生动,高中的语文要深刻。一位实验课教师说:"高中的语文课堂,不能满足于热热闹闹、表面的活跃,活跃得流于浮泛,有些活跃的背后,渐渐远离了语文阅读的本质。语文课堂的浮泛主要表现在师生走进语言过于轻松,还表现在思考的浮泛、文化含量的贫乏。"因此一位实验课老师提出要关注语文课堂的沉默,他在自己的实验课上也努力实践自己的这一主张,这就是要让课堂呈现一定的沉默。但什么是沉默,怎样保证沉默的思维的质量?陈仲梁先生说,课堂的沉默应该是内在情感的涌动,想说、想咏叹、想喧嚣。因此更要关注学生在沉默背后的思索和感动。

实施"人文语文"需要本着科学态度,发扬科学精神,去"人文化",少一点"人文主义"。只有这样,"人文语文"的美好春天才会应季而至吧。

第二章 "体悟式"语文"体验"观

第一节 教育"体验"的哲学思想

一、体验的思想源于对人生价值的诉求

"体验"原是哲学领域在理性主义哲学传统的主流之下对理性至上的反拨。很多哲学家通过对体验的价值的研究,认为体验是人类生存的基本方式。胡塞尔通过自己的体验运思证明,任何局限在理性的视界以内去维护理性的绝对合理性和合法性的企图都已是不可能了。他领悟到,不要再想以真理的化身教导任何人,也许只有自己呈现自己的体验才是有价值的。

美国实用主义哲学家、教育家杜威从经验自然主义的哲学观出发,认为教育的本质之一是经验的不断改造或改组,是有机体与环境、人与自然相互作用的结果。

心理学家马斯洛对"高峰体验"有着深刻的研究。他认为高峰体验是一种终极体验、目的体验、存在体验。在这种体验中,个体的认知特性和认知能力发生了根本的变化,个体挣脱了功利取向的羁绊,超越了缺失性认知的褊狭,获得了对宇宙万物的独特的、具体的、整体的存在认知,领悟到了事物的存在价值。与此同时,个体的自我特性也发生了深刻的变化,人获得了最高程度的同一性,也获得了最大程度的特异性或个体性、唯一性。高峰体验活生生地存在于普通人的日常生活之中,或来自爱情、审美感受、创造冲动,或来自母爱、来自与大自然的交融,总之是自然产生的,不能命令,不能逼迫。但是,高峰体验的产生与人格的成熟、与自我实现之间有着密切的相关,因为人格的成熟是改善人对外界认知的先决条件。

二、体验的思想源于对人生价值实现之途的追问

加达默尔在其解释学中透射出体验的思想,在他那里解释学实现了从方

法论向本体论的转变,即由关注作品(文本)转向关注人的存在,由关注人文科学的知识转向关注人生的意义。

狄尔泰以"生命体验"为主题,从生命的现实出发去追问"人是什么"这一问题,并尝试建立以"理解"为核心的精神科学。他认为解释生活和生命不能是一种平面的直观,而必须是一种全息的透影,必须形成一种圈状的解释方法,即"解释圈"(解释的循环)。在理解中,要把握住部分与整体的关系,并在这种关系中,探寻出生活的真实含义。

无疑,教育是实现人生价值的最终捷径,但教育如何才能真正实现人的全人格发展? 罗杰斯是从人本主义心理学的角度来论述教育教学中的体验。他认为,为了全人格的发展,认知学习必须同情意相结合,心智发展必须同情绪发展相结合,教学内容与方法只有当它植根于情意基础时,才能发挥最好的作用。罗杰斯还强调学习活动一旦与人的生活经验相联系,那将是卓有成效的。杜威也认为教育的本质是让儿童在主观与客观的交互作用中获取经验,在教育过程中主要不是教给儿童既有的科学知识,而是让儿童在活动中自己去取得经验(不仅是认识),他指出儿童的成长总是在生活过程中展开的,教育的开展及过程就是眼前生活的本身,而不是为未来的生活作准备,学校教育应该利用现有的生活情境作为主要内容,应该与社会实际生活相联系,让学生参与到社会生活中接受熏陶,获得深切体验。

三、生命化的体验以素质教育为必然取向

人的良好素质是一种内在之物,它的形成有一个内化过程,既有认知心理也有非认知心理在起作用,必须经过体验才能到达人的心灵的最深处,经过体验不只能够产生观念、原理,也能够产生情感、态度与信仰。因此,教育专家普遍认为,体验是产生情感且生成意义的活动,是个体素质形成与发展的核心环节,是主体内在的历时性的知、情、意、行的亲历、体认与验证。体验具有自由创造性、自主选择性、情感融通性、形象直观性和操作实践性等特征,对培养学生的自主性具有重要意义。

体验教学关照生命的完整性、善待生命的自主性、理解生命的生成性、尊重生命的独特性。在师生关系方面,体验教学强调师生关系不是单纯的知识传递的关系,而是有着共同话题的对话关系,在对话中师生进行着知识与智慧的交流,精神与意义的沟通,师生双方作为完整的人,以整体的人格相互影响,师生关系不仅有认知的价值,还有精神陶冶和生命提升的价值。所以说教育不仅是一种认知的存在,还是一种生命的存在和意义的存在,是对象世

界与意义世界融合、学科世界与生活世界的整合。

生命化的体验必须与情感体验相融合。朱小蔓认为情感是内在的、独特的,是人类真实意向的表达。一个人对某种价值认同、遵循,乃至于形成人格,虽然需要以一定的认知为条件,但根本上是一个人情感的变化、发展,包括内在情感品质与外在情感能力提升和增长的过程。因此,体验只有体现其情感性和主动性才能与人的生命意义联系在一起。

生命化的体验应该以生活体验为手段。要从生活体验出发,包括从生活中的现实、生活中的需要、生活中的困惑出发,将学习内容与生活相联系,引导儿童从书本中的情感教育走进生活中的情感体验,这样才能迁移、感染、渗透、升华学生的情感体验,从而不断丰富与完善受教育者的人生。

生命化的体验还要以知识体验为通道。在知识学习过程中,人的思维、精神、情感等方面也在经历着、活动着、发展着,也就成了一次体验之旅。并不是说所有的知识体验都是好的教学,评价的标准就看其是否有利于生命成长。一个文本可体验的知识很多,因此要科学地选取需要体验的知识点,要有计划地形成体验单元序列,做到前呼后应、螺旋式发展。有些知识可能是"搭错桥"的体验,这样的知识体验只能带来阅读与写作的消解,比如用"交通规则"来解读《背影》、运用法律知识来审判孔乙己、运用生活的逻辑知识来衡量艺术的真实等。体验的方法设计是否恰当也是衡量教学优劣的标准,知识体验首先要有益,其次要有效,再次要有创意,这都需要教师积累和运用实践智慧。

生命化的体验更需要以审美观照。审美观照,是一种主客体消解、相互融合、"物我两忘"的观照。王国维称之为"意境两忘,物我一体"。在此,主体以全部心灵选择与自己类似和相通的外部事物作为观照的对象,通过主体与客体深刻的契合去领悟生命转换的意义。这种生命形式的相互转换,也就是"物""我"相融无间。朱光潜先生对此曾有一段透避的论述,他说:"物我两忘的结果是物我同一。观赏者在兴高采烈之际,无暇区别物我,于是我的生命和物的生命往复交流,在无意之中我以我的性格灌输到物,同时也把物的姿态吸收于我。比如观赏一棵古松,玩味到聚精会神的时候,我们常不知不觉地把自己心中的清风亮节的气概移注到松,同时又把松的苍劲的姿态吸收于我,于是古松俨然变成一个人,人也俨然变成一棵古松。总而言之,在美感经验中,我和物的界限完全消灭,我没入大自然,大自然也没入我,我和自然打成一气,在一块生展,在一块震颤。"

第二节　语文知识·语文知识体验·语文知识体验教学

一、何谓"语文知识"

关于何谓"语文知识"这个问题,因标准不同而众说纷纭。为了论述方便,我们把语文知识分成五个方面:语言学知识、文学文化知识、文章学知识、社会知识、自然知识。之所以把后两者也列入语文知识,是因为语文本身就是一门杂学,大千世界无所不包,一旦进入语文视野社会知识和自然知识也就成了必须知晓的语文知识了。以此为主干,结合其他关于知识分类办法,或许有助于我们对语文知识教学的科学把握。

加涅认为,知识体系结构像一座"金字塔",塔底由大量的事实、现象构成,中层由对这些事实、现象的解释和定义构成,而最上层则是根据那些"解释"确定的一些"行事规则"。根据加涅关于知识体系的理论,便可以根据语文教学的需要把以上的每一项语文知识分为现象性知识、概念性知识和原理性知识。当然,从语文教学实践来看,用最通俗的话来表述,这三类知识其实类似于语文教师常说的"是什么"(现象性知识)、"为什么"(概念性知识)、"怎么样"(原理性知识)。从语文教学目标来看,现象知识需要大量掌握,概念知识需要尽量精简,原理知识需要精细开发。

波兰尼认为,知识可以分为显性知识与缄默知识两类。显性知识即可以说出来的知识,缄默知识即是"知道,但说不出"的知识。对于语文来说,上面所列五种知识中既有显性知识又有缄默知识。

有学者认为语文的缄默知识就是语感,这种看法似乎不够准确。语感应该是一种"一听就明,一说就清,一读就懂,一写就通"的语文能力,是一种对语文知识从现象到原理的悟性,不应该属于知识。语感水平高的人,能够一下子从现象知识中悟出缄默性的原理,语感水平优秀的人还能够把这些缄默性原理表述出来。

二、何谓"语文知识体验"

所谓"体验",词典的解释是"在亲身经历中体察、感受"。平时,我们往往会把因身体的经历而引起的思维、精神、情感上的活动算做体验。但在知识学习中,更为多见的是身体并未参与的活动,我们把能够在思维、精神、情感等方面经历着、活动着、发展着的知识学习也称为知识体验。

夏丏尊对语感有一个经典论述常常为人们所引用,也可以用来体会知识体验的内在机制。他说:"在语感锐敏的人的心里,'赤'不但解释作红色,'夜'不但解作昼的反面吧。……见'新绿'二字,就会感到希望、自然的化工,少年的气概等等说不尽的意趣。见了'落叶'二字就会感到无常、寂寥等等说不尽的意味。"之所以会出现这样的感悟,是因为他血脉中有了中国文化的积淀,这个积淀一旦经过触媒,就可发酵,有了体验的过程。夏先生用了三个字"说不尽",那是因为随着听说读写的继续,随着人生阅历和知识的不断增多,"新绿"、"落叶"的内涵还会不断丰富。就说"新绿"吧,比如读了"忽见陌头杨柳色,悔叫夫婿觅封侯";"春风又绿江南岸,明月何时照我还";"忆得绿罗裙,处处怜芳草";"不知细叶谁裁出,二月春风似剪刀";清明踏青体会郊外"草色遥看近却无";到漓江看江水的碧绿,在温室内看植物的新绿,到黄山看黄山松枝头新发的枝芽;饱经沧桑的老人面对天真活泼儿童,"新绿"会一直生长着。

在语文知识体验中,知识有时就是教学目标。比如,识字教学、词语理解、句式掌握、课文背诵、识记文学文化常识等,这一类以语文的现象知识居多。有些现象知识只要识记即可,不必一定要挖掘其概念意义和原理意义,不要多做烦琐的分析。在小学和初中的语文教学中尤其要多加注意。

知识有时只是实现阅读与写作等方面教学目标的手段和凭借。比如,毛泽东的《沁园春·长沙》中需要明确的知识点很多,如毛泽东创作本词的背景、词牌与词题的特点、一字逗的句式、融情于景的写作手法、粪土万户侯的典故、毛泽东及其他革命者青少年时代胸怀大志和勇于担当的事迹等都构成这首词的知识。再比如《听听那冷雨》充满澎湃的诗情,其中融入了许多关于"雨"的中国古典文化、文字、文学、社会历史知识,如果不能很好地掌握这些知识来读课文,也只会辜负余光中一番火热的痴情。

在知识体验中有些知识必须对语言现象经过品味、分析与鉴赏才能上升到"为什么"和"怎么样"的层面,这样的体验才最有效。如"孔乙己,你脸上又添新伤疤了!"对一般人来讲,似乎是关心的口吻,但在小说中就发生了较大的变化。孔乙己因为生活无着而偷书,结果被丁举人痛打,脸上出现伤疤。酒店里那些闲散无聊的酒客以此讽刺讥笑他,是故意用婉转、刻薄的话拿他取笑。

再比如,学习《六国论》这篇文章的"起承转合"思路结构很值得把握,但并不是只要识记这个现象就可以了的。南开大学徐江老师认为要从现象出发理解文章、开发知识,要探讨作者的思维结构是如何规定文章结构的,意思是说,既要看到文章结构是什么样的,还要分析"这样的结构是怎么来的",着眼点在于文章的生成过程。①

三、何谓"语文知识体验教学"

语文知识体验教学有如下几种方法:

1. 比类法

这是运用知识来启发学生的一种体验方法。向外国朋友介绍《梁山伯与祝英台》,说它是"中国的《罗密欧与朱丽叶》",于是他们顿悟。这就是通过比类以引起知识体验的典型案例。在语文教学中运用这类方法的很多,如训练学生运用比类方法进行写作:比类法炼字、炼句、炼意、构思全篇等。在阅读理解中应用更多,白居易《琵琶行》在写了琵琶女弹奏之后,为什么忽然用了"东船西舫悄无言,唯见江心秋月白"一句煞尾? 如果用一句话来说明,这是环境烘托法,进一步表现琵琶女弹奏琵琶的高超技艺。学生很难形成知识体验,而用了比类法便可茅塞顿开。比如《祝福》中对新年景象的描写,杜甫的《缚鸡行》"鸡虫得失无了时,注目寒江倚山阁",李白的《送友人》"挥手自兹去,萧萧班马鸣",刘禹锡的《西塞山怀古》"今逢四海为家日,故垒萧萧芦荻秋",绘画中的烘云托月等。

2. 探究法

探究法即以案究理。也就是通过一系列现象分析语文规律,总结出新的知识。这种新的知识或是学生以前没有碰到过的,或是教师与学生新创造的。如文言实词教学,"余亦悔其随之而不得极夫游之乐也"(王安石《游褒禅山记》),这里的"其"是"自己"的意思,学生在以前的文言文学习中尚未注意到,通过这个句子就学习到了新的知识。一般的教学中师生共同发现和总结新的知识其实也多见,在语文教学中这片处女地永远是广大无边。如笔者曾与学生一起总结文学作品的"愤激"表现法,有时用"反语",如《藤野先生》"……真是标致极了";有时直斥,如李白"安能摧眉折腰事权贵,使我不得开心颜";有时自嘲,如柳宗元的《愚溪诗序》;有时指桑骂槐,有时借别人之口,等等,不一而足。理解了愤激表现法,其实也就懂了中国文学的一大半,抓住了"贬官文化"的要义。另如,徐江先生的《中学语文"无效教学"的批判》一文中就有很多是他经过案例分析而开发的新的知识,其中就有很多应用性极

---

① 徐江:《中学语文"无效教学"批判》,《人民教育》,2005年第9期。

强的知识。

要用好探究法,就要充分运用教师知识来细读教材,智慧地解读教材。比如鲁迅的《天上地下》这篇文章中有这么一段话:"不过这只是讲笑话,事实是决不会弄到这地步的。即使弄到这地步,也没有什么难解决:外洋弄病,背脊生疮,名山上拜佛,小便里有糖,这就完结了。"怎样让学生读懂这一段话呢? 章熊先生有一段分析:

> 最后这几个分句似韵非韵。从整段话看,是散文,但是冒号以下的前四个分句,却二、四押韵,句式呈四、四、五、五排列,而且对仗工整,吸收了我国旧体诗的格律因素;最妙的是最后一个分句"这就完结了",有意不押韵,使之和前面不协调。在这一连串整散交错、韵与非韵并存的句式中,对仗工整而押韵的句子自然会引起读者的注意(这种注意可以是潜意识的),而作者要强调的,也恰在于此——语句的内容由于押韵而更显得可笑。最后一个短分句冷然收尾,故意造成一种不协调的感觉,充分显示了作者"横眉冷对"的做人态度和与之相关联的个人的独特语言风格。

章熊先生的这一段分析实际上提供了一个探究法细读文本的案例。他从显性知识"押韵"入手,而其探究的指向却是作者的写作意图——讽刺。使这种讽刺的手法,从隐性走向了显性。

3. 情境法

运用知识来营造情境不同于以视频、声频和表演来制造情境,这种情境就是中西文论中共同强调的"知人论世"的阅读理解。写作背景介绍就属于此类,如教李健吾《雨中登泰山》一文,要向学生交代泰山位置;描述泰山特点(五岳之首,主峰玉皇顶海拔1524米,山高、路陡,世界文化历史名山之一等);介绍本文作者,也就是登山者李健吾的一些情况,特别要指出他已是55岁的人了,而登山那一天正好下雨,他却登上了顶峰。教师设置了这一些情境后,让学生去领悟。这样,学生就能自然地领悟出:作者那种迎难而上的豪情,而在雨中登山,登的又是历史文化名山,那么,作者在写作过程中肯定要选雨中景,景中又必须与文化历史有关。

4. 温故法

感悟的生成有赖于主体全部文化素养的总和,发生认识论称之为知识的"前结构",指的就是"温故知新"的"故"。由"故"而推"新"就是一种体验过程。例如当代诗歌《还是那一只蟋蟀》(人教版高中语文第四册)的教学,如果学生头脑中存贮有蟋蟀的种种表象,有捉蟋蟀的生活经验但缺少相关的文化知识"前结构":不了解"蟋蟀"在中国古典诗词中,作为"意象原形"所包含的民族文化内容,不了解小蟋蟀虽为自然之物,但经历代诗人吟咏,早已成为具有象征意味的艺术符号,那么,他们就无法深刻地感知这首诗的底蕴。如果教师能先期引导学生学习课文注释中有关《诗经》、《古诗十九首》中的诗句,阅读杜甫、杨万里的诗《促织》、学生即会悟到:"蟋蟀"经久不息的"歌声",从遥远的古代唱到今天,代表着乡音、乡情与乡愁,反映了"中国人"的民族感情,它植根于千年华夏文明的活土之中,是故土之情、故乡之情的载体。有了这样一种背景文化的投射,学生自然会产生高起点的"期待视界",很快进入诗的意境之中,感知诗的形象美与情韵美。

5. 训练法

有些语言形式的创新,可能先要从模仿开始。模仿首先要弄清其原理,才能得其神韵。比如2008年全国高考仿句试题"一朵浪花,是一个跳动的音符;一排浪花,是一组激昂的旋律;一江浪花,是一部欢乐生命的乐章。"要能够正确地仿写,就必须揭示其构成的原理,这一个句子由三个分句组成,采用了排比的修辞手法,每一个分句用的是暗喻修辞格,都是对浪花的形象性描述。而三个浪花由于不同的修饰语,构成依次"种属"的包含关系。审清了这些构句原理,才能正确无误地仿写。这个仿写的过程实际上也就是知识体验的过程。

6. 综合法

有时一堂课的教学设计很可能会综合运用多种知识体验策略,把一个个知识体验单元连续起来就形成了一堂课的教学流程。比如学习欧阳修的《伶官传序》,笔者运用"三读"教学法,在第三读中延伸拓展对课文的理解,就综合运用了多种知识体验的方法。首先以教师讲解为主,温习关于史论文的社会意义及写作特点;其次采用大事年表填空的形式,由学生梳理文本中的后唐庄宗大事及作者的观点句;再次联系旧知识,延伸拓展课文的学习,采用的形式是让学生联想与"祸患常积于忽微,而智能多困于所溺"相关的其他例证;最后是让学生在前面的基础上进一步研习课文,运用自己的知识储备,批注评点课文。

四、延展讨论

并不是说所有的语文知识体验都是好的教学。一个文本可体验的知识很多,因此要科学地选取需要体验的知识点,要有计划地形成语文知识体验单元序列,做到前呼后应、螺旋式发展。有些知识可能是"搭错桥"的体验,这样的知识体验只能带来阅读与写作的消解,比如用"交通规则"来解读《背影》,运用法律知识来审判孔乙己,运用生活的逻辑知识来衡量艺术的真实等。体验的方法设计是否恰当也是衡量教学优劣的标准,知识体验首先要有效,其次要有创意,这都需要教师的积累和运用实践的智慧。

第三节 让每一个人都有一本自己的"语文学"①

一、语文知识教学的探索之路、曲折之途

中国古代的语文教学主要是阅读和背诵大量的文选,传承圣人之道,语文学习也较为简单。1840 年以来,特别是"五四"以后,西风东渐,语文科学化越来越受到重视,人们开始自觉地建构语文学习知识体系。早在 20 世纪的二三十年代,现代的语文教育起步不久,一些语文教育家就曾经提出语文课程应重视研究和教授读法(读书法)、缀法(作文法)、话法(讲说规则)、听法(听话规则)和书法(写字)等,与此同时,对于语法学、修辞学、文章学的研究也开始起步。十年浩劫,"知识越多越反动",语文成为"政治"的工具,人们耻于谈"语文知识"。恢复高考制度以后,在知识就是力量的哲学思潮的背景下,语文知识受到空前的重视,出现了"知识中心"的倾向,带来了很多负面效应:重接受而轻反思,重继承而轻批判,重书本而轻经验,重结果而轻过程,重记忆而轻创造,重知识而轻智慧。《高中语文课程标准》试图纠偏却有矫枉过正之嫌,有意无意地回避"知识教学",提出"不宜刻意追求语文知识的系统和完整"。根据新课标编写的教材也都羞于谈知识,课堂教学出现了"知识缺席"的畸变,语文教学出现了"去知识化"的倾向。

没有必要再回到起点上去争论那些"语文究竟有没有知识,语文教学需要不需要知识的教学"把简单事情弄得复杂化了的问题。众所周知,从课程的设置和教材的编写来看,知识是最直接的一个制约因素,脱离了知识,课程和教材就成了无源之水、无本之木。国学专家沈仲九早在 1925 年时就指出:"我以为凡是一切法则的明白表示出来,都是经济脑力的方法。……从前学习国文,总是知其然不知其所以然:某句某字不通,在教员,为什么不通,他是

---

① 本文发表于《中学语文教学通讯》,2008 年第 1 期。中国人民大学书报资料中心《中学语文教学》2008 年第 6 期全文转载。

说不出的;在学生,也只认定这是不通罢了,究竟从哪里注意才能够通,无从知道,他于是只好暗中摸索,摸索得次数多了,总有碰到通的机会,但是已经够苦了。其实,学文在初步的时期,对于通与不通,是很有法则可以根据的。所以我主张为促进学生的国文进步起见,国文教授有大大的注重法则必要;妄用点时髦话为说,就是国文教授的科学化。"

二、追问当前语文知识教学的痼疾

目前困扰语文知识教学大致有四个方面的问题:一是与语文相关的学科知识研究不尽如人意;二是语文课程的设计和编制与学术界对知识的研究有较大的隔膜;三是语文教育界带有原创性的知识缺乏严格的学术检验;四是语文学科盛行着一套古古怪怪的象牙塔中的"学校知识"。正是由于这样一些原因,语文知识的呈现方式是零碎、分散、片鳞只爪的,有的是老师只可意会,不可言传的传授,需要学生在黑暗中摸索积累;还有更多的知识是没有经过严格检验的"学校知识",由于缺乏对其合理性、规律性、科学性、适用性的探究,难有普遍的推广价值。学生的语文学习总是处于跟着感觉走的状态,原因就在这里。在这种情况下学生自主学习的地位难以落实,"教是为了不教"也只能流于一句空话。我们的当务之急应该是在课程改革的大背景下,对语文知识进行除旧纳新,建设一门与课程相对应的知识体系——"语文学"。

三、探索语文知识的教学体系

李海林在《言语教学论》中圈入"语文学"领地的有语用学、言语交际学、心理语言学、篇章语言学、风格学、修辞学、语境学、文化语言学、社会语言学、听知学、演讲学、阅读学、写作学等 13 门之多。[①] 从现代认知心理学的角度看,人们通常把这个知识系统划分为语文陈述性知识、语文规律性知识、语文程序性知识和语文策略性知识四个序列。

(一)追究语文规律性知识

语文规律陈述性指的是从语言学、文章学、文艺学等基础理论学科中提取出来的最精要的、对形成学生的语文能力最有用的知识。人们通常把它概括为"字、词、句、篇、语、修、逻、文",即所谓的"八字方针"。

---

① 李海林:《言语教学论》,上海教育出版社,2006 年。

1. 根据"精要、好懂、有用"的原则来考察目前中小学语文规律性知识体系,我们会发现存在着很多问题。

首先,现在仍在沿用的 20 世纪二三十年代建立起的语文知识体系,虽然有些部分在不断充实和丰富,但很多提法滞后于时代的发展。小说,除了人物、情节、环境这三个概念外,并没有多少知识可教;诗歌,只有送别诗、咏史诗、写景诗、咏物诗几类,只有意象、意境、意旨、虚实相生、动静相衬等屈指可数而且极为表面的知识;散文也只有形散神聚、借景抒情、情景交融、托物言志等似知识又似套话的几种说法;戏剧只有开端、发展、高潮、结局的套路简介,只有悲剧、喜剧、正剧、话剧、歌剧、舞剧、戏曲等简单分类;议论文也只有论点、论据和论证;写作就是审题和立意的训练。这些知识被拧来拧去,正像有些批评者曾尖锐地指出的那样,语文教育界关于文学的观念"至少落后二十年到五十年"。

其次,在这个知识体系中有许多语文知识由于缺乏严格的学术检验,与我们汉民族语言重感悟的特性并不适合,与达成既定的语文课程和教学目标存在着距离,甚至发生冲突。几十年的实践已经证明,那种过于烦琐的语法知识、孤立刻板的词句训练、分解层次、剖析段义的积累。是不能转化为语文素养的知识。

再次,从学生个体的角度来看,基础教育 12 年的语文学习,缺少循序渐进的因学而异的知识积累。从小学到初中到高中,学生接触到的就是那么几小点的知识来回倒腾,而且还将这种低水平的重复美其名曰"螺旋型"。叶圣陶始终耿耿于怀的就是语文改革搞了几十年,但是我们还没有解决好语文学习什么时候该学什么的问题。他谆谆告诫语文教育研究者要扎扎实实地加强这方面研究。我们愧对叶老的是,直到现在我们还没有拿出像样的东西。

2. 语文规律性知识需要形成开放性、前沿性、适应性的体系。

首先要不断吸纳学术界新的研究成果。比如小说阅读,针对中国古典小说我们可以积累"蒙太奇"、"意识流"、"荒诞"的知识。比如诗歌的阅读我们不但要积累一些"意象"、"意境"的知识,还需要积累一些"通感"、"荒谬"、"反讽"、"审丑"的知识。

其次,一些带有规律的语言陈述性的知识有时需要学习者自己深入语理而自我归纳,自我总结。比如语言运用中"反义词共用"法,议论文中的"反事实假设论证法"。夏丏尊在《文章讲话》一书里,指出《过秦论》的开头一段是文气旺盛的名句,并用三条规律分析它。一是以一词统率许多词句,足以加强文气,这句就是从"秦孝公"一直统到"之心"。二是叠用调子相同的词句,足以驾驭文气,"席卷天下"、"包举宇内"、"囊括四海"、"并吞八荒"就是同调子词句。三是必要时,一组同调子词句中的句式要稍加变化,以助长波澜,显出生动气韵。语文学习贵在心悟,像夏先生这样有了自己的感受和体验,这样的积累就有了创新的潜质。

（二）探究言语活动程序性知识

言语活动程序性知识指的是告诉人们如何去阅读、去鉴赏、去构思文章,以及如何才能有效地听取信息、如何在不同场合下与人交际等言语活动方面的知识。方相成指出:"听的知识有对语音的辨识、对语义的理解和对话语的品评,以及听出言外之意,辨别是非,了解说话人风格等。说的知识有组织内部语言的知识、快速语言编码的知识和运用语言表情达意的知识。运用语言表情达意还包括如何运用语音、语调、语速、语量的知识,如何对语言进行修饰的知识,在不同的场合如何进行语言的转化的知识等等。阅读知识有对文本感知和解读的知识、审美和鉴赏的知识,意义建构的知识等。"①这种用明确的程序性知识规范写作实践的做法同样值得我们借鉴。语文学习的程序性知识的积累是养成语文学习良好习惯、形成语文素养的抓手。言语活动程序性知识包括以下两种:

1. 写作的程序性知识

西方在 20 世纪 70 年代兴起了写作的程序教学法,目前已经占据了教学实践的主导地位。比如,他们对议论提出的要求是:在文章中作者要提出一个主要的观点,可以通过一个句子来表明这个中心;在论证时要以事实作基础;写作要采取读者能够接受的方式,文章要合乎逻辑性。进行讨论、发表意见有三种形式:一是概括,从一系列事实或事件中得出结论;二是评价,说明事件的价值是什么。三是推理,进行推理的思维形式包括两种,一种是归纳推理,从小的、个别的现象开始,最后得出结论;另一种是演绎推理,思维运动从极大的概括开始,最后进入典型的例子。

2. 阅读的程序性知识

阅读能力也是由一定的阅读策略的日积月累逐渐形成的,如短篇小说的阅读要实现主动阅读就必须用想象来重新组合故事中发生的事情,并理解其意义。就要自觉地进行如下程序:第一,想象。在脑海中想象小说情节所描写的画面,回忆事情发生的经过。在阅读中,随着故事的展开和你对故事的理解的加深,适当地改变画面,用想象来帮助你理清混乱部分。第二,预测。你认为小说会怎样发展? 注意寻找可能导致某个结果的线索,在阅读中,你会发现你预测得正确与否。第三,联想。把你自己的经历和知识带入阅读

---

① 方相成:《论语文知识体系的除旧纳新》,《教育评论》,2005 年第 2 期。

中,将小说中的人物、场景和你生活中相似的情景相联系。另外,将小说的一事件和另一事件相联系,看看小说中的这些片段是如何连接为一个整体的。第四,思考。想一想小说的含义。小说说明了什么问题? 你在阅读中经历了什么感情? 小说对你认识周围的人和世界有什么帮助? 这比起读小说只注意积累"小说的三要素"是不是更有助于语文阅读的"三维目标"的达成?

其他再如,赏读诗歌的互文式阅读法,学习文言文时积累一些训诂学解释文献语义的方法,如以形说义、因声求义、据文证义,这些方法的积累不仅对读懂、赏美有作用,还可以激发语文学习的兴趣。

言语活动程序性知识来自于前人的经验总结,但并不是每个人都适用,也并不能适用于每一个人,因此还需要学习者对这些知识通过语文实践予以消化、吸收,并创造新的适用于自己的程序性知识。

(三)积累语文学习策略性知识

语文学习活动中,学生为了提高语文学习的效率而采用的有助于语文学习的一系列应对措施和办法还包括注意策略、组织策略、精加工策略、复述策略和元认知策略等。掌握相关的学习策略,是学生学会自主学习的关键。

1. 阅读教学策略

促进阅读理解的策略有:确定重要内容(区分重要和非重要信息)的策略、概括信息的策略、推断信息的策略、质疑释疑的策略、监控理解的策略、激活原有知识的策略等。

2. 写作教学策略

西方写作理论研究者和教学实践有一个基本共识是:写作是一个复杂的智力、心理、社会和技术的过程,"修改"是写作过程的中心,它贯穿于整个写作的过程。因此欧美的语文教学大纲关于写作策略的指导触目可见:"利用增补、删节或改变材料等方法修改草稿""和同伴一起修改作文"、"仔细推敲草稿,更加突出文章论点、组织结构、内容""听取信息反馈,认真考虑他人的建议"修改草稿、"修改、编辑作品,收集反馈信息,将精力集中于内容、结构以及与读者相适应的词汇量上"。

"语文学"是一门杂学,每一个语文学习者不可能成为语文的百科全书,但他应该通过积累拥有一本自己的"语文学",只有这样他才能实现新课程标准所提出的"独立阅读"和"个性化学习"的目标。

第四节 语文教学的大积累观①
——对"语文积累"的几点认识

一、语文积累的四个层面

一个合格的中学生要有哪些语文积累,到目前为止还没有科学的说法。20 世纪 50 年代曾提出一个合格的高中生的语文素养应该是"四个一":背一肚子诗文,写一笔好字,作一手好文章,说一口流利的普通话。根据《语文课程标准》的阐释和大语文学习理念以及语文学习的传统经验,我们认为,语文应该建立大积累观,应包括,语文基本技能积累、语文知识积累、文化积累、生活积累。

(一)基本技能要达到自动化的水平

语文是最重要的交际工具,是人类文化的重要组成部分。工具性与人文性的统一是语文课程的基本特点。语文工具性的特点就决定了语文学习必须有过硬的基本功。工欲善其事,必先利其器。听、说、读、写等基本功只有达到自动化的程度,才可以熟而生巧,为我所用。吕叔湘说:"从某种意义上来说,语言以及一切技能都是一种习惯,凡是习惯都是通过多次反复的实践养成的。"苏霍姆林斯基也曾提出要实现学生的"读写自动化",即是通过一定量的阅读、书写、写作,达到"一听就明,一说就清,一读就懂,一写就通"的程度。他还说,只有这样,学生才具备学习的能力。

然而当前的语文教学现状却令人担忧。广东省 2005 年高考文科评卷组长柯汉琳在总结当年学生答卷时,指出当前高中生语文基本功差突出表现在文字书写、写作表达、阅读理解、文言翻译等方面。他强烈呼吁,中学语文教学还是要重视基本功训练,不要投机取巧。应该说这个呼吁在全国都有普遍的意义。

(二)"语言材料"的积累多多益善

语言材料积累特指识记字词的形、音、义,积累大量的词汇,记诵古今中外精彩的语段、篇章等,阅读相当数量的经典名著。语言材料积累的"量"要达标,才能转化为素养。张志公在总结我国传统语文教育经验时指出,前人似乎有这样的经验:为了培养学生具备基本的读写能力,至少要教他们熟读

---

① 本文发表于《新课程》,2007 年第 3 期。

200 来篇古文。巴金介绍他熟读《古文观止》200 多篇文章的体会时说:"读多了,读熟了,常常可以顺口背出来,也就慢慢体会了它的好处,也就能慢慢地摸到文章的调子。"周振甫在《立体的懂》一文中举出大量的例子说明,只有掌握大量的语言材料才能立体的懂。他拿电计算机来做说明:"把几种古籍或多少篇古文熟读记在脑子里,或看了很多书,构成立体的懂,帮助阅读古文,应该是可信的。"①

一个人掌握的专业词汇量的多寡,直接影响其事业的成功与否。据美国的一家语言研究机构对某一行业成功人士的调查,全行业最为成功的前 20 名,其专业词汇掌握量也处于最高的水平。

传统的观点认为,一个人在少年时期记忆力最强,所以在少年时期要尽量多读书,多背诵,这固然有一定的道理,但对于语言来说,应该活到老学到老,如果不能与时俱进,及时吸收时代的语言、专业发展的语言,就势必成为一个时代的落伍者。所以说语言材料的积累与生命同在。

(三)文化的营养蕴含于语言

语文应该是作为文化主体而存在的,文化积淀就成了语文素养的落脚点。我们不要忘记汉民族精神和文化之根主要存在于汉语言文字中,因此需要在传统与现代、精英与大众作品之间自由翱翔,广泛地吸收古今中外优秀作品的思想和美感,并且与自身的实际生活、文化体验融为一体,这样才能形成与时俱进的语文思想和能力。

语言是一个民族的精神家园,语文以其特有的语言魅力、内在文化蕴涵及情感动力,赋予个体生命以价值、尊严、自由和意义,赋予汉民族以向心力、凝聚力、感召力和创造力。因而文化积淀的最主要载体还应该是听说读写活动。现代语文课程也为我们提供了视野开阔的、品色多元的文化资源,我们千万不要舍本逐末,一窝蜂地离开语文到别的地方去"打工"。

(四)生活积累与语文学习要互动

一方面,了解一定的生活常识,培养积极的生活态度、健康的生活情趣,形成高尚的生活理想,积累丰富而深刻的生活体验,语文学习才有基础,才有持续发展的动力。阅读理解深刻,需要这样的积累;作文写得好,更需要这样的积累。另一方面,语文又是生活的工具,学习语文是为了更好地了解认识生活,更好地参与生活、改造生活,让自己、让他人生活得更有意义、更美好。

生活积累要与语文学习互动,不单单是开几节社会实践活动课、开几门校本课程的问题。每一个人都处于生活与学习的大海之中,完全可以"积学

---

① 周振甫:《立体的懂》,《语文学习》,2005 年第 2 期。

而贮宝",满载而归。但有的人身在宝库却两手空空,原因在于对生活学习没有热情,缺乏关心,因而对生活现象视而不见,熟视无睹,以致头脑贫乏。

把生活变为能够与语文学习互动的积累的主要方法有:观察、体验、思考、联想、想象和回忆等,而情感是这一过程的催化剂。所以要培养自己热爱生活、热爱生命的积极态度,保持浓厚的阅读与写作的兴趣。养浩然之气,保持一颗悲悯良善之心,敏化和升华"向善"情感。只有这样,生活积累才能真正转化为学生可持续成长的营养,达到"积学以创新"的目的。

二、积学可以创新

第一,语文积累是"形成良好语感"、"提高语文素养"的有效途径;第二,不能将积累理解为单独的、孤立的词语积累,而是文道统一的、内容和形式一体的成块语言的积累。成块语言的积累,不仅积累了语境中动态的词语,同时也积累了思想和感情、知识和文化,并且从语言运用的分寸感、和谐感、情味感方面综合收益,有利于提高语感能力;第三,积累的根本途径和目的在于独立阅读和个性化的学习,这是培养创新能力的关节点;第四,语文积累的价值还在于通过积累式的学习有效地达成三维目标。总之,语文积累不是为了把知识放在茶壶里,而是为了创造更多的新知识,是为了让知识化为自己的血肉,成为自己的气象。

关于这一点我国古人早有认识。《中庸》有"博学之,审问之,慎思之,明辨之,笃行之"的说法。其中"博学之"可以理解为积累,而五者相属成系列,也有不断积累、进步的意思,体现一种由学致用的大积累观。荀子的《劝学》早就认识到了积累以致远的道理:不积跬步,无以至千里;不积小流,无以成江海。《逍遥游》中说:"水之积也不厚则其负大舟也无力。"足见"积累"与"实力"的关系。唐代大诗人杜甫用诗句形象地阐明了厚积的道理:"读书破万卷,下笔如有神。"后人又作了引申和补充,苏轼说"腹有诗书气自华",可见只有丰富的阅读积累才能化为人的精神和气度。

认知主义心理学认为,新知识的学习或创建依赖于大量的原有的认知结构,也就是原有的积累。建构主义理论认为,学习过程是学习者对认知信息不断解构和建构的过程。解构是认知主体根据自己的认知结构把认知客体的结构分解为几个组成要素,与自己的认知经验相联系,进行序列性和平行性特征识别、分类、比较、概括、推理的信息加工过程。建构是认知主体按照自己的认知策略和经验,把认知客体解构后的要素进行有意义的重组,并通过同化或顺应的方式,将其与自己已有的认知结构联系起来,产生新的意义和行为的过程。

三、积学何以创新

（一）激活内存

默会知识的获得依赖于认识者与"中心认识"之间背景和知识结构的一致性。同样,语文学习首先是具有个性化的,学习者的知识结构、生活经验、认知能力等"内存"影响着学习效果,只有他们的"内存"被充分激活,并与语文学习的材料"接轨",语文学习才可能顺利进行,学生的默会知识才会增加,语文素养才能提高。所以在语文教学中应当有意识地担当"红娘"的职责,在语文学习材料与学生"内存"之间牵线搭桥。

首先是激活学生的生活体验。"草色遥看近却无",一个学生质疑"为什么绿色的小草在远处能看到,而到近处却看不清了",其他学生积极调动自己的生活经验来感悟诗意,他们想到了"集市的人流"、"工地的红旗"、"稻田的秧苗"等很多与诗句意境相似的生活画面。语言是生活的记载,生活是语文的基础,当语文学习材料与学生们的生活体验"联姻"时,你会发现在语文学习的过程中,学生们的心灵与生活碰撞,学生们的思维与生活交融,会迸发出熠熠生辉的言语之光,学生们的语文素养也悄然发展。

其次是激活学生积累的语言。学生通过广泛的阅读积累了很多的语言,形成了一定的语感,成为学生们宝贵的精神财富。应从课堂教学入手,让语文学习材料多与学生们的语言积累串门,这必然能调动学生们的阅读期望,使静态的语言化为动态的、富有生命力的元素。

再次,尊重个体的元认知方式。每个学生都有他们自己偏好的认知方式:有的喜欢整体感受,有的善于细部推敲,有的能管中窥豹,有的能由浅入深,有的会边读边思,有的喜欢掩卷遐思,等等。要引导学生的认知方式与学习材料携手,挖掘他们的学习潜能,培养他们默会认知能力。比如说,鼓励学生用自己喜欢的方式读书;在识字教学中,应鼓励学生用不同的方法去识记生字;在阅读教学中应尊重学生在阅读过程中的独特体验,引导主动阅读。

（二）突出运用

《语文课程标准》也指出语文课程实践性很强,语文教育的过程是学生听说读写不断实践的过程,是学生在语文实践中受到熏陶感染的过程。在丰富的实践体验过程中,学生对情感、行为、事物的内省体察,最终认识知识,掌握某些技能,养成某些行为习惯,乃至形成某些情感、态度、观念的过程,都能促进孩子们语文素养的发展。

首先是语文综合性活动。有人把默会知识称作"行动中的知识",这里的行动落实到语文教学中来,就是要解放学生的身体和四肢,使他们心灵的默会融入情趣盎然的游戏中,渗进绘声绘色的表演中,与机智激情的操作相结合,注入课外语文活动中来,充分施展语文学习带给他们的惬意。活动中,语文学习材料的组织形式及所蕴含的观念是学生们的中心认识,行动中身心的表现手段是他们的随附认识。在语文教学中应强化中心认识,让学生多用自己行动去展示,去体验。

其次,自觉培养学生养成良好的生活习惯。眼睛是心灵的窗户,这扇窗户要经常打开,去欣赏自然界的花草树木,去接纳可爱的鸟兽虫鱼,去发现人世间的真、善、美,在课堂教学中把这些场景移入,或者直接把教学移入场景中来,或者展示与语文学习材料相关的画面,甚至让他们画一画、赏一赏。直观的形象是他们的中心认识,目光所及、心灵默会则是他们的随附认识,在语文教学中应当根据教学的需要,适时给予语文材料形象化,强化学生的中心认识,这样他们的默会知识对语言的感悟力会有效地增加,自然而然地会提高语文素养。

再次,运用语文提高生活的品质。语文教学的生命和归宿在于运用,运用语文来装点和美化生活,生活会显得更有文化底蕴,真正地实现物质文明与精神文明双丰收。在绿油油的草坪旁,带领学生们共同设计一段富有人文气息的华章,以替代硬邦邦的"不准践踏草坪"。运用语文打扮自己。肖川博士说,只有当知识能够渗入到性格结构之中,体现于日常的、细微的、不经意的行为之中时,知识才能转化为教养。作为语文教师,应有意识地引导学生把语文素养融入吃穿住行等平平常常的生活中。当语文素养最终成为学生生命中不可或缺的活力因子时,会发现他们带给我们的是多么大的惊喜!态度大方,举止得体,言之有理,品行端庄。语文素养修饰着学生们的精神世界,相伴于学生们的生命历程!

第五节 "我们所认识的"以及"我们所能言传的"
——还语文一个真实完整的学习

一、知识系统:一座冰山

知识系统犹如海上的一座巨大冰山,浮出水面十分之三的叫外显知识,隐藏水下的叫缄默知识(内隐知识或意会知识)。缄默知识是匈牙利裔英国物理化学家和思想家波兰尼(Polanyi)在 1958 年出版的《人的研究》一书中首次提出的概念。他将人类通过认识活动所获得的知识区分为"缄默"和"外显"两种形式。缄默知识指那些无法言传或不清楚的知识,外显知识则是指那些通常意义上可以运用言语、文字或符号的方式加以表达的知识。波兰尼认为,缄默知识难以被发觉,但却是认识的重要源泉,在实践活动中发挥着重要的作用。缄默知识不仅有助于外显知识的习得,而且还能在信息不充分的情况下诱导出正确的行为反应,大量的缄默知识的积累还能够产生累积效应。

波兰尼关于缄默知识的研究引发了人们对知识及学习更深入的探讨。从众多对缄默知识概念的研究中,我们可以抽取其共同的特征:个体性、非公共性、非批判性、程序性、实用性、情景性、文化性、层次性等。这些特征意味着缄默知识不仅不能用符号进行逻辑的说明、无法加以反思和批判、是高度个体化的知识,而且还总是与特定的情境文化联系在一起。因此,缄默知识作用的发挥是与某种特殊问题或任务情境的"再现"或"类比"分不开的;同时人与人之间的交往不仅建立在一些显性的社会规则基础上,而且也建立在一些由社会文化传统所赋予的缄默的社会规则基础上。

完整的知识是一个大系统。斯滕伯格认为,知识系统并非就是显性知识与缄默知识的完全对立。相反,"它们是一个连续体,显性知识与缄默知识是连续体的两端,而大多数的知识存在于两极之间"。克莱蒙特在实验的基础上将缄默知识划分为"无意识的知识"、"能够意识到但不能通过言语表达的知识"以及"能够意识到且能够通过言语表达的知识"。通过这种划分,克莱蒙特认为,在缄默知识和显性知识之间存在着一种"连续性"或"谱系"现象,二者并不是截然不同的两极。

二、语文学习中的知识系统

从现代认知心理学的角度看,人们通常把知识系统划分为陈述性知识、规律性知识、程序性知识和语文策略性知识四个序列。①

在这四个知识序列中,存在多种多样的知识形态,有的是你还没有意识到的缄默知识,有的是你虽然意识到但无法言说的缄默知识,以上这两种知识构成了巨大的冰座,用老子的话说是不可"道"的"常道"知识。还有少量的知识是既意识到了,又可以言传的,这就是显性知识。

如果把语文学科知识比作银河系的话,那么,目前在语文这个知识系统

---

① 邵统亮:《让每一个人都有一本自己的语文学》,《中学语文教学通讯》,2008 年第 1 期。

中,即使是份额极小的显性知识也是一个庞大的太阳系,当然这是一个并不完善也永远不可能完善的系统。比如,语文陈述性知识现在仍在沿用20世纪二三十年代建立的语文显性知识体系。这些知识有的过于简单,有的过于繁杂,有的过于褊狭,也有不少已经成为知识的垃圾,有相当多的显性知识还有待于充实、修正、完善、去粗取精、去伪存真。事实上现在已经有很多的缄默性知识转化为显性知识了,却没有被及时充实进中学语文知识系统,比如写作学研究上的"知行递变"写作理论、写作生长(分形)理论、非构思写作理论等。关于语文显性知识的吐纳工作,还有很多的事情要做。

语文的缄默知识是一个大黑洞,等待着我们去发现,去开发。语文的知识与能力,尚有许多是缄默知识;情感态度价值观中则更有大量缄默知识在,而那些几乎全部进入了人类的高级心理活动的语感、创造、灵感、顿悟、高峰体验、自我实现,还有更多我们目前还没有意识到的——都是缄默知识。

如果语文教育仅限于条理化、逻辑化、循规蹈矩的外显知识学习,将会极大地扼杀受教育者的语文学习乐趣和创造性。如果语文仅限于缄默知识的学习,过分注重选文的文化分量,而忽视甚至掩盖了选文的形式、结构、表现、文采、语言等因素,语文课程的本质属性就会逐渐淡化甚至消解。因此,必须对二者的学习进行整合,还语文一个"生命在场,知识在场"的浑璞与本真。

三、知识转化的 SECI 策略

虽然说大部分缄默知识都是在个体无意识、自动化的学习过程中获得的,但是斯滕伯格等仍然认为缄默知识可以通过培训获得,并提出获取缄默知识的几种策略。1995年日本著名学者野中郁次郎(Nonaka)和竹内光隆(Tadeuchi)出版了《知识创造公司》一书。提出了缄默知识与外显知识相互转换的四种模式,简称为 SECI 模型。

1. 社会化(socialization)

从缄默知识到缄默知识,也是个体交流共享缄默知识的过程。用"社会化"一词主要是强调缄默知识的交流是通过社会或团体成员的共同活动来进行的。

学徒关系的模式就是一种很好的策略。波兰尼也非常强调学徒关系模式在获取某领域缄默知识的重要性,认为与有识之士接触或联系对获取缄默知识来说是一种明智的策略。学徒关系模式可以帮助个体经历与专家同样的练习和思考,可见这种模式是获得缄默知识的重要策略之一。一般而言,学徒关系的特点是"师傅领进门,修行在个人",师傅的责任在于为徒弟从知识与能力、过程与方法、情感态度价值观等各个方面打下"领进门"的功夫,后天的发展全靠徒弟自己的修行。在现代教育制度下,我们是否还能实现那样一种师生之间的学徒关系?应当是可能的。学徒关系,真谛在于"师"要有爱和智慧,有爱和智慧则生魅力;"生"要亲师,亲师则信道。这样师生之间则可和谐互动,波兰尼所崇尚的那种学徒关系则可形成了。

让学生学会合作学习。独学而无友,孤陋则寡闻,从缄默知识到缄默知识的过程,它通过面对面的直接接触,实现缄默知识在不同主体间的流动和转移,同伴互助式的学习也是一项不错的选择,倡导"同伴阅读",倡导小组合作学习,让学生在同伴阅读中、在小组合作中情绪互相感染,成果相互激励。

2. 外化(externalization)

外化是创造知识的关键,因为知识的发展过程正是内隐知识不断向外显知识转化和新的外显知识不断生成的过程。

大力倡导对话与讨论的活动性教学,是缄默知识外化的一项重要策略。在自由的对话与讨论过程中,将自己的观点和意象外化成词语、概念、形象化语言,学生个体缄默的认识立场、观点、信念或认识模式,才能伴随着他的见解的发表而"显现"出来。问题解决式的研究性学习,师生、生生之间的自由真诚的对话活动,都属于活动式教学的范围。在那种缺乏对话和交流的课堂里,师生双方既不可能认识和理解他人,也不可能认识和理解自己的缄默知识。

在对话过程中,老师作为平等中的首席,要及时对学生给予帮助。当学生"心求通而未达,口欲言而不能"时,教师一方面要帮助学生克服口语系统给表达带来的障碍,另一方面,应教会学生借助形象来说理、来表情达意的方法,重视非概念思维、非理性思维即"象"思维的培养,把内隐知识转化为明确知识。

3. 组合(combination)

从缄默知识到外显知识,是一种把概念综合成知识系统的过程。缄默知识的获得依赖于认识者与"中心认识"之间背景与知识结构的一致性,因此教者需要根据学生的实际情况,对教材进行创造性的组合,使之成为有利于缄默知识进一步形成、修正、完善,有利于缄默知识向显性知识转化的学习单元。学习柳永的《雨霖铃》,学生对词中的"离愁别绪"有了很深的体会。这时,就可以通过研究性学习,让学生以点带面,以柳永的《雨霖铃》去辐射另外大量的以"离愁别绪"为意象的诗词,如苏轼的《水调歌头》,李煜的《相见欢》,欧阳修的《诉衷情》,周紫芝的《踏莎行》、《鹧鸪天》,杜牧的《赠别》,罗邺的《蜡烛》,晏殊的《清平乐》等,无论是妻离子散的凄凉、情人相思的煎熬,抑或友人分手的不舍,都为多愁善感的词人所捕捉,他们用多情之笔写下了当时的感动。

语文缄默知识还需要经常"内省",才能不断地丰富,才能更好地纳入到学生的"情感态度与价值观"中。经过内省,既丰富了隐性知识,也教会了学生元认知的方法,为今后的语文学习奠定了基础。

4. 内化(internalization)

从外显知识到缄默知识是把外显知识应用为缄默知识的过程。教学过程既是一个通过实践活动领悟和获取必要的缄默知识的过程,也是对显性知识的内化或意会的过程。

熟读精思一般被认为是语言内化的最好的方法,也是情感、思想、文化的积淀过程,更是形成内隐记忆、获得内隐知识的过程。原因在于,作品中诸多的语文养料"保鲜"在具体的语言材料中,在大量的语言实践过程中,会自动地转化为语文能力,内化为学生身心的一部分,这就是内隐学习的过程。

体验是促进学生缄默知识内化的催化剂。朱熹说:"读书,须要切己体验,不可只作文字看。"这里的"切己体验",其实就是一种内在的、缄默的、不同于逻辑思考的体验。学习者只有与作品传达的情意达到相契与共通,才能感受和领悟作品的妙处,生成新的体验。充分运用自己的理解力和想象力去解读课文或阅读材料,不断培养个性才华,用自己的经验、情感、生活理念去寻求对文学作品的解读,一切都产生于自己对文学作品的感悟。

外显知识与缄默知识的转化与体验密切相关,它具体包括两个方面:第一,外显知识必须具体化到行动和实践中,通过这种实践和行动的反复进行而逐渐内化。第二,通过做的过程来体现外显知识,从而实现其内化。默会知识也有人就把它称作"行动中的知识",这里的行动落实到语文教学中来,就是要解放学生的身体、四肢和大脑,使他们心灵的默会融入语文活动中,渗进绘声绘色的表演中,与机智激情的操作相结合,充分施展语文学习带给他们的惬意。[1]

四、还语文一个真实完整的学习

人们称缄默知识的学习方式为内隐学习,反之则为外显学习。其实语文内隐学习和外显学习是一组相对概念,是有机统一的而非截然分离的。从理

---

[1] 知识创造公司(The knowledge-Creating Company)、野中郁次郎(Nonaka)、竹内光隆(Tadeuchi)、科学技术部国际合作司,1999年3月。

论上讲,语文内隐学习是一种无意识、无计划的语文学习方式,语文外显学习是有目的、有计划的学习方式,二者是相对的,而在实际的语文学习过程中,二者却同时起作用,难分彼此,二者的有机统一构成了语文学习的完整内容。

关于外显学习理论,认知建构主义理论早有论述,可以用图式、同化、顺应来解释外显学习。比如阅读一篇文章,首先是整体感知,了解课文大致写些什么,然后一部分一部分地读,思考每部分写什么,再把各部分内容连起来想想,概括出主要内容,还要体会内容所表达的思想,以及体会课文是怎么表达思想的。像这种采用一定的程序来完成学习任务的学习活动,就是外显学习。在外显学习中,有的文章能顺利地纳入个体的认知系统中,这是同化;有的课文在表达上有它的特异性,不能顺利纳入个体的认知系统,就要主动调整认知结构,以适应对文章的理解,这就是顺应。在外显学习的同化或顺应过程中,分析、综合、比较等逻辑思维起着主要作用。外显学习容易走入急功近利的误区,带来的问题是过分注重外显性的效果,如烦琐的课文分析、情感美感的缺失、人文精神的失落、形象思维的忽视、知识的过度追求等。像"学生的审美能力、合作精神、鉴赏能力,对学生人格、人性方面的感化"一类的内隐性的效果却被冷落,容易造成学生的精神世界日益枯萎。

内隐学习符合语言文学的认知规律。语文具有极强的模糊性和不确定性,包含着诸多非科学的因素,这为内隐学习提供了必要的前提;语文丰富的人文内涵、情感和美感的熏陶是一个潜移默化的过程,更多依靠的是无意识;语文学科的实践性,决定了语文课不仅要学习陈述性知识,更要掌握程序性知识和缄默知识,这与内隐学习的特点相吻合;语文学习的社会性,要求语文学习必须调动生活和学校中的一切因素,特别是一些无形因素,如环境和氛围等,为内隐学习提供广阔的空间。但是,过分强调内隐学习,有时往往会过分强调人文教育和综合化,忽视学科特点,弱化教学重点。泛语文化甚至去语文化的教学容易造成语文意识淡薄,语文味道稀释,缺少对言语文本的揣摩、比较、鉴别、分析、品评、感悟和赏析,淡化了语文素养的培养,后果不堪设想。

以体验感悟为语文学习的整合点,去弊扬长,在外显学习和内隐学习中居中守正,还语文一个真实完整的学习。做到"知、情、意、趣、法"的统一,让生命在场,语文在场。这就是我们所主张的语文"体悟"教学。

第六节 在"对话"体验中实现"立人"目标

我国的传统教育是"驯授"型,韩愈曰:"师者,传道授业解惑也。"教育的职能是道德驯化、知识传授,培养的大多只是封建帝王手下低眉顺眼的奴才、得心应手的工具。近年来,随着考试制度的改革,教育越来越倾向于"训练"型,名曰"培养能力",实则训练的只是考试的技巧,培养的只是应试的高手。其实,无论是"驯授"型,还是"训练"型,都不能算是真正意义上的教育,因为它们都极度蔑视教育的对象——人——这一活生生的个体。

教育只有自觉地以培养人为终极目标,才能发挥自身的社会功能、推动社会的进步。苏霍姆林斯基认为,教者的工作中,最重要的是把我们的学生看成活生生的人;鲁迅提出不但要"立国",还要"立人",以保证让每个人的个体精神自由发展。"在这个意义上,我们可以借用鲁迅当年的说法,把今天的教育改革所要建立的指导思想,概括为以'立人'为中心的教育观"(钱理群语)。教育的终极价值既不是传统的驯人为奴,只是着眼于君王的统治需要,也不是近年来的授人以技,仅仅着眼于受教育者的生存需要,而应以文本和教者为中介,全面地挖掘并提升人自由发展的潜能,关怀人的总体的教育生成,即知、情、意全生命的活生生的生成与发展。在众多教学模式中,"对话"型教学模式以"立人"为宗旨,在教学效果上显示出了独特的优势。

"对话"型教学并不反对学生的主体作用,但它把学生、文本、教者看做是对话的三方,还学生以对话者的主体地位、视学生为平等的人,学生借助与文本、教者的对话,用心灵去感知自然、了解社会、体味人生,最终培养丰富的情感、自由的精神、独立的人格、坚定的信仰、坚韧不拔的意志和自觉的责任感。

以下从三个方面谈谈笔者对"对话型"教学的一点思考。

一、人本对话

人的发展固然有先天的条件,但后天的道德教育、知识积累和能力培养对人的发展起着决定性的作用。对一个在校学生来说,获取知识的主要渠道还是对文本的阅读。

1. 阅读的定位

传统观念将阅读看做是主体与客体的统一过程,一旦突破了这一主客结构的定势,就不难看出,文本本是作者认识的提炼、感情的凝聚,读者与作者正是通过文本交流思想感情的,所以,只有将人本关系从主客体关系推进到主体间的关系,将人本关系理解为主体间的对话关系,才算比较深刻地把握了它的本质。从对话理论的角度看,阅读是读者与作者之间的一种特殊的对话,读者进行阅读,并不是为了单纯地理解作者的原意,更不是为了机械地接受作者的观点,而是在获得作品意义的驱动下,同时进行着内省和反思,或者说,文本激活了读者的思想感情。刘勰所谓"披情入文"、孟子所谓"以意逆志"都包含了阅读过程中的心灵的对话。所以高尔基说:"读书,这个我们习以为常的平凡过程,实际上是人的心灵和上下古今一切民族的伟大智慧相结合的过程。"

概言之,阅读过程即是人本对话过程,它是阅读者知识贮存与丰富的过程、人格培养与完善的过程、能力形成与提升的过程。

2. 教学活动中人本关系的定位

在传统教育观念中,文本是知识的汇聚,其职能是灌输知识,其形象是凛然的权威。学生在文本面前只是一个被动的接受者,阅读文本的过程实则只是填充自我、矫正自我甚至取代自我的沉重的过程。在这种观念下,教育的终极目标只是完成知识的传输、道德的教化,至于学生个性的发展、身心的健全则都不在其视线之内,这样最终培养出的只能是一批批的"标准件"。"对话"型教学赋予人本关系以全新的概念,文本与学生不再是教育与被教育、灌输与接受的关系,学生在平等对话的基础上,轻松地感知文本、反思文本、质疑文本,进而激发创新能力,生成全新的视界。这视界包含了两个方面,一是对自我视界的充实与矫正,二是对文本视界的审定与重构,二者都包含了否定—重建的过程,这一过程的反复再现,使学生不断地提升自我、超越自我,最终成为具有人文精神、独立人格和创新意识的新型人才。

二、师生对话

在传统的教育观念中,师生关系被定位为传授者与被传授者的关系,这种定位使教者自以为凛然不可侵犯,使学生唯唯诺诺不敢越雷池一步,最终阻断了教者自身的不断完善,也扼杀了学生的独立人格和创新精神。

当前,"爱生"的口号确实已经深入人心,但教育只强调"爱生"而不"尊生"的现象十分普遍,师生之间只是一种"施爱"与"被爱"的关系,师生间仍存在一层厚厚的障壁,学生的发展仍摆脱不了重重桎梏。在应试教育中,师生关系甚至恶化到了相互工具化的地步。

"对话"型教学使师生关系有了一个正确的定位,那就是师生关系的本质是一种对话,师生是一对特殊的对话者。师生只有在平等与真诚的前提下才能真正实现心灵的沟通,学生在轻松、愉悦、开放、自由的氛围中才能开启心智、培养能力,最终完成"人"的塑造。

师生对话中,教者要完成两个任务:

1. 担当文本与学生对话的中介

在教学活动中,教者要担当主导作用首先要完成自身与文本的对话,在结合自身学识、阅历对文本进行了正确的解读后,还需精心设计传授方式,启发教学,寻找文本—教者—学生之间的最佳结合点,协助学生完成心灵与文本的融合,指导学生进行有创造意义的思考,引发学生感知、反思、质疑,更好地实现学生与文本的对话。

2. 展示示范形象

教者不仅是学生与文本对话的中介,教者自身的人格形象对学生也起着巨大的影响。藤野先生以对弱者的同情、尊重影响了关注弱小、勇于呐喊抗争的鲁迅,从而揭开了旧中国重重黑幕的一角;陶行知以拯救民众的热情、崇高的人格力量培养了一大批爱国志士,推动了中国革命的进程。毫无疑问,一个自身胸无点墨、猥琐卑下的教者永远不可能培养出学识渊博、人格高尚、以天下为己任的学生。

三、对话教学对教者提出了全新的要求

"对话"型教学的终极目标是"立人",这一目标的实现对教者提出了全新的要求,教者面临着新的挑战。塑造健全人格,更新教学观念,参透教学内容,营造课堂气氛,优化课堂教学语言,这些都是摆在教师面前的艰巨任务。

综上所述,"对话"型教学的本质是在平等真诚的基础上达到一种经由相互交融而生成的新的精神境界,"对话"型教学的过程是积极的、富于创造性的,实施"对话"型教学的终极目标是培养具有健全人格和创新能力的"人"。

第七节　把鱼放入大海
——语文学习生活体验感言

日本教育家小原国芳说过:"国语它决不是什么训诂之学,而是活的思想,是川流不息的生命。"

语文学习与生活的外延相等,在语言文字的感悟与品赏中,如果能够唤

醒情感、激活生活表象、促成意象组合，那么语文学习就会成为一个人的生命活动、精神活动和必不可少的生活形式了。

语言总是与人的具体生活情境相连，语词的认读、选择，语序的排列，语流的急缓，总是契合了人的某种生活感受。"花"，不只是七个笔画上下结构的组合体，我们看到这个字，总是在眼前幻化出色彩缤纷、气味芬芳的花的具体形态；"祖国"也不仅仅是抽象的独立汉字形体，它总是与民族祖辈生息的土地、山川、海洋相连。同样，当我们说一词用得好，其原因从根本上说，不是纯语言意义上的，而是人的生活情境意义上的。一段文字的美也总是与生活情境意义密切相关的。

> 杏花。春雨。江南。六个方块字，或许那片土就在那里面。而无论赤县也好神州也好中国也好，变来变去，只要仓颉的灵感不灭，美丽的中文不老，那形象，那磁石一般的向心力当必然长在。因为一个方块字是一个天地。太初有字，于是汉族的心灵他祖先的回忆和希望便有了寄托。譬如凭空写一个"雨"字，点点滴滴，滂滂沱沱，淅淅沥沥，一切云情雨意，就宛然其中了。（余光中《听听那冷雨》）

语言文字的这种感悟的独特性，揭示了"语文学习与生活外延相等"普遍规律，向我们提出了"语文教学生活体验"的要求。

一

语文教学生活体验，就是要彻底改变语文课的自闭性，把它与生活紧密联系起来。博闻多见就是要深入生活，观察实践，在各类知识经验的积累中培养语感。生活积累和认识水平是语感形成的基础和前提，古人早就注意到了这一点。孔子主张"多闻"和"多见"，以"闻见"为最可靠的知识源泉。南北朝"最通博最有思想的学者"颜之推主张"涉务"，重视增广生活经验。理学创始人之一的张载则提出"只是要博学，学愈博则义愈精微。"朱熹则主张从日用常行处实地学习，积累经验。他说圣人教人大概只是说孝悌忠信日用常行的话，人能从上面做将去。如此不断学习，由行动逐渐领悟义理，由近及远，由浅及深，亦即是"教之以事"，然后"养得他心"。杜甫也认为"汝果欲学诗，功夫在诗外"，只有从生活中体验积累，才能进入诗歌的殿堂，感悟到诗中的"意"、"象"、"情"。

为什么老要抱怨学生阅读视野狭窄、厌倦写作？为什么不引导他们拥抱生活，如观赏日月星辰、凝思山川河流、触及社会焦点、追踪时事话题、关注家长里短、放眼环球世界。为什么不让他们去关注和思考发生在我们身边的"精彩纷呈"的事件呢？如企业改制、下岗分流、环境保护、西部开发、素质教育、农民负担、腐败现象、青少年犯罪、庸俗文化的泛滥、社会风气的恶化、贫富悬殊的加剧、精神家园的丧失，党风、行风、民风、贫困、失业、失地、失学、民生、民心乃至天下风云变幻。

二

品味语言文字要联系生活的体验。宗白华先生说："只有到了徽州，登临黄山，方可领悟中国之诗、山水、艺术的韵味和意境。"叶圣陶先生说过："要求语感的锐敏，不能单从语言文字上揣摩，而要把生活经验联系到语言文字上去。"例如，朱自清的《荷塘月色》中有"袅娜"一词，按词典作"柔软细长"解，缺乏语感，也难运用。但如果联系翩翩起舞的少女的苗条体态、迎风婆娑摆动的杨柳枝、神话中仙子的飘带等，"袅娜"便有了具体、生动、真切的语感。叶圣陶还以对"健康的疲劳"的理解持不同态度的两种人为例。他说，只有"有过劳动的经验"的人，才能体味到"劳动后的疲倦确实与一味懒散所感到的疲倦不同"，才会对"健康的疲倦""拍手称赞"。随后，他还一语破的地指出，这种人的"语感为什么锐敏？就在乎他有深切的生活经验。"

在阅读中教学设计要有从文本向生活的延伸过渡的意识，只有这样才能形成大气的视野。在杨绛的《老王》一文的教学中，一位老师的第一教，设计了"老王是一个怎样的人？""老王想要什么？""'我'是一个怎样的人？"这样三个问题来组织教学，显得零碎，在第二次教的时候，他把目光投射到老王的悲苦的生活上，投射到杨绛一家的"不幸"的遭遇上，投射到两家人生活联系的具体细节上。抓住结尾句"这是幸运的人对不幸者的愧怍"来解读文本，设计了几个问题："幸运者和不幸者到底是谁"，"作者为什么说自己是幸运的，老王是不幸的"，"他们之间发生了什么故事"，"幸运者对不幸者的愧怍，愧怍的又是什么？"从生活出发来解读课文并设计教学，情感的浸染自在其中了。

用烦琐的篇章学、语法学、语汇学、修辞学、空洞的说教来取代文本解读与生活的对话，是一种必须废弃的非生活化的解读方式，应代之以生活体验式的解读。《红楼梦》中《慕雅女雅集苦吟诗》香菱解诗也许最能说明这个问题。"我看他《塞上》一首，那一联云：'大漠孤烟直，长河落日圆。'想来烟如何直？日自然是圆的：这'直'字似无理，'圆'字似太俗。合上书一想，倒像是见了这景的。若说再找两个字换这两个，竟再找不出两个字来。再还有'日落江湖白，潮来天地青'，这'白'、'青'两个字也似无理。想来，必得这两个字才形容得尽,念在嘴里倒像有几千斤重的一个橄榄。还有'渡头余落日,墟里上孤烟',这'余'字和'上'字,难为他怎么想来!我们那年上京来,那日下晚便湾住船,岸上又没有人,只有几棵树,远远的几家人家作晚饭,那个烟竟是碧青,连云直上。谁知我昨日晚上读了这两句,倒像我又到了那个地方去了。"相反,如果香菱学习这首诗只是从"对偶"、"颔联颈联"、"边塞诗派"、"绘形绘色"、"情景交融"等知识性理解,可能永远难以真正会意。

三

借助生活的精彩来还原语文原本的精彩。下面有这样一个教学片断,从中可以体会如何调动学生的生活经验和已有知识来加深对文本的解读,并借此来培养学生的直觉顿悟能力。

> 师:《乡愁》这首诗,作者选取邮票、船票、坟墓、海峡等事物,寄托了浓浓的思乡之情。在生活中除了这些事物外,还有许多东西能触动我们的心灵,引起我们的思乡情绪。同学们能结合自己的理解,用具体的事物为"乡愁"打个比方吗?
> 生:乡愁是一枚青橄榄,苦苦的,涩涩的,别有一番滋味在心头。
> 师:非常好,巧借了李煜的词:"别有一番滋味在心头。"
> 生:乡愁是一根电话线,我在这头,母亲在那头。
> 生:乡愁是一碗老醋,每尝一口,都让人心酸。
> 生:乡愁是一杯没有加糖的咖啡,苦苦的,涩涩的。
> 师:同学们说得多好啊,我们把这些句子整理出来,不就是一首很美的乡愁诗吗?同学们就是这首诗的作者,也可以尝试作诗人。

这里,老师调动学生的生活经验及已有知识,即借用生活中的青橄榄、电话线、老醋、咖啡以及李煜的词,品出了《乡愁》这首诗的各种滋味。

网络时代,不出教室即可纵览世界、过滤纷纭生活;而走出教室,体验自然、感悟人文、积淀情思,自当更佳。这里林林总总的"生活",不啻是读写主体所感觉到了的"事相",主要是与其心灵发生了价值联系、激发其思绪的那部分生活。正如孙绍振所说:"所谓生活并不是你所见所闻的一切现象,而是被你的心灵同化了的、成为自己心灵的一部分、与最精彩的体验联系在一起的东西。""本来,孩子都有自己并不一定与流行的标准化的模式相同的初始观感,这应该是最为宝贵的,只要经过几个层次的转折就可能上升到更新、更具开阔视野的高度。教师本该引导青少年贴近这种独特的初始观感。"教师应尊重并珍惜学生这种原初的感受,这是最富个性色彩的精神现象,最有可能升华为创造力。只有找到了学习主体与生活的契合点,让学生的心灵如同"建构"课堂知识那样去"建构"客体的生活,这样自我与生活才能合而为一。

四

更重要的是要有强烈的课程资源意识。我们的学生学习母语有得天独厚的条件,满耳皆汉语,满口皆汉字,处于汉语、汉字、汉民族文化的海洋之中。这就使得学习语文既有优越的条件——无与伦比的语言环境,又有丰富的语言、文化资源。因此要主动建构与社会、世界、人生和日常生活的广泛联系,从而使有字之书与鲜活的现实同化为充满生机的统一体,使母语课程得天独厚的资源优势得到尽可能的充分发挥。学校课堂是主课堂,此外,校园、家庭、社区和社会都是不同层次的课堂。阅读可以扩大,除了教科书,还有纳入课内外的大量的自选阅读,写作安排有多式多样结合生活的作文,灵活运用生活资源。

研究性学习,语文学习触角伸向无限广阔的空间。如学习《虚与实》把学生组织成几个研究学习小组,根据各自不同的爱好,有的研究苏州园林,有的研究古典诗歌,有的研究小说,有的研究苏城街头雕塑,有的研究油画与国画,有的研究名曲或流行音乐。艺术中虚与实的"以虚衬实,以实衬虚,虚实相生"的辩证关系转化成了一个个具体可感的生活形象。不但如此,在交流课上各组把自己的研究成果介绍给同学,形成了丰富多彩的信息交汇场,进一步丰富了学生多彩的生活体验。

社会生活中凡是与人有关的活动都是语文学习的资源,都能转化为语文学习的过程,转化为受教育者的"后潜力学习"。撷取语文实践活动中的几则"情境对话"为例:放学路上,本班"实话实说",左右脑之互搏,"文革"回忆录,耶和华与凡人的对话,鲁迅与金庸,读图像、还是看"经典"?关注"焦点",跟踪"课间十分钟",本班"流行语"……

五

语言不只是工具,不只是知识,不只是形式,更重要的是一种人的精神生活,只有把品味语言作为一种精神生活来经营,语文教学才能契合心灵。吟诵李白的《梦游天姥吟留别》,能直接感受到一种自由生命的强烈律动;品读朱自清的《荷塘月色》,能立即体味出一种躁动不安的朦胧意绪;欣赏鲁迅的

《祝福》，能随即产生一种有关人的命运的悲剧感，从而能体会到作者对社会人生的深刻剖析和思考。毕淑敏在《我的五样》中通过对"父母"、"孩子"、"爱人"、"鲜花"、"电脑"等意象的比较，体验对生命真谛的追寻。深入到文化的层面，才能够让语文教学真正契合心灵，《胡同文化》无疑是在讲述一种文化、一种建筑文化。在教学中，教师通常把它分成两部分，认为第一部分介绍胡同，第二部分介绍文化。由此，对第一部分的教学任务也就变成了理解每段写了胡同的哪些特征，学生也就很容易地说出了方向、取名、大小、安静等。其实，这仅仅把文章当成是概括能力训练的依托，而没有把文章真正放到文化的背景下进行考察。如果从文化的角度看，这一部分是讲胡同文化的形式，另一部分是讲胡同文化的实质，前者是建筑表征，后者是居住人的心理。教学第一部分的任务不应仅仅是概括内容，还应让学生深入了解这种建筑形式的由来。正如作者所说的那样："这种方正不但影响了北京人的生活，也影响了北京人的思想。"只有这样的阅读才能真正从精神的层面来影响人。

第八节　把握情感体验机制，实现人的发展

关注人是语文教育的核心理念。在阅读教学中建构情感体验机制是实现对人的关注的重要途径。

19世纪，布鲁纳在教育目标分类学中依据价值内化程度将情感目标设定为"接受（注意）—反应—价值判断—价值体系化—价值个性（或人格化）"等层级。在国内，朱小蔓教授也根据心理学的一些研究成果提出"情动、感受—体验、理解—价值体系化、人格化"三个相互关联并逐步过渡的情感教育过程的假说。尽管他们的设定不完全相同，但是都认定教育情境中的情感过程是一个不断内化、价值化和人格化（个性化）的过程，也是人的发展的过程。

我们有必要来关注一下在阅读教学中情感体验形成的原因，从而突破当前阅读教学的瓶颈。

文化背景是情感体验的底色。比如现在有很多中学生不喜欢读鲁迅的作品，经常出现老师津津乐道、学生无动于衷的尴尬场面，究其原因就在于这个时代与鲁迅的时代已经渐渐"远"了，读者与鲁迅也产生了隔膜，再加上鲁迅语言的特有的风格，学生很难走进文本，情感体验难以产生。

这种尴尬是经典阅读中经常遇到的现象。如何缩小学生与经典之间的距离，应是阅读教学所要解决的根本问题。在这方面，我校语文组曾经做过有益的尝试。高一期间我们推出《老人与海》的阅读，学生在第一遍阅读时，

有95%的人说根本不喜欢这本小说,没意思。为了拉近距离,我们介绍了一些海明威的材料,还专场播放电影《老人与海》,同时又约请苏州大学中文系的两名专家进行《老人与海》鉴赏讲座。在后来的调查中,我们仍然发现有56%的人对这部书不感兴趣。在两个实验班的近100名学生所写的读后感中,能够写出自己真实感受且较有质量的文章也只有几篇。

学问、典故、思理的积淀是构成文化背景的核心。如"归"字,葛兆光就觉得它在中国古诗里有一种"摄人心魄的召唤力","蕴涵了《老子》'夫物芸芸,各复归其根'的宇宙哲理,'复得返自然'的人生情趣与对'举世少复真'的失望之心"。"汉字中这个'归'字,不仅包含了《说文》中所说的'女嫁也',不仅包含了《诗经》中'牛羊下来,鸡栖于埘'时的回家,甚至不仅包含了'士反其宅'的安顿,而且还带有寻找精神家园的灵魂归宿的意味。"

生活体验是情感体验的伴侣。在国外,阅读学研究中的"杰克现象"说的就是这种情况。一个叫杰克的学生在学校被老师们认为缺乏阅读兴趣,他常常感到原课文太没有味道,不精彩,然而在家里父母却埋怨他过分迷恋阅读,以至于一份杂志、一张旧报纸,甚至一页广告他都百看不厌。这种现象具有一定的普遍性。即使是同一作者的同一作品,放在课本以外,学生津津乐道,爱不释手,一旦入选课文,一到课堂上就精彩非昔了。一位叫做卡罗尔的阅读学家形象地把它概括为"课内的海明威没有课外的海明威精彩"。所以最能够激发阅读者情感体验的是近似于生活的自然阅读(真阅读),因为这种真阅读情境最贴近于生活体验的情境。事实证明,成功的专家学者,无论是文学工作者还是自然科学工作者,他们杰出的写作能力和阅读能力主要是通过这种真实的阅读获得的。

苏轼《念奴娇·赤壁怀古》最后一句:"人生如梦,一尊还酹江月"。阅读主体只有在了解了词人此时的际遇并对词人的遭遇深表同情时(这是理性思维的透),才可能深入地体悟、判断这一"梦"、一"酹"中的情感内涵;其中有备受压抑的激愤与苦闷,有徒伤老大的无奈,有报国无门的自伤自怜,有遭受打击后的消沉悲哀,更有几分超脱与旷达。如此深厚的情感内容,仅靠译"语"成"象"是无法体味得到的,没有情感经验的催化,没有情感判断的渗入,也是难以感受净尽的。所以费尔巴哈说,"感情只能向感情说话,感情只能为感情所了解"。

阅读主体的主、客观因素是情感体验的七弦琴。主观因素包括性格、心理、本身的情感、态度、价值观等因素,没有这把七弦琴,任何"共鸣"都无法产生。"原来是姹紫嫣红开遍,似这般都付与断井颓垣"、"良辰美景奈何天,赏心乐事谁家院"不能使薛蟠为之如醉如痴,因为他不懂。贾宝玉这时也不一定会心动神摇,因为他这时没有林黛玉的特殊的心态和敏感。联系林黛玉的个性、心态来看,她平时喜散不喜聚,对李商隐的诗独独欢喜"留得残荷听雨声",都是她悲剧性格的自然流露。

客观因素包括身份、文化程度、职业、处境、经济状况、家庭状况等因素。这些客观因素在他(她)的心里投下了暗影,也会影响他在阅读中的情感体验。有时读者(听者)以己之腹度作者之意,因而还会出现写者无心、读者有意的情况。有一次,林黛玉听到大观园中一老妈子在骂:"你是什么人,敢在这里混搅?"其实这是老妈子在骂她自己的孙女,林黛玉就以为是在说她,于是大叫一声:"这里住不得了!"昏了过去。《荷花淀》富有浓郁生活诗意的景物描写、极具生活情致的人物对话,给人们留下了深刻印象。在这篇小说的学习过程中,笔者专门留下一个"我的品赏"环节,让学生谈自己阅读鉴赏中的个人感受。很多学生发表了很有见地的看法,往往都是极富生活情趣的细节。而据笔者统计,来自缺水的苏北地区的学生对文中的水上风物与生活最为敏感,而来自江南水乡的学生却较为漠然:这源于"陌生的地方才有风景"的心理机制。

对语言文字的敏锐感受是拨动情感体验的魔杖。观文者披文以入情。朱光潜说:我读书非常注重语言形式,如果语言形式不美,根本不想看。金圣叹被人称作"读书的种子",他自己说自己小时读《西厢记》读到某一个场面曾躺在床上两天不思茶饭,宛若大病一场。这都是由于对语言形式极其敏感从而加深了对文本的情感体验。

从语调和语气等语言形式上感受语言的情味是披文入情的重要方法。在很多文章中,作者为了表达的需要,在语言运用上采用了特殊的表达方式,或使用含意深刻的句子,或使用让人印象深刻的修辞,或使用特殊的标点符号,或用独字句、独句段、被动句等特殊的句式。解读课文的时候,把这样的地方找出来并设计提问,在探究过程中就可以接受情感的濡染。朱自清《绿》中有处写景文字:"梅雨潭闪闪的绿色招引着我们,我们开始追捉她那离合的神光了,揪着草,攀着乱石,小心探身下去,又鞠躬过一个石窍门,便到了汪汪一碧的潭边了。"作者用了一连串的动词点染了感情的波澜。其中"招引"、"追捉"两个双音节动词若换成"吸引"、"追赶"则有减激情。用"揪"、"攀"、"探身"、"鞠躬"等动词去写梅雨潭边的行踪,深化了作者陶醉的情愫。李清照《如梦令》"昨夜雨疏风骤,浓睡不消残酒……知否? 知否? 应是绿肥红瘦。"体味"红"、"绿"不仅对海棠花叶作色彩描写,还对青春作喻。"绿肥红瘦"表达了词人对暮春伤感与青春将逝的烦闷、苦恼之情。

阅读价值取向是情感体验的按钮。应该说阅读目的是多种多样的,有的为消遣,有的为搜集信息,有的为学习某种技能,有的为研究,有的为鉴赏,有的为借鉴写作,有的为批判,但是到了学校,阅读目的都九九归一:为考试,考试考什么,阅读就学什么。文言学习只剩下一个目的了,积累实词、虚词和句式。诗歌鉴赏也就"什么是意象,什么是意境"名词术语满天飞了。散文、小说阅读测试题充斥:情感空号,体验缺席,感悟盲区。美轮美奂的阅读大厦被拆成了一根根木头、一块块碎砖。血肉丰满的鲜活生命被分解成血管和骨骼。最可怕的是学生的口味就这样养成,你带着他们去情感体验,难保不被他们炒鱿鱼。阅读成了大学的敲门砖,所以待高考结束后,书籍全都扔掉还有什么可奇怪的呢。

理性思维的积淀是情感体验必不可少的元素。入境、察理是阅读中理性思维的关键一环,以《滕王阁序》为例,作者王勃就将大起大落的情感通过其思路的大开大合发挥到了极致。先写《檄英王鸡》和杀官奴两件事断送仕途之路,此乃大悲;南下省亲,应邀赴宴,良友美景,又大喜过望;可面对宇宙,喜尽悲来,叹人生无常、盛衰有时;但想到冯唐李广、贾谊梁鸿,不坠青云之志的豪迈又油然而生,自信坚定;可宴席将尽,回到现实,又茫然失措,万念俱灰。读者的心就这样随着王勃的情感变化而遭遇挫折,不能自已。文本言语的连贯、得体是语文学习理性思维的重要内容,通过这些言语即可以进入作者的情感世界。《故都的秋》中"早晨起来,泡一碗浓茶,向院子一坐,你也能看得到很高很高的碧绿的天色,听得到青天下驯鸽的飞声。从槐树叶底,朝东细数着一丝一丝漏下来的日光,或在破壁腰中,静对着像喇叭似的牵牛花(朝荣)的蓝朵,自然而然地也能感觉到十分的秋意。"这个句段表现出很明显的"俯"与"仰"的层次。前一层次是"仰",从视觉与听觉的角度,写看到很高很高的碧绿的天色;后一层次是"俯",从视觉的角度,写"细数"树叶底下的日光,写"静对"破壁腰中的花朵。"自然而然地也能感觉到十分的秋意"一句,由景及情,因景抒情,表现出作者心中的"秋意"。①

主动阅读是拨动情感体验的基础。美国教育家杜威说过:"教学决不仅仅是一种简单的告诉,教学应该是一种过程的经历,一种体验,一种感悟。"汉语言具有超语言性、追求心灵的意会。所以在阅读中,必须给学生一个自由地充分自学的过程。学生禀赋各异,摆脱了条条学习要求、个个标准答案的束缚,就能轻松自如地进行感悟。在自读过程中,我们会发现,一千个学生就会有一千个"哈姆雷特"。应该说学生这时候的感悟,无论深浅,都是最真实、最具个性的,他们的情感也会在这时候渐渐涌动起来。

---

① 余映潮:《〈故都的秋〉说课》,《中学语文教学参考》,2009年第9期。

做好"诗内"、"诗外"的功夫,让情感体验激荡起来,语文学习就有了诗意的栖居,语文就成了精神的家园。

第九节 关于语文学习审美体验的讨论

一、审美体验的教育价值

审美体验对于教育来说非常重要。席勒在《美育书简》中说:"要使感性的人成为理性的人,除了首先使他成为审美的人,没有其他途径。"[①]别林斯基说:"美的感情是善的基础,是道德的基础。缺乏他,缺乏这种感情,就会没有天才,没有才华,没有智慧,剩下的只有一种庸俗。"人本主义心理学家马斯洛把审美看成是人的高级精神需要之一,认为"审美是一种高级需要,美在自我实现者身上得到最充分的体现"。英国美学学会主席赫伯特·里德在其《寓教育于艺术》中也指出:"美育不仅成为当今教育中的重要组成部分,而且大有成为整个教育的基础和整个教育改革的突破口。"黑格尔甚至认为教育的发展终极只有一门"美学"。

语文学习离不开审美体验。语文带有极强的人文性质,必须充分发挥其促进人性真、善、美品质形成的功能。语文阅读的"例子"(文本)大多是"文质兼美",足可流连品赏。就其内容来看,不管是"人与自然",还是"人与社会",或是"人与自我",都表现了人类求真、向善、臻美的不懈追求;就其形式来看,无论是锤言炼意,还是谋篇布局,千江有水千江月。因此,在中学语文教学中实施审美教育不仅很重要,而且更必要,同时也完全可以做到。语文教师应该根据审美教育的特点,提供足以激起情感波澜的审美介质,培养学生的审美态度、审美心境,深化审美感受,把学生引入"物我两忘"、"澄思渺滤"的审美境界。

二、语文阅读审美体验的四种境界

审美体验有四个境界,形成了一个完整的过程。第一境界是心理准备阶段的"虚静",第二境界是感知阶段的"感物",第三境界是心意层面的"会

---

① [德]席勒:《美育书简》,徐恒醇译,中国文联出版公司,1984年。

心",第四境界是神志层面的"畅神"。我们可以通过陶渊明的《饮酒》来体会这四个境界构成的审美体验流程。"结庐在人境,而无车马喧"表现了作者浑璞隐逸的生活美学状态。"问君何能尔,心远地自偏",陶渊明抱的就是对归隐生活的审美态度。有了这样一种审美态度,感于外物也就毫不奇怪了,正是"采菊东篱下,悠然见南山。山气日夕佳,飞鸟相与还"。感于物就会于心,"此中有真意"。会于心则畅于神,"欲辩已忘言"即是畅神的结果。

第一,虚静是一种"审美态度",指的是审美主体与客体保持一定的非功利、非实用的"心理距离"。需要主体在"澄怀"的情境中,去"味象",在其强烈生命意识激活的同时,"以身体之,以心验之",在价值世界中"以身"、"以心"感觉、品味、探寻对象的意义。读《屈原列传》,学生可以体验那种被屈原不流于世俗、忠君爱国的高贵品质所深深打动的内心感受,而不应该怀有随世浮沉、明哲保身的生命启示。读《贝多芬百年祭》,学生可以尽情地陶醉于贝多芬与命运抗争的震撼之中,这一切完全是出自学生内心精神愉悦的需要,可以毫不顾及现实的社会功利性。

第二,感物是通过形象直觉对客观物象的妙悟。所谓直觉是指直接的感受,不是间接的、抽象的和概念的思维。感物不是一种盲从,而是一种扎根于审美主体的自身文化、学识、教养的高级"直觉"。美国著名学者维纳·艾莉指出,"我个人的知识体系中包含着大量的对自己来说独一无二的体验和回忆"。著名认知心理学家雷斯尼克说:"阅读是一种构造过程,在这个过程中,读者的推断能力与他原来的知识起关键作用。"因而每个人基于自己的"前经验",对同一阅读文本会有不同的审美体验,所以"一千个读者就有一千个哈姆雷特"。黑格尔还说,"同一句格言,从年轻人(即使他对这句格言理解得完全正确)的口中说出来时,总是没有那种在饱经风霜的成年人的智慧中所具有的意义和广袤性,后者能够表达出这句格言所包含的内容的全部力量。"例如,同样是解读"今宵酒醒何处?杨柳岸晓风残月",一个人在不同年龄阶段、不同的境遇回味这句,会有不同感受。在一个班里不同的学生也会有不同解读。正是审美体验的这种个体差异性,造就了具有独特精神风貌的个体。

过于强调个人因素以意逆志,有时会带来误解甚至曲解,造成美的消解。海德格尔就认为过于强调审美主体因素的"感物"可能造成审美的终结。因此"感物"的关键在于在主体和对象之间找到一个可以相互容忍的平衡点。围绕这个平衡点,我们可以通过对事物自身向美涌现的伟力的发现,赋予审美对象一种非凡的意义。同时,也可以通过对个体审美潜能的全方位调动实现对事物审美意义的更本质揭示。所以领会"今宵酒醒何处?杨柳岸晓风残月",需要把自己置身此情此境,通过视觉、听觉、触觉甚至味觉来感受,还要通过眼前的有动有静、有声有色的画面来品赏,更要对"杨柳"、"晓风"、"残月"等意象的整合品味来感知。

第三,"会心"是人与物之间的双向交流,是主体心灵对事物生命的深刻把握,是通过直觉对事物本质的妙悟。陶渊明说自己"好读书,不求甚解,每有会意,辄欣然忘食",说的就是这种"会心"境界。德国诗人荷尔德林有两句诗深刻地描述了这种以生命感悟生命、以心灵领悟心灵的审美体验:"谁沉冥到/那无涯际的'深',/将热爱着/这最生动的'生'"。"沉冥",意味着全身心的投入,以主体生命的整体去感悟事物的深度;"热爱",意味着情感的移入,情感的交流,实现普遍的同情,达到心物合一,应和共鸣的境界。在"晴空一鹤排云上,便引诗情到碧霄"这些景象之中,刘禹锡读懂了天地的"心"。①

第四,"畅神",是神志层面上的审美体验,意味着人因为主体精神意志的通畅和提升而获得快乐。首先,它意味着主体精神意志的通畅。在一片自然风景中发现一个心灵的境界,草色云影,已经是心爱人儿的音容笑貌;余霞中孤雁的鸣叫,已成为天涯断肠人的哀歌;波澜壮阔的大海,蕴涵着无限自由的元素。其次,它意味着精神意志的提升。审美体验有时会达到对自我价值与意义的领悟,这就是象征性的自我实现。在自我实现的一瞬间就产生了一种强度体验,一种极度的幸福感和满足感,就是在一瞬间欣喜若狂、如醉如痴、销魂落魄。在这种情况下,人的精神意志仿佛一下子被提升到了"尽善尽美"的高度。当代作家陈建功说:"我读屈原,感到自己的卑琐;我读陶渊明,感到自己的势利;我读李白,感到自己的狭窄。"他有这种感悟就说明他已进入了这种提升境界。

三、审美体验中的心理结构

审美体验的过程始终伴随着一种亢奋、热烈的情绪,奔涌着一股强大的生命之流。这股生命之流包含着感觉、知觉、情感、想象、理解等多种感性和理性的心理要素,它本身就是感性与理性的统一。这里要特别强调三种心理活动构成的心理结构,即"移情"、"想象"、"妙悟"。这样的心理结构给中学语文审美体验提供了多种可行性:移情的愉悦性、激发性;想象的随意性、延伸性及跳跃性;妙悟的直觉灵性与深刻理性。

1. 移情

德国心理学家、美学家里斯普提出了"移情说"。所谓移情即主体把情感

---

① 宗白华:《美学散步》,上海出版社,1981年。

移向对象里,达到"物我交融"的状态。相传孔子当年周游列国,却到处受到冷遇,他在返回鲁国的途中,经过一段幽蔽的山谷,看到那里浓郁芬芳的兰花开得特别茂盛,不禁感慨万千,因为他认为兰花应当为天子诸侯开放。现在单独在山谷里,只与杂草生长在一起,实在可惜!于是他架起琴鼓,弹起《猗兰操》。显然,孔子因为得不到重用而倍感伤心,于是移情于山谷的兰花,为之弹琴歌唱。凄凉和孤苦的意境,就是孔子情感的移情外射。可见所谓"移情",就是当审美者把自己的情趣外射到欣赏对象又把对象的形象情趣吸取到自身时,从而出现了"物我同一"即人的精神对象化的心理历程。阅读中移情体验的方式有多种,如:美读移情、表演移情、探究移情等。

2. 想象

想象是在已有的知觉、表象及其相互联系的基础上,对这些知觉和表象予以重新组合安排,不仅创造出新的知觉和表象,而且赋予它们以新的形式和意义。想象分为再造性想象和创造性想象两种,下面分而述之。

第一,再造性想象。文字化的文学作品只有间接形象,间接形象并不作用于欣赏者的感觉器官,它是"象外之象,景外之景","言外之意,弦外之音","只可思而得之",即接受者只有凭借作品所提供的间接形象,通过联想和想象才能把它再现出来。关汉卿《大德歌冬景》中第一句"雪粉华,舞梨花,再不见烟雨村四五家",以丹青泼墨的姿态描绘出一幅冬日傍晚渔村雪景的图画,读者需展开想象,在想象中看到西沉的落日染红的天边云霞,看到雪娘子的长袖挥舞,裙裾飘飘,看到那几家茅舍的点点灯光,炊烟缭绕,看到极目千里的诗人的峻骨丰神。正如朱光潜在谈姜夔的"数峰清苦,商略黄昏雨"这句词时说:"在读他的这句词而见到他所见到的境界时,我必须使用心灵综合作用,在欣赏也是在创造。"他还说过:"欣赏一首诗就是再造(recreate)一首诗;每次再造时,都要凭当时当境的整个的情趣和经验做基础,所以每时每境所再造的都必定是一首新鲜的诗。"①

第二,创造性想象。"寂然凝虑,思接千载;悄焉动容,视通万里。"(刘勰)"观古今于须臾,抚四海于一瞬。"(陆机)运用创造性想象,不拘泥于现成的客体而独立创造出新形象,主体超越了日常认知时空和日常心理时空的局限,升腾到一种无限和永恒之中,从而发现生命的内在意义,获得更高、更深刻的审美愉悦。"悠悠乎与颢气俱,而莫得其涯;洋洋乎与造物者游,而不知其所终……心凝形释,与万化冥合。"这里记录的是柳宗元在游西山欣赏自然美景时所感受到的一种永恒的美感体验。

---

① 朱光潜:《诗论》,生活·读书·新知三联书店,1984年。

3. 妙悟

妙悟,是东方思维之花,区别于西方"思"的传统。它经过了漫长历史时期的累积、融化,具有非常丰富的层次内涵。

在创作与鉴赏中"妙悟"些什么,不必拘于定论。既可悟创作风格、创作手法和技巧,又可悟到一字一句的妙处,甚至还可以悟到创作的来源。不管创作也好还是鉴赏也好,都要抓住"兴趣",创作者在外物触动下兴致淋漓所创造的浑然一体、虚实相生的艺术境界,并且具有一种"言有尽而意无穷"的审美效果,而这也应是鉴赏的重要内涵。

怎样妙悟? 首先以生活为源泉,注重亲身艺术体验,就如伯牙学琴于成连,只有实地体验,并悟于心,化形而出,才能达到大善大美的境界。其次,无论诗文的创作还是鉴赏,必须找到悟入之门,找到悟门,乃可通其他妙处。如果找不到悟门,就不可能领会到诗文的妙处。再次,悟入的前提则是饱参和活参。所谓"参"就是专心揣摩,仔细玩味的意思。在"饱参"与"活参"中包含有直觉和灵感,还有理性与思考,二者有机结合,理在悟中,悟在理中。最后,妙悟以"见识"为前提,就是要对诗文艺术特征的法式有判别能力,对风格、意境、体裁、语言等方面特点的辨识和领会。

总之,"审美是情感的,也是认识的"。体验是理智的直觉,审美体验则是通过理智的直觉、审美的眼光,将阅读文本中提供的美的形象经过自己的体验,进行反思,形成新的认识与感悟,并将其整合为自己知识结构中的一部分,这是阅读者将公共知识化为自己知识、走向智慧的过程。

第十节　语文"体验性学习"的特征与策略

一、语文"体验性学习"的特征

"体验"是有着丰富内涵的一个概念。最早使用这个概念的可以追溯到被称为"解释学之父"的德国哲学家狄尔泰那里。他通过反思性和内在存在去规定体验概念,认为体验是一种主体和对象之间的关系,体验者与对象不可分割地融合在一起。此时,客体不再是从前意义上的客体,而是以全新的意义与主体构成了新的关系,并称之为"每个个体自己的世界"。在狄尔泰那里,体验是"具有本体论意义的、源于人的生命深层的对人生重大事件的深切领悟"。

关于"体验"试定义如下:体验是一种心智活动,即心灵在场,主体内在的历时性的知、情、意、行的亲历、体认与验证。体验是一种活动,更是一个过程,是生理和心理、感性和理性、情感和思想、社会和历史等方面的复合交织的整体矛盾运动。基于此我们可以发现"体验"具有的六大教学功能:确保学生的主体地位、重视情感的主体与客体相融合、强化教学的生活特征、提高学生的审美能力、加快学生的经验转换、培养学生的创新意识。

正是由于这样的教学功能,"体验性学习"才一直为人们所重视。在我国传统诗学和传统语文教育中,经常使用的涵泳、吟诵、品味、体味、妙悟、入神等,也都包含了体验的过程。《高中语文课程标准》在"课程的基本理念"中指出,要正确把握语文教育的特点,就必须"尊重学生在学习过程中的独特体验"。在"总目标"中提出,要培养学生"具有独立的阅读能力,注重情感体验"。在"教学建议"中则强调,遵循学生的身心发展规律和语文学习规律,阅读教学"应让学生在主动积极的思维和情感活动中,加深理解和体验","要珍视学生独特的感受、体验和理解"。在"评价建议"中要求,"语文学习具有重情感体验和感悟的特点,因而量化和客观化不能成为语文课程评价的主要手段"。

语文体验性学习具有五大特征:主体地位和作用得到确保并能充分发挥;个人经验、性格以及文化积累是体验的基础;具有独立阅读的能力是体验的基本条件;思维和情感活动是体验的主要形式;独特性体验才能产生独特性的感悟。

二、体验性学习与接受性学习

接受性学习与体验性学习是二元对立的。接受性学习是学习主体通过语言符号工具,把别人或前人基于经验之上所总结的概念、命题或系统理论等知识表征,经心理的同化和顺应的方式内化为自己的知识。接受学习适合高效率地学习外显的明确知识。而体验学习是指学习主体在一定的情境下,通过观察、实践、交往,对事物、符号、情感的感知与内省体察,自觉或不自觉地获得包括认知、习惯技能、情感态度等的明确知识或缄默知识。体验性学习是过程生成性的,是个别化的和主观化的。感悟是体验性学习的核心,内化是体验性学习的关键。它适合情感性或复杂性的意会知识的学习。

笔者认为,接受性学习和体验性学习二者之间你中有我,我中有你。因为在接受学习中,只要学习者动手、动口、动脑就伴随着思维活动与情感活动,学习者一方面接受他人的观点,同时也会形成自己独特的看法,体验随时随地发生;在体验学习中,也有明确知识的全盘领受,也有默会知识(即缄默知识)的感悟,还有自己独立阅读和独特的领悟。

还有的人把体验性学习视作全新的学习方式,从而与传统的语文教学相对立。这是对中国传统的语文教学不甚了了的缘故,其实中国传统的语文教学非常强调"切己体察",而且在这方面积累了很多经验,形成了优良的语文教学传统。我们所要做的工作就是,在接受性教学中,要呈现一定的情境,富于启发性,自觉地让学生沉浸于"体验",而在"体验"性学习中,为了提高学习效率,对于公共性知识也要推进接受性学习。

三、语文体验学习的两种基本形式

语文体验性学习包括如临其境的体验和将心比心的体验这两种情况。前者是指沉浸在语言文字描写的形象世界里,切身体会形象世界所蕴含的意义;后者是指进入作者或作品中人物的心灵世界,真切体会他们的喜怒哀乐,与之共感共鸣。无疑,要想让学生对教材有充分而深刻的领悟,教师就要设法在教学中把学生引入上述两种境界,即形象世界和心灵世界。心灵世界也是一种境界。正如王国维在《人间词话》所说,"境非独谓景物也。喜怒哀乐,亦人心中之一境界。"

语文教学总是在特定的语文环境中进行的,因为每篇文章都有各自特定的典型情境。字面义、言外之声、微言深意等,无一不是在文章的典型情境中才能理解、品味。所以,教学中指导学生阅读作品或写作时,创设特定的典型情境,对于让学生"悟"出作品内涵和开阔思路,必然有极大的帮助。例如,叶圣陶以"大漠孤烟直,长河落日圆"为例,创设想象的情境。他说:"要领会这两句诗,得睁开眼睛来,看到的只是这十个文字呀。不错,我该说得清楚一点:在想象中睁开眼睛来,看这十个文字所构成的一幅图画。"叶老用创设的四样景物——大漠、孤烟、长河、落日,让学生"悟"出诗句后荒凉静寂的境界。可见,如果不是适当地创设情境,而只是死盯着文字,就不能从字中看出画来,就悟不到作品的意境。创设特定情境,对引发悟性是极有作用的。

要让学生从内容到形式把握精要,首先要引导他们能进到作品的具体语境中去,将语言还原为作家所建构起来的具象,然后让自己置身其境之中。如读王维的诗句"明月松间照,清泉石上流"就得想方设法让学生眼前出现这十个字所构成的画面:雨后,山上的松林一尘不染,显得格外苍翠,皎洁的月光穿过树叶的缝隙在林间留下斑驳的影子,给人以明净清幽的感觉,好像连自己的心也被洗净了一样;而此刻,山泉因水量充足,流势增大,那白练似的泉水从石上流过也淙淙有声,像优美的奏鸣曲一样在身边响起,更反衬出山中的宁静,使人感到仿佛是大自然的脉搏在轻轻地跳动。惟有这样身临其境,才能去理喻艺术家以心灵映射万象。让学生身临其境,有两种办法:第一,有感情地诵读。悟性与语言感受力密切相关,并以朗读为基础。通过朗读,文字符号又变成了富有感染力,形象化的声音符号。眼与心谋,耳与口谋。可以有效、快捷地领悟文章作者的思想感情与写作意图,领悟作者的构思匠心和语言运用技巧。当"书读百遍"之后,学生读流畅了,重音、停顿、速度、语调等处理得恰到好处了,文学作品就活化成鲜活具体可感的情境,学生不知不觉就身临其境了。使人物之话如出于己口;使文章之情如出于吾心。如《沁园春·长沙》中"鱼翔浅底"之"翔"的妙趣、《再别康桥》开头与结尾"轻轻的"与"悄悄的"细微差别、《我爱这土地》中感情起伏所构成的"内在的节奏"等都在诵读入境之后水到渠成地"领悟"在心了。当然,朗读训练要得法,教师的范读与指导要准确到位。如能采用录音或多媒体教学,效果会更加明显。为调动学生积极性,可采用灵活多样的形式激发学生诵读兴趣,如分角色朗读、情景表演、诗歌朗诵、演讲比赛、故事会等。

四、关于语文体验式学习两种观点的商兑

北京刘晓旭试图建构师生互动的主体体验式语文课堂教学模式。他认为,在语文课堂教学中注重教学的主体体验,正是构建新的语文课堂教学模式的大胆尝试。"注重语文课堂教学的主体体验,决不应该是一般意义上的课堂教学的艺术技巧,而是语文学科课堂教学过程一种本应具有的实实在在的属性。"他对这个"实实在在"的属性的描述是:一种由参与课堂教学过程的主体,即师生双方共同创造的贯穿于每个教学环节之中的师生思维的互动,由传统课堂教学中教师单纯关注学科的知识和内容转而重视关注学生的思维活动、开启理性和感性思维的一种和谐的课堂教学方式。由此,他认为首先应该建构主体体验的课堂学习情境。再以师生互动达成主体体验的交流与升华。并且要注重主体的情感体验,训练学生感性思维的能力、掌握思维的方法。因为注重学生情感的体验和感性思维的训练,是创建语文课堂教学主体体验的重要体现。还可以运用比较的方法,通过体验形成语文学科体系。合理运用各种教学手段辅助教学,以直观体验强化体验式学习。①

刘老师的主体体验教学模式在实施途径中的确突出了"主体体验",但是

---

① 刘晓旭:《语文课堂的主体验教学》,鸡西教育网,http://www.jxedu.com。

他所说的这种模式"实实在在"的属性似乎就是关注学生的思维活动。如以体验的本质特点来考察,显然不完全属于同一视阈。

王水生提倡的是体验式阅读。体验式阅读,实际上就是古人常说的"情景阅读"。它容易激发学生阅读文本的热情,并且能进行"语境体察",学生"心动"之余就能寻找出或浅表、或深层、或醒目、或隐蔽的各种信息,为己所用,进行研究性的实验学习。他经过近一年的探索,结合教学实际,摸索出体验式阅读即"发现—研究—解决"的教学模式,从而"强化学生的自主学习意识,为继续学习和终生发展打好基础"。他认为,要利用课堂,强化学生的自主意识。教师要从教学的"主宰者"变为"导航者"。相信学生,培养学生的自主意识。教学过程要从"重传授,轻探究"向"传授探究结合,探究为主"转变,重创造条件,最大限度地开发学生的学习潜能。以人为本的语文教学观要从"重教书,轻育人"向"育人为本"转变,从"只重智商"向"智商、情商、心商并重"转变。要开发学生的创新思维能力。

王老师所说的体验式阅读,在我看来,其实就是发现式阅读或探究式阅读。不可否认,这类阅读自然也能增强学生的体验,而且体验也具有个人性特征。但是,强化自主意识未必就等于强化体验。

在语文教学中,教师要加强学生对语言文字探究过程的体验,通过角色扮演、角色置换、观察、想象等体验性活动,将学生引向自然、引向社会、引向生活,使他们感受生动的问题情境,获得大量鲜活的阅读信息,在身临其境中去阅读,去感悟,去创造。首先,要挖掘教材中利于学生体验、感悟的教学内容,创设利于学生主动体验的环境,积极引导学生在语文活动中主动地感受自己的情感活动,感觉自己就是教材中的一个角色在活动。其次,体验活动的外部行为一定要引起学生内部的心理活动过程。要调动学生的情感、知觉、思维等一系列心理功能共同参与体验。这样才能丰富学生的情感,促进学生的心理内化。最后,要将体验作为学生创造性活动的基础。不同的个体对于事物会有不同的感受能力,引起不同的体验,从而丰富着不同的个性。教师要善于抓住学生在观察、表演、想象中的不同感受,对之加以积极引导,让孩子进行创造性语言训练。"通过体验性学习更能帮助学生习得语文学习的方法,形成良好的阅读习惯,提高自我教育的能力。"

第三章　"体悟式"语文"悟性"观

第一节　从悟性思维的原点出发

语文体悟教学,基于悟性思维。运用悟性思维、探清"悟性思维"的源流,对于架构体悟教学无疑有着重要的意义。

一、中国传统的悟性智慧

中华民族的祖先是凭着悟性智慧会通物我、通达大道、"睹物象而致思"(卫恒语)的。汉字的"依类象形",《易经》的象思维,《诗经》三百篇常用的比兴手法,中医学的"望、闻、问、切"、阴阳虚实辩证,都鲜明地体现了中国人的悟性思维方式。原始儒学、道学及中国化了的大乘佛学以及融合三家、会通一体的宋明理学,尤其是王阳明贯通有无的心学,都是发挥直觉悟性的优秀代表。儒家讲"反求诸己"、"穷理尽性"、"四端"、"七情""、"浩然之气"、"体会为心"、"天道性命"和"躬行践履";道家主张"抱朴归真"、"虚静"、"心斋"、"忘我"、"言无言"、"体道"、"体自然"、"神与物游";佛学倡导"明心见性"、"顿悟"、"无思之思"、"即色即空"、"体用不二"、"即性即佛"、"触事而真"、"目击道存"等,都是运用这种整体的、直觉的、超概念、超逻辑的直接体悟的方式,在生命意识中把握客观事件,并且获得世界与人生的意义。

传统文化中的"悟"有三个特点,可以表述为:悟在我心,自明自觉;识自本然,回归生命;冥合二元,等同物我。因此,从"悟"的途径来看,有"外悟"与"内悟"两说。外悟说是"经验的领悟",内悟说是"内省的了悟"。两者都不是感官的印象或逻辑的推论,而是内心对思维主体和客体的领悟。

儒家的特点是"外悟说"。"格物致知"的"格致之学",强调从外界的经验中尤其是前人已有的经验中,领悟事物的本质和内在联系。

道家的特点是"内悟说"。道家主张"玄览",即"心居玄冥之处,览知万物","塞其说,闭其门,挫其锐,解其纷,和其光,同其尘。"反对向外界观察体悟,排除一切感性经验、语言概念和欲望杂念,保持内心的清静和安宁,达到

"常无欲,以观其妙"。

中国佛教在长期的历史发展过程中,创造和积累了一整套系统而完备的内悟方法。以自我为悟之主体和客体,道我不分,佛我不分,"识自本心","自悟自修",自格自致,"心净自悟,顿悟成佛","忘象息言","彻悟言外","以心传心","智慧关照,不假文字",依靠个人自我体验,实现对整体"中道"的领悟。

从"悟"的内容来看,"悟"有三种,即智性之悟、德性之悟和审美之悟。①

智性之悟是人类思维和学习的精神活动的一种高级本能。它表现为语言的或者知识的敏感,是使我们举一反三、触类旁通的内部机制。这种智性之悟是我们解决问题、有所创造的核心因素;它是生命的底蕴,并在人的活动中发展,而不是谁可以"教"出来的。

德性之悟是一种心与心的旁通,我与他人不再是一种互为对象化的关系,而是一种互为主体化的关系。如孔子的"仁"、"恕",孟子的"不忍人之心"或"恻隐之心"等都是对他人心灵的直悟和直感。

审美之悟则是一种会通万物的思维,在诗意的心灵中,打通"我"与世界的界限,通世界以为一。审美的道路是内在的冥合,与物相"乘"相随,融入这个世界中,与世界同在,和世界实现"打通",这是"合",这就是道家所心仪的"心物之契"的审美体悟。

二、西方哲学家对悟性思维的认识

西方传统思维是概念思维,表现为一种理性主义。从亚里士多德提出的"第一实体"起,这种主客二分的对象性、实体性思维方式和理性主义的传统一直延续至德国古典哲学,达两千多年之久。特别是笛卡儿的"我思故我在"道明了启蒙运动以来西方哲学思想的精髓。

从工业文明和文化哲学的历程来看,理性主义从功能、效率、手段和程序上来说是充分合理的,技术理性的发展和进步的确提高了人的认识和生存能力。然而这种"逻辑的、理性的权利"或许能成功地征服"外在事物",却难于独立而有效地阐释"内在事情"。理性的专制是付出了沉重代价的,其突出的表现是,在理性崇拜的垄断下,人文价值被严重忽视了,甚至出现了"只见物,不见人"的极端偏向,其结果就是,人被严重异化、教育被严重异化。科学史家布尔特在《近代科学的形而上学》一书中说:"从前,人们认为他们生活在其

---

① 李霞:《语文体悟论》,湖南师范大学博士论文,2009年。

中的世界,是一个富有色彩、声韵和花香的世界,一个洋溢着欢乐、爱情和美善的世界,一个充满了和谐而又富有创造性的世界,而现在的世界则变成了一个无声无色、又冷又硬的死气沉沉的世界,一个量的世界,一个在机器齿轮上转动,可有数学方法精确计算的世界。"进入19世纪中期以后,不少西方哲学家开始了对概念思维所造成的科学理性异化的质疑与解构。这其中,哲学家海德格尔把西方哲学的危机看做是思维方式的危机。在他看来,人类走出危机的出路就是寻找一种非规定性的存在之思,这样才能从根本上改变人类的历史命运。他的《存在与时间》所描述的存在的"在之中"的生存、"应手性"的状态,与《庄子》所标榜的"忘"的状态或智慧颇为相似。这使他的思想接近中国传统的"天人合一"的境域。因此海德格尔这种从根本上区别于概念思维下的非理性、非分析、非规定性之思便与中国传统的悟性之思沟通起来了。

其实对悟性思维的认识在西方的哲学家中不乏其人,康德虽然坚持理性至上,但在他看来,感性是接受印象的能力,知性(即悟性)是规则的能力,理性是原理的能力,它们一起构成人类认识的完整结构。叔本华认为"悟性,在一切动物和一切人类,是同一个悟性。"由此,他提出了"天才论"。柏格森认为,悟性就是与利害无关的放任天性的激情或知觉在天然纯粹状态中感知事物的微妙活动。克罗齐认为,悟性就是没有道德考核的直觉感受和想象。伏尔泰认为,悟性就是人对生活经验的特殊循环往复的体验、理解与评价,它是一种纯粹的旁观和内在的精神活动,是以人的生命意志为基础的。胡塞尔认为,悟性是人的一种意向性活动,是对经验对象、现象的本质的还原,即本质直观。雅斯贝尔斯把悟性看成是人对生存活动的一种领悟能力,领悟就是从自我的思想状态和内在行动中发现存在,就是沉浸于神秘的"大全"中揭示人的本质存在和规定哲学的目标,即所谓"从本源中发现存在"。

当然,西方的哲学家所认识的"悟性"有别于中国传统的"悟性"。西方的悟性强调悟性主体与被悟对象的分离和悟性与理性的并存;悟性包蕴理性,是在理性充分发展之后的自觉思维;肯定语言符号在悟性认识中的作用,承认语言是本体的表征,认为"语言是存在的寓所",在认知活动中具有认识中介和意义生成的作用,呈现为自觉的理性之悟。

中国式的悟性力求将悟性主体与被悟对象融合为一,使主客合一、天人合一;主体对客体的把握是在主客体交融中实现的,而非把主体从客体中分离出来,使主体客观、冷静地认识客体;悟性超越感性和理性,是未经理性化的自发思维;而借助语言符号难以领悟被悟对象的本意,强调悟性主体对被悟对象的直接领悟,或主张以意象代替语言文字,或干脆"不立文字,直指人心",呈现为自发的非理性之悟。

三、悟性思维的特质和培养机制

康德认为,感性、知性(即悟性)和理性三者一起构成人类认识的完整结构。感性含感觉、直觉、表象等层次,具有直接性、具体性、生动性、多样性等特点;理性含概念、判断、推理等形式,具有间接性、抽象性、深刻性、统一性等特点。而悟性作为感性与理性的统一,是直接性与间接性、具体性与抽象性、生动性与深刻性、多样性与统一性的融合。

悟性有其自身独具的极强的个性:丰富性、流变性、整体性,是一种原创性的思维。悟性主要在于三个方面。一是非逻辑性。悟性思维的过程不是逻辑推理的过程,而是对比、相似、联想等一系列复杂思维的过程。我国著名的戏剧大师曹禺曾经说过:"每次有人问我《雷雨》是怎样写的,或者《雷雨》是为什么写的这一类问题。老实说,关于第一个,连我自己也莫名其妙;第二个呢……也许写到末了,隐隐仿佛有一种情感的汹涌潮来推动我,我在发泄着被压抑着的愤懑,毁谤着中国的家庭和社会。"由此可见,悟性思维没有明确的目的性和倾向性,也不受逻辑规律的制约。二是跳跃性。悟性思维的任务与其他思维的任务是相同的——认识未知。但在认识未知的知识或条件还不充分的情况下,或者是在逻辑推理中断的情况下,逻辑推理就无能为力,可是悟性思维却仍然能实现由已知到未知的跳跃,悟性中的这种"跳跃",有一种特殊的功能,它跨越时间的限制,冲破空间的阻隔,跳出个别事物的束缚,摆脱类别的界限,把两个或两个以上相近的、相似的、相关的、相对的、相反的,甚至看起来毫不相干的事物,加以联结、沟通或组合,使之演化成另一种新事物。三是触发性。"用笔不灵看燕舞,行文无序看落花。"在心与物冥合之时,受到触发感兴,有时会不期而至,倏乎而来。

巴尔扎克这样描述这种直觉透视力:"在真正的思想家、诗人或作家身上出现一种不可解释的、非常的、连科学也难以明辨的精神现象。这是一种透视力,它帮助他们在任何可能出现的情况下测知真相;或者说得更确切些,是一种难以明言的、将他们送到他们应去的或想去的地方的力量。"显然,巴氏给这种直觉透视力抹上了一层神秘主义色彩。在现代心理学看来,这种直觉透视力,不过是一种心理能量,它来自一种心理定势,探究其形成机制对于悟性的培养有着重要的意义。

诚然,悟性的形成要有人的基本思维能力:记忆、回忆、联想、想象、推理、判断、抽象思维,等等,离开了这些能力,任何悟性思维都是不能进行的,即使天启神授也不会发生作用。但是心理学和脑科学的研究表明,人类的基本思维能力并没有很大的差别,但悟性思维水平有时却是天壤之别。这还取决于以下几个方面。

第一是自我文化的意义或意识。因为任何悟性及其思维活动,都是以自我的文化经验意识为前提、以其为价值导向和评价准则。同时文化意义或意识不仅使思维能力变为价值领悟活动,为领悟活动提供价值参照框架和心理基础,而且也决定着价值领悟的程度及透彻与否。

第二是在生活阅历中修行。庖丁解牛的故事说明解牛的悟性固然来自于"熟练",但即使是"熟练"也会有"族庖"、"良庖"之别,而像庖丁这样的人物更是凤毛麟角,原因在于庖丁自己对"道"的修行。古代"伯牙学琴"的故事,也很能说明这个问题。伯牙拜成连学琴。三年后,成连将自己刚谱写成的《高山流水》乐曲交由伯牙弹奏。尽管伯牙弹奏的音调很准,但表现不出高山流水的气势。于是,成连把伯牙带到东海的一个岛上后,自己划船走了。伯牙一个人留在岛上,见到的是"海水汹涌"、"山林杳寂",耳边律动的是大自然深邃美好的交响。于是,他面对大海鼓琴而歌。数天后,成连来了,再听伯牙弹奏《高山流水》,已是"耸高而激荡",似江水奔腾无羁。"师傅领进门,修行在个人",悟的关键就在于修行。如果不肯在"修行"上下工夫,就不可能有悟性。

第三是长期坚持偶然得之。爱因斯坦发现广义相对论,首先是悟性,是顿悟般的悟性直觉告诉他:万有引力质量和惯性质量居然是一样的,这不同寻常,万有引力质量与惯性质量的等效性必定是因为有一个蕴含着牛顿力学的更一般的理论的支撑。循着这一思路,通过八年的努力,爱因斯坦最终得到了他的广义相对论方程。据说,化学家凯库勒对苯的分子结构大惑不解,有一天晚上他做梦,梦见碳原子的长链像蛇一样盘绕蜷曲,忽见一个"抓住自己的尾巴,这幅图像在我的眼前嘲弄般地旋转不已",于是第二天凯库勒发现了苯分子的结构。凯库勒成功的原因就在于他对化学的经年累月的训练和对一个问题的如痴如醉的思考。

第二节　直觉思维与语文的体悟①
—— 兼评"语感"认识中的几个误区

直觉（intuition）的语义有两种：一种是直观感觉（感性直觉）；一种是人脑对事物、事物的本质及其规律作迅速的识别、敏锐的洞察、直接的理解和整体的判断，这就是直觉思维。

直觉思维具有三个明显的特征。首先，是理性的隐性存在与逻辑的潜藏暗伏。虽然在进行直觉思维时，一般以感性形式表现出来，但这种感性不是原始意义上的简单的经验感性，而是经过理性认识与逻辑思维反复运动后所形成的更高级的感性，其光辉掩盖了理性与逻辑的棱角。其次，是在意识边缘活动的持续性。当有关问题进入大脑后，自由联想或思维总是持续不断活动于这些问题的意识边缘，一旦有某种媒介触发，大脑就进入最佳状态，原有的神经联系突然沟通联结起来，形成新联系，从而把握认识对象。再次，是变异的表现形态，直觉思维往往不采用分析、概括、综合、推理等正常思维形态，而表现为灵感、猜想、预见、期待与体悟等变异的思维形态。据此，我们可以这样给直觉思维下一个定义：所谓直觉思维，就是人们在分析问题和解决问题时，能迅速动用自己的全部经验和知识，在对对象作出总体上的直觉分析后，以单刀直入的方式，力求直接接触事物的本质、作出判断或假设的思维方法。

一、直觉思维不能排斥抽象思维

如果根据抽象性分类的话，通常将思维分成直观行动思维、具体形象思维和抽象思维。从思维的发生和发展看，三种思维的发展有其阶段性，在青少年的思维成长中表现出一定的年龄特征，但通常是几种思维相互渗透，构成思维场。当这些思维发展极为成熟，没有了思维的间接性，而成长到高度"概括化"、"简化"、"语言化"或"内化"，这就形成了直觉思维。

有一种观点认为直觉思维属于形象思维，其实这是不准确的。形象思维是从思维材料的角度划分的，直觉思维是从思维的过程来划分的，不是一个级别的概念。从思维材料看，直觉思维的材料可以是感觉、知觉，可以是表

---

① 本文获全国教育科研成果二等奖，发表于《徐州教育科研》。

象,可以是概念,通常是几种思维材料混合。因此,心理学家把直觉称为"意义的形象化和形象的意义",又说"直觉思维就是逻辑思维的凝结或简缩"。①语文学习的直觉思维就是语感,它是人们对语言的直觉的感知、领悟、把握的能力,即语言的敏感,是人于感知的刹那在不假思索的情况下有关表象、联想、想象、理解、情感等主动自觉地联翩而至的一种心理现象。可以看出,语感既包含直观行动思维、具体形象思维,还包含抽象逻辑思维。但是由于语文作为语言文字的特点,特别是语言文学的特点,在语感中形象思维所占比例比较大,因此这也往往造成一些人的误解,以为"文学作品的言语情境具有显性,比较适用于语感式教学","实用文体的言语情境具有隐性,在抽象的背后,言语外壳是具有高度概括性的概念、判断、推理,不适应语感式教学"。这是对直觉思维误解而致。

语感培养绝不能忽视逻辑思维的训练。我们知道,语感作为直觉思维,固然有直接性、整体性、敏捷性等突出优点,但不能否认,语感的形成有一个过程,在这个过程中逻辑思维也在起作用,即如整体感知,就需要逻辑思维方法——概括(只不过这种概括在表面上没有明显的推理过程),可以说,没有概括这种逻辑思维参与,也就谈不上整体感知,也就谈不上语感形成。

二、直觉思维不完全等同于灵感

灵感思维是直觉思维的一种表现形式,美国心理学家布鲁纳说:"在教学中,直觉概念是从两种不同的意义上来使用的:一方面说某人直觉地思维,意即他花了许多时间做一道题目,突然间他做出来了,但是还需为答案提出形式证明;另一方面,说某人是具有良好直觉能力的数学家,意即当别人向他提问时,他能迅速作出很好的猜测,判定某事物是否这样,或说出在几种解题方法中哪一个将被证明有效。"实际上布鲁纳说的前一方面就是灵感思维,而后一方面则属于普通直觉思维。这两者的区别显而易见:后者的时间往往很短促,而前者则要经过一番顽强的探索,有持续时间的长短之分;后者是在面对出现于眼前的事物或问题时所给予的迅速理解,前者的产生常常出现在思考对象不在眼前或在思考别的对象的时刻。前者的结果是作出直接判断和抉择,后者的结果则与解决某一问题、突然理解某种关系相联系。不难看出两者在语文学习中都很重要,但后者是语感能力的核心。有的人认为语感有偶然性、神秘性、模糊性,其实这些只是灵感的特点。由此而推论出的语感培养

---

① 朱智贤,林崇德:《思维发展心理学》,北京师范大学出版社,1986年,第26页。

无科学规律可循,要靠一个人的"才情",不仅难以付诸实践,更是"谬以千里"了。

三、在直觉思维培养中,"整合"是关键

直觉思维常常集中表现在整合性上,这是它区别于其他思维的特征之一。从这个意义上讲,它突破逐步分析方法的局限性,没有硬把活的有机体分解为死的枝节部分,然后机械地相加,而是如实地把对象作为整体来考察。它从整体与部分的相互依赖、相互结合、相互制约的关系中揭示事物的特征、本质和运动规律。所以格式塔心理学派在研究"顿悟"时强调完形,强调整体,强调结构。

在抓好精读的基础上引导学生速读广览,这是训练直觉思维的有效途径。一目十行的速读,得鱼忘筌,得意忘言,主体所感知的不是孤立零碎的单个文字符号,而是由字、词、句、段所构成的篇章整体及其意义整体。陶渊明"好读书,不求甚解,每有会意,辄欣然忘食",其"不求甚解"实际上就是指简化了的阅览过程,"有会意"则是对篇章整体及其意义整体的准确把握。诸葛亮读书只"观其大略,不死于言下"也是一例。所以,主体在进行速读时,不必逐个破译每个文字符号代码,而利用与直觉思维密切相关的预见、猜测、期待等手段简化阅览过程,从而迅速敏锐地把握作品实质。跳读、翻读、猜读、倒读等往往是预见、猜测、期待的外在表现,可以活跃主体的直觉思维。有了速读作基础,广览也就好办了。广泛浏览,转益多师,能拓展阅读范围,扩大学生视野,丰富其感知对象,增加其词汇、句式的储备,厚积薄发,促进其语言经验和知识向语言能力转化,从而形成语言直觉。

但是整体阅读并不是不要咬文嚼字。吕祖谦提出:学文"先看文章体式,然后偏考古人用意下句处。第一看大概主旨,第二看文势规模,第三看纲目关键,第四看警策句式。"说的就是要把语言文字放到具体的语言环境中,完整地感受其表达的深厚的意蕴。有人提出"文科教学理科化"的口号,他们借鉴理科教学的一些理论,以落实双基为名,把一篇篇课文肢解开来,分成若干教学知识点来组织教学。弄的七宝楼台拆散成残砖片瓦,形象破碎,情感苍白,索然无味,导致学生语文学习的兴趣不高,这也是语文教学质量滑坡的原因之一。

四、在直觉思维培养中,情感是催化剂

美妙的形象和强烈的情感常常是诱发直觉思维的温床,语文作为人文主义学科,利用形象激发情感是其得天独厚的条件。言语形象含有三个要素,第一是所使用的语言材料,第二是具体的言语情景,第三是言语者内在的审美尺度。"情动而辞发"、"用笔不灵看燕舞"说的就是情的内驱作用和形象的启发作用。传说施耐庵写作《水浒传》时,把宋江等36人画成图画朝夕揣摩,利用的就是形象的启发作用。郭沫若构思《地球,我的母亲》时,感情的激荡使他把日本的木屐脱了,赤着脚踱来踱去,忽而又索性倒在路上睡着,想真切地和"地球母亲"亲昵,去感受她的皮肤,接受她的拥抱。强烈的情感催化了他的直觉思维。在读的过程中,言语形象的理解就是根据言语形象玩索其语气,模仿其声调,寻绎其意味,从而产生敏锐的强烈的感觉、感受、感知能力。将第二信息系统关于场景、情景的描写转化为第一信息系统(耳、鼻、口、舌)的感觉,转化为对个别的具体事物的感受,进而经过一定思维活动而引发感情亢奋,从而领悟其语言文字的情味和旨趣。

情感是形成想象与联想的不可或缺的契机,也是形成审美鉴赏的重要条件。英国病理学家贝弗里奇认为,有相当一部分的思维并无足够可靠的知识作为有效推理的依据,须借助审美情感来进行感知、作出判断。在语感直觉中,情感往往表现为对言语内容美和言语形式美两方面进行审美鉴赏所产生的情感共鸣与情感愉悦。对学生来说,言语内容美与形式美对他们的思维活动是潜滋暗长的,不容易被察觉,但却是启动他们直觉思维的强大力量。因而,在让学生感知言语内容美与体悟言语形式美的过程中,要尽力诱发其审美情感,从而形成情感性比较鲜明的良好语感。

五、在直觉思维培养中,"积累"是基础

爱因斯坦说:"我相信直觉与灵感,真正可贵的因素是直觉。"郭沫若先生说:"大凡一个作家或诗人总要有对于言语的敏感,这东西'如水到口,冷暖自知',实在也说不出个所以然来。"很明显,郭老这里谈的是语言直觉思维即语感的问题。

任何一个行业、任何一门学科都有其特定的直觉思维。跳水运动员的水感、足球运动员的球感、音乐家的乐感、语文学习的语感都属于直觉思维。

直觉思维虽然是在瞬间作出的快速判断,却并非是凭空而来的毫无根据

的主观臆断,它是建立在丰富的生活及宽厚的知识基础之上,运用直观透视、空间整合和关系模式匹配方法所作出的直觉判断。这种直觉判断虽然不能保证绝对可靠(如果情况并非很急迫,即时间允许的话,在直觉判断作出以后,最好能运用逻辑分析、推理方法对该判断加以检验或论证),但一般来说,总是有一定根据的。实践经验愈丰富、各种知识和各种关系模式积累愈完备,这种根据就愈可靠,直觉判断也就愈正确。

离开一定的知识和经验,就没有直觉和顿悟了。渔翁凭感觉就知道哪儿鱼多,该在哪儿下网,这是因为他长期生活在水边跟鱼打交道,积累了丰富的经验。一个农夫凭感觉就能预测今年收成的情况,那是因为他长期和农作物打交道,摸透了农作物生长与气候、土壤、施肥、水分关系的规律。炼钢工人能十分精细地辨别马丁炉火焰那浅蓝色的微小差异,熟练的包烟工人能够一次从一堆纸烟中正确而敏捷地抓取一包纸烟所需的数量。音乐家有高度精确的听觉,调味师有高度完善的嗅觉和味觉,一些染纺工人能辨别40多种黑色,这都是靠实践经验。法国音乐家柏辽兹为贝朗瑞的一首诗谱曲,前面都谱完了,只剩最后一句无法谱写,他思索再三,仍然想不出一段乐谱来传达这句诗的意思,最后不得不把它搁置下来。两年以后,他到罗马去游玩,失足落水,爬起来,嘴里所哼的乐调恰是两年前搜肠刮肚所不能得的,这也说明直觉顿悟需要经验与知识来触发。

有一种奇谈怪论认为语感训练就是不要知识教学,有的人甚至把"双基"训练与"语感"训练对立起来。他们的主要依据有两个:一是"语文没有知识,只有能力";二是传统语文教学只重读背、不讲知识,照样成就了许多伟大作家,创造了灿烂的中华文化。而"五四"以来,特别是新中国成立以来,"知识教学"日渐其盛,语文教学质量却日见滑坡!其实,我们说语文有知识——语、修、逻、文,这些知识有很多是汉语言规律的总结,正是庖丁所求之"道",语感就是这些知识迁移的结果。笔者曾做过一个小学一年级造句的实验。开始多数学生不能造一个完整的句子,或者误把一个语段作为一个句子。我告诉他们一个完整的句子需要能够满足"谁干什么,谁怎么样,谁是什么"即可,然后再做练习。结果错误就大为减少。开始学生做得很慢,往往要一个个地对号,练得多了就无须再作分析,可以进入直觉了。像这类知识很多,如"互文"、"两面词"、"汉语句式"等,这样的知识教学不但不能轻视,反而要加强。其次"读书背诵"是万万不能忽视的,虽然它不是万能的。"死记硬背"也培养了不少"只是满口'之乎者也'的孔乙己",也培养了只能"寻章摘句"不会实际应用的"老雕虫",再说,现代教育的教育内容远远超过古代,对学生的要求也迥然异于古代,单纯"死记硬背"不能适应现代化的生活节奏。而且古人在"读背"一定数量文章的基础上,不是也要开讲吗? 这开讲就没有"知识"教学吗? 当然语言知识教学要符合汉语言的特点,不是生吞活剥的,不是烦琐或故弄玄虚的。语言知识教学要从具体的言语作品出发,把语言知识作为一种言语行为规范指导言语实践,同时又在这种言语实践中不断巩固这种知识,直到使之成为一种语言自动化的心理反应机制。

长期积累是直觉思维的必要条件。从心理学的角度看,科学家和艺术家经过长期的观察、学习、思考、积累,许多生活经验、知识信息便在大脑里储存起来,彼此间若隐若现、若即若离地联系着,好像一幢大楼的各个房间已经安装了尚未接通电源的电灯。为了解决某一课题或孕育某一形象,科学家、艺术家紧张思维着,竭力寻找着这些知识、经验的内在联系,这时一旦爆发思想火花,便像接上电源,整个线路突然贯通,各个房间的电灯豁然齐明。"母语第二次习得"理论也认为,语言能力的提高首先依赖于大量的语言输入,输出也必须在有足够的语言输入的情况下完成,要有一个足以引起语言能力变化提高的基本量或足够量。人们普遍承认大量的言语作用于主体,当这种言语作用达到某种程度,能够自动进行组合、调整,终于在言语主体内部形成一种语言直觉结构。这种直觉结构形成是相当可贵的,一旦受到触发,良好的语感便会产生——"妙手偶得",用不着去"拈断数茎须"。1990 年高考语文试题有一道题目,是把一个中心词的六项定语的语序打乱,要求学生正确地进行排列,很多人凭直觉做对了,而有些人回过头来付诸分析的时候越理越乱,最后导致了错误的判断。

第三节　表象——体悟语文的知识资源[①]

哲学的研究认为,人的感性认识包含互相联系和依次发展的三种形式,即感觉、知觉和表象。感觉是在人的实践活动中产生的反映客观事物的开始,它反映事物的个别属性;知觉是比感觉高一级的关于事物整体的反映;表象是感性的更高形式,它是人们过去已经感知过但在现时并不直接感知的那些事物的感性映象。

表象是人们在活动中受需要、愿望、兴趣、已有知识经验等影响的对外的主动反映,它可以不断得到充实、改造和完善。比起感觉、知觉来,表象对感

---

① 本文发表于《徐州教育科研》,1994 年第 1 期,教育部《教育文摘周报》1994 年第 12 期全文转载。

知保留下来的形象的痕迹具有一定的暗淡性、片断性、易变性。比如,看过一幅油画或一尊塑像后,我们加以回忆再现时总不如看到时那样鲜明、清晰,这表现出的特性就是暗淡性;它的大小、形态、结构、色彩等会有所改变甚至会有些歪曲,这表现出的就是易变性;不同的观赏者常常由于不同的原因,回忆再现时内容可能不一样,这表现出的就是片断性。正是由于表象这三种特性才使得人们的语言表达和阅读理解表现出千姿百态。

根据皮亚杰的研究,8~12个月的儿童可以逐步形成精确而稳定的表象,先是动作再现表象,随之而来的是形象再现表象。第三个阶段是符号再现表象。随着量的积累,表象经过组合与融合,在语言的制约和改造下发展为形象思维和抽象思维。而当形象思维与抽象思维进入快速、直接、跳跃的阶段就转化为直觉思维,语言的直觉思维就是语感。

一、表象的分类及表象运用

从心理学上讲,表象的意义有广义和狭义之分。广义的表象指"在人的心理活动过程中产生的各种形象,包括记忆表象和想象表象。人在感知客观事物后,其形象保存在头脑中,即记忆表象。记忆表象经人脑的加工、改造、分解和重新组合,转化为新形象,即想象表象。两类表象均保持着感性的、直观的特点。狭义的表象仅指记忆表象。在许多心理学文献中,表象一词常用作记忆表象的简称。一般所谓的视觉表象、听觉表象,多指记忆表象的下属类别。"其实表象的形成是复杂的,一般来说表现形式就是"联觉表象(synesthesia)",即表象跨越了一般的感官屏障,也就是语文教学中常用的术语"通感"。"小星闹若沸"、"红杏枝头春意闹"就是这个道理。尽管人与人之间存在差异,但多数人都会运用表象去思考、记忆和解决问题。

历史上许多具有创造力的人在思考时都非常依赖表象思维,其中包括爱因斯坦、爱迪生、卡洛尔和丘吉尔等。大多数艺术家、建筑师、雕塑家和电影制作者都有着出色的视觉表象思维能力。一般来说,人们在解决问题时会有两种运用表象的办法。第一是回忆的表象,即从记忆中提取表象,并利用先前的经验来解决问题。如果有人问你:"废旧的汽车轮胎有哪些用途?"你可能就会运用表象来列举已知的各种用途。第二是创造表象(created image),即进行新组合或新发明表象,而不是简单回忆。因此,艺术家创作前就已经在头脑中进行构思了。想象力丰富的人在创造力测验中的得分一般会更高。

生活表象和艺术表象的积累、储存是语感生成的物质基础。在写作过程中,作者要把自己的情感与各种生活表象移注到言语符号中去,物化为语词系统,阅读者接受语词的刺激,作用于第一信号系统(感觉),复苏语词与感觉功能之间的潜在联系;凭"语"成"象",大脑皮层中再现种种意象(经阅读者思想情感过滤后的意象组合)与画面,从阅读的角度看,这是"语符—表象"的思维过程,在这一过程中,语符能否迅速"显影",言语组合能否"对译"为意象组合,就取决于阅读者的生活表象的储存量了,这即是叶圣陶说的"把生活经验联系到语言文字上去",亦即将客观的生活转变成主观的内在"图式"(内视性的记忆表象),并同一定的语言符号相对应,存贮于人脑记忆库中。大脑一旦受到语言信号的刺激,就会迅速检索出相应的"图式"、"具象"复原为艺术表象(意象)。例如读杜甫诗句:"晓看红湿处,花重锦官城",学生如果见过经雨水漫洒后丛丛鲜花含苞欲放、花瓣水灵晶莹、花色鲜艳欲滴的景象,或是有过相类似的记忆,他就能很快品味出"红湿"二字的妙处,从而进入诗的意境,"从文字看出一幅图画"。反之,"就只能看见徒有迹象的死板板的符号"。奥地利语言哲学家维特根斯坦说过:"想象一种语言,就是想象一种生活。"生活经验愈丰富,生活表象储存愈充盈,言语符号向意象的转化就更迅捷。

二、表象"意象化"

表象的意象化是形象思维的主要表现形式。意象就是"神与物游","由于表象失去了感知外物的明晰、稳定和全面,就使得它才有可能成为某种感情的象征或寄托,进而成为意象。"古人认为,人的精神思想、意愿都是藏在心中的,心是神之舍,现实生活中所固有的绮丽景象触发了艺术家的心灵,然后再把心目之中所感受到的描写出来。可见,意到情到、化外物以表情达意即为意象。杜甫《春望》"'山河在',明无余物矣;'草木深',明无人矣。花鸟平时可娱之物,见之而泣,闻之而恐,则时可知矣"(司马光《迂叟诗话》),"山河"、"草木"由表象转化为意象就在于主观与客观融为一体了。

一般说来,表象化为意象可能积淀着特定的心理内容,负载着民族的情感体验的类型或模式,这就是平时所说的原型意象。如,青松象征人的坚贞品格,桃花象征淑女,并蒂莲象征夫妻恩爱,银杏象征古老的文明。由于同一民族的人们有着共同的民族文化心理,当某一词语为共同的情感体验找到确切而生动的意象表现时,这种意象便会引起人们的共鸣。

当然,作者在意象的选择和处理上并不是简单地雷同于原型意象,而是倾注了自己此时此地的独特感受,使原型意象的意蕴不断得到丰富。又由于每一位作者的生活阅历、文化修养、气质性格、民族心理与他人不同的心理定势,同一表象引起的感受不全一致甚至全不一致。欧阳修感受到的秋季是肃杀、年华易逝、生命的短暂;而峻青感受到的则是欣欣向荣,一派欢乐。陆游笔下的梅花抒发的是不甘屈服的悲愤、寂寞心情和孤芳自赏的悲观失望的情绪;毛泽东借笔下的梅花抒发了中国共产党人不畏险恶环境的战斗精神和必胜信念。此外,鲁迅笔下的辫子、长衫,茅盾笔下的白杨,叶圣陶笔下的"夜"等意象也都富含着鲜明的时代特色。

表象的意象化还有一种更为复杂的创造性改造的形式,即杂取种种,合成一个,我们姑且称之为表象的融合。所有参加这种融合的表象都多少改变着自己的品质而融合为新的形象。或通过对大量的融合来抒情明理,或通过众多人物的融合来塑造形象。

从发展水平来说,形象思维可区分出三种形态:第一种水平是学龄前儿童的思维,它只能反映同类事物中一般的东西,而不是事物所有的本质特点;第二种是一般成人在接触大量事物的基础上,对表象进行加工的思维;第三种是艺术思维,它是在大量表象的基础上,进行高度的分析、综合、抽象、概括,形成典型形象的过程,它是人类思维的一种高级和复杂的形式。由此可知,个体对表象的记忆和再现,是形象思维发生和发展的基础与前提。表象记忆是直接对客观事物的形状、大小、体积、颜色、声音、气味、滋味、软硬、温冷等具体形象和外貌的记忆,直观形象性是其显著特点。再现表象是人脑的一种潜能。J·S·布鲁纳曾经以再现表象能力为标志研究儿童的认识发展水平。他认为"随着人类智慧技能的发展,由婴儿到成熟,是在用脑技术——有意识的延迟和超越现实认识瞬间的能力——不断形成和发展中进行的。这种用脑技术就是再现表象的能力。"心理学研究还指出,个体在表象的鲜明性上,在记忆、再现和加工表象的能力上是存在差异的;个体能否保持鲜明的表象,并对表象进行创造性加工,是一项很重要的形象思维能力。但是,长期以来,人们对语文课程与教学应如何有效地利用表象来培育学生的形象思维却缺乏明确的解释,在教学实践中也缺乏具体的、可操作的方法和策略。因此,当我们明确提出表象这一重要概念后,表象训练必然成为语文课程与教学的重要构成因素。

三、表象是抽象思维过程的关键环节

表象是概念的中介和桥梁,这一原理告诉我们,要培养语感还必须进行充分的表象概括训练,让学生不断形成越来越高级的概括表象以至概念的能力。这样才有助于语感的培养。这就要求我们在课堂教学中要引导和激励学生夯实"双基",还应该以训练为主线,让学生多进行语言运用训练,感悟作

者说什么,怎么说,为什么这样说,从而实现对语言表象的不断概括。

感性材料是人类思维材料的前提和基础,也是抽象思维的前提和基础。有远见才能有卓识,没有对生活的大量的观察和积累就不会有深入的思考,也就谈不上有较高的思想认识水平。由远见到卓识,表象是中介和桥梁,因为只有表象才能显示出事物的内部特征和本质。

在论证说理和体悟说明的时候,理性材料中始终渗透着感性材料的成分。议论文固然要以理服人,但只有言之有据,才能言之成理。同时在运用语言的过程中必须"立象以尽意",借助于比喻、比拟、类比、对比等手段才能深入浅出,才能酣畅淋漓。李政道把科学和艺术的关系比作"一枚硬币的两面",形象地说明了智慧和情感二元性的密切相关;鲁迅的杂文"贬痼弊常取类型";钱锺书把"新风气向古代另找一个传统作为渊源所自"比作"暴发户造牒谱或野孩子认父亲"。即如最抽象的数学论文如果没有大量的丰富的数学表象就不能写得通、写得美、写得深入浅出。阅读与欣赏同是这样,如果没有关于某方面的大量的表象的积累就很难读懂某一方面的文章。卓别林和爱因斯坦有一段对话很能说明这方面的问题,卓别林对爱因斯坦说:"我很羡慕你,只有一个半人能读懂你的相对论。"而爱因斯坦却说:"我也很羡慕你,有那么多人能看懂你的表演。"原因就在于卓别林的表演是生活化的,人们在头脑中积累的类似的表象非常多,而有关相对论的表象在头脑中是微乎其微。

概括一篇文章的中心思想应该说属于抽象思维了,前苏联 A·N·利普金娜的一次实验充分说明了表象在从具体感知到抽象思维过程中的桥梁作用。实验的步骤是,教师和学生一起先把一篇文章的每个故事情节标出标题,然后将全班学生分成三组,第一组学生阅读文章后直接进行概括。第二组学生同时看一张图片。第三组学生在阅读课文后先用口头语言描述每段的故事情节,然后拟出标题。实验证明第三组学生做得最好,第二组次之,第一组最差。因为第一组缺乏明确的表象,第二组缺乏概括表象,而第三组就有了明确的概括表象。

一个人的语义感和语艺感主要运用的是抽象思维,但是如果不能形成表象并进行表象概括的话,任务就很难完成。例如1993年高考语文现代文阅读试题《青菜》一文,作者在起始句中称青菜为"土地的美丽的女儿",结尾改称为"土地忠诚的女儿",措辞发生了变化,这是为什么呢?思考这一问题必须着眼于文章的行文思路,对 2~5 段的内容(青菜的色彩美、姿态美、植根美、启示美)形成表象,进而体会这种由表及里、层层深入、水到渠成、从而使文章的思想感情得以升华、主题得以深化的写法。因为这样做可以使我们形成比较明确的概括的表象。

四、语文教学中如何进行表象训练

"表象是对事物的物理特征作出连续保留的一种知识形式,是人们保存情景信息与形象信息的一种重要方式"。① 在语文课程中,叙述描写类文章都是用一系列表象和统一的形象体系来表示客观事物的知觉特征的。古今中外的文学经典和优秀时文中有关景物和场景的描写、人物形象的刻画、故事情节的叙述、诗歌意境的创造、戏剧的矛盾冲突,无一不以表象为存在和发展的基底细胞,表象成为形象思维和文学创作也是议论说理的基础。因此,表象理应是语文课程中一种重要的知识资源。表象训练也理应是语文教学中的重要策略。

表象训练就是"在脑中重复回忆事物表象、重组融合创造表象,以达到提高形象的清晰性、准确性,意义的明确性与深刻性,获得'内心学习'的效果"。全息观察,积累表象。

例如下面这个景物描写语段:

> 大海上一片静寂。在我们的脚下,波浪轻轻吻着岩石,像朦胧欲睡似的。在平静的深黯的海面上,月光辟开了一款狭长的明亮的云汀,闪闪地颤动着,银鳞一般。远处灯塔上的红光镶在黑暗的空间,像是一颗红玉。它和那海面的银光在我们面前揭开了海的神秘,——那不是狂暴的不测的可怕的神秘,而是幽静的和平的愉悦的神秘。我们的脚下仿佛轻松起来,平静地,宽阔地,带着欣幸与希望,走上了那银光的路,朝向红玉的琼台走了去。 （鲁彦《听潮》）

对于优美的言语表象,语文教师若只说它形象生动,这无疑是废话;只找出其中的比喻、拟人等修辞格,又无疑是肢解;笼统地说它寓情于景,则又是教条。对于这一语段,我认为起码应该从以下几个方面来引导学生理解和鉴赏表象,进行有目的的表象训练。

（一）表象的性质和元素

这是作者对以往生活经历的一个记忆表象,在回忆中还呈现出一个想象表象。这又是一个以视觉表象为主、以听觉表象为辅的复合表象。这个复合表象由以下一些元素组成:

1. 事物的形态:点(灯塔上的红光)、线(海面上的云汀)、面(深黯的海

---

① 冯忠良,等:《教育心理学》,人民教育出版社,2000 年,第 295 页。

面)、体(从海岸到海空)。

2. 事物的空间方位及顺序:脚下—海面—远处空中的灯塔;作者的视线由近到远,由低到高。

3. 色彩的搭配:深黯的海面,黑暗的空间,明亮的、银鳞一般的云汀,灯塔上的红光。作者以强烈的对比色,绘出了夜间海空图。

4. 作者面对眼前事物的冥想:银光的路、红玉琼台、海的神秘构成了想象表象。

(二)作者的感知与联想规律

客观事物和现象大都是作为一种复合刺激呈现在人们眼前的。人们对它们的感知首先是从最明显的特征开始(大海上一片静寂),而后再有顺序地识别其他有关联的特性(波浪冲刷岩石的轻响、深黯海面上的银光、黑暗空间的灯塔红光等)。因此,"感知从整体推向局部,细致地识别各个特征,然后以构成该对象诸要素的分析性识别为基础,综合这些要素。即,感知是通过从整体到部分的运作(分析)和从部分到整体的运作(综合)来进行的"。

作者观察的着眼点广泛地涉及客观事物的形态、声音、光度、色彩、静态与动态,作者的联想使画面呈现出实境与幻境的融合;一切景语皆情语。作者在纷乱的战争年代对未来和平生活的憧憬,是这幅画面出现的缘由。

(三)语言的绘画功能

能从上述各个方面全面地观察景物的人,不啻为一个专业画家。但这个画面却是作家用语言写出来的言语片段。他用动词准确地描绘波浪的波动和海面的平静;他用一对对反义形容词描写了大海的神秘状态,也揭示了战乱的痛苦与和平的欣幸。他观察事物的着眼点,构成了这幅画面的内容;他观察事物的顺序,构成了这个语段的言语层次。他从眼前事物生发出的联想,成就了这个语段的最后两个结句,使实物在虚幻中人性化,犹如绘画的留白一样,给读者留下了理解与想象的空间。作家就是这样充分地发挥了语言的绘画功能。

(四)表象的还原与转换

综上所述,我们这样分析与评论一个言语表象,是为了说明表象作为语文课程中的一种知识形式,是建立在扎实的知识与技能的基础上的。语文教师教学表象知识的任务,就是引导学生理解表象是怎样出现在作者头脑中的,作者又是如何用语言文字呈现他头脑中的表象的;继而还要引导学生把呆板的白纸黑字还原为有声有色的表象。换言之,就是把活跃在作者头脑中的表象转换为学生头脑中的表象。这个还原和转换的过程,就是培育学生形象思维的过程,就是培养学生运用语言绘画和表达情意的过程。为了实现表象的还原与转换,我们可以通过让学生绘制示意图、写意图、流程图、连环画、漫画等方式,有目的地对学生进行表象训练,循序渐进地培养学生的形象思维能力。

作为交际状态的文字语言,其语义不是凝固的。我们可以认为:语感对象不是同一层面的,而是多层面的。语感的多层面如下所述:

第一,表象感知层属于语感的最低层。表象感知层主要有三个方面的内容:一是语言材料表达了什么内容,二是表达了什么感情,三是具有什么语气。描叙性语言材料表达的内容就是人物、事件、景物;说明性语言材料的内容就是事物的特征或事理;议论性语言材料的内容就是作者的见解以及证明这些见解的道理和事实。关于语言材料的语气,有声材料可以从语音的高低、急缓、抑扬和长短等听出来,无声的材料可以从标点符号看出来。任何一段语言材料都有一定的感情,这种感情有时是作者的,有时是作品中人物的。"小草偷偷地从土里钻出来,嫩嫩的,绿绿的。园子里,田野里,瞧去,一大片一大片满是的。"(朱自清《春》)这一段描述性文字表达的内容就是:春天里嫩绿的小草长起来了,到处都是。感情基调是对春草的热爱,语气是舒缓的陈述。

内容、感情、语气这些属于"文面"上的东西,是语言材料的表象,对具有阅读能力的人来说,这些是一目了然的东西。

第二,理性认知层是语感的中级层。理性认知层也有三个方面的内容:一是语言材料的深层情境,二是语言材料的层理关系,三是语言材料的内部构建。首先来看"情境","情境"是内容背后的底蕴,是通过表象揣摩到的作者"心中的画面"。好比看一幅水墨山水画,画面上有朦胧的山峰,这就是"表象",再仔细揣摩,从浓淡不一、明暗有别的墨迹中,我们仿佛看到了山峰上树木葱郁,绿草茵茵,藤萝摇曳,也仿佛听到鸟鸣虫吟……这就是作者"心中的画面",即情境。其次看"层理"。语言材料不是孤立存在的,也不是随意排列组合的,句与句,段与段,有着复杂的逻辑关系。"小草……从土里钻出来,嫩嫩的,绿绿的",先"出来"才能看到它的质地和颜色,这就是一种层理。"园子里"—"田野里"—"瞧去",这也是一种层理——由近到远。最后是"构建"。遣词造句的准确生动、句式修辞使用的奥妙,甚至一个标点符号的选用,这些都既表达了作者的思想感情,又体现了作者的艺术特色,是很值得揣摩的。"偷偷"地"钻",拟人化的手法,表现了小草的机灵可爱和不屈不挠向上奋斗的性格。"嫩嫩"、"绿绿",两个形容词叠用,给人清新悦目的感受。"一大片一大片",从空间上表现小草的长势之旺,"满是的"从心理上流露出对春草的欣喜之情:嫩绿的小草是春天到来的标志啊!

第三,哲理探究层是语感对象的最高层次。哲理探究层包括两方面的内容:一是语言材料蕴涵了什么哲理,二是语言材料给人的启迪是什么。这二者虽不能等同,但往往是互相联系的。"小草……一大片一大片满是的",这段话就蕴涵了这样的哲理信息:小草虽"小"虽"嫩",但它必然要"钻出来",必然会"一大片一大片满是的",因为它是顺应客观规律的,它是新生的,有生命力的,新生事物开始很小很弱,但它必然会蓬勃发展。这段话给人的启示是什么呢? 小草虽"小"虽"嫩",但只要肯"钻",锲而不舍,就会破土而出;人对事业也是一样,只要具有这种"钻"的精神,也终会走向成功。当然,不是所有的语言材料都同时具备这三个层次的。

语感对象的这种层次性决定了语感过程的渐序性。人们在接受语言信息时,一般是先接受"表象层"的信息,再理解"理性层"的信息,最后才去揣摩"哲理层"的内涵。(这最后一步,除了语言理解能力外,还应具有丰富的生活经验才行。)当然,语感能力强的人,也可以把三步并为二步甚至一步。

语言表象之所以能够转化为语意表象,从客观方面看,是由于言语内容只能生成于言语形式,言语内容是由言语形式实现出来的,它既不可能产生于言语形式之前,也不可能游离于言语形式之外,好比索绪尔所说的"能指"和"所指"之间就像一张纸的正面和反面那样不可分割,以致言语形式在哪里出现,必然导致言语内容也同时出现在哪里。如果把言语作品比成一个鲜活的生命体,言语内容和言语形式就是灵魂与肉体的关系。从主观方面看,是由于作为主观影像的声音表象就好比解释学上所说的"召唤结构",它将与其相连相关的一切(如记忆、联想、感受、经验、体验、情绪等)从潜意识中唤醒过来,吸引过来,使它们联翩而至填入这一"空框"——建构成为语意表象。

第四节　语文"悟性"培养浅说①

在深幽的心灵深处,主观精神往往因为同客体有所碰撞融汇而获得发现的欣悦,并闪现一种茅塞顿开的心灵之光——这就是所谓的悟性。

语文学习中处处有这种心有灵犀一点通的闪现。"好读书,不求甚解,每有会意便欣然忘食",这是豁然开朗的读书之悟;"读书破万卷,下笔如有神",这是如梦生花的写作之悟。

---

① 本文发表于《徐州教育学院学报》1990 年第 3 期,被《中学语文教学新论》、《中学语文教学新探》两书全文收录。

　　古代先哲早就注意到了"悟性"的存在。《礼记》提出了"格物致知"的命题，魏晋南北朝后，由于佛家参禅悟道理论的影响，有不少人提出"顿悟"、"了悟"、"颖悟"、"彻悟"的说法，朱熹在此基础上又提出了"渐"与"顿"的概念，所谓"渐"就是积累，"顿"就是贯通，即认识的深化，学习上的更上一层楼，也即后人所说的"顿悟"。他给"顿悟"设下的前提条件是积累知识，渐久渐熟，因为这样才有受用之处。也即所谓"得之在俄顷，积之在平日。"

　　叶圣陶、夏丏尊也非常重视语文学习的悟性，在他们二人合著的《文心》中专辟有《悟性》一章，该章指出人们在读书学习中应当对客观外物有所感悟。后来夏丏尊又提出了"语感"一说，"语感"，究其实质也是对语言的感悟。

　　由此看来，语文学习的"悟性"，究其实质就是对诗文、客观的景物或人事的理解能力。多年来我们一直提倡语文的四大能力结构：听、说、读、写。而这四种能力的高低又与悟性的有无乃至多寡直接相关，所以我们说，悟性是听说读写能力的基础，是语文能力的最根本能力。为什么有人读书如海绵吸水，有人读书如蚕食桑叶；有人能妙笔生花却舌笨口讷，有人读书破万卷却下笔艰涩，其重要原因就在于其有无悟性及悟性的多少。

　　悟性是个性的伴生物。由于人们的身份、地位、年龄、个人的兴趣爱好、家庭环境、知识系统、读书或写作目的不同，即使是对同一对象在同一情境下，悟性也是因人而异的，正像鲁迅在讲到《红楼梦》时指出的："单是命意，就因读者的眼光而有种种：经学家看见《易》，道学家看见淫，才子看见缠绵，革命家看见排满，流言家看见宫闱秘事……"单命意就有如此之差别，内容上的感受差别就更大了。正是由于悟性的这种特点才使得人们对阅读与写作的感情千姿百态，异彩纷呈。这是语文学习不同于自然学科的特点之一，基于这一特点，语文学习就应该充分注意尊重和培养个性，有了这个"个性"，语文学习才能富有勃勃生机，才能培养出富有创造力的一代人，且不要让答案的唯一性和"千人一面"、"千篇一律"的共同性给扼杀了。

　　那么，通过哪些途径才能使语文教学有助于悟性的闪现呢？

一、涵泳法

　　此说最早见于程朱理学著作，《朱子语类·性理》说："此语或中或否，皆出臆度，要之未可遽论，且涵泳玩索，久之当有自见。"与他同时代的陆象山也说："读书切戒在慌忙，涵泳工夫意味长，未晓不妨权放过，切身需要急思量。"最难体会的便是这"涵泳"二字，《辞源》释为"深入体会"，《辞海》则释为"沉浸"，看来把二者结合起来最善："沉浸其中，细细体会"。这就要求我们在语文教学过程中想方设法把学生引入课文的情境,设身处地加以品味体会,久而久之必有所悟。

二、静养

有人曾问朱熹:"程子每喜人静坐,何如?"答曰:"静是学者总要路头也。"清人唐彪把"主静"列为学基,他说:"心非静不能明,性非静不能养,静之为功大矣哉。"他举瞿昆湖为例说,瞿昆湖幼习举业,任意胡做,十余年每试不利。一日偶读庄子"风之积也不厚"句,忽悟为文之法,遂调息凝神,闭目静坐三月,联捷乡会。据说郭沫若早年留学日本时,曾有一段时间心里焦躁不安,做什么都不成。后来他坚持每天静坐半小时,自此以后他的学问突飞猛进,乃至成为很多方面都有所建树的一代宗师。佛教文化也非常强调禅静悟道,正如苏轼诗所说:"静故了群动,空故纳万境",在静中,想象与灵感藉静境之助有如浮微云之似梦,落轻雨之依依,意识来去飘忽,云气迷蒙从而进入悟境、化境。

三、培养直觉思维

从思维学的观点看,直觉思维是创造性的思维方式之一。人们在学习时依靠视觉、听觉和智慧活动能够突然产生活泼的生机盎然的发现,这就是所谓的"顿悟"。因此在教学中老师应该先让学生自己去默读、朗读、涵泳,去揣摩玩味,通过直觉去领略课文的神韵、意境。就算是教师讲解也不应该包办代替而应作相机引导、适当占据以调动学生的直觉思维,促成他们的顿悟。比如学习《荷塘月色》,顿悟性较好的学生在粗读课文后便能领会课文所描绘的大自然的和谐宁静之美:月色明媚均匀,荷叶亭亭如盖,荷香丝丝缕缕。荷花闪烁如星星,灯光昏黄如睡眼,蝉声蛙声如自然乐队。这些物象组合在一起,恰如一幅完美的画。对悟性不好的学生,教师首先要做的工作就是要让他们感到这幅画的存在。在此基础上教师只要点拨一句:"看,这幅画中有一个人,这个人的心里却不平静,你看这幅画协调么?"这又进一步调动了学生的直觉思维。悟到这是一种"反衬"手法,作者愈是把大自然写得和谐宁静,就愈突出了自己心中的"颇不平静"。

四、提高体察语境的能力

如果脱离了语境,阅读就会十分困难,理解也往往是肤浅甚至错误的,反之,如果能准确地把握住相应的语境,就能有较深较高的悟性。体察语境的途径有三个:一要注意上下文中的相关词句,二要对上下文内容形成整体认识,三要熟悉相关的背景材料。《中国人失掉自信力了吗?》一课很能说明问题。老师先让学生找出与"公开文字"相关的语句,体会"如何单据这点现象而论"、"为帝王将相作家谱的所谓正史"、"搽在表面的自欺欺人的脂粉"、"地底下"这些呼应的话是彼此相承的,有见于此必然大大有助于对鲁迅先生阶级分析方法的感悟。然后教者要求学生从整体上把握这篇杂文的主要内容——部分中国人在发展着自欺力,再联系当时的社会背景,就会领悟到鲁迅是借批驳错误论点之名而行鞭挞国民党反动政客及官僚、歌颂中国共产党及人民之实,这正是"声东击西"的战术呀!所以我们说这篇文章是鲁迅成为一个真正的马克思主义者和无产阶级战士的标志,学生也很快能够理解了。

五、运用科学的训练方法

古代诗话中曾记载这样一件趣事,苏东坡等人偶读杜甫的诗,见"身轻一鸟□",后一字残缺,于是几人竞相补字,有补"飞",有补"起",有补"疾",待找到原诗乃为"过",几人皆叹服。从这个故事中我们看到,填空式练习可以使人产生悟性。因为在练习中要注意语境、驱遣想象,运用直觉和理性,充分调动了"悟性"产生的各种因素。这种训练形式多种多样,可以补充诗文的艺术空白,可以补足省略的内容,可以为小说续写情节,从而促使学生悟性的产生。比如《警察与赞美诗》这个课例,教师先让学生听自己复述故事,当他讲到苏比站在教堂广场时戛然而止,然后要求学生续写结尾。结果,学生续写的结尾五花八门。有的写苏比入狱绝望,只好回到麦迪生广场,在一个风雪交加的夜晚终于冻死在街心公园的长凳上;有的续写苏比在教堂前听到赞美诗的音乐,一股强烈的冲动激励着他要重新做一个好人,他决定明天就去找那商人,把赶车的差使接下来;有的写苏比入狱绝望,走投无路突然觉悟,看到了贫富不均的社会现象,决心起来反抗……最后,教师让学生打开书本看原作的结尾,从完成结尾的练习中学生领悟到作品以喜剧形式表现悲剧内容的幽默讽刺的特点。一个学生还体会到了小说构思的特色,并运用这种构思写出了一篇质量较高的小说。

六、在联系对比中感悟

"用笔不灵看燕舞,行文无序赏花开。"道出了悟性的产生来自于一事物与他事物的联系之中。世界上的万事万物都是互相联系的,放到联系中去看一个事物,一比即悟。从教材之间的关系看,有课内联课内、课内联课外两种形式;从教材之间的地位看,有主从式和并列式两种;从教材内容取舍看,有全面比、部分比和选点比。经常有老师运用联系对比的方式教如下课文:《变色龙》与《制台见洋人》、《孔乙己》与《范进中举》、《药》与《夜》、《项链》和《警察与赞美诗》、《祝福》中鲁镇人对祥林嫂的取笑与《孔乙己》中咸亨酒店中顾客对孔乙己的讥笑、《故乡》与《林黛玉进贾府》中关于人物出场的描写等。

七、教学中运用点拨诱导

叶圣陶在《至陈其欣》信中说:"指点文章的脉络,揭示作者的用心,旧有所谓'评点'一派,做得好的对于读者很有帮助。"从古人和今人运用点拨诱导的经验看,点拨诱导有助于学习者沿波讨源,促成"悟"的产生。其一是抓住文眼适当点拨。如朱自清《威尼斯》中的"别致",又如《岳阳楼记》中的"谪守"二字,抓住了这个文眼就能带动对文章的整体阅读,就会产生"挈领而顿,百毛皆顺"的效果。其二是在理解的关键处点拨。如《中国人失掉自信力了吗?》对"中国人"概念的理解,是悟文章的内容、悟作者写法的关键所在。老师只要在这儿稍加点拨,学生对作者的构思方法、分析方法即可豁然开朗。其三是在披文入情的枢纽处点拨,如《背影》"他用两手攀着上面,两脚再向上缩,他肥胖的身子向左微倾,显出努力的样子,这时我看见他的背影,我的泪很快地流下来了。"在这里进行点拨使学生随着作者感情的波动而产生共鸣,从而得到审美愉悦。

程朱理学派的后学者、生活于明清之际的陆世仪曾说:"人性中皆有悟,必有工夫不断,悟头始出,如石中皆有火,必敲击不已,火光始现,然得火不难,得火之后须承之以艾,继之以油,然后火可以不灭。得悟亦不难,须继之以躬行,深入以学问,然后悟可以常继。"有了恒悟,才会发展为能力,有了这个能力才会有听说读写能力的迁移!

第五节　注重语理分析，培养思维品质①

著名翻译家傅雷曾说："弹琴不能徒恃感觉、敏感。那些心理作用太容易变。从这两方面得来的，必须经过理性的整理、归纳，才能深深地化入自己的心灵，成为你个性的一部分，人格的一部分。"他讲的虽然是乐感，其道理同样适合于语感。可见，语感也是一种心智技能。它是感性和理性相统一的一种悟性，是一种理性直觉性，或者说是一种直接的理解。而理解主要是通过分析思维来把握，获取语言所反映的内容。这是因为，根据信息论，图像可以通过编码而以语言、符号的形式储存起来，语言、符号再通过译码恢复为图像。这种互译的能力，均是以人类大脑的复杂理性为基础的。

语感不仅指理解文章的内容，同时还包括把握文章的形式。如思路、句式、结构、风格、气势、音韵、节奏等。如歌德所说的，"内容人人看得见，含义只有有心人得之，形式对于大多数人是一秘密"。因此，在教学中应重视传授字、词、句、段、篇的知识和运用规律，使学生有了理法基础，能对语言技巧和文章理法作出分析，以准确地把握分寸感。

语文有知识，过去人们总结的"语（法）、修（辞）、逻（辑）、文（学常识）"就是知识，在这些知识中，有一类对语言现象进行规律性总结的知识就是特别有用的知识。沈仲九早在 1925 年就说过："我以为凡是一切法则的明白表示出来，都是经济脑力的方面。……从前学习国文，总是知其然而不知其所以然：某字某句不通，在教员，只是说不通就是了，为什么不通，他是说不出的；在学生，也只认定这是不通罢了，究竟从哪里注意才能通，无从知道，他于是只好暗中摸索，摸索得次数多了，总有碰到通的机会，但是已经够苦了。其实，学文在初步的时期，对于通与不通，是很有法则可以根据的。所以我主张为促进学生的国文进步起见，国文教授有大大的注重法则的必要；妄用点时髦话为说，就是国文教授的科学化。"②

规律性知识的价值就在于在"知其所以然"的基础上，能够具备一种对"法则"的自觉意识。这种意识，可以使学生将分散积累的语言材料条理化、体系化，形成良好的语感。使之在面对新的言语作品时，能够更迅速、更有效地进行语感"同化"，求得对当前阅读文本的准确把握。王尚文曾说，语感必

---

① 本文发表于《中学语文论坛》，2007 年第 6 期。
② 沈仲九：《初中国文教科书问题》，《教育杂志》，1922 年第 17 期。

以一定的语言知识为基础,理性的语言知识只有通过言语作品的言语这一中介才有可能转化为学生的语感。但有的教师却把传授语言知识当做终极目的,光是趴在语言知识下面,把课文言语支离破碎地理解为有关语言知识的例证,以有关的语言知识来取代学生对课文言语的感受。

理法分析一般可以采用叶圣陶提出的"综合感受法",即阅读时,首先应当通读全文,"知道文章之大概",继而"用自己的眼光通读下去",以把握全篇文章的语脉文思,并进而对局部的标点、词语、句子,乃至段落产生正确的感知。这种方法正体现了《小学语文教学大纲》提出的"由整体到部分,再到整体"的教学顺序。它既符合语言规律,又符合儿童学习心理发展规律,因而有助于语感的培养。"对于讨究所觉不仅理智地了解而且亲切地体会,不知不觉之间,内容与理法化而为读者自己的东西了,这是最可贵的一种境界。"理法分析还可以采用动态分析法。即在理解课文内容、中心思想和表达方法的基础上,让学生进一步深究为什么要这样写? 除了这一种写法外,是否还有别的写法? 这是一种更深层次的高效能的阅读过程。由于能及时引导学生把自己的想法与原文进行比较,学生能更好地领悟作者遣词造句和布局谋篇的匠心,甚至读懂书上没有的东西。如作者由于种种原因在表达时所采用隐晦、幽默、含蓄、影射等"障眼"法。

语理分析运用于语文教学的方法很多,简列如下。

一、运用"鉴赏"法,让语文学习成为赏美之旅

课文中有许多精美的诗文,它们形式灵活多样、语言优美、思想内涵深刻,在这种作品的学习过程中,首先打动学生的是美、美的形象、美的语言、美的表达形式与结构。教学这些作品时,可采用"鉴赏法"。傅雷谈到欣赏《长恨歌》时曾说:"看的时候可以有几种不同的方法,一是分出段落看叙事的起伏转折;二是看情绪的忽悲忽喜,忽而沉潜,忽而飘逸;三是体会全诗音节字韵的变化。"可见,鉴赏法需要依托语理分析。

二、运用"训诂"法,感悟语言运用之妙

北京大学吴小如教授在《古典诗词札丛》的序中这样说:"我本人,无论是在课堂上分析作品或写赏析文章,一直给自己立几条规矩。一曰通训诂,二曰明典故,三曰察背景,四曰考身世。最后归结到揆情度理这一总的原则,由它来统摄以上四点。……所谓'通训诂',指对一处诗的每一字句都必须正确

理解。如果连字句都没有弄懂，那么分析得天花乱坠也不会得出正确结论。"为此他还专门举了《木兰诗》的例子来说明以上道理。

"问女何所思，问女何所忆？女亦无所思，女亦无所忆"。

这几句诗多被忽略。木兰从头一天夜里已见军帖，"军书十二卷，卷卷有爷名"，其心事重重，不言而喻。她所以停梭止织，正是她有所虑、有所忧的表现，怎么能"无所思""无所忆"呢？这"思"和"忆"的训诂问题便引起了我的注意。于是我就细检《诗经》十五国风……国风中十分之六七的"思"字都是指男女相思慕而言，就是现代汉语中所谓"害相思病"的"思"的涵义。而汉乐府和《古诗十九首》之言"所思"（如"有所思""所思在远道"）、"长相思""思君令人老"云云，都是指男女或夫妇之思。（"忆"也是同样的道理）……这样讲，既解决了"无所思"两句仿佛费解的疑窦，也从一问一答中体现出木兰这一少女形象的高尚纯洁，不同于一般只想找婆家生孩子的女性。

指导学生学会在理解作品时将语义转换为文意，在积累词汇时将文意转换为语义。如：孟浩然《宿建德江》："移舟泊烟渚，日暮客愁新。野旷天低树，江清月近人。"清代章燮注："新，添。"这里如果把"新"理解为"新鲜"，就很难理解这首诗的含义。章燮讲成添——更添加了乡愁，符合诗意，但"新"没有"增加"的意思。原来这里是文意背景下的注释，必须懂得词义注释与文意注释的区别。只不过《宿建德江》抒发了羁旅之人的思乡之情，因为日暮，加上看到渚上别人家里的炊烟，思乡之情更加浓厚。

三、运用语言知识，培养语言理解和运用的敏感性

王尚文曾说，语感必以一定的语言知识为基础，理性的语言知识只有通过言语作品的言语这一中介才有可能转化为学生的语感。如《改造我们的学习》中的"反义词共用"法："错误常常是正确的先导"。这种反义词的共用可以实现语言运用的相反相成的目的。"错误"与"正确"是对立和排斥的，是相反的，但如果正确认识犯错误的教训，错误就可能会转化为促进成功的因素，"吃一堑，长一智"。像这样来运用语言的例子很多，如"小聪明常常表现出大愚蠢"、"沉溺成功的喜悦往往会酿造失败的痛苦"等。

四、运用"剥茧"法,层层解悟"三 W"

"三 W"即"是什么(what),怎么样(how),为什么(why)",在理解课文内容、中心思想和表达方法的基础上,让学生逐层深入理解,写什么,写得怎么样,为什么这样写。除了这一种写法外,是否还有别的写法? 这是一种更深层次的高效能的阅读过程。学习郁达夫《故都的秋》时,引导学生去发现作者笔下北方秋的特点是"清、静、悲凉",这是文章阅读要解决的第一层语理,也是最浅表的一层。还要深入下去,为什么郁达夫笔下的故都的秋是"清、静、悲凉"的,这就是探求创作主体的深层心迹。更要深入下去作者是如何通过故都"秋"的表象来表现其"清、静、悲凉"的,这些表现(描写)又是如何通过故都秋的表象来生成的。在这种语理的探究过程中,阅读者不但要受到秋味的审美教育,而且还能认识这种美的表达规律,即写作艺术。

五、运用"探究"法,建构创新的思维方式

苏洵的《六国论》立论时用了"由因到果"的思维方式:六国破灭了,怎样来评述这一历史现象呢? 显然探索造成这一结果的原因是评述的关键点。《六国论》中苏洵认识到了这样几点原因——有割地的,有派刺客冒险的,有受挑拨而排斥名将的(如李牧之死),选择关键原因来进行评论这是由写作目的决定的,针对宋王朝"纳币求和"这一事实,苏洵选择了"赂秦"这一原因以达到针砭时弊的目的。因此作者在表达过程中用"由因求果"的思维方法——"亏"己而"助"秦,此破灭之道也。在此基础上,又连带提出了一个现实问题:"赂秦"者必然不助"抗秦者",因而导致了"失去强援"才"不能独完",结果是"不赂者以赂者丧"。

《六国论》中最具特色的是苏洵的"反事实假设论证法",作者一反"六国赂秦"以致"破灭"的历史事实,反其道而提出"向使三国各爱其地,齐人勿附于秦,刺客不行,良将犹在"、"以赂秦之地,封天下之谋臣;以事秦之心,礼天下之奇才""并力西向",那么就有可能改变六国破灭这个结局。向非存在注入了存在性,把非存在变成了"可能的存在",这是一种可贵的创造性思维,英国哲学家怀特海就很重视这种反事实的辨别力。

六、运用"思路"分析法，打磨思维品质

李政道博士说："当读完一段之后，就应当把书合上，自己把思路走一下，如果走不出来，再去看书，想想自己为什么走不出来，别人为什么走通了。"李政道这里所说的"思路"指的是作者构思行文的轨迹。思路是写文章的"向导"，叶圣陶在《语文教学二十韵》中说"作者思有路，遵路识斯真"。他还说"能够引导学生把一篇文章的思路摸清楚，就是最好的老师"。开头结尾、过渡照应、层次段落、详略主次，词、句、段的衔接与排序，都是作者行文构思文脉的物化。《人民英雄永垂不朽》的碑文为什么不从"一千八百四十年"写起，写到"三十年以来"，再写到"三年以来"？课文的这种写法有什么意义？仔细分析这样的思路就可以把对语言的意义理解和对语言的运用之妙的感悟结合起来，文本的阅读就真正到位了，思维品质就可以得到不断的磨砺。

第六节　中国古代语文"体悟"的思想

一、中国古代语文的基本特征

我国古代语文的基本特征是悟性培养，古代语文教育一直十分强调感觉领悟能力。感觉领悟主要指发自主体内心的对言语客体所包含的"文"、"象"、"意"、"情"等方面的悟性。"文"是指语言文字所具有的一定语音、语法、语气、语体和思路、结构、表达方式、风格神韵等。"象"是指组成语言文字基本内容的人物、景物、事物、事例、数据等。"意"是语言文字的语表意义和隐含意义，它包括特定的意蕴、理智、道德等。"情"指作者和说话人流露或渗透在语言文字中的思想感情、情操气质、人格品质、理想抱负等。"文"、"象"、"意"、"情"的悟性培养即语感培养是中国古代语文教育的基本特征。"大抵禅道惟在妙悟，诗道亦在妙悟。"①《诗人玉屑》卷十五引范元实《浅溪诗眼》论柳宗元诗云："识文章当如禅家有悟门。夫法门百千差别，要须自一转语悟入。如古人文章直先悟得一处，乃可通于他处。"可见，对于"妙悟"这种直觉思维方式的培养，古人是十分注重的，正是这种"妙悟"造就了古人良好的语

---

① 郭绍虞：《沧浪诗话笺注》，人民文学出版社，1961 年。

言感受力。悟性培养之所以成为中国古代语文教育的基本特征,是因为它符合语文的学习规律。

1. 汉语的固有特点适合于体悟

汉语是一种"人治"的语言。王力在《中国语法理论》中说:"就句子的结构而言,西洋语言是法治的,中国语言是人治的。"①汉语的"人治"不只在句子的结构方面,句子的意味才是语言的内核。黎锦熙先生也认为汉语言"偏重心理,略于形式",其各级语言单位的组合、形成不依靠形态的变化,是一种非形态语言。比如"也"、"可"、"以"、"清"、"心"这五个字可以根据不同的需要产生不同意思的句子:(1)"也可以清心";(2)"可以清心也";(3)"以清心也可";(4)"清心也可以";(5)"心也可以清",并且随着语气的不同,每个句子都可以表达多种不同的意思。所以,汉语"人治"的特点要求在汉语学习中主要依靠主体的心理因素和对语言敏锐的直觉感受,也即"悟"。

汉文是生命底蕴丰富的诗性文学。中国文学历史悠久,从《诗经》至今已有三千年,其中最为发达的要算是诗歌。清人叶燮论诗时认为,诗中表现的"事"、"情"、"理"三种内容,全部紧贴诗人本身的人生。"事"反映诗人的生活经历和人际遭遇,"情"淋漓尽致地表现诗人的人生欲念和人生感慨,"理"叙说诗人的人生概念和人生哲学(《原诗》)。叶燮这段论述虽就诗而言,但同样适合其他文学样式。无论诗人,还是散文家、小说家、戏剧家,他们作品中无不渗透了作家对自我人生体验的开掘与把握。因此,中国古代语文教育更注重主体的独特体验,不太重视对作品进行条分缕析的解剖,而是通过"悟"这种极富生命驱动力的思维形态来连通读者与作者两岸的生命之桥,从而达到对文章整体的浑成与圆融。

2. 民族文化心理契合于体悟

一个民族的语文文化,往往是这个民族整体文化的具体而形象的表现。中国古代重视妙悟是与中华民族文化心理相契合的。中国传统文化的一个基本特征便是"天人合一"的自然价值观。儒家学派主张内在心志向外投射,追求内与外的天人合一。他们认为情乃感物而生,志为心之所向。孔子讲"仁者爱山,智者乐水",君子观水不是客观地把握对象,而是寻求一种展示心灵各个趋向的对应。这种统一是由内而外,再经外向内、复内而外的循环性的情志统一,从而它既是情感的,又是理性的,既是主观的,又是客观的。这种介于感性思维和抽象思维之间的状态,也即是蕴含生命体验的直觉的悟性。道家学者也追求"道法自然,天人合一"。它的审美趋向是追求"象外之

---

① 王力:《中国语法理论》,商务印书馆,1951年。

象"、"言外之意"等"羚羊挂角、无迹可求"的艺术境界。道家的这种"玄之又玄"、"观其微妙"的体悟方式,也是一种直觉思维。佛与儒、道这三种文化系统交汇生成禅宗。"悟"是禅的体验特征,它讲求主体心性智慧的顿悟。"悟"这种佛家用语被中国古典诗学借用。这种"天人合一"的价值观也造成了中华民族文化心理的内倾性的特点。儒家总是提倡"三省吾身",道家则提倡"自足"、"自我观照",禅宗也提出"明心见性"。受这种向内转的文化心理影响,古代文人在文学作品中自然而然地融入自我的生命体验,而读者在进行文本解读时,也从自己的心灵出发,去体悟作者的心灵世界。

二、中国古代语文悟性培养的主要方式

中国几千年来的传统语文教育,在构筑一部色彩斑斓的汉语言文学史的过程中,也创造积累了丰厚的悟性培养的经验方法。笔者粗略地归纳为以下六种。

1. "渐"与"顿"

朱熹曾提出过"渐"与"顿"的概念,所谓"渐"就是积累,"顿"就是贯通,即认识的深化,学习更上一层楼,也即后人所说的"顿悟"。他给"顿悟"设下的前提条件是积累知识,渐久渐熟,因为这样才有受用之处。也即所谓"得之在俄顷,积之在平日"。①

朱熹"渐"与"顿"的思想给我们的启示是,要培养语文的感悟力,积累是基础,贯通是关键。没有积累,悟性就是无本之木,无源之水;没有贯通,积累的东西再多,也只能是一堆建筑材料而已。

2. "养兴"与"感兴"

"养兴"表现为一种长期积累、有意追求、循常思索的过程。在现代,"养兴"还被称为"推断",表现形式为运用形式逻辑式推断的线性思维方式,在不走出前提知识的条件下有所感悟。这种推断的优点是可靠性程度高,弱点是易受传统思路的束缚。

"感兴",又称为"灵感",是非线性的、灵活的,具有反常规的独创性,具有突破传统思路的开拓性。表现为一种偶然得之、无意得之、反常得之的过程,指的是"千招不来,仓猝忽至,……知一重非,进一重境,亦有生金,一铸而定"。② 这句话的言外之意就是在诗歌创作中顿悟能给人带来惊喜,创作中的

---

① ［宋］黎靖德:《朱子语类》,中华书局,1986年。
② 袁枚:《续诗品》,江苏古籍出版社,1993年。

进步是在摈弃以前的基础上取得的,只有不断否定过去,境界才能常新,同时也应不畏错误、大胆承认错误,并在吸取错误的经验教训中开创新境界、达到新高度。

3. "灵性"与"灵机"

袁枚在《遣兴》一诗中曾道出了诗人的主观"灵性"对捕捉、领悟、点化感性物象的决定作用,"但肯寻诗便有诗,灵犀一点是吾师,夕阳芳草寻常物,解用都为绝妙词。"主观的"灵性"与客观的"灵机"相互作用、相互沟通、相互感应,就产生了艺术构思中奇特的"神悟",即灵感现象。由于人们的身份、地位、年龄、个人的兴趣爱好、家庭环境、知识系统、读书写作目的的不同,即使是对同一对象在同一情境下悟性的感发也是因人而异的。美学家们也早就注意到了这种现象,别林斯基说:"两个人可能在一件指定的工作上面不谋而合,但是在创作上决不可能如此,因为如果一个灵感不会在同一个人身上发生两次,那么,同一个灵感更不会在两个人身上发生。这便是创作世界为什么这样无边无际、永无穷竭的缘故。"

4. "涵泳"

此说最早见于程朱理学著作,《朱子语类·性理》说:"此语或中或否,皆出臆度,要之未可遽论,且涵泳玩索,久之当有自见。"与他同代的陆象山也说:"读书切戒在慌忙,涵泳工夫意味长,未晓不妨权放过,切身需要急思量。"最难体会的是这"涵泳"二字,《辞源》释为"深入体会",《辞海》释为"沉浸",看来把二者结合起来最善:"沉浸在其中,细细体会"。这就要求我们在语文学习过程中想方设法把学生引入课文的情境,设身处地加以品味体会,久而久之必有所悟。

5. "吟咏"与"养气"

汉语具有音美、形美的特点,所以古代学者十分强调琅琅成韵,"因声求气"。吟咏与阅览相比是眼、手、口、耳等多种感官协调活动的过程,能在不经意间对抑扬顿挫的语音、错落有致的节奏与奇特严谨的结构拥有深切的体验,进入一个"文章读之极熟,则与我为化,不知是人之文,我之文也。"的美妙境界。所谓"读多自然晓"(朱熹语),"书读百遍,其义自见"也是这个道理。韩愈也主张"口不绝吟于六艺之文,手不停披于百家之编"。"成诵"就是"背诵"。张载说:"书须成诵,精思多在夜中,或静坐得之,不记则思不起。"[1]他认为在深夜有利于思考,对别人笔下的语言记在心中,才能涵泳精思。"成诵"是"静坐得之"的前提。吟咏继以成诵,便可以使学生领悟作文之道。古

---

① 张载:《经学理窟》,中华书局,2008 年。

代私塾中的语文启蒙教育,主要便是通过吟咏朗咏、诵读背诵让学生直觉体悟言语规律,即所谓的"熟读唐诗三百首,不会做诗也会吟。"清朝的桐城派也竭力提倡吟咏成诵。刘大櫆在《论文偶记》中写道:"(读古人书),烂熟后,我之神气即古人之神气,古人之音都在我喉吻间,合我喉吻者,便是与古人神气音节相似处,久之自然铿锵发金石声。"

6."意会"与"心游"

欧阳修《六一诗话》中引梅尧臣语"作者得于心,览者会于意,殆难指陈以言也。"所谓"意会"是使作者与读者、说者与听者通过语言文字以沟通、构筑"同见"、"同感",以形成感悟。庄子说:"语之所贵者,意也。"(《庄子·天道》)范晔说:"情志所托,故当以意为主。以意为主,则其旨必见。"(《狱中与诸甥侄》)陈骙说:"文辞有缓有急,有轻有重,皆生于意也。"(《文则》)由于言说者注重主体的"意",语言的组织自然在"意"的役使之中。"意会"是汉语文学习的一种高境界,借用陶渊明的诗就是"此中有真意,欲辩已忘言",即所谓"妙不可言"之感。中国古代文人历来注重这种难以言表的"言外之意"。如陆机提出"文外曲致",刘勰主张"情在辞外",钟嵘倡言"文已尽而意有余",司空图则赞赏"味在咸酸之外"。这些"不可言说"的心领神会是体悟的灵魂。从某种意义上说,没有心游(联想与想象)就不可能有意会。"思接千载,视通万里"的想象和联想也是悟性培养的重要方式。语言描述的显像结构本身缺乏直接可感性,必须借助想象和联想来实现。在体悟的过程中,过去的经验和知识是以表象的形式保留着,是用形象来显现的。联想是瞬间完成的,侧重在语义的领悟,实现意象,引起情趣上的效应,把握所传达的复杂感情,接近言语的旨趣。所以,体悟教学需要大量形象思维的参与,想象能力是语言感受能力的重要组成部分。

其实,我国古代先达创造的悟性培养方式还有很多,本书的其他章节多所论述,在此不赘。

第七节　从悟性走向智慧的策略研究①

英国大哲学家怀特海说:"尽管知识是智育的一个主要目标,但是知识的价值还有另一个更模糊但更伟大、更居支配地位的成分,古人把它称为'智慧'。没有某些知识基础,你不可能聪明;但是你也许轻而易举地获得了知

---

① 本文发表于《上海教育科研》。

识,却仍然缺乏智慧。"①以"智慧"为核心的教育有什么特点?美国学者贾尼丝·萨博把培养"聪明的孩子"还是培养"智慧的学生"概括为两种教育,其中,培养"智慧学生"的教育就应该是"智慧的教育"了,试看他对"聪明的孩子"与"智慧的学生"的对比:

表3-1　培养"聪明的孩子"与"智慧的学生"两种教育之对比

聪明的孩子	智慧的学生
能够知道答案	能够提出问题
带着兴趣去听	表达有力的观点
能理解别人的意思	能概括抽象的东西
能抓住要领	能演绎推理
完成作业	寻找课题
乐于接受	长于出击
吸收知识	运用知识
善于操作	善于发明
长于记忆	长于猜想
喜欢自己学习	善于反思、反省

那么,在教育中怎样才能培养智慧?下面从语文悟性培养的角度谈谈智慧培养的问题。

一、基于思维规律,进行语文学习悟性的培养

(一)"理想化"的思维方式

"理想化"的思维方式也称为"格式塔法"。人的创造活动,无论是物质生产还是精神生产,是科学创造还是艺术创作,都是遵循着美的规律的,都是贯穿着理想化的思维方式的。格式塔法在语文学习的具体训练上,主要运用人们追求"完美"的心理,进行补白训练。仇兆鳌《杜少陵集详注》卷六《曲江对雨》注引用了一个故事,说杜甫的这首诗原题于院壁,"林花著雨燕脂湿,水荇牵风翠带长",但"湿"字被蜗牛的粘液剥蚀,有一次苏轼、黄庭坚、秦观、佛印和尚看到后,大家替它补一个。苏轼补"润",黄庭坚补"老",秦少游补"嫩",佛印和尚补"落",后来找到了原集,原来是"湿"字。后人通过这个故事,乃悟

---

① [英]怀特海:《教育的目的》,徐汝舟译,生活·读书·新知三联书店,2002年。

出诗歌的炼字应该服从内容的需要,这是第一原则,虽然其他几个字比起"湿"更费功夫,更讲究炼字,但都不如得"贴切"。从这个故事中,可以看到填空式练习能使人产生悟性。因为在练习中要注意语境、驱遣想象,运用直觉和理性,充分调动"悟性"产生的各种因素。这种训练形式多种多样,可以补充诗文的艺术空白,可以补充省略的内容,可以为小说续写情节,从而促使学生悟性的产生。

(二)太极思维的智慧

太极思维代表着一种整合的至高境界,在语文悟性的开发中占有至关重要的地位。这样的思维方式体现于文学批评便是将文学作品所有的各部分作为一个整体进行观赏,泯去读者与作者的界限,充分地投入,体会其精蕴,同时发挥自己的想象,加以理解,做出判断。这种思维表现在阅读中,就形成了以"比类"、"体味"、"涵泳"为主要特征的阅读方式。实际上也就是"整体直觉"、"整体感知"的阅读方式。

(三)"两面神"思维

用辩证法的观点来解释,"两面神"思维的实质就是对立的统一。这种思维方式主要是从总结爱因斯坦、玻尔等人的科学思维特点中提出来的,因古代罗马时期朝两个相反视向的门神而得名。这种思维的特点是对事物内部的矛盾因素和性质相反或差异较大的事物,抓住其内在联系进行整合并进而产生新的感悟。比如,有的研究论者认为歌德在《浮士德》中就十分纯熟而自然地运用了两面神思维方式,小说塑造了一系列对立的艺术形象,如天堂与地狱、天帝与魔鬼、浮士德与靡非斯特非勒斯、海伦与福尔基亚斯,等等。在这些对立中,明显地显示出了善与恶、成与毁、美与丑两极之间的对立与统一。同时,在这种显性层面的背后,还隐藏着隐性层面的东西——自身同质构成中的对立的矛盾。

(四)思维导图法

思维导图是英国心理学家、教育学家东尼·博赞发明的一种先进的思维工具,正被全球2.5亿人使用。思维导图的核心思想是联想和想象,结合全脑的概念,包括左脑的逻辑、顺序、条例、文字、数字,以及右脑的图像、想象、颜色、空间、整体等。通过心智绘图,不但可以增强思维能力,提升注意力与记忆力,更重要的是,能够启发联想力与创造力。有助于培养良好的思维习惯,开发大脑的潜力。比如,我们在作文的"四想"(想准、想开、想深、想巧)训练中、在多元解读的阅读教学中就充分利用了思维导图法。实践证明,这种科学的思维训练方法使悟性的生成由点到线,由线到网,有迹可寻,有法可用。所以,这种方法为众多的人所青睐也就毫不奇怪了。

二、基于汉语教学传统，培养语文学习的悟性

培养语文学习的悟性，可以通过以下几种途径来实现：

（一）积学化悟

"积学以贮宝，酌理以富才"（《文心雕龙·神思》），刘勰认为经过后天的长期努力，积累了丰富的学识，激扬了艺术的性灵，那么，美妙的创造灵感就会在俄顷之间遭际，"晴空一鹤排云上，便引诗情上碧霄"了。根据积累与创新的关系，我们提出把积累的材料分为"基本技能"、"语言"、"语文知识"、"文化"、"生活体验"，而这些材料的积累还须通过学生"独立阅读"和"个性化学习"等途径，使整合与"感受鉴赏"、"思考与领悟"、"应用与拓展"相互作用，互为支撑，从而化为自己的血肉，成为自己的气象。

（二）"问题"引悟

古人说："君子学必好问。问与学，相辅而行者也，非学无以致疑，非问无以广识。"提出一个问题往往比解决一个问题更重要，提出新的问题、从新的角度去看旧的问题，本身就需要有创造性的想象力，也标志着悟性的萌芽。读书、生活要自觉培养问题意识。"问题式"教学是当前语文教学在克服了"满堂灌"之后运用较为普遍的一种形态，但必须研究开发有"悟性"价值的问题，问题过细、过大、过多、过难、过高非常有害，至于那种"满堂问"的形式则更是悟性的大敌。我们认为让学生自主探究、自我发现的问题最为珍贵，教师的"诱思"性问题才有意义。因此在使用课堂观察法进行课堂教学研讨中，我们更多的是要研究课堂中问题的价值性和有效性的含量。

（三）比类启悟

作为我国乃至世界问世最早的教育学经典《学记》，对学习中的比类强调有加，提出"古之学者，比物丑类"的论断。意思是古代学习的人往往喜欢运用类同或类似的事物进行比类。《学记》的作者在阐明自己的教学主张时，也采用了博于比类的方法。"比类"的方法很多，都是启发觉悟的好方法。诸如，对比、比较、比兴、比喻、比拟。这在语文学习中有很多的实例。可以用来比较的内容很多，如，不同词语的比较、不同文体的比较、不同思路的比较、不同写作风格的比较、不同时代或国度的比较、不同思想观点的比较等。比较法有助于提高学生的观察能力、思维能力、想象能力、创造能力，还可使教学内容丰富，教学思路宽广，能开拓学生的思维空间，培养学生的想象和思维能力。

（四）触发生悟

所谓触发，"就是由一件事感悟到其他的事。你读书时对于书中某一句话，觉到与平日所读过的书中某处有关系，是触发。觉到与自己的生活有交涉，得到一种印证，是触发。觉到可以作为将来某种理论说明的例子，是触发。这是就读书说的。对于目前你所经验着的事物，发现旁的意思，这也是触发，这种触发就是作文的好材料。"①可见"触发"就是鉴赏中的想象和联想。"用笔不灵看燕舞，行文无序赏花开"，就是这个道理。

如欣赏杜甫的《绝句》："两个黄鹂鸣翠柳，一行白鹭上青天。窗含西岭千秋雪，门泊东吴万里船。"周振甫先生的《诗词例话·情景相生》中是这样想象的——"黄鹂在翠柳上鸣，白鹭飞上青天。从窗里看到西山上的雪，门口停着去东吴的船。黄鹂近景，白鹭远景；千秋雪远景，万里船近景。上联黄、翠、白、青，用了四种颜色，色彩鲜明。这样，就景物的远近和各种构成画面。千秋雪显出时间的永恒，万里船显出空间的广阔，含义深远，那就不是画所能画出的了。"②有一天茅盾在报上读到这样一条消息：浙东今年春茧丰收，蚕农相继破产。这样一个颇为矛盾的报道，诱发了他的灵感的波涛，由此产生了著名的小说《春蚕》，文学史上这样的实例屡屡可见。我们在作文训练中运用"触发生悟"的原理正在进行课题研究，事实证明这是一条改变作文教学"高耗低效"现状的有益途径。

（五）体察语境

语境和语境的作用很早就引起了古人的重视。唐孔颖达《五经正义》说"褒贬虽在一字，不可单书一字以见褒贬，……故经必数句以成言。"③春秋笔法虽一字见褒贬，但必须有数句作为上下文，褒贬才能准确地显示出来，即"数句"是"一字"的语境。南朝刘勰《文心雕龙·章句》中说"人之立言，因字而生句，积句而成章，积章而成篇。"他们都是从字、句、章、篇的相互关系来说明上下文（语境）对话语意义的表达和理解的重要作用。从他们的论述中我们还可以看到，体察语境的途径有三条：一要注意上下文中相关词句，二要对上下文内容形成整体认识，三要熟悉相关的背景材料。这也是语文教学中启发悟性的三条必由之路。

（六）切己体察

叶圣陶说过："作者胸有境，入境始与亲。"角色体验法是最直接的入境法

---

① 叶圣陶，夏丏尊：《文心》，开明出版社，1996年。
② 周振甫：《诗词例话》，中国青年出版社，2007年。
③ 孔颖达：《五经正义》，中国致公出版社，2009年。

之一。电影戏剧里,导演要求演员必须"忘我"、"投入",我们评价演员表演好坏的一个重要标准便是他们是否"入戏"。同样,在阅读中,我们如果进入文本,进入"角色",和作品里的人物同呼吸、共命运,那我们的言语品味必将是非常到位的。角色体验的关键点是情感体验,如果只是感知语言而不注入感情,那么语言便会因少了灵气而成了干瘪的文字躯壳。缺少情感,思维就不能深入,不可能产生具有语文这门学科特色的悟性。所以应该把注入感情与语言品味交织起来,努力走进作者的感情世界,用感情激起学生的共鸣,用感情引导学生的情感体验。情感体验的途径是生活体验,情感体验的过程实际上就是学生自主训练、自我感悟的过程,在这个过程中,学生能动地重组信息而后有所感悟,有所发现。

"智慧"作为高频用词,在中国教育界还是近两年的事,这是教育文化史上的一件大事。从应试教育到素质教育再到智慧教育,我们的教育理论有了新的探索,教育思想有了新的丰富,教育视点又有了新的发现,教育实践也必然会有新突破。

第八节 文本思路教学与教学设计的思路

所谓"思路",就是按照一定的条理由此及彼地表达思想的路径、脉络,朱自清称其为"文脉"。思路是否通畅直接决定了文章的内容表达是否清晰,"一篇文章无论思想内容多好,无论词句多么优美,必须全篇组织得好。"(张志公语)真正的理解还需从思路上理解文章的内容和形式的相互关系,因为思路不但体现在对材料的选择、结构的安排上,更体现在表达方式和方法上。

叶圣陶在这方面有着精到的阐述,他说:"作者思有路,遵路识斯真。""看整篇文章,要看明白作者的思路。思想是有一条路的,一句一句,一段一段,都是有路的","要踏踏实实摸清楚"。首先要把握全文的思路,其次是把握段落的思路,再次是把握句子的思路。"练就这样一项基本功,将会一辈子受用无穷"。叶老甚至认为读写结合的点位也在于文本思路的把握上,他说"不要把指导阅读和指导作文看成是两回事","把课文讲好,使学生学习每篇文章的思路是怎样发展的,语言是怎样运用的,这就是很好的作文指导"。

在阅读教学中如何把握文本的思路? 苏霍姆林斯基曾指出语文教学的艺术在于处理好课堂教学的三条思路的关系:一是文章中固有的思路;二是学生阅读理解文章时的思路;三是教师执教的思路。教师的任务在于用执教的思路铺设一道桥梁,巧妙而顺利地把学生的思路引向作者的思路。这种以文本思路为旨归的教学思想,反映了阅读教学尤其是课堂教学的普遍规律。

一、文本解构首先要整体阅读,关键在于寻绎其脉络

文本的思路是作者独具匠心的创造,它与内容的妙合,往往是它具有永久艺术魅力的一个重要原因。因此,思路也是引发感动的一个重要因素。朱熹说:"读书须是看着那缝罅处,方寻得道理透彻,若不见得缝罅,无由入得,看见缝罅时脉络自开。"①可见结构对于读文的重要。所以,读文理"序"是引发感动的入手点。

著名学者傅庚生说,"文,错画也,章,采也,五色成文而不乱,维其有章矣。不杂五色,则辞贫而意瘠,不明条贯,则杂乱而无章。摛藻抒情者,其意必有所守,其网必在于纲;欣赏之者,首宜求旨意,次必寻其脉络,然后乃可探骊得珠也。"②如柳永《雨霖铃》,音律谐婉,词意妥帖。承平气象,形容曲尽。如只注意到这些,就会被敷词与别情所迷,如果透过这些"血肉"发现脉络,理出贯串之章,就豁然开朗了。这首词的词眼所在只是一个"别"字,全篇没有一处离开"别"意。"寒蝉凄切"句写伤别之境之景,"长亭"是送别之地,"帐饮"是祖饯以为别。"留恋"是不忍别,"催发"表示不得不别,"执手相看"、"无语凝噎"别情最苦,无声胜有声;"暮霭沉沉楚天阔"、"千里烟波"最终是苦别;"多情自古伤离别",又值"冷落清秋节",点染出别情更难堪;"今宵酒醒"、"杨柳岸晓风残月",这是酒醒后的场景;"此去经年""良辰好景"虚设,写自己别后光阴,只有以泪洗面。所以"别"是这首词的北斗星,而其他的意象只是星拱罢了,而这些"星拱"又是按"别前、别时、别后"的顺序形成思路的。

又如朱自清的《威尼斯》一文,作者介绍威尼斯首先确定了全文的"文眼",即"威尼斯是个别致的地方"。其"别致"之处在于威尼斯是水上之城和文化艺术之城。为了介绍"文化艺术之城"的别致,作者以圣马克广场为中心,采取了突出一点、展示全貌的表达方式,依次写了圣马克堂—公爷府—运河—圣罗珂堂、佛拉利堂—国际艺术展览会。从整篇文章看,他首先选择了一个有利的落脚点,便于全文的展开。从局部看,圣马克堂、公爷府侧重建筑结构和建筑风格的介绍,运河一节专门介绍威尼斯的民俗和音乐,圣罗珂堂、佛拉利堂两处重在介绍绘画作品及其风格,国际艺术展览会侧重介绍民间艺

---

① 裴仁,林骧华主编:《中国传统文化精华》,复旦大学出版社,1995 年。
② 傅庚生:《脉注与绮交》,《中国文学欣赏举隅》,北京出版社,2003 年,第 73 页。

术。这样不但重点突出,而且把一个"文化艺术之城"的整个面貌展示给读者,使读者全面而具体地了解了威尼斯这个历史悠久的文化名城。这种表现方式与其说是表达技巧,不如说是文本思路的绝妙。

《荷塘月色》一文的思路在"起、承、转、合"上具有一种建筑美学的流走、呼应、变化、和谐的特征。一是行踪的转换,出家门—踱小路—游荷塘—赏月色—观四周—回家门;二是描写,鸟瞰全文,文章"写意勾勒—工笔细描—随意点染",整个画面有立体感、渗透感,使夏夜无边的荷塘月色这一幅浑然天成的自然景象呈现在我们面前,层次里面有层次;三是时间承转,傍晚—夜深;四是思绪的变化,颇不宁静—独处的妙处—热闹是它们的,我什么也没有—惦念江南。可见这篇文章由思绪所引,以"背着手踱"、"且受用"为行文线索,一路写景,一路抒情,层层铺陈,步步开拓,各画面相对独立,又流转自如,和谐统一,首尾相连,恰如一首"回文诗"。"妙悟"其思路之美,真是一大乐趣。

对于贾谊的《过秦论》,金圣叹在《天下才子必读书》中梳理其思路可谓目光洞彻。"《过秦论》者,论秦之过也;秦过只是末句'仁义不施'一语便断尽。此通篇文字,只看得中间'然而'二字一转:未转以前,重叠只是论秦如此之强;即转以后,重叠只是论陈涉如此之微。通篇只得二句文字:一句只是以秦如此之强,一句只是以陈涉如此之微。至于前半有说六国时,此只是反衬秦;后半有说秦时,此只是反衬陈涉;最是疏奇之笔。"金圣叹在这里一方面抓住文中的结穴处,一方面又梳理文脉,在杂花满眼的铺叙中指点迷津,揭示出条条江河归大海,应该说这是深得"辞赋类"文章阅读之诀窍的。

下面节选的梁衡在《夏感》中的一段文字,作者为什么不把春夏秋三个季节用相同的句式构成排比联结起来写?这恐怕要从"文脉"、"文意"方面来进行分析理解。

(1)夏天的色彩是金黄的。(2)按绘画的观点,这大约有其中的道理。(3)春之色为冷的绿,如碧波,如嫩竹,贮满希望之情;秋之色为热的赤,如夕阳,如红叶,标志着事物的终极。(4)夏正当春华秋实之间,自然应了这中性的黄色——收获之已有而希望还未尽,正是一个承前启后、生命交替的旺季。(5)你看,麦子刚刚割过,田间那挑着七八片绿叶的棉苗,那朝天举着喇叭筒的高粱、玉米,那在地上匍匐前进的瓜秧,无不迸发出旺盛的活力。(6)这时她们已不是在春风微雨中细滋慢长,而是在暑气的蒸腾下,蓬蓬勃发,向秋的终点做着最后的冲刺。

这个文段共有六句,第一、二句是总起,呈明观点,接下来四句是情理并融的阐释。其中第三句,又包括两个句式对称的分句,是以凝练的语句为下面阐释"夏之色"的内涵张本。如果把阐释"夏之色"的语句也以相同句式作为第三句的分句构成排比,第二句中的"道理"就无从着落,文意无法得以彰显。第三句的整句是内敛和蓄势,是为了"夏之色"的从容展开和阐发,"整"与"散"各当其时,相得益彰。由此可以得出结论,句式的选择和节奏的安排,应根据表达的目的和需求而灵活变化。

二、阅读教学要注意从整合出发,准确把握文本思路

朱自清的《背影》,从文中来看作者四次流泪就形成了全文的思路线索。第一次,"(我)不禁簌簌地流下眼泪"。第二次,"我的泪很快地流下来了"。第三次,"我的眼泪又来了"。第四次,"在晶莹的泪光中,又看见……"文章虽然连写四次流泪,但文字并不重复雷同,而是同中有变,多彩多姿。四次写"流泪",感情是丰富真挚的,又并不完全一致,造成了语脉的波澜跌宕,作品的意蕴丰厚。第一次是作者在徐州见到父亲,看见凄惨的家境、满院的狼藉、祖母去世、父亲失业,于是一股凄凉感涌上心头,难过地流下了眼泪。第二次是望父买橘。这是感情的高潮,父亲穿过铁道,爬上月台为儿子买来橘子,一个"穿"字,一个"爬"字,说明了父亲年岁大了,行动不便,充分表现了爱子的一片真情,这时"我看见他的背影",流下了感激的泪水。第三次是车站别离,父亲的背影消失了。想起父亲的老态龙钟,一种忧伤的情怀顿时喷发,作者流下了辛酸的泪水。第四次是作者接到父亲的来信,想到颓唐的父亲、惨淡的家境、凄凉的晚景,一种负罪感涌上心头,于是流下了愧疚的泪水。这一课的教学设计的关键在于要把握四次流泪的感情的异同,一路下来欣赏其细节描写,品味其语言意蕴和表达的技巧。这样下来学生就可以如纲在手,百目皆张了。

鲁迅在《呐喊自序》中写道:"这样说来,我的小说和艺术的距离之远,也就可想而知了,然而到今日还能蒙着小说的名,甚而至于且有成集的机会,无论如何总不能不说是一件侥幸的事,但侥幸虽使我不安于心,而悬揣人间暂时还有读者,则究竟也仍然是高兴的。"

这一段文字要说的一句话就是:这本小说能够成集,究竟是值得高兴的事。但鲁迅语言是曲折美的代表,他却用"然而"、"甚而至于"、"无论如何"、"但"、"而"、"则"等关联词语,一步一步把读者引向他的思想深处,一路迤逦而来。教学这一段文字时,应让学生先背诵下来,然后再来进一步体会关联

词语的妙用,文脉感则自然内化。

阅读蒲松龄的《狼》时,在疏通文义的基础上,教师要求学生从整体出发分析情节,领会文路。很多学生这样分析:不幸遇狼—投骨喂狼—倚薪避狼—奋起劈狼。这样的把握是违背作者原意的,因为这样的分析显然是把屠夫当做主角,狼反倒成了配角。无论从文章的标题,还是从结尾的议论看,都不难看出作品的主角是狼而不是屠夫。因此教师应该引导学生重新分析情节,得出准确的结论:狼跟踪欲吃人—狼得骨复追人—狼逼人倚薪立—狼计败被劈死,这样才算准确把握了作品的思路。

不同的立足点,就会有不同的文本思路的分析,因此在思路的梳理中不可定于一尊。朱自清的《春》可以从四个角度理出四个不同的"序"而且都有道理。第一种是:盼春—绘春—赞春;第二种是:时的变化—物的生机—人的活动—春的意蕴;第三种是:大自然的迎春图—人间的春意图;第四种是作整体理解,全文是写作者的一个梦,一个理想。教学这类课文时,要注意引导学生作多方位的思考和理解。

三、依据文本思路的阅读教学要巧于设计,妙于指路

对阅读教学的设计,有如下方法:

(一)提纲挈领法

黄厚江在教《阿房宫赋》时设计了如下的教学环节,很有意思。

> 师:同学们,我读《阿房宫赋》,反复读反复读,越读越短,读到最后呢,这篇文章只剩下几个句子,我大胆地把它缩成这样一段话:(投影显示)
>
> 阿房之宫,其形可谓( )矣,其制可谓( )矣,宫中之女可谓( )矣,宫中之宝可谓( )矣,其费可谓( )矣,其奢可谓( )矣。其亡亦可谓( )矣!嗟乎!后人哀之而不鉴之,亦可( )矣!

请大家根据课文在括号中填写一个恰当的词语。

经过一番讨论,学生达成了共识"阿房之宫,其形可谓(雄)矣,其制可谓(大)矣,宫中之女可谓(众)矣,宫中之宝可谓(多)矣,其费可谓(靡)矣,其奢可谓(极)矣。其亡亦可谓(速)矣!嗟乎!后人哀之而不鉴之,亦可(悲)矣!"

在这个环节中,教师得用巧妙的办法指导学生梳理全文的脉络,使学生居高临下俯瞰全文,写作思维的训练也就自然而然蕴含其中。

（二）点穴法

相传点穴是拳术家的一种武功，把全身的力量运在手指上，在人身某处穴道上点一下，就可以使人受伤，不能动弹。在阅读教学中，所谓点穴即抓住"文眼"处进行梳理，收到"一穴得气，百毛皆顺"之效。"点穴法"的特点就在于因文眼而设课眼。《阿房宫赋》，极写秦之"奢"，文章从宫殿、宫女、宫室三个层面来铺叙秦之"奢"。写宫殿，由点到面、由近及远，运用夸张、比喻等修辞手法，状写其雄伟、壮丽、奢华。写宫女，以梳妆打扮的特写表现宫女"望幸"的期待，以"雷霆乍惊，宫车过也；辘辘远听，杳不知其所之也"表现众多宫女的失落。而这恰构成了众多宫女一天生活的全部内容，从期待到失望，天天失望天天望，其一生或许就在这样无谓的等待中悄然逝去；写宫中宝物，以夸张之笔，书写秦皇的穷奢极侈，挥霍无度。秦始皇的贪婪、荒淫在"穷奢"中彰显，民怨民愤在"穷奢"中爆发，秦朝破灭在"穷奢"中注定，"穷奢"正是后哀而鉴之的前车之辙。而作者的华丽的文字，也正浸透着褒贬爱憎的情感。于是因"奢"而设课眼也就成了点穴的选择了。笔者据此设计了三个问题：（1）杜牧是从哪几个层面来表现秦之奢的？（2）表现秦之奢的几个层面在写法上有什么异同？（3）作者这样表现秦之奢，其用笔是不是"奢侈"了一点？第一问是从内容层面上提出要求，以熟悉文章内容为基础，训练归纳与概括能力。第二问是从表达技巧层面提出要求，思考这个问题须以对文本相关内容的理解和基本的写作方法及其作用了解为基础，训练的是比较、综合的能力。第三问是侧重于对作者写作意图的考究，须以对全文内容的理解、把握为基础，训练的是知人论世、理解作者思想情感和写作目的。这样的设计简洁、透彻、扎实、高效。像这样分析作者的行文思路，把握文眼可以发现很多课眼，如《六国论》中的"赂"字，《渔父》中的"清"字，《最后的常春藤叶》中的"杰作"二字，孙犁的《亡人逸事》中的"变"字，等等，不一而足。

（三）多视角欣赏法

余映潮教学《故都的秋》时，先点示文章布局谋篇技法欣赏的角度：一是从全文行文布局的角度来欣赏，二是从文章首尾安排的角度来欣赏，三是从主体部分结构的角度来欣赏，四是从写景节奏变化的角度来欣赏，五是从文章细部构成的角度来欣赏，六是从散文结构模式的角度来欣赏。然后他请同学们自选角度，欣赏课文的思路。

教师示范：如文章的开头与结尾，前者详而后者略，但照应得非常恰切；前者运用了比较和渲染的手法进行抒情，后者运用了夸张式假设的方式抒情。这样的开头与结尾，是为表现全文的思想情感服务的。

同学们独立活动，自选角度进行思考，教师组织课堂交流活动。

教师在与学生对话交流中插进一些讲析。

如,从全文的行文布局来看,第二段的宕开一笔与倒数第二段的宕开一笔是值得欣赏品味的。它们遥相呼应,表达了议论,对北国之秋的美好进行了烘托,为全文行文的曲折增加了美感。

如,文章主体部分的结构呈现出一种散点透视、多角度展现的结构,如落蕊、蝉声、秋雨、秋风、枣树……

如,有章法地表现出文章内部节奏的变化。写了碧绿的天色、漏下的日光、牵牛花的蓝朵、北国的槐树、秋蝉的衰弱的残声之后,作者开始了"节奏"的调整,一是从文面上将整段的写作调整到"散"段的写作,一是由对"物"的描叙调整到对"人"的描叙,然后再回到对"果树"的"整段"的描叙。这种节奏的变化进行得非常自然,细细欣赏,美味无穷。

如,文章细部的结构也非常精彩,第三段即使是写在北平欣赏秋景,都还要先作一下铺垫——"在南方每年到了秋天,总要想起陶然亭的芦花,钓鱼台的柳影,西山的虫唱,玉泉的夜月,潭柘寺的钟声"。

如,文章在整体上表现了写景抒情、咏物抒情散文的结构规律:引出事物,描叙事物,托物抒情。

多视角观察,多声部变奏,如山名园移步换景,文章的思路之美尽收眼底。

(四)连点成线法

刘志成的《红狐》被认为是:"大境界,大手笔,大孤独,大景观,大气质,大性格,大生命"。我认为这篇文章其实是三个故事大连套,每一个故事都蕴涵了一层表达的意旨,三层意旨浑然一体,形成了一种浑茫的思路结构。

我与学生边读边问边议边评。

这篇文章叙述了红狐的什么故事?(救狐崽)表达怎样的思想?像这种表达动物的那种本能的母性之爱、母性的光辉的故事你知道哪些?

这篇文章写了我们一家的什么故事?(恨狐,追狐,捉狐崽,养狐崽,放狐崽。)表达了什么思想?(人性中的悲悯,同情与感动,善良的品性,善待世间万物,亲和每一个生命)

这篇文章写了"城市人"的什么故事?(对红狐故事的麻木、漠然)表达了什么思想?(批判商潮之下人性扭曲、情感麻木、善良消解,人们心中的那块最柔软的地方变得越来越坚硬了,呼唤商潮之下人性的复归。)

最后一节是否可以删去,为什么?(评论家说这一节是神来之笔,说它精辟、深厚、沉重、怆然,具有巨大的艺术打击力、平中见奇的艺术魅力,有了这一节,整篇文章的艺术效果已经全然不同了。)

文章最后一句中"一种东西"指的是什么?(两处细节描写:第一,一个红艳艳的火团在眼前掠过,箭一样地消失在茫茫的夜色里;第二,红狐便飞快地蹿出,消失在了茫茫的夜色中。)

这有什么言外之意?(红狐在茫茫的夜色中消失,寓言蕴涵了社会现实,在商潮之下,同情心、悲悯心、生命意识、人之善良的本性,却如退潮一般。再也不会回来了,真是巨大的悲怆!)

（五）揣测作者的思路教学法

如钱梦龙教《从三到万》时,他先讲了傻儿子的故事,由学生揣测结局,再由故事揣测观点,然后揣测作者会说哪些道理,最后再写成一个成语或一句格言并与课文相对照。学生的思维一步一步得到延伸,正当学生们为自己的揣测与作者暗合的时候,钱老师笑着说:"这样看来,马南邨也没有什么了不起,你们不是已经跟他差不多了吗?"学生先是自信地点点头,随即若有所悟,纷纷说:"还差得很远很远。"他们说:"我们可能像那个傻儿子,刚学了一二三,就飘飘然起来,自以为'得矣得矣'。"看,一篇课文经钱老师这样一处理,学生的思维、语言、思想得到了充分训练,一石三鸟,可谓"多快好省"了。

（六）把握文本思路,巧选阅读教学的突破口

比如教学王维的五言律诗《终南山》。这首诗仅用40个字就把偌大的一个终南山传神地再现在我们的眼前。诗人先写远眺,用夸张的手法写终南山之高大,一句连山到海隅是何等的壮阔。接着写入山,"白云回望合,青霭入看无"。一个"合",一个"无",写出山中无限的风云,令人遐想。不仅为终南山的千山万壑、奇松怪石、流泉飞鸟平添一种朦胧之美,而且把云雾之变化之朦胧之薄如轻纱恰当地再现出来。一个"回望",一个"入看"则把诗人因奇入山、入山探奇的心态以及对置身云海的向往,表现得栩栩如生。第三联写立足"中峰",纵目四望,"阴晴众壑殊",把终南山阳光下的倩影尽收眼底,真可谓是尺幅万里。尾联写诗人欲投宿山中,何为也? 终南山美不胜收,欲明日再看。这首诗传神传情,"以少总多","意余于象",历来为方家所推崇。教学这首诗时,宜先从理解"连山"、"回望合"、"入看无"、"众壑殊"等入手,指导学生弄明诗人观山的顺序,重点引导学生想象诗所描绘的三幅画面。第一幅,远眺图,静态,连山到海,无比壮阔,仿佛于千里之外观之。第二幅,云海图,动态,云海缥缈,山如浮玉,山上景物或笼以青纱,或裹以冰绡,朦胧、清晰、隐没,变化无穷。第三幅,鸟瞰图,动静结合,万里关山,光影浮动,或明或暗,或浓或淡。再由想象到的画面回到对诗的语言的感悟上来,体会"合"、"无"等词的精妙,感觉诗歌语言的凝练。最后回到整体上来,诵读全诗,体悟古诗这种艺术形式的无穷魅力。

第九节　文本解读需要"宏观大格局"①

——以高尔斯华绥的《品质》为例

　　语文教学界"文本细读"之热已有一些年头了。一味强调"细读",如果缺少大视野、大格局、大胸襟,难免会死于言下,只见树木,不见森林,不但会使文本解读不自觉地陷入一些误区,更会销蚀阅读教学中的文化自觉。要让"非在场的文本变成富有生命召唤力的在场",就需要阅读者具有广阔的阅读背景和丰富的人生历练("世事洞明皆学问,人情练达即文章"),也就是说"文本细读"固然重要,但更需要一种宏观视野。

　　在苏教版高中语文教材中,《品质》被编入必修三第三册第二单元《号角,为你长鸣》第二板块"底层的光芒",该文是本册阅读教学难点。不少老师面对这篇小说无所作为,有的一读而过,有的干脆让学生自读,有的解读也是隔靴搔痒,有的甚至拿小说固有解构模式进行情节分析和明线暗线梳理。这些都是由于缺少宏观大格局观照而走入的误区——太对不起这座文化富矿了。本文以此篇为例,讨论怎样进行文学作品的宏观解读。

一、"哈姆雷特"是作者的"哈姆雷特"——从高尔斯华绥的创作来看

　　孟子说:"颂其诗,读其书,不知其人,可乎? 是以论其世也,是尚友也。"(《孟子·万章下》)因此,解读文本不能一味靠闭门造车。作家生平介绍、写作时代背景、作家的其他作品、作家创作意图的阐述以及人们对这部作品的评论,无一不是解码文本的"钥匙"。

　　高尔斯华绥是一位英国批判现实主义作家。他出身于富裕的资产阶级家庭,被称作是含着"银匙"出生,学过法律,在国外考察游历的过程中邂逅了英国作家康拉德,从而走上文学创作之路。他于 20 世纪初登上文坛,1932 年获诺贝尔文学奖。其最重要的作品是两组三部曲:《福尔赛世家》(《有产者》、《进退维谷》、《出让》)和《现代喜剧》(《白猿》、《银匙》、《天鹅曲》)。这两组长篇小说通过对一个资产阶级家族也就是福尔赛家族兴亡史的描写,反映了从 19 世纪 80 年代至 20 世纪 20 年代英国资产阶级走向堕落和腐朽的历史。他还写过不少短篇小说,题材多样,内容广泛,风格也各不相同,描写的人物

---

① 本文发表于《中学语文教学通讯 CA》,2012 年第 11 期。

形形色色。在《品质》这篇小说中,作者摆脱了英国社会中一贯的崇尚贵族绅士的阶级偏见,热情地歌颂了地位卑微的制鞋匠的高贵品质。对在工商业日益资本主义现代化的英国社会里小手工业者的悲惨命运寄予了深切的同情。这对于一个出身于资产阶级家庭的人来说尤为珍贵。

高尔斯华绥的创作时代处于欧洲小说创作转型的过程中,他身后是曾经达到过顶峰的批判现实主义传统派,他前面是高呼着打倒一切传统的现代派。处于两者中间,他明显地靠近传统派,但也自觉或不自觉地受到现代派的影响,因此其创作已经表现出传统主义与现代主义的融合。

在文学创作的主张方面,他认为文学家的责任就是将人类生活的病菌和社会问题的病灶放在病床上,供人们去解剖。所以作者应该提供实实在在的生活图景和社会问题实例,让读者自己作出判断。正是基于现实主义的想法以及对文学的深刻理解,他身体力行地塑造了《品质》中格斯拉和"我"的形象。

《品质》这篇小说写于1911年,当时的英国社会正处于社会转型时期,资本主义经济已经发展到一定的程度,现代社会机器大生产几乎完全取代了原始的手工业生产,大公司行业垄断"大鱼吃小鱼"的情况愈演愈烈。在行业竞争日益激烈的情形下,一些公司采用一些不符实际的广告招揽顾客,甚至为了追求剩余价值的最大化,偷工减料,以次充好,乱象丛生。社会的价值导向和人们的价值观也都出现不同程度的失范。《品质》中的格斯拉固守做人的原则,保持职业的操守,始终用自己的生命守护着商品大潮中一片唯一净化的圣土。这正是作品的价值意义所在。

表现在文学作品上,高尔斯华绥虽然注重人物塑造,采用从生活原型出发,再进行多种性格的拼接等艺术手法刻画性格,但作品中已出现了不少象征性人物,有了象征性人物,作者的倾向性也就逐渐模糊、丰富起来。比如《品质》中的"我",对格斯拉既崇仰同情,又自惭敬畏,还有无奈与冷淡,决不是一言可以概括的。

高尔斯华绥对现实主义文学传统的革新特别表现在小说的细节描写上,现实主义文学大师都十分注重细节描写,但是过于强调和不加节制的细节描写有时也会使小说落入烦琐。以巴尔扎克的《欧也妮·葛朗台》为例,个别地方的细节描写显得枝叶过密,到了左拉那里细节的堆砌更是掩盖了事物的本质。高尔斯华绥的《品质》没有冗长的叙述和烦琐的考证,他对格斯拉的描绘往往注意人物生理肖像和精神层面相结合,没有单纯的面部工笔细描。所以从某种程度上说《品质》是对"现实主义文学"的进一步发展。

二、"哈姆雷特"是文体中的"哈姆雷特"——从短篇小说创作来看

有一种"文体论解读"的文本解读策略,就是在阅读中要根据文体的结构模式和文体特征(文章图式)去解读文本所携带的信息。具体方法有四种:一要把握不同文体的表达手法,二要辨别不同文体的结构类型,三要探究不同文体的语言体式,四要发掘不同文体的主要因素。

《品质》属于短篇小说,短篇小说因为篇幅短,特别讲究艺术构思,通常需要浓缩,需要个性。即如有"世界短篇小说之王"之称的莫泊桑以及欧·亨利、契诃夫乃至蒲松龄,他们的小说通过强烈的形象对比来达到超乎寻常的艺术效果,有的以人物举止行为的夸张描写来塑造不朽的艺术形象,有的以出人意料的结局来升华主题,有的以浓墨重彩的格调来渲染气氛以打动读者,有的以曲折生动的情节制造悬念来抓住读者。

《品质》却不同,没有情节上的大起大落,没有人物的激烈举动,没有精雕细琢的刻意追求,作者以平铺的叙述、平实的语言塑造了一个平凡的鞋匠波澜不惊的生活,通篇平铺直叙,阅读起来难免有"不提气"的感觉。而这种表现形式恰恰是和人物相适切的,只有沉潜下来品味细读,才能领略其朴实无华和内隐的魅力,才能看到平淡和朴素之中闪耀着的光辉。

我们在阅读小说时,常常要把握人物、情节、环境三要素。批判现实主义作家笔下的人物大都是"扁型"的偏执人物,性格单一,缺少变化,格斯拉就是这样。他对"手工作坊式美德"一直坚守,没有变通,甚至没有不伤及职业道德和社会美德的"与时俱进",这可以说是导致他个人悲剧的一个原因。小说对社会环境的描写最为成功,没有大段的介绍,只是动态地在述说的推进中间接地透视,只有在阅读中抓住一些细节进行梳理才会恍然大悟。比如开头一节中的一句话,"这条街现在已经不存在了,但是在那时,它却是坐落在伦敦西区的一条新式街道",暗示了在英国大工业化的时代有无数个"格斯拉"及其靴店被"吃"掉。又如靴店橱窗中的靴子在全文中有三处描写,可以说对小说牵动"人物、情节与环境"这根神经具有重要作用,需要重点品味。小说的情节没有大起大伏,只是以"我"与"他"的交往为线索,耳闻目睹"靴店"日渐衰落,没有必要强分所谓故事的开端、发展、高潮、结局,而应该把阅读重点放在人物的命运上。

三、"哈姆雷特"是教材中的"哈姆雷特"——从教材的单元来看

苏教版教材把这篇课文编入第三册第二单元第一板块"底层的光芒"。所谓"底层"指的是处于社会最底层的弱势群体,他们的特点是:地位低下、生活贫困、遭遇不幸。他们身上有优点也有不足,优点常常是勤劳、善良、坚忍、诚信、乐观、有爱心;他们身上的不足常常是思想落后跟不上时代,甚至僵化、愚昧、麻木。在这样一个"底层的光芒"单元背景下来解读格斯拉,解读《品质》,也许会有新的发现。同时,从这个单元出发,我们还可以加深对其他作家笔下诸多小人物的理解。

《品质》和杨绛的《老王》有很多可以通过比较拓展来思考的"生长点"。"老王"当时也处于社会转型时期,那时候他"脑袋慢"、"没绕过来"、"晚了一步",这个遭遇格斯拉几乎与他完全相同。在解读中很多人只看到格斯拉身上的闪光点,只看到他悲剧的"社会性"的特点,却没有注意到其作为一个手工作坊主的自身的不足。

《品质》中的"我"与《老王》中的杨绛比较起来,"那是一个幸运的人对一个不幸者的愧怍"。"是的,"我说,"他做了顶好的靴子"。"我"此时是愧怍,是伤感,还是冷漠?颇值得寻味。而从丰富的精神内涵比较来看,我们又不得不佩服高尔斯华绥写作的厚重感和质量感。

四、"哈姆雷特"是"哈姆雷特"们中的"这一个"——从同类的作品来看

文学作品中描写社会底层人群生活的如恒河的沙子,堪称经典的作品如群星灿烂,就个人浅陋阅读所及,中国现代作家作品最高成就应以《呐喊》与《彷徨》为代表(阿Q、华老栓、祥林嫂、孔乙己在文学艺术的长廊中永远熠熠生辉),当代创作也有余华的《活着》、《许三观卖血记》等作品,毕飞宇的《玉米》系列……外国文学创作更是不胜枚举,如《巴黎圣母院》(爱斯米拉达与加西莫多)、《麦琪的礼物》(德拉与吉姆)、《最后的常春藤叶》(贝尔曼)、《警察与赞美诗》(苏比)、《羊脂球》(处于社会最底层那位妓女)、《老人与海》(桑提亚哥)……还有一些流行的大片,如《阿甘正传》(美国)、《贫民窟的百万富翁》(英国)、《殡仪师》(日本)等。

这些作品都从不同视角揭示了底层人们的生活苦难,讴歌他们身上闪耀的人性美、人情美,表现他们身上的坚忍与硬汉的品格,也有的冷峻地解剖他们身上所固有的"劣根"。《品质》在这方文学殿堂中以其独特的个性散发出

耀眼的光芒,作家以清醒的、理性的目光穿透社会转型时期的丛生的乱象,艺术地撷取"格斯拉靴店"手工作坊这朵浪花,让它来折射大世界。格斯拉虽然慢性饥饿而至死去,但他却是一个精神"贵族",在这一点上他很像屈原,为了理想中的"品质"宁肯饿死也不愿与世俗同流合污、随波逐流。高尔斯华绥在他身上寄寓着自己的人生理想,从他的身上找到了立身于那个道德沦丧、价值失范的社会中的精神支柱,也给我们这些人生之途的行者端起一面自察自省的镜子。

五、"哈姆雷特"是读者的"哈姆雷特"——从当前社会转型的背景来看

茅盾曾说,阅读文学作品,"应当一边读,一边回想他所经验的相似的人生,或者一边读,一边到现实的活人中去看"。王冶秋谈读《阿Q正传》时说:"第一遍,我们会笑得肚子痛,第二遍才咂出一点不是笑的成分,第三遍,鄙视阿Q的为人,第四遍,鄙视化为深思的眼泪,第五遍,阿Q还是阿Q,第六遍,阿Q向自己走来。"

当下中国社会正处于从农业的、乡村的、封闭半封闭的传统社会向工业的、城镇的、开放的现代社会变迁的过程中。社会转型出现了种种社会乱象:腐化堕落、贪赃枉法、权色交易等官德失范,唯利是图、假冒伪劣、坑蒙拐骗、背信弃义等在经济生活中的信用缺失、理想缺失、信仰俗化、物欲横流、人情冷漠等风气败坏。把《品质》放在当下的中国社会来观照,我们每个人身上都能找到"格斯拉"、"我"和"英国面貌年轻人"的影子。当理想的风遇到现实的墙,面对"不霸不横就贫穷,忠厚老实天不容。富贵若从勤苦来,世间强横喝西风"(网络语),扪心自问,我们是否能够像格斯拉一样,为了自己的梦想直面现实的苦难,永不向挫折低头?墨西哥谚语说得好:"走得太快之时请停一停,因为疲惫的灵魂已落于人后。"重拾灵魂,我们该如何自处?

文学类的文本总是要有确定性的一面,还要有不确定性的一面,这是文学作品本身特点所决定的。因此不能囿于一元解读,也不能限于多元解读,两者结合,在宏观大格局下观照,这才有文学作品教学的确定性。

美国学者威尔弗雷德·古尔灵将细读法概括为"词义分析—结构分析—语境分析"三步。① 其中第三步的语境分析是指在文本之外的、与文本相对

---

① 李卫华:《价值评判与文本细读——"新批评"之文学批评理论研究》,中国社会科学出版社,2006年,第112页。

的、没有在文本中出现、但却决定着文本意义的那些事件,相当于我们所说的背景,也即"宏观大格局"。可见文本细读的提倡者也非常强调只有对作品进行大视野的观照,词义分析和结构分析才有意义。当然如果失去了文本的微观的支撑,宏观驾驭也只能在文本解读中走马观花,浮光掠影,甚至是"天马行空"了。

第四章 "体悟式"语文的"言语赏美"观

第一节 体察言语的"声文"之美①

所谓"声文"之美,就是调动语言的发音、结构、形式来美化语言。如何运用声音来抒情达意,早在我国的春秋战国时期就已有人开始研究这个问题。《毛诗序》:"情动于中而形于言,言之不足,故嗟叹之,嗟叹之不足,故咏歌之。"这就是说,当正常的话语不足以表达强烈的感情时,人们就要运用"嗟叹"、"咏歌"来表现它。显然这就是在运用语音的要素了。《左传·昭公二十年》记晏婴论"和与同异"、"声亦如味"时,他说"清浊,小大,短长,疾徐,哀乐,刚柔,迟速,高下,出入,周疏,以相济也。"晏子的这番话对音乐和诗文都适用。到了南北朝时期刘勰就直接提出了"声文"之说,《文心雕龙·情采》中说:"立文之道,其理有三:一曰形文,五色是也;二曰声文,五音是也;三曰情文,五性是也。"唐朝时期韩愈主张"气盛言宜","言宜"就包括"言之短长"和"声之高下"。清代的古文家还提出"因声求气"之说,"神气不可见,于音节见之","音节高则神气必高",认为文章的声调可以寄寓作者的思想和人格。

朱光潜认为声音和意义本来是不能强分的,有时意义在声音上见出,还比习惯上的理想见出更微妙,所以有人认为分声律是行文的最重要的功夫。

西方现代语言学家及语言学理论越来越注重语音形象的研究,并在以下几点上已达成共识:任何语言都是形、音、义的统一体,语音并不仅仅是语言的物质外壳,"声音图画的效果也可以用特定的发音的堆积来产生",有些时候发音还具有"象征意义"。丹纳在《艺术哲学》中指出的:"人的喜怒哀乐,一切骚扰不宁,起伏不定的情绪,连最微妙的波动,最隐蔽的心理,都能由声音直接表达出,而表达的有力细致、准确都无与伦比"。这无疑从另一个角度肯定了语音形象的功用,它对于作品的整体的美,不可或缺。

---

① 本文发表于《苏州教育研究与实践》,2008 年第 3 期。

一、从语音修辞的角度品味语言表达效果

语音修辞特指在书面语中通过对语音的选择、组合和调整来增强语言的表现力和感染力，提高语言表达效果的一种活动。汉语语音修辞的几个主要方面是：调整音节、对称均匀；搭配声调、抑扬顿挫；巧选韵脚、悦耳动听；再现叠音、复而不厌；双声叠韵、婉转铿锵。

> 惨象，已使我目不忍视了；流言，尤使我耳不忍闻。我还有什么话可说呢？我懂得衰亡民族之所以默无声息的缘由了。沉默啊，沉默啊！不在沉默中爆发，就在沉默中死亡。

从语音修辞的角度赏析：在这只有 76 字的语段中，"沉默"这个词语重复了四次，还不包括"默无声息"这样的同义词。而"重复"正是构成音乐性的重要手段。这里的"沉默"二字完全可以看做是音乐上的"主题乐思"与"基调"的，"沉默"二字给人的音感本身就是"沉郁"的，这正是这段文字的基调。而全段文字长短句的交错、语速的快慢变化、抑扬顿挫之间，更是产生了一种音乐的节奏感：开头"惨象……流言……"的对偶句，句式的重复（连续两个"不忍"）都给人以压抑感；然后"我还有什么可说的呢？"的反诘，使情绪稍有舒缓；接着"我懂得……"一个长句，使节奏变慢，正是情绪的郁积与酝酿；而最后"沉默啊，沉默……"急促的节奏，愤激的语调，把整个情绪推向了高潮，产生了一种震撼的力量。全段文字的"沉郁"感因为有了最后的"愤激"的补充，也就显得更为丰厚了。

二、从语音的情感的角度破译作者的情感

语言就像音乐一样，能够通过音高、音长、音质、音强、音量、音色和语速等各个方面来表达情感。丹纳在《艺术哲学》中指出："人的喜怒哀乐，一切骚扰不宁，起伏不定的情绪，连最微妙的波动，最隐蔽的心理，都能由声音直接表达出，而表达的有力细致、准确都无与伦比。"

据语音学家在音强与语速两个方面的研究，"气徐声柔"，就会有温和的感觉，可以表达爱的感情；"气促声硬"，就会有挤压的感觉，可以表达憎的感情；"气沉声缓"，就会有迟滞的感觉，可以表达悲的感情；"气满声高"，就会有跳跃的感觉，可以表达喜爱的感情；"气提声凝"，就会有紧缩的感觉，可以表达恐惧的感情；"气短声促"，就会有紧迫的感觉，可以表达紧急的感情；"气粗

声重",就会有震动的感觉,可以表达愤怒的感情;"气细声粘",就会有踌躇的感觉,可以表达犹疑的感情;"气少声平",就会有沉着的感觉,可以表达沉着的感情;"气多声撇",就会有烦躁的感觉,可以表达焦急的感情。

清代周济曾指出不同的音韵与具体的情感形式是相关的,"东真韵宽平,支先韵细腻,鱼歌韵缠绵,萧尤韵感慨,各具声响,莫草草乱用"。

有人曾把韵按韵腹开口度的大小分成三级,即洪亮级、柔和级和细微级。洪亮级适合表现豪迈奔放、欢快热烈、激昂慷慨的情感;柔和级宜表现轻柔舒缓、平静悠扬的情感;细微级用来表现哀怨缠绵、沉郁细腻、忧伤愁苦的情感。

三、从"声调协调"的角度体会语言的韵律

声调的协调即是讲究平仄的协调。汪曾祺指出:"中国语言因为有'调'即'四声',所以特别富于音乐性。一个搞文字的人,不能不讲点声音之道。"汉字有平、上、去、入四个声调,阴平、阳平在古代均为平声,上声、去声为仄声。汉语的声调不仅有区别意义的作用,而且在组合词语时如能调配适当,还可以增强语言的音乐美,这是汉语语音上的一大特点。平声与仄声不仅有音高的区别,音长也不一样。平声字调平缓,仄声曲折多变。恰当地利用平仄不同的声调,形成有规律的变化,可以使语言具有抑扬顿挫、节奏鲜明的音乐美。

清朝江永曾说:"平声如击钟鼓,仄声如击木石。"(《音学辨微》)平仄相间,才能使钟鼓木石和谐,构成音乐的旋律。我国古代诗词对平仄的运用有严格规定,形成了一整套固定的规则,如李白的《早发白帝城》中的"两岸猿声啼不住,轻舟已过万重山",这两句字调的搭配是"仄仄平平平仄仄,平平仄仄仄平平"。平仄交替,上下句平仄对应,排列整齐严谨,使诗句有抑有扬,有顿有挫,产生了强烈的音乐美感。现代人作诗、写文章当然不必遵守古代格律,但是充分发挥汉语语音的特点、注意声调的搭配,形成声音高低、轻重、缓急的变化,使文章抑扬顿挫,铿锵悦耳,能大大增强语言的艺术魅力。

老舍在《戏话浅论》中说:"即使是散文,平仄的排列也还应该考究。'张三李四'好听,'张三王八'就不好听。前者是二平二仄,有起有落;后者是四字皆平,缺乏抑扬。四字尚且如此,那么连说几句就该好好安排一下。"

泰戈尔说:"语言只有具备韵律,进入起伏的节奏,它们才能活跃起来,放射出光辉。"如,一篇文章的标题"增了产:奖! 减了产:赔!"将助词"了"分别镶嵌到"增产"、"减产"两个词中,将双音节词凑成三个音阶,形成音韵,增强了标题的语气。

即便是在议论文写作中也要注意语言的韵律美。例如，"这两种人都凭主观，忽视客观事物的存在。或作讲演，则甲乙丙丁、一二三四一大串；或做文章，则夸夸其谈地一大篇。无实事求是之意，有哗众取宠之心。华而不实，脆而不坚。自以为是，老子天下第一，钦差大臣满天飞。这就是我们队伍中若干同志的作风。"声调铿锵，节奏起伏，很好地体现了政论语体的口语特色，使听者易听，读者乐读。

四、从"音节配合"的角度体味言语的整齐与参差之美

在使用语言时，根据表达需要恰当选用不同音节的词或者短语，以使音节匀称整齐，提高语言的表达效果。充分发挥汉语音节停顿和字句组合方式的优势，可以在音节和句子组织上追求一种整齐美和参差美。

一般情况下，句内单音节词与单音节词配合，双音节词与双音节词配合，这样才能使音节匀称。如"当我们进入村的时候"，"进入"是一个双音节词，"村"是一个单音节词，这样配合就不匀称，因此应该说"当我们进村的时候"。

音节的配合，还要注意与其所处语境相协调。例如"天边偶尔飘浮着淡淡的白云，像什么神仙画家从天边跑过，信手运笔，轻轻抹在青山之旁、碧空之上。又像从别的什么仙境飘来的片片银色羽毛，若飞、若停，吸之若来、吹之若去。这时候，你鼻翼歙动，只觉洁净清爽，沁人心脾，纵目四望，只觉耳目一新"。该例中上下句之间相应位置上的音节基本上都是二二相对，四四相对，形成一种整齐的结构，读来上口，听来悦耳，富有艺术情趣。

音节搭配中，也有所用词语音节长短不齐的情况，这时习惯上总是把音节少的放在前面，而把音节多的放在后边，呈依次递增之势。例如"东有东山，西有西山，北有卧虎，南有鸡笼，太原正好坐落在一个肥沃的盆地里。"前四句结构齐整，最后一句与之不同。整体上看来错落有致，调配得当，读之顺口，听之悦耳，使言语表达具有一种形式美、音乐美。

第二节　"语音修辞"辞格例解

"重视字句的声音"，是"文学语言的精髓"，是中国文论的一个很独特的见解。因此在语感研究中，尽管各家有不同的"视界"，但都不约而同地把对"语音的感悟"列为语感的一条重要的内容。很可惜的是，到目前为止各家对语音感的后续研究做得尚欠细致与深入，再加上20世纪以来中国学

界对中国古代所重视的语音形象有所忽视，"语音感"的培养研究很难进入语文教学的视野，更难转化为语文教学的方法。语音感的自觉培养，还需要上溯到"语音修辞"，本文特收集一些常见的关于语音修辞辞格的词条，结合中学语文课本上的一些例子，进行一些梳理和加工，庶几对言语的品味能有所裨益。

1. 双声、叠韵

双声、叠韵是汉语特有的一种语音形式。相连的两个音节声母相同叫双声，韵母相同叫叠韵。王力说："双声、叠韵也是一种回环美。"对此，我们的古人有明确的认识，李重华《贞一斋诗说》云："以余所见，叠韵如两玉相和，取其铿锵；双声如贯珠相联，取其宛转。"

鲁迅《记念刘和珍君》中"真的猛士，敢于直面惨淡的人生，敢于正视淋漓的鲜血"中的"惨淡"叠韵，"淋漓"、"鲜血"双声配合使用，使声音回环荡漾，婉转铿锵，并且循环复沓，交替强调了不同的声音，形成了回环变化之美，用来表情达意，给人造成了深刻的印象和强烈的感受，增强了语言的表达效果。朱自清《荷塘月色》中"层层的叶子中间，零星地点缀着些白花，有袅娜地开着的……微风过处，送来缕缕清香，仿佛远处高楼上渺茫的歌声似的"中的"零星"是叠韵，"袅娜"、"渺茫"属双声，三个词配合使用宛如小提琴的协奏，韵律和谐回环，流溢着一股清新自然的气息。

2. 叠音词

"叠音"古时叫"重言"或"复字"。它是利用汉语音节的特点，通过声音的复叠，加重形象的模拟，使繁复的感情与语气得以确切表达的一种方式。王力认为叠字法可以把"事物'形容尽致'，这好像在语言里加上了鲜艳的色彩。"（《汉语语法纲要》）叠音词不仅形象，而且音韵铿锵，旋律动听，和谐悦耳，给人一种声情并茂的音乐美。

我国古代有不少文学作品用了叠音，名传千古。如《诗经》共 305 篇，用了叠音词的近 200 篇，李清照作《声声慢》，"寻寻觅觅，冷冷清清，凄凄惨惨戚戚。"一开头"连用十四个迭字，情景婉绝，真是绝唱。"（《词的》卷四）"寻寻觅觅"侧重写迷惘神态，"冷冷清清"侧重写凄凉感觉，"凄凄惨惨戚戚"侧重写悲苦心境。三个层次，逐层递进，语音深婉。"连下十四个迭字，真如大珠小珠落玉盘也。"

朱自清的散文《绿》："走到山边，便听见哗哗哗哗的声音，抬起头，镶在两条湿湿的黑边儿里的，一带白而发亮的水便呈现于眼前了。"声音和水的质感，通过叠音词"哗哗哗哗"和"湿湿"完全凸现了出来，好像读者可以用手把玩一样。

3．四字格

四字格，也叫四字结构，是一个较宽泛的概念。它包括：四字成语、四字叠音词、四字熟语和所有临时组合而具有类似四字成语修辞功能的四字短语。"读来爽然，听来了然"，四字格乃"华文所独"，是体现中华民族语言风格的特色之一。四字格的平稳性体现了均衡美、对称美；四字格的简练性体现了形象美、含蓄美，是中华民族文化的审美观在语言结构上的反映；四字格的音乐性体现了语言的文字的回环美、旋律美。吕叔湘先生在探讨这一现象时指出，"2＋2"的四音节是现代汉语里一种重要的节奏倾向。① 汉语音乐性的特点为词的组合，尤其为形式结构上成分驳杂而又整齐匀称的四字格词组的组合，提供了最大限度的可能。

> 红日初升，其道大光；河出伏流，一泻汪洋。潜龙腾渊，鳞爪飞扬；乳虎啸谷，百兽震惶；鹰隼试翼，风尘吸张。奇花初胎，矞矞皇皇；干将发硎，有作其芒。天戴其苍，地履其黄，纵有千古，横有八荒，前途似海，来日方长。美哉我少年中国，与天不老；壮哉我中国少年，与国无疆。（梁启超《少年中国说》）

这样的文章听起来很像诗歌。这种音韵上的回环往复，可以帮助感情的强调与意义的集中。

"荷塘的四面，远远近近、高高低低都是树，而杨柳最多。"（朱自清《荷塘月色》）

这两句中的四字叠音词都是 AABB 式，但音节效果有不同。该句的四个音节（远、近、高、低）声、韵母各不相同，而且前一个四字格是全仄调，后一个四字格是全平调，节奏比较短促紧凑，给人一种有抑有扬、参差错落的感觉，恰当地表现了荷塘周围树木高低掩映、远近衬托的景象，反映了人物的"颇不平静"的心境。

4．飞白

飞白就是为了表达上的特殊需要，故意将读错或写错的字（也叫白字或别字）如实记录下来，是一种明知其错而故意仿效的修辞手法。恰当采用飞白格，可以获得言语表达风趣、生动、逼真等修辞效果。如：

（1）公婆和老太爷自然没有喊她名字的习惯与必要，别人呢？又觉得她只是个主妇，和"韵"与"梅"似乎都没有多少关系。况且，老太爷以为"韵梅"与"运煤"同音，也就应该同一个意思，"好吗（嘛），她一天忙到晚，你们还忍心

---

① 吕叔湘：《现代汉语单双音节问题初探》，《中国语文》，1963 年第 1 期。

教她去运煤吗?"(老舍《四世同堂》)

(2)老程又钻到被窝中去,指着破皮袄说:"祥子抽烟吧,兜儿里有,别野的。"别墅牌的烟从一出世就被车夫们改为"别野"的。(老舍《骆驼祥子》)

例(1)中老太爷因字音相同而理解错误,属字音飞白;例(2)中的"野"与"墅"因字形相近而被车夫们认错,属字形飞白。作者特意援引或记录这些错误,就形成了飞白格。

5. 谐音

谐音是利用词语的声音相谐,引出另外的意思,从而达到诙谐有趣、隽永深刻的表达效果的一种修辞方式。如,"病人恢复了健康,畸零人成了正常人,正直的人已成政治的人,他的进步显著。""要向前看,不要向钱看。""正直"与"政治","钱"与"前",或音相近、或音相同,用于上下句中,由于语音相谐而互相照应与提示,取得良好效果。这种修辞方式在人们的口语表达与文字作品中经常被使用。

6. 摹声

摹声即根据所要描绘的人或事物的声音,用与之相同的、相近的字音把它描绘出来,达到音乐美的效果。摹声词的使用可以加强语言的直观性、形象性和生动性,给人以身临其境的感受,使语言更加形象、生动。着意于以生动逼真的音响效果吸引受众,让受众对描绘的事物留下深刻印象。例如:

《诗经·伐木》中有"伐木丁丁,鸟鸣嘤嘤",直现了紧张繁忙、栖鸟惊飞的伐木场景。19世纪作家哈代在《苔丝》中描写三个女人嘲笑苔丝的情景。第一个女人的笑声是 ho – ho – ho,第二个女人醉醺醺,笑声是 hee – hee – hee,第三个女人是老太婆,她的笑声是 heu – heu – heu。作者分别用三个拟声词,描写各自笑声的不同,传神绘声,形象生动。

摹声不单单只是指作家用描摹或暗示声音的象声词,还包括作家运用多种语音手法如各种象声词、语气词、叹词、助词等来描摹人或物的各种声音笑貌,或运用恰当的标点符号来传达人物说话的语气和节奏,使读者受到强烈的声韵感染,从而如临其境如闻其声。如:

"'好了好了。'看的人们说。大约是解劝的。"

"'好!好!'看的人们说。不知道是解劝是颂扬还是煽动。"

这两例出自《阿Q正传》中龙虎斗一场,贫穷的阿Q由于调戏赵老爷子家的佣人吴妈,因此被剥夺了在各家做工的生计,而顶替他的竟是他一向瞧不起的瘦弱不堪的小D,于是他找到小D和他展开了较量。围观的群众也就发出了这两种言语。两个词的差别就在于一个"了"字,但却生动地描写出两种人的声音语气,展示了不同人的不同心理。"了"字为轻声声调,是降抑的、息事宁人的。"好了好了"显然是解劝，表现出好心人由衷地希望"别再打了"，"放手吧"。而"好"字是曲升调，句尾语调是高扬的，"好好"则体现出鲜明的煽动性。人们似乎看到了人头攒动、连声叫好的围观场面，听到了一伙帮闲者的起哄声，感觉到他们那种心怀叵测的鼓动。

7. 响字

朱熹说："韩退之、苏明允作文，敝一生之精力，皆从古人声响处学。"宋代文学批评家严羽说过"下字贵响"。"响"与"哑"是相对而言的，如果一篇文章篇幅过于停匀，语气过于平板，语言过于工整典丽，这样的文章字句虽稳切，但一定缺少慷慨悲歌之意，缺乏悱恻缠绵之情，没有芬芳秀逸之致。矫治的办法就是用"响字"。这个"响字"一方面要考虑词语的意义和色彩，一方面要考虑在语段结构上的节奏，还要考虑词语的声音，以期收到既可娱心，又可感人的效果。

历史剧《屈原》在演出时，剧作者郭沫若在台下听，他总嫌婵娟骂宋玉的一句话"你是没有骨气的文人"骂得不够味，想在"没有骨气的"下面加"无耻的"三个字。一位演员提醒他把"是"改为"这"，"你这没有骨气的文人！"就够味了。郭沫若觉得这字改得很恰当，称这位演员为"一字师"。

说到"响字"人们往往只注重实词，其实古文讲究声音，特别在虚字上做功夫。相传欧阳修作《画锦堂记》已经把稿子交给来求文的人，而那人拿着稿子已走得很远了，欧阳修猛然想到开头两句"仕宦至将相，锦衣归故乡"，应加上两个"而"字，改为"仕宦而至将相，锦衣而归故乡"。于是立刻派人骑马去追，好把那两个"而"字加上。这两个"而"字确实意义重大。原句气局促，改句便很舒畅；原句意直率，改句便有抑扬顿挫。从这个实例看，我们也可以知道音与义不能强分，更动了声音就连带地更动了意义。"仕宦而至将相，锦衣而归故乡"比原句多了一个转折，更深一层，"而"也就成了"响字"。

8. 顿

"顿"是语音的最基本节奏单位。汉语在音节和字句组合方面，主要是利用"顿"的机制和音节的调性构成音节美的。

"顿"有两种含义。

一是音步。如闻一多的《死水》，"这是/一沟/绝望的/死水，清风/吹不起/半点/漪沦。不如/多扔些/破铜/烂铁，爽性/泼你的/剩菜/残羹。"例中斜线划出的单位叫"音步"或"顿"，汉语中一般是两个或三个音节为一顿，单音节或四音节以上的"顿"较少见。

二是人们在说话时的短时间歇，这本是人的生理需要。说话需要气息，气息有长有短，但总得停顿，所以只要说话就必然有停顿，但停顿又是表达上的需要。在哪一个音节之后停顿,既决定语言的结构关系,又决定于人物心理感情的表达需要。如《阿Q正传》"造反,有趣。来了一阵白盔白甲的革命党。都拿着板刀,钢鞭,炸弹,洋炮,三尖两刃刀,钩镰枪,走过土谷祠叫道:阿Q,同去同去,于是一同去。""造反,有趣"、"板刀,钢鞭,炸弹,洋炮"、"三尖两刃刀"、"钩镰枪",音顿显得非常流畅,主人公跳跃的思路和美妙的幻想跃然纸上。

"东西,直走进去打开箱子来:元宝,洋钱,洋纱衫。"开头两字一顿,给读者感觉似乎是主人公见到东西后不禁眼前一亮,加上末尾二二三的音节停顿,又让人好像见到了主人公正在兴高采烈地抄取各种各样的物品。领略到了一种在长期遭受压迫、挨饿受冻之后终于得到了无数财富后的非常痛快的心理感受。

第三节 舌尖上的语文①
——从语调的涵泳与品味说起

中国人好味道,所以中国式的衡文也有一个特殊的美学标准:韵味。问题是如何才能把言语放到你的舌尖上来细细品味。我认为应该抓住"语调"这一中间物来敏化阅读与写作者的味蕾。

美国的一位鲁迅研究者就曾说:"鲁迅风格中最打动人的是语调。他的语调有时恨,有时爱,有时讥讽,有时抒情,但从来没有漠然中立的时候。一听他的语调,就知道他对所写事物是爱还是恨。"

这里给我们提出了文章语调涵泳的问题。何谓语调?《现代汉语词典》释"语调"为"语言的腔调,说话的声音高低轻重的配置"。我认为"语调"其实是言语中语气与情感自然配置所形成的韵味,与"文气"一词相类,不过语调比文气更偏重于语音形式。

诗言志,歌缘情,文以载道。涵泳与品味语调就要把语言声音的形式与作者的情感合并起来考量。所以老舍说:"除了注意文字的意义而外,还要注意文字的声音与音节。这就发挥了语言的声韵之美。我们不要叫文字老爬在纸上,也须叫文字的声响传到空中。"赵元任指出文章要"照最自然、最达意表情的语调抑扬顿挫来说"。

朱光潜极力主张阅读作品要抓住语调,"这是第一件要事",他说,"文学

---

① 本文发表于《中学语文教学参考(高中刊)》,2012年第10期。

批评家常用'气势'、'神韵'、'骨力'、'姿态'等词,看来好像有些弄玄虚,其实他们所指的只是种种不同的声音节奏","情趣就大半要靠声音节奏来表现","情感表现于文字意义的少,表现于语言腔调的多"。难怪桐城派极力主张"因声求气"了。

第一,语调与语言节奏的快慢。一般来说,快捷的语言节奏能够产生明快的感觉,携带着坚定、激烈酣畅的意味;慢的语言节奏能够表现深沉、委婉、滞重的韵味,给人以沉重的感觉。孙犁在小说《荷花淀》中富于变化地运用了快与慢的语言节奏来描写几个场面,很值得品味。和平宁静的夜晚,水生嫂在院子里编席等着水生,作者使用了较为舒缓的语言节奏描写白洋淀美好而又富有浪漫气息,"月亮升起来,院子里凉爽得很,干净得很,白天破好的苇眉子潮润润的,正好编席。女人坐在小院当中,手指上缠绕着柔滑修长的苇眉子。苇眉子又薄又细,在她怀里跳跃着。"后来水生嫂和几个青年妇女到马庄去探望她们的丈夫,途中遭遇鬼子,她们顿时紧张起来,作者这时使用快节奏的语言:"后面大船来的飞快。那明明白白是鬼子!这几个青年妇女咬紧牙制止住心跳,摇橹的手并没有慌,水在两旁大声哗哗,哗哗,哗哗哗!"紧接下来描写荷花淀的景象时又用了慢节奏,给人深沉、舒缓的感觉。再下面描写战斗又用了快节奏:"她们向荷花淀里摇,最后,努力的一摇,小船窜进了荷花淀。"快节奏表现了紧张、激烈的情绪色彩。这种富于变化的语言节奏内蕴涵着生机,具有了与劳动生活和战斗生活一样的宁静舒缓、紧张激烈的神韵。

又如鲁迅小说《药》的开头写道:"秋天的后半夜,月亮下去了,太阳还没有出,只剩下一片乌蓝的天;除了夜游的东西,什么都睡着。华老栓忽然坐起身,擦着火柴,点上遍身油腻的灯盏,茶馆的两间屋子里,便弥满了青白的光。"这段第一个长句中,各分句句式较为整齐,节奏相近,句中又用了"了"、"还"等字,使节奏、语气均变得更为舒缓,凸现出黎明前的黑暗那死一般的寂静。接下来,写主人公"忽然坐起身,擦着火柴,点上遍身油腻的灯盏",一连串简洁、紧迫的动作描写,语言节奏显得急促起来,不仅打破了黑夜的寂静,还开启了新的事件。在此由静到动,形成了鲜明而强烈的对比。

第二,语调与语音的开口度。《木兰诗》的开头:"唧唧复唧唧,木兰当户织。不闻机杼声,唯闻女叹息。"阅读主体透过(十三辙)"以欺"的细微韵:唧、织、息,便能感到木兰停机叹息时内心的苦痛。在她凯旋时"归来见天子,天子坐明堂。策勋十二转,赏赐百千强。可汗问所欲,木兰不用尚书郎;愿驰千里足,送儿还故乡。"通过改用洪亮的"江洋"韵:堂、强、郎、乡,便能感受到她欢乐愉快的心情。"寻寻觅觅,冷冷清清,凄凄惨惨戚戚",七组叠音词构成七个均等的音步,而且又是低沉音、齿音,与凄冷事象非常协调。语音短促而形成节奏的紧迫,凸现出峻急、怅恨的情状,恰到好处地表现出词人悲伤、孤独和寂寞的心境,使人能真切地感受到词人寻来觅去的那种沉重而急促的情感律动。

阅读《记念刘和珍君》我们就可以充分感受到语音的轻重配置所形成的特殊语调。"我已经说过,我向来是不惮以最坏的恶意来推测中国人的,但这回却很有几点出于我的意外。一是当局者竟会这样地凶残,一是流言家竟至如此之下劣,一是中国的女性临难竟能如是之从容。""残"、"劣"用来描写当局者和流言家,这两个字韵调声音急促、滞重,而用"从容"来赞颂中国女性声音温柔。这样的声韵处理,使作品声情并茂、动人心弦。

第三,语调与语言形式的整散。利用押韵、调整音节、使用排比或对偶等办法,创造一种有规律的节奏,读来朗朗上口,给人以一种整齐匀称的美感享受,这就是整句。如,毛泽东在《改造我们的学习》中说:"这两种人都凭主观,忽视客观事物的存在。或作讲演,则甲乙丙丁、一二三四一大串;或做文章,则夸夸其谈地一大篇。无实事求是之意,有哗众取宠之心。华而不实,脆而不坚。自以为是,老子天下第一,钦差大臣满天飞。这就是我们队伍中若干同志的作风。"这一连串的句子,声调铿锵,节奏起伏,很好地体现了政论语体的口语特色,使听者易听,读者乐读。

但是过于整齐的节奏有时也不利于情感的起伏,语气也会流于板滞。有变化,才有波澜起伏,文章才能生动活泼,情感才得以充分流露。《邹忌讽齐王纳谏》利用词法错综、句法错综、语气错综等方法,把"私我"、"畏我"、"求我"的三种人的思想真情通过语音传达了出来。余光中《听听那冷雨》:"听听,那冷雨。看看,那冷雨。嗅嗅闻闻,那冷雨,舔舔吧那冷雨",从整体上来说这几个句子都是动宾结构,较为匀称整齐,但作者在这一句群的内部却又运用标点来调整音节,有意打乱了这种节奏,从而使这个句群既和谐又顿挫,活泼而生动,富有生命的神韵。句法与词法的错综可以很好地协调整与散的和谐搭配。如"山如眉黛,小屋是眉梢上的痣一点",句式有意形成变化。《师说》利用几种语气的参差变化来形成波澜,"圣人之所以为圣,愚人之所以为愚,其皆出于此乎?"带有质疑、设问和论辩的语气;"小学而大遗,吾未见其明也",有判断肯定的语气,说得斩钉截铁,毫不含糊;"巫医乐师百工之人,君子不齿。今其智乃反不能及,其可怪也与!"作者采用了感叹的语气,富有感情色彩,不仅表露了他不满的情绪,而且显示出对所批判的论敌的鄙夷和蔑视;"彼与彼年相若也,道相似也。"直接采用士大夫们对话的口吻来写,有讥讽的语气,它不仅表明士大夫们对从师计较年龄地位的错误态度,而且还可以看到士大夫们说话时的神情,透过这一层,我们还会看到韩愈对他们的错误的批评与嘲讽。

第四,语调与语流的顺顿。用畅达的语流来表现柔情则千回百折,肝肠寸断;用以表现豪情则排山倒海,一泻千里。前者如"念去去千里烟波,暮霭沉沉楚天阔",后者如"看万山红遍,层林尽染,漫江碧透,百舸争流,鹰击长空,鱼翔浅底。"这就是"一字逗"句式的表达效果,因为许多词句为一词句所统率,必须一口气读到段尾才可停止。畅达的语流形式在演讲稿中多见,比如马丁·路德·金的《我有一个梦想》中间有 8 节的文字用几乎相同的段式来增强文气的畅达、强化演讲的气势,从而形成极强的感染力。

但有时作者的情感是顿挫的,内涵极为丰富,为了强化语意的表达,作家常常在极其顺畅的语流中使用"停顿"这一语音技巧,从而突出语言的韵律美感。欧阳修的《醉翁亭记》全文一共用了 21 个"也"字,读来一气而下,极其顺畅;但每一个"也"字就是一层意思,层次极为分明。使整篇文章加强了语调的节奏感和委婉抒情气氛。余光中说:"我尝试把中国的文字压缩、捶扁、拉长、磨利,把它拆开又拼拢,拆来且叠去,为了试验它的速度、密度和弹性。"有些句子"顿"的技巧全不在于使用标点符号和短音节的句子等表面形式上,内部节奏该顿而不顿,把作者对大陆的思念像无穷无尽地棉中抽线,无穷无尽地延长延长。有些句子内部节奏不断却又用标点顿开,如《听听那冷雨》:"雨是一种回忆的音乐,听听那冷雨,回忆江南的雨下得满地是江湖下在桥上和船上,也下在四川的秧田和蛙塘,下肥了嘉陵江下湿布谷咕咕的啼声,雨是潮潮润润的音乐下在渴望的唇上,舔舔吧那冷雨。""户内听听,户外听听,冷冷,那音乐。雨是一种回忆的音乐,听听那冷雨,"明连实断,明断实连,语气参差,语势奇崛,在这样一种语音形象之后站着一个苦苦思乡的游子。鲁迅的《记念刘和珍君》中写道:"我没有亲见;听说,她,刘和珍君,那时是欣然前往的。自然,请愿而已,稍有人心者,谁也不会料到有这样的罗网。"频繁使用逗号、分号顿开,显得语气短促,不同于长歌当哭,犹如哽咽不能成语,这样的语音形象背后,站立着抒情主人公——作者的形象。

总之,语速的快慢、语气的轻重、语调的升降、语流的跌宕、语言的整散、语势的顿挫,都能增强语言的语调美。曾国藩提出读书要让自己的心与书相融相洽,使书"如春雨之润花,如清渠之溉稻,如鱼之游水,如人之濯足"。品其调,感其情,味其美,正是涵泳功夫意味长!

第四节　用心灵感悟语言①

"夫缀文者情动而辞发,观文者披文以入情,沿波讨源,虽幽必显。"刘勰还认为,"夫志在山水,琴表其情;况形之笔端,理将焉匿? 故心之照理,譬目之照形;目瞭则形无不分,心敏则理无不达。"用现在的话说,就是要用心灵感受语言,也就是要培养语感,这是阅读教学的中心。所谓感受语言就是要在理解的基础上调动感觉、知觉、表象、联想、情感等心理功能去触摸言语对象的整体存在,品味它说什么、怎么说以及为什么要这样说,不但及于它的内容,同时还要及于它的形式,通其气,辨其味,感其情,品其美。

感受与理解不同,比如柳宗元的《江雪》,若要想让学生理解,只要这样给学生解说也就行了:"很多很多山上没鸟飞了,千万条道路上见不到人影。只有一条小船上坐着一个披蓑衣的老头,尽管天下着大雪,江水冰冷,但他还是一个人钓着鱼。"如此学生就能理解了,但他们并没有感受到诗歌的音韵之美、语言的形式之美,也没有透过文字看到那一幅"寒江垂钓图",更没有体味出诗人的那种孤独与无奈的心情。

作为一个语文教师在阅读教学中怎样才能带领学生进入用心灵感受语言的境界呢?

第一,要调动生活经验体验语言。感受语言要超越语言本身直逼近语言后面的人的内心世界。叶圣陶说:"要求语感的锐敏,不能单从语言文字上去揣摩,而要把生活经验联系到语言文字上去。"凭着生活经验感受《故都的秋》中的"天可真凉了——"那别有韵味的一声叹息胜于作者在这一句话的末尾专门加一个注脚"'了'字要念得很高,拖得很长"的情韵。又如《荷塘月色》中的"袅娜"二字,《词典》上解释为"柔软细长",若能联系翩翩起舞的少女的苗条的体态,迎风婆娑摆动的杨柳枝,神话中的仙子的飘带等,"袅娜"便有了具体生动、真切形象的感受了。所以调动了生活经验,见到"新绿"二字就会感到希望,自然的化工,少年的气概等,说不尽的意趣。见到了"落叶"二字就会感到无常、寂寞等,说不尽的意味。

第二,入情入境感受语言。俞天白说,如果"情感枯萎了,意境消失了,语文真的就要成了语言文字方面的一堆干燥无味的,一如板头、旋凿、弹簧、螺丝和螺丝帽一样的工具或零部件。"语言学家把言语分为"有所述之语"和"有

---

① 本文发表于武汉大学《中学语文》,1999 年第 10 期。

所为之语",但每种语言后面"都有一颗心在",因此应使学生之心"入乎其中",与言语对象中的那颗心发生共振共鸣。要使学生入情入境最重要的是披文以入情,也就是要从具体的语言文字出发,感受语气、情感、韵味。比如中学阶段鲁迅作品入选课文最多,而鲁迅风格中最打动人的因素是语调。他的语调有时恨,有时爱,有时讥讽,有时抒情,从来没有漠然中立的时候。一听他的语调就知道他对所写的事物是爱还是憎。读《记念刘和珍君》,老师带领学生透过"中华民国十五年三月二十五日"这标明参加追悼会的年月日的表层,进而感受先生写史纪年的笔法是要把反动派钉在历史的耻辱柱上;透过"听说她,刘和珍君,那时是欣然前往的"唠叨断续的语调去感受作者哽哽咽咽悲愤之极的心灵;读《祝福》透过祥林嫂叙述阿毛之死的颠倒重复的文句,我们能体验出失子之痛给祥林嫂带来的精神创伤,一个近于精神失常的戚戚悲悲的母亲形象即立于面前。

披文入情有的要从诵读上体味。把握语音的停顿、感情重音、逻辑重音、快慢节奏等。通过对高低强弱、轻重缓急的语调反复吟诵,做到口诵文、目察形、耳闻音,心通义四者并用,形成动心、悦耳、娱目的综合效应。如《记念刘和珍君》中的"沉默呵,沉默呵"读准了重音也就把准了感情的脉搏。而《春》的第一段叠音词的连用,对偶、排比叠出,长短句错落有致,跌宕起伏,情随景生,景以情美,字里行间流动着丰腴醇厚的情韵。通过反复吟诵,情趣和韵味自然产生。

如果学生在读书时能够入情入境、脉搏的跳动与作者合拍、感情的基调与作者一致、人物的命运牵动自己的喜怒哀乐,也就能进入用心灵感受语言的境界了。所以有经验的语文教师总是注意课堂教学氛围的浸润和营造。有的使用一段音乐,有的先介绍一下时代背景,有的介绍写作的缘起,有的用抒情的语调引入,更有经验的教者进入角色读山则情满于山,观海则意溢于海,把学生领入作者的妙境佳构中去,吸引他们在"浓妆淡抹总相宜"的美妙的语言中去饱餐秀色。

第三,触发联想,感悟语言。叶圣陶说:"读书贵有所得,作文贵有所味,最重要的是触发功夫。"阅读的经验告诉我们,如果在读书的时候只限于文字所及的范围,所得是肤浅的、有限的,因为文学语言除字词的基本义之外,还有丰富的"潜台词",还产生理性、形象、感情等隐含的信息。如果能采用触发联想法就能进入高一层的境界。没有想象和联想就谈不上用心灵感受语言。触发联想是在瞬间完成的,侧重于语义领悟,实现表象的意象化,引起情趣效应,把握所传达的复杂感情,接近言语的旨趣。如,人们读到《白雪歌送武判官归京》中"北风卷地白草折,胡天八月即飞雪"的诗句,就会立刻借助想象和联想展示景象,仿佛看到了疾风席卷大地的情景和大雪纷飞随风飘舞的情状,又仿佛听到了激荡于耳际的狂风怒吼声,这是一幅多么壮丽的景象。又比如一般副词都是为表达准确而用作修饰限制的,但在《药》的开头有"秋天的后半夜,月亮没有出,只剩下一片乌蓝的天;除了夜游的东西,什么都睡着,华老栓忽然坐起身……"鲁迅这里用"忽然"一词就很耐思考。"忽然"表示动作迅速而出乎意料,一般人睡了,不会忽然坐起来,除非有特殊情况。小栓得了致命的疾病,老栓不能不为之担忧,如今有了救治的希望,兴奋之情自然难以抑制;但又怕去得迟了,心里未免焦急难以入眠;而且此"药"又非同一般,这对于善良的华老栓来说,心情总难免紧张。"忽然"一词对华老栓的精神状态和心理的描摹是何等的传神和细致入微!带有色彩的词语,能触发视觉形象,给人以强烈的语言美感。"春风又绿江南岸",一个"绿"字色彩鲜明,给人带来满眼的春意。表现动作性强的词语,描摹状态的形容词能触发场面联想,形成动态的画面。如《谁是最可爱的人》描写松骨峰战斗的"抱"、"摁"、"掐"、"衔"、"扣"等;《药》中康大叔的一连串动作;《春》中的儿童们"坐"、"躺"、"踢"、"跑"、"捉",春草的"钻"、"嫩"、"绿"、"轻"、"软"等。在阅读教学中一定不能让学生"死于言下",要使他们能够"视通千里"、"思接千载"深入浅出,从而触发联想,使课文的语言叩之有声,嗅之有味,视之有形,触之有感,品之有趣。

第四,整体合成,审美赏析。整体合成一般包括四点:一是指把语言文字放在具体的语境中完整地感受其表达的深厚意蕴;二是指作者写作时的背景材料(生平遭际、家庭社会影响、心境心情等);三是指对言语对象整体的全面的笼统的把握,而不是条分缕析,兼顾方方面面各个层次的具体理解和切分。四是指结构主义语言学创始人索绪尔讲的共时性语言环境,也即一句话里的每个词和没有在这句话出现的与之相关联并形成对比关系的那个词,如"僧敲月下门"中与"敲"有关联并形成对比的"推"字,祥林嫂"眼珠间或一轮"中与"轮"相对比的"转"字。整体合成其实也是开发右脑功能,因为右脑是用视觉格式塔方式(即整合方式)来处理信息的。情境教学法是强调整体意识的语文教育的典范。学生只要走进了课文的整体情境中则无论是走马观花还是驻足玩赏都不会失去整体观的。品味《项链》中的"她也是一个美丽动人的姑娘"中的"也"字,需要联系人物的思想性格和命运,需要放到作品所表现的社会环境中去,还需要与下文情节发展联系起来,"也"字也许就不是一个副词表承接表肯定语气了。其实它暗含比较,写出了玛蒂尔德的满腹辛酸,点明了她有难以压抑的爱慕虚荣、追求享乐的欲望,同时也揭露了资产阶级把美丽的女性当作玩物的丑恶现象。

用心灵感受语言,才能辨其肌理、悟其意蕴、赏其神韵、品其情味、感其畅达、体其格调、通其语气、积淀文化、形成语感。能如是则语文再也不是白开水,学语文也就不是痛苦的差事,倒真像《红楼梦》中香菱所言,"如嚼一个几千斤的橄榄"——享受语文了!

第五节　文本解读中的"发隐"①

文忌一览无余。一些重要的语境因素或主旨常匿而不露,踪消迹失,或东鳞西爪,粉面半遮,造成种种跳跃的思路、含蓄的意蕴,以有尽之言,寓无尽之意。叶圣陶也说:"文艺作品往往不是倾筐倒箧地说的,说出来的只是一部分罢了,还有一部分所谓言外之意,弦外之音……那没有说出来的一部分反而是极关重要的一部分。"因此有人把文本比喻作一座岛屿,有水面之上部分(诸如文本的表面意义;故事情节、人物活动;文体特征)、水面之下部分(文本的深层意义,故事主题,中心思想;内在情感及情趣,价值取向;语言表达的技巧与艺术风格等),还有河床部分(即文本的民族文化背景、传递的民族文化信息;文本的文化历史烙印;后人应继承、发扬的社会使命等)。文本的隐含义大体可以分为以下几类:(1)深层义;(2)言外义;(3)象征义;(4)情韵义;(5)哲理义等。所以在阅读教学中,注意引导学生发现这类隐含因素,善解弦外之音、醉翁之意,是达到深刻理解、把握主旨的关键。这种发掘隐匿因素,以达到理解的能力,就是"发隐"。发隐有以下几个途径:

第一,把书面语言还原到交际的语境中切己体察。语言交际中,往往既有一种遮蔽作用又有一种启示作用。实际上是甲,其语表却偏偏说是乙,这就是遮蔽。然而甲乙之间肯定有某种联系。正如美学家黑格尔所说"艺术的显现通过它本身而指向它本身之外。"这应是我们发隐文本"隐含义"的一把钥匙。在解读文本时候要学会应用这把钥匙,不满足于感知作品的表层意义,应该透过表层,细心体察内在的意蕴,这样才能真正学会阅读。

《林黛玉进贾府》一文中,写王熙凤进到贾母房里后,拉着林黛玉的手,上下细细打量了一回,仍送至贾母身边坐下,笑着说:"天下真有这样标致的人物,我今儿才算见了!况且这通身的气派,竟不像老祖宗的外孙女,竟是个嫡亲的孙女,怨不得老祖宗天天口头心头一时不忘。"王熙凤说得这几句话可以算是含蓄得体,一石三鸟。"天下真有这样标致的人物,我今儿才算见了!"以

---

①　本文发表于《语文世界》,2012年第10期。

前从未见过这样标致的人,今儿才算见了,可谓赞美评价之高,让人听了舒服,此其一。"况且这通身的气派,竟不像老祖宗的外孙女,竟是个嫡亲的孙女"这里既有赞林黛玉的"气派"好,也让在场的迎春、探春、惜春听了倍感舒服——嫡亲的孙女有"气派"。此其二。"怨不得老祖宗天天口头心头一时不忘。"在众人面前左一个"老祖宗",右一个"老祖宗",向众人表白贾母疼爱黛玉,老祖宗听了能不高兴吗?此其三。有人说这里写出了王熙凤工于心计、八面玲珑、两面三刀的性格,其实这是没有注意语言交际环境而造成的误解。

"大嫂,你放着吧!我来拿","你放着吧,大嫂",如果孤立看这样的文字,表达人物的感情究竟是出于关怀对方,还是制止对方的某个举动,恐怕很难断定,对读者也不会产生过分的刺激。但是,现在请你再读鲁迅在《祝福》里的描写,把它放到语言交际的环境中去。鲁家祭祀时,四婶嘴里慌忙说出"祥林嫂,你放着罢!我来摆!""祥林嫂,你放着罢!我来拿"在祥林嫂捐了土地庙门槛后的一次祭祀时,四婶慌忙大声说:"你放着罢,祥林嫂!"至此,悲剧气氛骤然强烈了,结果是,第二天,祥林嫂不但眼睛凹陷下去,连精神也更不济了。……不到半年,头发也花白起来,记性尤坏,后来终于被"打发走",成了乞丐,最终死在除夕的风雪之中。

四婶慌忙地说这句简单平常的话,不仅给当事人祥林嫂以强烈的震动,也给读者以不平常的刺激,引起读者对吃人的封建礼教的仇恨和对祥林嫂的同情。一句平常的话何以产生这样大的效果呢?单从语言结构来分析,我们无法回答这个问题。不过,一旦想到鲁四老爷家对"祝福"这一年终大典的重视、想到鲁四老爷这个讲理学的老监生的身份,另一方面,又想到祥林嫂死掉的两个丈夫及儿子遭狼吃的噩运,再进一步想到祥林嫂受封建迷信的欺骗,以捐门槛做替身的渺茫希望,我们就不得不承认四婶嘴里说出的"你放着罢,祥林嫂!"这话必然会产生强烈的效果,在鲁迅用高度的艺术手法再现出来的上述语言环境中,读者自然会产生出对封建礼教和统治阶级的憎恨,对被压迫、被侮辱的劳动妇女的担心和同情。

《鸿门宴》中对范增有两处语言描写:一是范增对项庄的嘱咐,"因击沛公于座,杀之,不者,若属且为所虏。"二是沛公逃脱后,范增的一番感叹:"唉!竖子不足与谋!夺项王天下者,必沛公也。吾属今为之虏矣!"这两处语言描写,在我们看来似乎没有什么可读性,但是钱锺书先生进行了一番咬文嚼字式的精读,嚼出了味道。且看他在《管锥编》中作的评说:"始曰'若属',继曰'吾属',层次映带,神情语气之分寸缓急,盎现字里行间。不曰'将',而曰'今',极言其迫在目前。"这也是从人物身份和前后语言交际的分析而得的。

第二,比较分析内容的关联处,理解作者的写作深义。司马迁在《廉颇蔺相如列传》开头交代廉颇"赵之良将","拜为上卿,以勇气闻于诸侯"和蔺相如"赵人也","为赵宦者令缪贤舍人",这既是常规传记的写法,也隐含着重要的意义信息,这就是两人身份地位的悬殊,为下文廉颇宣恶言、最终将相和张本。这样看来前文也就有了言外之意了。

辛弃疾的《永遇乐·京口北固亭怀古》多用典故,有廉颇官被贬心犹壮的故事,有孙权的千古风流,有刘义隆当年的气吞万里如虎,有封狼居胥的古代闹剧,有扬州路烽火连天的景象,有拓跋焘当年一片神鸦社鼓的承平景象。这里通过用典隐含了作者的思想感情,发隐也要穿透用典、联系作者身世来体悟。

第三,寻找文本的自相矛盾之处,发现言外之意。寻找缝隙,是英美新批评中常用的一个方法,对我们来讲也是有启发的。《孔乙己》文末:"孔乙己大约的确死了"一句中的"大约"、"的确",向来备受关注。粗粗一看,句子告诉我们的无非是孔乙己死了的信息,人们或许还会疑惑,鲁迅怎么把"大约"和"的确"放一块了。如果我们联系前文中有关孔乙己当时的原生态细节:孔乙己好久没来了,欠钱从来不出一月的他已经有一年多没来了。于是很自然地就想到,本来就是穷人富人都瞧不起的孔乙己,又被打折了腿,在社会上自然就更没有他的容身之所了。最末一次出现是如此狼狈,再加上他居然违背本性欠债不还,由此推断,他肯定死了。所以要说他"的确死了"。而用"大约"是因为"我"没有亲眼看见或听见他的死,其实并不想深究,弄个水落石出,字里行间透露出来的是一种冷漠。作者匠心独运地把一对矛盾语言放在一起对话,封建社会人际关系的冷漠、底层知识分子命运的悲惨便一览无余,真正胜过千言万语。可谓是两词值千钧。像这类语言,在文学作品中屡见不鲜。

第四,在微言大义处发掘言外之意。自《春秋》以来,史书的作者常常不直露自己的思想感情,往往一字寓褒贬,这对后世的文学影响很大。读者必须别具法眼,方可悟出,因此教者更需要在这方面指点迷津。我们可以从金圣叹点评《郑伯克段于鄢》处领略风采。如读到"爱公叔段,欲立之"时,他告诫读者须知"爱公叔段,欲立之"七个字,反面便是"废庄公而杀之"六个字,读书人须要眼光穿透纸背。庄公在回答姜氏为公叔段请制时说"制,岩邑也,虢叔死焉。他邑唯命。"金圣叹评道:"一路写庄公,俱是含毒声,其辞音节甚短"这是从其说话的语气、节奏来品悟。后来,公叔段完聚,"缮甲兵,具卒乘,将袭郑,夫人将启之。"金圣叹一针见血,一语中的批道:"缮甲兵,具卒乘"是实有其事者,若"将袭郑","将启之",是尚无其形者,只看左氏连用二"将"字,便是天大疑狱也。二"将"字句,下便紧接"公闻其期"句,可见平日已先布置奸细于太叔之侧,其事益明,不尔者,如此机密事,公何从便知?特书二"将"

字,以明太叔与姜氏诚冤。①

第五,在语言含蓄蕴藉处发掘。一些重要的语境因素或主旨,常匿而不露。在阅读教学中,教者需注意引导学生发现这类隐匿因素,这是达到深刻理解、把握主旨的关键。这种发掘隐匿因素以达到理解的能力,就是"点化"。如韩愈的《送董邵南序》,全文围绕着"送"落笔,但实质是"留"。文章起笔写"燕赵古称多感慨悲歌之士",以董生之才学,当"必有合",这很有点为董生预贺的味道,再加上"董生勉乎哉!"仿佛是说:"你就要找到出路了,努力争取吧!"其间表露出作者对董生怀才不遇处境的同情,这是正面写送行;但接着写"风俗与化移易",古今有异,轻轻一转,再加上"董生勉乎哉!"意思仿佛是说:"你的出路的确选对了,好好去干吧!"这其实是些反话,正所谓"心否而词唯",暗示此行未必有遇,虽不明说而主旨已露;最后,借董生此行,"为我吊望诸君之墓,而观于其市,复有昔时屠狗者乎?"希望河北隐士到朝中做官,被送者不当去河北就在不言之中了。全文微情妙旨,全寄于笔墨之外。

第六节 "语法感"培养的三个层面和三种意识②

一、"语法感"的魔力

词源学上有两个很有意思的故事说明了同一个道理:掌握语法的人也就是具有魔力的人。在 17 世纪,当时的知识分子主要使用拉丁文,他们用拉丁文来书写、对话,进而增加他们对社会、经济和政治的控制力。为了把"词语连在一起",他们使用了"语法"(grammar)这一神奇的概念。语法开始和有权有势的人联系在一起。随着时间的流逝,"grammar"这个词里的第一个"r"字母逐渐变成了"L"("r"经常这样转变),于是,"grammar"最终变成了"glamour"。这个词至今仍用于指那些有权力、魅力和控制力的人。字典的解释为"魔力"。

另一个英语单词"spell"有两个意思,一个是"拼写",一个是"咒语"。一般来说,能写的人都会拼写,这些人被当时的人们看做像巫师一样有着魔力,会书写咒语。而有这种看法者距离现在并不遥远,那时候是文艺复兴时期。

---

① 金圣叹:《天下才子必读书》,中国国际广播出版社,1997 年,第 2 页。
② 本文发表于《现代语文》,2007 年第 12 期。

很显然,具有"魔力"之人"一听就明,一说就清,一读就懂,一写就通",他们不仅精通语法规则,而且能够运用语法规则进行言语交际。也就是说这些人具有良好的"语法感"。

作家莫言在谈语文学习时说:"语言感觉比语法重要","一个基本上不懂语法的人,完全可以凭着语感正确地使用母语说话和写作。"但他毕竟是作家,不可把他的话奉作圭臬,因为通过积累大量的语言材料,形成语言对表达规则(语法)心理图式,也就形成了下意识的语法能力,也即具有了良好的语法感。只不过它不知其所以然与所以不然,不能诉之于理性罢了。

"语法感"一词的最早提出者是吕叔湘,他说:"语感是个总的名称。……包括语法感,就是对一种语法现象是正常还是特殊、几种语法格式之间的相同相异等等的敏感。"他还指出,语文教师要培养学生的语法感,首先要培养自己的语法感,也就是说,能在语法方面发现问题。"吕先生这里所说的具有良好"语法感"的老师,应该也是最具有魅力的语文老师。

二、"语法感"的三个层面

"语法感"有三个层面,一是语言的生活逻辑层面,二是语言的普通逻辑层面,三是语言的艺术逻辑层面。这三个层面相整合形成了语法感的三维空间。

(一)语言的生活逻辑层面

语言的生活逻辑以约定俗成为原则,重视语言习惯的合理性;重视语境的生成性,是动态的,不能用语法规则做简单分析衡量。

因为约定俗成,就形成了一定的表达习惯,合乎习惯为正确,反之则为错误。只能说"腰酸胳膊疼"而不说"胳膊疼腰酸";"一锅饭吃了三个人"与"三个人吃了一锅饭"表达的意思一样;"俱乐部里好不热闹"说的是非常热闹;"差一点儿没摔倒"意思就是"差一点儿摔倒了";"好容易"和"好不容易"就是"不容易"的意思;"老工人对青年工人说:'我们年轻人,对新事物要敏感啊。'""我们"实指青年人,从语法上看是错用了,但在生活中却表达了亲切感,增强了感染力。

下面几个句子是《红楼梦》中人物的语言:"程子兴的美人是绝技"、"我喝酒是自己的钱"、"这条裤子是晴雯的针线"。由于有具体的语境因素存在,为了表达的需要会大量运用"简省"、"婉曲"、"暗指"等手法,这样的语言能力是无师自通、随境而生的,没有必要拿来做为语言能力考查的材料。

（二）语言的普通逻辑层面

语言的普通逻辑即是一种语言的普遍的语法规则（语言中音义结合体的组合、聚合规则），特点是静态地、孤立地、理性地对待语言现象，以语言规范为定法，讲究科学性，坚持"简明、连贯、得体"的原则。

语言基本应用能力的考查多是以语言普通逻辑为起点的。能够熟练运用语法规则的学生，就能够敏锐地识别"七百多个岁月"、"染指金牌的项目"是搭配不当；"发表了几首小诗，可见文学造诣很深"属于用词不当；"就共青团员如何为社会主义精神文明建设的问题展开讨论"是成分残缺；"他背着总经理和副总经理偷偷地把这笔钱分别存入了两家银行"是歧义；"这个商店商品齐全，肥皂、牙膏、文具和洗涤用品应有尽有"分类标准混乱；"固体在液体里是沉是浮，决定于浮力比固体的重力是大是小"中的"沉"、"浮"与"大"、"小"照应不合逻辑；"本市各界对震灾以后的人民生活十分关心，积极开展赈灾活动，捐款累计已逾100万元之巨"作为广播稿，"赈灾"和已逾100万元之巨的使用就不够得体。

（三）语言的艺术逻辑层面

语言的艺术逻辑就是"活法"的原则。究其实质"活法"就是化常为奇的情感之法，也即"于无理中求妙境"之法。从词面来讲的，它往往冲破语言形式逻辑的框框，是一种不规范的语言，但它又基于语境，把语言所铸造的心理感受自在活泼地展示出来。它把单向理解、因果延续的一般语言的意识，转换成突破常式逻辑、超越语法、意蕴丰富的变异化语言，表达了极为丰富的内容。

"他细味他俩最近的几页可爱的历史。想一节伤一回心，但他宁愿这样甜蜜的伤心。"（朱自清《朱自清文集》第一卷）

这里的"甜蜜的伤心"是相互矛盾的搭配，超越了常法，但作者运用"活法"把矛盾的两个词整合起来，形成反饰的艺术语言。它浓缩了思维的过程，表现了情感的复杂性和多变性。

"一早起，李先生在账房的柜台上看见昨天的报，第一道消息就是长沙烧成白地，吓得声音都丢失了，一分钟后才找回来，说不出话。"（钱锺书《围城》）

"声音……丢失"这也是不合形式逻辑的搭配，但"李先生"因惊吓而失魂落魄，激起了强烈的情感冲动，从而沟通了感觉的界限，产生了审美幻觉，"声音"这一听觉对象被幻化成为可以"丢失"的视觉感受。感觉的挪移使话语表述妙趣横生，也使形象刻画的场景描写更加生动形象。

"涂一片绿色的企望，给林子一叶脉脉含情的诗。"（顾城《生命幻想曲》）

运用语法规范的要求，"诗"不能以"叶"来计量，更不能"脉脉含情"，同时"绿色"也不能修饰"企望"。但就是这种反常的貌似无理的搭配,给人以可以体验性和意念性。这是艺术语言从"反常中求合道"的范例。

"活法"是语言创新之法,表现了人们的语言智慧,是"语法感"的最高境界。

三、培养"语法感"需强化三个意识

(一)强化语言形式的意识

鲁迅的《记念刘和珍君》里有这样一段话:

> 我已经说过,我向来是不惮以最坏的恶意来推测中国人的。但这回却很有几点出于我意外。一是当局者竟会这样地凶残,一是流言家竟至如此之下劣,一是中国的女性临难竟能如是之从容。

这段文字的第三个句子是复句,由三个相同的句式构成并列关系,是对第二句的具体说明,"凶残"、"下劣"、"从容"三个词语是三个中心词用来表现"意外"的内容,"这样"、"如此"、"如是"三个意思差不多的词,一个是口语词,一个是书面语词,一个是文言词,三个不同语体色彩的同义词变化使用,用以修饰,行文就显得活泼。"竟会"、"竟至"、"竟能"三个近义的虚词,它们之间的差别在于"会"、"至"、"能"的不同。"会"表示学得某种本领,"至"表示到了什么地步,"能"表示具备某种能力,使用在不同的场合,各臻其妙。这种语法感是培养出来的,先抠抠一篇篇文章、一句句话,慢慢地,语感增强了,看一遍或听一遍就能很敏捷地反映出来。自己有了这方面的敏感,再培养学生对语法的敏感就只是一个方法的问题了。

语言形式诸如主动句、被动句,陈述句、疑问句、感叹句,整句、散句以及由这些句式衍生出的对偶、排比、反问等修辞手法具有自足的意义,这些不需赘言。在语感培养中,把这些作为教学的内容,实际上不是达到了解语法知识的目的,而是让学生感受到言语甚至在语言形式上都有意义。这些内容一旦被学生组织进自己的语感图式中,在理解和生成言语时,他就会在语言表达中用一组排比句子来增强表达的语势,他也会用感叹句代替陈述句,在句义的感情色彩上浓浓地抹上一笔。

(二)强化语境意识

孤立地看一个言语现象,可能是不合乎语法规范,然而一旦它与特定语境相联系,可能不但无"病",说不定还是绝妙佳句,这就是语境意识。

语境从大到小可以分为三个层次:社会语境、场景语境、篇章语境。社会语境包括世界、地域、民族的历史文化等因素,可以称之为宏观语境;场景语境和篇章语境可以称之为微观语境,一般也称之为狭义语境。场景语境指的是会话时的具体环境、场所、交流工具,会话人及其社会角色、临时角色等因素;篇章语境包括语体、段落、前后句或上下文等因素。这些语境都会影响言语现象是否合乎语法规范的判断。

"这寂寞又一天一天长大起来,如大毒蛇,缠住了我的灵魂了。"(鲁迅《呐喊·自序》)

如果我们孤立地看这句话,难免会觉得这个比拟荒诞无稽,设喻形象怪异。前面一个分句把抽象的概念"寂寞"当做"长大起来"的有生命的东西来写,后面一个分句用形象化的描绘,把无形的"寂寞"比喻为"缠住了我的灵魂"的"毒蛇",看了令人心悸,不可思议,不免有"无理"之感。但是,根据语境进行联想,就会感到它非常之妙,鲁迅用简短的话语,十分真切而且极为强烈地反映了他当时的心境。为了民族精神的强盛,鲁迅刚刚弃医从文,文艺救国的实践开始失败:《新生》杂志夭折了,一起筹办刊物的同志走散了,鲁迅步入了孤军奋战的困境。正是看似"无理"的话语,却是对当时鲁迅的心情的绝妙的描绘。

(三)强化语体意识

从语言的表达作用来看,人类语言存在着两种语言:一种是重在表情的情感语言,一种是重在认识的科学语言。情感语言更多地凭借言语个体的情绪、想象、直觉、心理意象,这就是艺术化的语言;科学语言更多地借助言语自身的关系、结构法则、逻辑,被看做是理性化的语言。这种语言被人们认为是规范的语言,具体来讲,就是符合语法和逻辑(普通逻辑)规范的语言。

"我坐第一排,演员的动作、唱词、道白,都听得一清二楚。"

从整体来看这段文字是理性的陈述,并未表达情感体验,更未表达感觉的转移,由此构成了主谓关系表意上的混乱不清,无疑是一个病句。

"一犯讳,不问有心无心,阿Q便全疤通红的发怒起来,估量了对手,口讷的他便骂,气力小的他便打;然而不知怎么一回事,总还是阿Q吃了亏;于是他渐渐地改换了方针。"(鲁迅《阿Q正传》)

这一段文字是描写性的文学语言,渗透着作者的主观情感。虽然"方针"本来是指国家引导事业前进的方向和目标,而此处转用来说明个人处事的方法,大词小用。但是在这段文字里不但不影响语言的交际,反而增加了语言的风趣和诙谐,属于庄词谐用。

语法感的培养要积累大量语言材料,在大脑中形成语言图式,以利于语言材料的同化和顺应,这是"语法感"培养的根本大法。同时我们还要认识到

"语法感"是感性和理性相融合的产物,不能以为"语法知识"根本不需要。事实上语感的培养还要强化语言运用规律的意识,这些语言运用规律是从语用的角度总结的,要遵守"简单、好懂、有用"的六字宪法,不搞"繁、难、偏、旧"。关于这两个问题,前人之述备矣,这里不再赘述。

第七节　培养"语法感"的八种方法①

与印欧语系相比,汉语的最大特点是注重功能、注重内容、注重意会、以神统形。正像著名语言学大师黎锦熙先生说的,汉语是"偏重心理,略于形式"的。王力在《中国语法理论》中也说,西洋的语法是法治的,中国的语法是人治的。

具体地说,汉语语法一般有以下几个特点:一是形态变化不发达、不普遍;二是由于缺少形态变化,注重意合,因此在句法结构中语序具有重大的作用;三是汉语特别重视通过词语的动态使用来表情达意;四是汉语语法形成了繁多的量词;五是汉语的虚词极为发达,有着特别重要的表达作用;六是复合词、词组和句子的构造方式基本一致。如果从语言形式的角度来总结汉语的表达,我们还会有很多的发现。

根据汉语的特点,从语用的层面,我们认为需要从以下八点来培养语法的敏感性。

一、培养对量词使用的敏感性

汉语中的量词是人们从不同的角度、按不同的方式来观察事物的结果,在表现事物上具有很强的艺术性。

晚明的张岱在小品文《湖心亭》中写道:"雾凇沆砀,天与云与山与水,上下一白。湖上影子,惟长堤一痕,湖心亭一点,与余舟一芥,舟中人两三粒而已。""一痕"、"一点"、"一芥"、"两三粒"几个量词好像绘画中的透视焦点,凸现远山近景,把雪中湖光勾勒得清疏有致。

朱自清在《荷塘月色》中写道:"这时候叶子与花有一丝颤动,……树梢上隐隐约约的是一带远山,只有些大意罢了。树缝里也漏着一两点路灯光……","一丝"、"一带"、"一两点"几个量词,在这里起到了渲染场景、强化

---

① 本文发表于《语文教学之友》,2007年第5期。

画意诗情的作用。

二、培养对虚词使用的敏感性

在汉语中虚词的数目远不及实词多,可重要性远在实词之上。虚词的恰当使用既有语言的组织功能还能使文章表达更为逼真生动、准确简洁,又能加强文章情意的传达和文章语气的表现,也能辅助突显人物形象。清代学者刘淇说:"构文之道,不过实字虚字两端,实字其体骨,虚字其性情也。"①下面我们来体会一下鲁迅的《祝福》中的虚词"托精神而传语气"的重要作用。

> 他是我的本家,比我长一辈,应该称之曰"四叔",是一个讲理学的老监生。但比先前并没有什么大改变,单是胖了些,但也还未留胡子,一见面是寒暄,寒暄之后说我'胖',说我胖了之后大骂其新党。但我知道,这并非借题在骂我;因为他所骂的还是康有为。但是谈话总是不投机的了,于是不多久,我便一个人剩在书房里。

鲁迅语言思维是曲折美的代表,在以上不足 150 字的一段话中,转折连词"但"、"但是"用了 4 次,加上"因为"、"于是"、"便"等连词,加上"也还未"、"并非"、"总是不"等否定词,把读者一步步引向当时谈话的情境。他的语言在曲折回环中使文章的思想内容更加充实,富有一种朦胧美,有曲径通幽处、禅房花木深之妙。

当然在小说的语言中由于用了这样一连串的虚词,句子频频受阻,也就缺少了一种自然流畅之美。这也是鲁迅小说语言的不足之处。

三、培养对动词使用的敏感性

动词在任何文章中都起着重要作用。它不仅能刻画人物、表现中心,还能使文章增加浓郁的生活气息,给人以生活的真实感、形象感。做到写人如见其人,写物如见其物,写景使人如临其境。动词用得巧,能以一当十,增强表达效果。

《景阳冈武松打虎》写人虎相遇时,作者在文中并没赋予武松以任何英雄行为,这样写道:

> ……闪在青石旁。那个大虫又饥又渴,把两只前爪在地上略按

---

① 刘淇:《助词辨略》,中华书局,2011 年。

一按，和身望上一扑从半空中蹿将下来。武松被那一惊，酒都变做冷汗出了。说时迟，那时快，武松见大虫扑来，只一闪，闪在大虫背后。那大虫背后看人最难，便把前爪搭在地下，把腰胯一掀，掀将起来。武松一闪，又闪在一边。大虫见掀他不着，吼一声，恰似半天里起个霹雳，震得那山冈也动。把铁棒也似虎尾倒竖起来，只一剪，武松却又闪在一边。

文中写老虎的"一扑"、一掀、"一剪"等动作把老虎凶猛残暴、会人生畏的气势暴露无遗，此时武松唯一的对策就是"闪开"："闪在一边"、"一闪"、"又一闪"……这里，一个接一个的"闪"字，乍看起来，好像是轻描淡写，又是重复雷同，其实足显作者的功力。它显示了作者在捕捉人物动作、表现人物形象方面的独到之处。一是表现了动作的准确。武松在遭到突然袭击、毫无防御的情况下，"闪"既是本能的反应，又是防御的手段。二是体现形象的鲜明。"闪"这个动作，具有突发性，用在这里，很能表现人物的机警敏捷。三是"闪"指主动地躲过，如果换用"躲"字，则会显得很被动。

四、培养对新生词语的敏感性

新生词语中一类是自造词，即作家在作品中临时创造的词语。像鲁迅作品中的一些自造词，如"阿Q"、"拿来主义"、"精神胜利法"等都已经"转正"，成为现代汉语词汇系统中的一员了。

也有的自造词只是活在原来的作品中，比如冯骥才的小说《神鞭》，写一个完全不懂西洋裸体艺术的中国人见到维纳斯雕像时，使用了一个自创的译名"为那死"。这个词十分符合小说人物的身份和学识，有着特殊的表达效果。文艺作品中这样的例子很多，《阿Q正传》中未庄的人们把"自由党"称为"柿油党"也是如此。"一个阔人说要读经，翁的一阵，一群狭人也说要读经"中的"狭人"也是如此。

新生词语还有一类是现代社会出现的新词酷语。诸如"空嫂"、"大姐大"、"另类"、"皮草"、"物业"、"作秀"、"面的"、"韩流"、"物流"等，像"886"（"拜拜了"的谐音）、"MTV"、"卡拉OK"等数字的、网络的，以及字母缩写的语言符号。有些新词酷语具有了长久的生命力，有的会不断自生自灭。不管怎么样，都需要我们始终保持健康的心理、敏感的眼光。

五、培养对词语动态使用的敏感性

所谓词语的动态使用是指言语主体利用语境对词语进行超常使用,诸如临时改变一个词的词性,或者赋予一个词以新的含义,或者赋予一个词以特殊的色彩。从而创造出新奇、形象、幽默风趣、含蓄凝练的表达效果。

试比较以下两例:

(1)他做过泼皮,也做过绅士,既当过英雄,也当过狗熊,晚景却十分凄凉。

(2)他泼皮过,也绅士过,既英雄过,也狗熊过,晚景却十分凄凉。

"泼皮"、"绅士"、"英雄"、"狗熊"三个词语本来是名词,例句(2)通过动态化之后,至少收到三个方面的效果:一是可以弥补词语的不足,二是可以创造细节,三是可以收到简约的效果。

词语的动态使用类型很多,下面择要例举。

第一是名词、形容词活用做动词。

"春也杏过了/夏也荷过了/秋也蝉过了"(台湾诗人洛夫《长沙大雪》)因为"杏"、"荷"与"蝉"的动化,既交代了时序的变化,又使全诗充满着诗情画意,使诗句神采迭出。

"一掌,把蚊子——/浮雕在墙上"(桑恒昌的小诗《打蚊子》)蚊子被打死后,尸体凸现在墙上。浮雕的画面,也是凸现在墙上的。因了"浮雕"的动化,本来一个普通的画面,却生动起来了。

"红了樱桃,绿了芭蕉"(蒋捷《一剪梅·舟过吴江》)因"红"、"绿"的动化,便觉得樱桃、芭蕉生机盎然。"红杏枝头春意闹"、"春风又绿江南岸"之所以被人传颂,不也是源于"闹"和"绿"的动化么!

二是改变语言的色彩。

首先是语体色彩。语体一般情况下分为口语语体和书面语体两大类,书面语体可以进一步再分为文艺语体、科技语体、政论语体、公文语体。有些词语只能用于特定的语体,但有时突破语体的规则来使用词语,也会取得独特的表达效果。

"老李和太太正式宣战,断绝了国交三天,谁也没理谁。"(老舍《离婚》)

"宣战"和"国交"本来是国际性的交际词语,但这里用来写夫妻生活,显得幽默风趣。

其次是感情色彩。感情色彩形象地体现了人们鲜明的立场及真实情感,有突出中心的作用。而词语的褒贬使用法,正是正确体现感情色彩的一把钥匙。

"今日美国已是螃蟹十足了。今日到中东上思想政治课,明日到东亚开人权学习班,刚在南斯拉夫踢完了热身赛,又跑到印度半岛当裁判。"在这段话里,美国十足的霸气、一个标准的国际警察的可恶形象,通过褒词贬用的方式充分地表现了出来。

要把"艺术的褒词贬用"与因为不明褒贬而导致的语法错误区分开来。如"齐白石画展在美术馆开幕了,国画研究院的画家竞相观摩,艺术爱好者也趋之若鹜"中的"趋之若鹜"比喻很多人争着前往,把它用在"艺术爱好者"身上,就犯了贬词褒用的错误。又如"湖北省黄金寺村为迎接上级扶贫检查,把几个村的羊群集中到一起,以其规模效益骗取扶贫资金,其手段之恶劣,令人叹为观止。""叹为观止"形容所看到的事物美到了极点,是一个褒义词,把它用在弄虚作假、蒙骗上级者身上,就犯了褒词贬用的错误。

六、培养对特殊语序的敏感性

语序的选择取决于"语用的选定性",即"在充分考虑语义和句法制约的基础上,按语境和交际意图从几种合法的语序中选定一种交际效果最佳的语序。"写寻物等启事说"钱包里有500元人民币",就不如改成"钱包里有人民币500元"来得更好。这是语用因素带来的语序变化。

"四百多年里,它一面剥蚀了古殿檐头浮夸的琉璃,淡褪了门壁上炫耀的朱红,坍圮了一段高墙又散落了玉砌雕栏。"(史铁生《我与地坛》)通常的说法应该是"古殿檐头的琉璃剥蚀了",作者突破常规,写成了"剥蚀了古殿檐头的琉璃",后面两句也是这样。这样写,突出了荒园的剥蚀状、淡褪状、坍圮状、散落状,正与作者落魄的精神状态相吻合。

"轻轻的我走了/正如我轻轻的来"徐志摩使用倒装语序,改变了正常语句形态,以陌生化的效果来表达诗歌作者的独特的内心感觉。

在祥林嫂捐了土地庙门槛后的一次祭祀时,祥林嫂坦然地帮助收拾祭品,四婶惊慌失措,首先呵止"你放着罢",形成"主谓倒装"句式。鲁迅用高度艺术的语言再现了当时的环境。

当然,要把语用因素的特殊语序与语病"颠倒语序"区分开来。如,"苏联著名的生理学家巴甫洛夫整天忙于做动物的条件反射试验,把动物用绳子缚在试验的架子上"中的"把"字短语应紧挨动词中心语"缚"。"美国有15个州禁止黑人在娱乐场所与白人享有平等的地位"中的"与白人"就应该移到"平等"的前面来。

七、培养对词语超常搭配的敏感性

作者为了表达特殊的语义和情味,故意违反语言常规,有意打破日常生活中受社会文化习惯制约的词汇搭配关系,把不同系统的词汇联结与组合起来,以这种陌生的变形构成新鲜、独特的文化意味。

"篱笆深深的小院/我阅读一天星辰/不知谁来阅读我"(胡玫《心之帆·思》)

从搭配来看,前一个"阅读"似乎可以用"仰望"来代替,后一个"阅读"似乎可以换成"看望"。但替换以后,固然成了正常搭配,然而诗味大减,缺少原句的含蓄和隽永。

"孙柔嘉打个面积一方寸的大呵欠。"(钱锺书《围城》)

"呵欠"为无形之物,怎可度量为"一方寸"? 这里用了"拟物"辞格,准确而又风趣地表现了孙柔嘉这一娇小姐打呵欠"欲扬又抑"的故作斯文的情态。

超越常规的搭配,用得好了就会出现神奇的艺术效果;用得不好,反而成病句。如"和传统书法艺术不同,现代书法艺术追求的是视觉艺术性,更注重以造型来抒发自己的感情和主张"中"抒发"与"主张"就不相搭配。

八、培养对超常断句的敏感性

《左忠毅公逸事》中"不速去,无俟奸人构陷,吾今即扑杀汝!""仔细玩味起来,就可觉得这三句话语气有不贯穿的地方,和普通的话语情形不同。'不速去,吾今即扑杀汝'是顺口的,中间插入一句'无俟奸人构陷'很不顺口。作者在这上面似乎曾大费苦心,故意叫它不贯穿,借以表出当时愤怒急迫的神情。"

试比较下面两个断句:

(1)我没有亲见,听说他——刘和珍君那时是欣然前往的。

(2)我没有亲见;听说,他,刘和珍君,那时是欣然前往的。

第二句只是比第一句多了三个逗号,在说什么这一点上毫无二致,但是鲁迅体现在他独特表达形式之中的强烈悲愤之情却异常强烈。这就是超常断句的艺术表达效果。

第八节　"语境"的敏感

南朝刘勰《文心雕龙·章句》中说"人之立言,因字而生句,积句而成章,积章而成篇。篇之彪炳,章无疵也;章之明靡,句无玷也;句之精英,字无妄也。"这是从字、句、章、篇的相互关系来说明上下文(语境)对话语意义的表达和理解的重要作用,即狭义语境来言说的。

广义的语境,即非言辞语境,主要包括表层语境和深层语境。表层语境可以从陈望道的"六何说"来理解:"何故",写说的目的;"何事",写说的事项;"何人",谁对谁说;"何地",写说者所在的地点;"何时",写说的时间;"何如",怎样写说。由此,"六何"就成为语境的基本构成要素。深层语境是时间、地点、场合、对象等客观因素和使用语言的人的身份、性格、职业、修养、文化背景、生活处境、思想感情等主观因素所构成的使用语言的环境;依赖于构成语境的客观因素,就出现一系列言语的特点,并形成一定的体系,这就是语体;由构成语境的主观因素决定了个人使用语言的特点,这就是风格;语境中的阶级思想因素和时代因素又影响着人们使用语言的作风,这就是文风;修辞方法要在特定的语境中才能显示修辞效果,采用修辞方法必须依赖语境;语言美、言语修养等问题也要联系语境来分析。

一、语境的功能

语境之所以是阅读与写作的原点,是因为其具有四大功能,即固化、阐释、选择、生成功能。

1.语境的固化功能

通过语境可以确定变化了的语言的含义,可以排除歧义,使语言表达更为简明。首先文章的语言形式多种多样:或前呼后应,伏言埋笔;或上勾下联,环环相扣;或以此达彼,潜义横生。但不管形式如何,它都以固有的规律,把词和句子组合成有机整体。构成这个整体的词句不是孤立的。其次,反映纷繁多变的客观事物的语言文字,有概括性、多义性、灵活性的特点,所以,我们又说,一个词在不同的语言环境中,它的指代也往往不同,有很大的独特性。基于这两点,联系上下文,充分利用固化功能来理解言语的意义,是一条科学的、有效的途径。且看散文《门》中的一段文字:

门是隐秘、回避的象征,是心灵躲进极乐的静谧或悲伤的秘密搏斗的象征。没有门的屋子不是屋子,而是走廊。无论一个人在哪儿,只要他在一扇门关着的后面,他就能使自己不受拘束。在关着的门内,头脑的工作最为有效。人不是在一起牧放的马群。

人不是在一起牧放的马群,这个句子是对以上内容的比喻性的概括,而第一、第二两句话从人是"有思想有感情的,人需要有自己独立的天地"两个方面阐述了门的作用。只有抓住这两句话才能很好地理解画线句子的含义。

2. 语境的解释功能

所谓解释功能是指语境对言语意义的专一化、具体化。由于语言"经济性原则"的要求,有些言语离开其语境便不能确定其具体含义,它必须靠语境对它作出诠释和补充。语境可以揭示文外之意,使文章造成曲笔。"阿Q真能做!"孤立地看,地地道道的一句颂扬话,但通过下文"这时阿Q赤着膊,懒洋洋的瘦伶仃的正在他(指说话者——笔者注)面前",便不难看出这是一句讥笑的反语。

3. 语境的选择功能

生活体验的差异造成了言语交际的表达与接受的不等值,一段文字如果孤立起来看也会有不同的理解,这就需要将其放在语境中加以选择。

> 福兴楼的清炖鱼翅,一元一大盘,价廉物美,现在不知增价了否?往日同游的朋友,虽然已经云散,然而鱼翅是不可不吃的,即使只有我一个……

这是鲁迅《祝福》中的一段文字,讲的是故乡的吃食。如果是放在一篇关于故乡回忆的文章中,或就在《祝福》中只是放在遇见祥林嫂之前,它可能表达的是一种对故乡的深切的留恋。但现在它放在写祥林嫂"魂灵和有无"对自己灵魂的逼问之后,它就不再是赞叹故乡的吃食了,而是表达一种不安的情绪,一种想摆脱困惑苦恼又摆脱不了及由此带来的烦忧的心理。所以下面接着的一句话是:"我明天决计要走了。"

4. 语境的生成功能

通过语境可以补出省略的内容,可以赋予特定的具体语言以感情色彩。鲁迅在《为了忘却的纪念》一文中写道"原来如此!……"这一句里的"如此"指代什么,省略号所省略的揭露、控诉的内容是什么,离开上下文是怎么也领悟不出来的。

通过语境可以使语情信息增值。《红楼梦》写黛玉之死时写道:"猛听黛玉直声叫道:'宝玉,宝玉,你好——'说到好字,便浑身冷汗,不作声了。"黛玉究竟要说什么?好狠心?好可恨?好绝情?好糊涂?这千般滋味,万种风情,是不必去规定性地虚拟出几个选项来补白的。因为,在这特定语境中所生成的语情信息,大可涵盖所有命题者的思考。在这里,语言符号的短缺反而带来了语情信息的增值,充分显示了语情信息特有的表现力。

语境传递语情信息时,还会产生"整体大于部分之和"的信息输出效应。马致远在《天净沙·秋思》中的几组镜头、几种情景,分别看似乎都是并无联系的景物,但接连说出,构成一个相对完整的语境意象,就奇妙地显现出了阴翳于景物表象之下的缕缕乡愁、丝丝怅惋,形成一个极富社会人情内涵的语境信息库。

通过语境可以再造新的词语。一是组合再造,如"女儿是水做的,男人是泥做的,×××是水泥做的"。二是语法再造。如"采回几枝蓓蕾着的山茶","老栓就是运气了你"。三是风格再造。由于使用的场合不同、层次不同,词语会体现出个性的风格、语体的风格及行业的使用层次的风格。如大词小用,小词大用等。四是内指再造,这种语言指向作品本身的世界,它不必符合现实生活的逻辑,只需与作品所构造的世界衔接就可以了。如:NBA 建起"明王朝"、"阳谋"离不开"阴谋"的背景、"狭人"如果没有"阔人"的语境等,这些既不规范也无意义。更多的是生活联想性的再造,最典型的就是"下课"、"雄起"这些词在足球场上的运用,"文学不是猪,不能注水。"让人联想起生活中的"注水猪肉"。很多流行性网络语言都是在一定语境下生成的新词,如"打酱油"、"俯卧撑"、"我爸是李刚"、"给力"等。

二、对语境的敏感是阅读与写作的灵魂

对语境的敏感首先是对文化特别是民族文化的敏感。语言是一种文化代码,就是接受一种文化价值。维特根斯坦说:"想象一种语言就是想象一种生活方式。"海德格尔说"语言是存在的家园"。朱熹说"道者,文之根本。文者,道之枝叶。惟其根本乎道,所以发之于文,皆道也。三代圣贤文章,皆从此心写出,文便是道。"(《朱子语类》卷百三九)

我们的先民以其独特的审美视角关注宇宙、自然和人生,形成了丰富多彩的具有东方特色的审美意识,创造了无数精彩纷呈的美学意象,成就了独特的美学意境,滋润养护了中华民族的心灵世界。因此,审美意象和意境是打开阅读之门的钥匙。仅以"雨"这个意象为例。雨作为一种给人们带来生命甘霖的气候现象,渗透到我们先人的审美意识中,有了千姿百态、摇曳多姿的性格和神韵。喜雨、愁雨、凄雨、冷雨、烟雨、丝雨,淅淅沥沥地穿越了千年的时空,淋湿了整个中国的文学。关于"雨"的诗文不胜枚举,只有理

解了这些才能理解中华民族的民族情,才能找到自己的文化之根,找到自己的精神家园。站在这个文化背景上,解读《听听那冷雨》,就有了一把钥匙。

一方水土养育一方百姓,风土人情是一方百姓长年累月生活积淀下来的文化传统。写作植根于此,阅读时也要把根抓住。例如,朱自清的散文名篇《背影》,我们对文中写父亲艰难地翻过铁路上的障碍、买来橘子送给儿子的细节描写,往往能津津有味地赏析一番,而对"橘子"本身蕴含的内容却不一定注意。其实,扬州人特定的买橘是寄着深蕴的,"橘"与"局"谐音,送橘给亲朋好友就是希望"走局"。联系《背影》写作的特定背景,朱自清的父亲失业赋闲,加上老母病死,家境已不景气了,因而他把所有希望都寄托在儿子身上,车站买橘送别,正是希望儿子"走局"遇好运,由此可见父爱子的情怀有多深切。《鸿门宴》一课,教材对"项王东向坐"仅作字面翻译,这是很不够的,须知"东向坐"在秦汉时期是"尊座",按当时文化习俗,刘邦作为上宾应"东向坐",通过这一细节,司马迁把项羽妄自尊大的性格形象地表现出来了。

每一个作者都有自己独特的文化积累,阅读作品时必须与作者有一个文化交集。钱锺书的长篇小说《围城》一开头,讲轮船上的鲍小姐,鲍小组穿得很少,人家就给她起了一个外号,叫"局部真理"。为什么叫局部真理呢?因为有句名言说"真理是赤裸裸的",鲍小姐穿得很少,几乎"赤裸裸",所以称她"真理",但她没有完全"赤裸裸",所以叫她"局部真理":整个幽默建立在学问知识的基础上。读者如果没有相应的知识文化交集就很难体悟。

其次,对上下文的敏感,要能够真正理解作者的"用心"。也就是说,作者"有心",读者要"有意"。

《阿Q正传》巧用"误解"的艺术,作者使用别有深意,如果不能读出,实在是辜负了作者的一片苦心。且看"大团圆"中的一段文字:

"你从实招来罢,免得吃苦。我早就知道了。招了可以放你。"
那光头的老头子看定了阿Q的脸,沉静的清楚的说。
"招罢!"长衫人物也大声说。
"我本来要……来投……"阿Q胡里胡涂想了一通,这才断断续续地说。
"那么,为什么不来的呢?"老头子和气的问。

"光头们"明知阿Q是个无辜者,但却要找人来抵罪,于是进行一场煞有介事的审判,可怜阿Q自己糊里糊涂,说话又吞吞吐吐,"光头们"也就顺水推舟,了结了此案。这才是作者的一片苦心,千万不要误解为光头们因"误解"

而糊里糊涂错判阿 Q 为赵家遭抢劫案的主犯、要犯。

《雷雨》第一幕中,周朴园与长子周萍有一段很有意思的对话,周朴园批评周萍在家里做了几件错事,而周萍因为自己与后母乱伦,以为已东窗事发,心里有鬼,这一段对话令他心惊胆战。

周朴园　（突然抬起头来）我听人说你现在做了一件很对不起
　　　　自己的事情。
周　萍　（惊）什——什么?
周朴园　（低声走到周萍的面前）你知道你现在做的事是对不
　　　　起你的父亲么?并且——（停）对不起你的母亲么?
周　萍　（失措）爸爸。
周朴园　（仁慈地,拿着周萍的手）你是我的长子,我不愿意当
　　　　着人谈这件事。（停,喘一口气严厉地）我听说我在外
　　　　边的时候,你这两年来在家里很不规矩。
周　萍　（更惊恐）爸,没有的事,没有,没有。
周朴园　一个人敢做一件事就要当一件事。
周　萍　（失色）爸!

在这段对话中,周朴园说来"无心",周萍却听来"有意"。作者也是巧妙地使用了"误解"的艺术,平常的对话化成了剧烈的矛盾冲突。阅读的智慧就在于能够从周萍的"当局"到读者的"旁观",实现角色的不断转换。这种智慧就体现在对语境的敏感。

第九节　且借圣叹"金针"法
——《金圣叹批才子古文》①的点评法探译

金圣叹为了儿子及甥侄辈"做得好文字",于古籍中爬罗剔抉精选出 352 篇文章,钩其玄而提其要,加以文前总评,文中夹批,名之曰《天下才子必读书》,目的是"望其必为才子也"。这本书选文"精而赅,雅而畅",批点也多是画龙点睛独有会心,语文教学的国粹存焉。以至康熙年间吴楚材、吴调侯二人编纂《古文观止》,无论是选材还是评点都受《天下才子必读书》的影响极大,甚至很多评点也都是直接"拿来"。即使这样,我们也会感受到金评更具

---

① 金圣叹:《金圣叹批才子古文》,湖北人民出版社,1986 年。

才气,更具情趣,更有韵味。

而今,"评点法"已经成很多语文老师的手中的"法宝",很有必要从金圣叹那里讨来"金针"。笔者揣摩金评,得其"六点"法,以期抛砖引玉之效。

点穿:用一两句话揭露真相或隐情,使之大白于天下。自《春秋》以来,史书的作者常常不直露自己的思想感情,往往一字寓褒贬,这对后世的文学影响很大。读者必须别具法眼,方可悟出,因此点评者更需要在这方面指点迷津,让人茅塞顿开。金圣叹的点评透纸背之功,我们可以从《郑伯克段于鄢》的点评中领略其风采。庄公在回答姜氏为公叔段请制时说"制,岩邑也,虢叔死焉。他邑唯命。"金圣叹评道:"一路写庄公,俱是含毒声,其辞音节甚短",这是从其说话的语气、节奏来评。在"谓之京城大叔。"又评道:"谁与作此名? 定是庄公自作之,盖故若尊宠之,以生其骄心。庄公处心积虑杀其弟,此日便早定计。"祭仲劝庄公趁早解决公叔段不度的问题,庄公说道:"姜氏欲之,焉辟害?"圣叹评道:"子称母姜氏,俱是含毒声。"祭仲犹在梦中,以为庄公真的不以为意,进一步规劝,这时庄公说道:"多行不义,必自毙,子姑待之。"金圣叹点破道:"含毒如此,人自不觉。"在命西鄙、北鄙贰于己,紧接着又收贰以为己邑,子封又劝庄公,如果公叔段羽翼太丰满,将要难以对付,而庄公却说:"不义不暱,厚,将崩。"金圣叹评道:"含毒如此,人自不觉。庄公语,段段音节甚短"。接着,公叔段完聚,"缮甲兵,具卒乘,将袭郑,夫人将启之。"一般人读来,会以为姜氏真的不该这样,但金圣叹偏偏看出其中的关节,他评道:"此二'将'字,明明疑狱,连坐姜氏。妙!"一语点穿了历史上这桩公案。

点睛:原作者"画龙",点评者在文章的紧要处点睛。正如姚鼐评归有光点评《史记》所说,"震川阅本《史记》,于学文最为有益,圈点启发人意,有愈于解说者矣。"其实像这样的点评不胜枚举,如在《齐伐楚盟召陵》中,金圣叹有一个篇首总评写道:"此篇写齐,凡三换声口;写楚,只是一意闲闲然,此为左氏于小白之微词也。"接着在行文的夹评中,层层点揭作者对齐的微词,如"看齐来楚踪迹,便不正大","写齐总不正大","写齐更不是","'及诸侯盟',则非与齐盟也,通篇结案在此。"点明作者写作构思的精妙处,以利于阅读时揣摩学习。如《归去来兮辞》"富贵非我愿,帝乡不可期。"夹评是"此二句,本与末二句成解。看他恣意插入四句,后来杜工部每每学之"。恣意插入,天机云锦,运用之妙,未逃圣叹法眼。又如《伶官传论》点明作者的"一低一昂"构思手法(不同于"一扬一抑"),对文本内容的理解也便豁然全通。

点染:用点评语催化情感。点染本指绘画时点缀景物和着色,也比喻修饰文字,可收更加形象、生动之效。有时点评的语言成了与原文水乳交融的一部分,点评语催化了原文的情感、气氛、节奏等。评点之间,洋溢着赏文的快感,充满着火一样的激情。读这些点评文字会不知不觉间受到他的炽热的感情的浸润感染,恨不得如饥餐之,如渴饮之。他以自己优美的文笔令人折服。如金圣叹的"字字花,字字火,字字泪,字字血"(《送董邵南序》夹评),"读此等文叹先生是何等学术,何等经济"、"入骨入情,入骨之文"、"行文刀刀见血"(苏轼《晁错论》)。再如《子鱼论战》,金圣叹紧扣子鱼快人快语痛贬宋襄公情感及语气节奏加以批点,用语也是快人快语的干脆利落。文首总评道:"笔快,却如剪刀快相似,愈剪愈疾,愈疾愈剪。胸中无数关隔噎欹之病,读此文,便一时顿消。"文中对子鱼论战的夹评紧扣一个"快"字,把读者的阅读神经全部调动紧张起来了。如"加一句,更透、更快。已下,一句接一句,一句快一句,如乱刀疾斫相似。""快论,又快笔。""快快,妙妙,更有何说!""快快,妙妙快论,又快笔。"

点穴:一穴得气,百毛皆顺。相传"点穴"是拳术家的一种武功,是指把全身的力量运在手指上,在人身某处穴道上点一下,就可以使人受伤,不能动弹。在文章点评中,指抓住文章的关键处进行点评,收到提纲挈领之效。这种点穴之功最主要体现在点评者的文首总评上,如贾谊的《过秦论》总评:"《过秦论》者,论秦之过也;秦过只是末句'仁义不施'一语便断尽。此通篇文字,只看得中间'然而'二字一转:未转以前,重叠只是论秦如此之强;即转以后,重叠只是论陈涉如此之微。通篇只得二句文字:一句只是以秦如此之强,一句只是以陈涉如此之微。至于前半有说六国时,此只是反衬秦;后半有说秦时,此只是反衬陈涉;最是疏奇之笔。"点评者一方面抓住文中的结穴处,一方面又梳理文脉,在杂花满眼的铺叙中,指点迷津,揭示出条条江河归大海,文脉潜动。应该说这是深得"辞赋类"文章阅读之诀窍的。

点化:点石成金之法。道教传说中神仙运用法术使物变化,叫点化,后借指僧道用言语启发人悟道,也泛指启发诱导。如《醉翁亭记》的"已而夕阳在山,人影散乱,太守归而宾客从也。树林阴翳,鸣声上下,游人去而禽鸟乐也。"圣叹点评道:"'已而'二字,贯此两段。记太守去,宾客亦去,滁人亦去,却意外忽添出禽鸟,妙!"妙在何处?作者接着点评道:"见太守仁民而爱物,而文态又萧散。"确如灵丹一粒,让人顿如醍醐灌顶。又如宋代谢枋得评韩愈《后二十九日复上宰相书》之首段,可见一斑:"此一段连下九个'皆已'字,变化七样句法。字有多少,句有长短,文有顺逆,起伏钝挫如层澜惊涛怒波。读者但见其精神,不见其重叠,此章法句法也。"韩愈此文九个单句连用"皆已",颇似句式修辞的排比,起着层递加强语气的作用,这令评点家激赏不已。盖为拈出此类句法可以令后学找到揣摩模仿的门径。

点拨：指点读者如何读文。点评者如同一个高明的领导，引领着读者在文字情节中穿行，边走边赏。如《晋败秦师于崤》文前总评："读原轸语，读栾枝语，读破栾枝语，读文嬴语，读先轸怒语，读孟明谢阳处父语，读秦伯哭师语，逐段细细读，逐段如画。"而在夹评中，随处对上述人物的语言予以评点，有时点出人物语言的言外之意，如原轸语："秦违蹇叔，而以贪勤民，天奉我也。"金圣叹评道："'天奉我'，本奇语，然只为其违蹇叔则固至理也。后之违先生长者，尚其戒哉！"文嬴巧言释三帅，夹评道："妙口。又毅甚，又婉甚。"阳处父假托君命赚三帅，孟明巧辞知拜谢，夹评道："此谢今之不复转船也。言三年以后来伐晋，当面谢，今不复被诱转船矣。读之令人绝倒！"

无论运用什么点评方法，都要留给后学者第三次创作的空白。一个高明的点评人，像一个高明的指点门径的人，金针随度，引领着读者在文字情节中穿行，边走边赏，自悟作文用笔墨法。或点题旨要领，或点章法结构，或点行文风格，或点精彩段落，或点妙词佳句。如评苏轼的《留侯论》，他抓住"得意"二字，让读者领悟了文章"其意不在书"，"拿定忍字发议"的构思的独特之处。如《季文子讥齐侯不免》中的"多行无礼，弗能在矣。"金圣叹评曰："'在'字妙妙，只一字耐人数日思。"《商臣弑父本末》的夹评曰："写子上语是四句，妙于错落；写潘崇语是一句，妙于轻巧；写江芈语是三句，一句一字，一句二字，一句十一字，妙于径露；写商臣语，是三句，二句二字，一句一字，妙于磣辣。不过五七行文字，其间变化不极。"极精简的文字稍加点拨，然后让读者自己去感悟，而绝不嚼碎了喂给你，这就更有利于自悟，让学习者自己去感受那"每有会意，辄欣然忘食"的愉悦。

下编　"体悟式"语文教育叙事研究

第五章 "点化"教学策略

第一节 语文教学中的"错误"资源①

一堂好课,一如辽阔的大海。海纳百川,有容乃大。语文课应像大海一样开放,向学科开放、向生活开放、向心灵开放、向经典开放、向时代和未来开放。语文课应像大海一样包容,包容思想的质疑、包容学习的错误、包容对话的异见、包容情感的出轨、包容成长中的一切反叛和迷茫。

——作者小记

调查一:一家区级教育研究部门在对一所学校的学生进行问卷调查时,发现有50%以上的学生反映每个学科的老师在上课时都出现过错误,甚至经常出现错误。当出现错误后老师一般的处理方法是:37%选择"坚持";21%选择在课上与学生共同讨论,共同纠正错误;另有更多的老师选择暂时搁置,在课后解决与学生的分歧。当问及"面对老师出现错误你会怎么办"时,16%的学生选择课上向老师提出,12%的学生选择课后给老师指出,48%的学生选择沉默,其余的有的采取向家长诉苦、向校长(或班主任)告状等。这家教研部门把这种问卷调查作为常规的教学管理手段。一般会把教师出错率向校方通报,作为对教师教学评价的重要因素。

调查二:一位教研员通过对一学期来听课的统计,发现以下现象:当课堂上学生回答出现错误时,有51%的老师说:"很好,请坐下";有7%的老师说:"错。请同位(或其他的人)来代替你回答";有13%的人这样说:"是这样吗?你再想想看";有27%的老师会把问题再重述一遍,让学生再来思考,直到答对为止。

调查三:当老师提问时,在绝大多数情况下,我都低头不语。然而,老师有时还是能够叫到自己的名字。每当这个时候,我的心里真是害怕,不知道自己能否回答老师所期望的答案。因此面红耳赤、语无伦次甚至结巴口吃,

---

① 本文发表于《中学语文教学参考》,2007年第4期,《中学语文教与学》2007年第8期全文转载。

都是有过的事。……当我念初三的时候,我偶然惊奇地发现,老师的问题和答案原来都来自"教学参考书"。离开了参考书,老师也不敢说什么是正确答案。后来,我更加惊奇地发现,那些在课堂上总是能够回答得"非常正确"和"一贯正确"的同学不少都受惠于教学参考书。从此以后为了不再体验那种难以承受的尴尬和羞愧,我就想方设法地也弄来各种教学参考书,并将上面的问题及答案背得滚瓜烂熟。①

教育教学管理的很多失误也大都源于对"错误"处置失当。一旦处置失当,受伤的将是教师与学生双方。只有牢固树立"错误是资源"的理念,坚守对学生、对教育的爱心,凭着丰厚的知识储备和专业基本功,保持沉着冷静的心理、修炼从容应变的教学智慧,才能真正实现教育教学的三维目标"知识与能力"、"过程与方法"、"情感态度价值观"的和谐发展。说不定还能够化腐朽为神奇呢!

案例一:这是一次大型的阅读教学公开课,课文是鲁迅的《风筝》,开课对象是刚升入初中的初一学生,观摩教师来自于全国各地。教者提出了一个问题请学生思考:"我"撕毁弟弟的风筝,这件事做得对不对? 下面是师生就这个问题对话的片断。

生:对。这体现了我对弟弟爱护。

师:撕了他的风筝,为什么反而是"爱护"?

生:因为弟弟贪玩,玩风筝不好。

师:玩风筝有什么不好?

生:耽误学习。学习成绩不好将来就没有好工作,就要出去打工。

师:噢。看起来这确实也能体现哥哥对弟弟的爱护。其他同学的也是这样的看法吗? 你请坐下。

[评析]很明显,这个学生的发言与《风筝》一文所要表现的主旨和思想感情完全反了。但我们看到执教老师很有耐心地与学生对话,让学生把自己的想法说出来,最后他对答案也不置可否,又进入了下一个环节。在评课中有的老师对此提出了异议,即当学生对文本解读有明显的不妥之处时,教师应该怎么处理?

通过分析我们认为,教者这样处理是恰当的,体现了他的课堂教学机智。为什么这么说呢? 首先,阅读对象是刚入初一的学生,他们的思考达不到课文的深度,不如鲁迅对社会、人生理解得深刻,没有必要勉强他一定要达到这

---

① 石中英:《知识转型与教育改革》,教育科学出版社,2001 年,第 373 页。

样的深度。随着生活阅历的增广,他们一定会想通的。其次,当初"我"撕毁弟弟的风筝确实也就是基于"爱护",只不过对爱护的理解不对、方法不当罢了。再次,像这位同学的"耽误学习"的看法在当前社会确实很有市场,如果想在课堂上把这个问题弄清楚,很可能是费力不讨好,本节课的教学重点就会出现偏移,教学任务也难以完成。更重要的是,对学生敢于发言的勇气应该小心翼翼地保护,为他们培育一个敢于说话、敢于发表意见的生态。

运用之妙,存乎一心。课堂教学中生成的一个情境、一个问题、一个信息、一个错误都是宝贵的教学资源。对于这些教学资源,教师必须迅速地做出相关检索,进行有效分类,确定一条最为适当的处置策略,既取决于教师的爱,也取决于他的教学智慧。

案例二:一节公开课上,老师在黑板上赫然写着这样的别字:"莫可明状",一个学生立即大声纠正:"'明'字错了,应该是'姓名'的"名",老师写错了!"教者抬眼一看,面色一红,一边不自然地说道:"对不起,老师笔误! 在我们同学作文中的错别字有很多也属于这一类,写作时也要细心。"一边拿起黑板擦了起来,教室里一阵躁动。

[评析] 有一类错误,属于科学性错误。在语文知识(字、词、句、篇、语、修、逻、文)的教学上,经常会出现科学性错误,如"坐镇指挥"却有很多人写成"坐阵指挥","染指"错解褒贬,"不刊之论"错解词义,"匪夷所思"望文生义,"美轮美奂"错用对象。又如,"扬州盆景不仅在国际市场上受到青睐,而且在国内也受到广泛的欢迎和喜爱",这句话则颠倒了两句之间的意义关系。语文知识浩若烟海,加上汉字难读难写难认,不出错误的几乎没有,关键是我们如何处置这一类错误。

在此案例中,可能由于教师的课前准备工作没有做到位,将"莫可名状"写成了"莫可明状"。该老师此时面对自身的失误,及时纠错,也找了一个漂亮的借口,并用学生作文中也可能有此种类型错误来寻找"错"的合理性,反而引起了学生的不甚满意。试想如果老师改正以后能谦虚地向学生请教:"谁能想办法帮助老师区分这两个字?"反而会赢得学生的尊重,无疑会触发学生知识的回忆与重组,他们一定会想到不少行之有效的方法。这看上去是在帮助老师,其实是在进行自我教育、自我巩固,这远比教者提供方法的效果要好得多。

对于课堂中生成的这类科学性错误,教师大可不必藏着掖着或者不了了之,要让学生明白"出错"并不可怕,更不可耻,而是一种正常现象。不但如此,有时教师要设计一些环节让学生暴露知识的"盲点",通过师生集体查错、思错、纠错活动,让学生"根除"错误,获得新的启迪。

案例三：《香菱学诗》一文中，香菱向黛玉请教作诗之法，黛玉道："什么难事，也值得去学！不过是起承转合，当中承转是两副对子，平声对仄声，虚的对实的，实的对虚的，若是果有奇句，连平仄虚实不对都使得的。"稍有常识的人都知道，作诗对仗不是"虚的对实的，实的对虚的"，而应是"虚的对虚的，实的对实的"！一位教师为了充分发挥这个错误的作用，设计了这样一个教学环节：在点出曹雪芹"虚的对实的，实的对虚的"这一笔误后，指出书上的东西有时也不一定百分之百的正确，正如孟子所说"尽信书则不如无书"。为了锻炼学生的片段写作能力，教者设计了一个"给教材的编辑写封信，要求改正过来"的教学环节。但有个学生站起来表示反对，原因是"错误的东西掩藏在看似正确的东西之下，对人也是一种极好的考验"。于是，教师收回写信的教学要求。

[评析] 教材中、课下注释出现错误或者疑似错误，是语文教学的稀有资源，一定要好好珍惜利用。引导学生挑战权威，发现问题，求证错误，阐明观点，就是一个研究性学习的全过程。只可惜在这一个教学片断中，许多教师只是蜻蜓点水就草草收兵了。可以这样设计探究流程：首先，读课文，让学生自己去发现问题。其次，与学生共同商讨解决问题，即如何来论证这句话是错的，有哪些办法。最后，结论得出后，讨论如何发表我们的研究成果。可以相信这是一个探究之旅、发现之旅、快乐之旅，也是一个创造之旅。

在求证过程中大概有如下工作要做。可以查看原著甚至多找一些版本来校勘，看看是版本的问题，还是印刷的错误，或者确实是作者的错误。比如在人民文学出版社1990年版的《红楼梦》中就有明确的注疏："这里林黛玉说'虚的对实的，实的对虚的'，可能是作者或传抄中的笔误。"还要仔细阅读原文，体察语境，看看上下文有无特定所指，这样说有无特殊表现目的，是不是作者的故意错误。还应该找一些律诗来验证一下，看看中间两联是否有"虚对实，实对虚"的情况，最好再找一些有关谈论格律的书籍，进一步找找根据看看有无这样一种说法。如有可能，还应该对"虚"与"实"进一步正名，曹雪芹时代有无虚词、实词之说？本诗的"虚""实"如果指的是"具体为实，抽象为虚；眼前为实，不见为虚；真景为实，想像为虚；正面为实，侧面为虚"，黛玉的说法能否成立？

错误的价值有时并不在于发现错误本身，而在于师生从中获得新的启迪，引来新的探究，从而发挥其更多的教育功能。课堂教学中的错误，对学生来说是一次很好的锻炼机会，对老师来说也是一种智慧的历练。

案例四：一位学生在读《明湖居听书》中一句"如白水银里养着两丸黑水银"时，错读成了"如白水银里放着两颗黑水银"。很多同学没有听出什么问题,有的听出问题的学生也一笑置之,并未引起注意。对语言有着敏锐的感觉的执教老师,听后在脑中迅速组织一个教学片断。他与学生一起共同品味一"养"一"丸",然后再谈到诗词中的"炼字",如"红杏枝头春意闹"、"云去月来花弄影"。再到媒体乃至网络语言中的一些鲜活的用语"养眼"、"养颜"、"哈韩"、"吸引眼球"、"浮出水面"、"放水",然后他改变整堂课的教学设计,让学生从课文中选择自己最欣赏的炼字、炼词、炼句,进行品赏和点评。

[评析] 这是一个由错误而生成新的教学设计的案例。教者在原来的教学设计中,没有把"语言的品赏"放入教学重点,也没有放在本课的教学环节中,按照教学计划,他还要与学生一起分析小说中的人物形象,分析铺垫衬托和侧面描写的写作手法。学生的一个错读,使他推翻了教学预设,生成出以咬文嚼字、品赏语言为重点的教学。这个生成是适切的。人物形象分析是小说阅读的"套板效应",学生已经是两耳生茧,铺垫衬托和侧面描写的写作手法也是很容易体会的,前者应该舍弃,后者应该简略。就这篇小说而言,带领学生在语言的细节中进行一次赏美游历,起到了以一当十、得一穴而通百气的效果。

对于教师来说,"错误"既是机遇,又是挑战,更是一种能力的体现。从错误到美丽的错误,需要丰厚的知识储备和专业基本功,还需要沉着冷静、从容应变的教学机智。

案例五:这是《醉翁亭记》教学接近收尾时的一个实录。教者抛出一个问题:课文的文眼是哪一个字? 全体学生异口同声地说:"乐"字。

师:"乐"字在这篇文章中确实起到举足轻重的作用,从结构上看,每一段都紧扣一个"乐"字(山水之乐、四季之乐、游人之乐、筵宴之乐、禽鸟之乐、太守乐其乐),而且这个结论还可以在"课后练习一"中有所发现。但是,要对于这篇文章来说"怎一个'乐'字了得啊?"我认为另有一个字比起"乐"字来得可能更好,有谁可以找到这一个字?

生:(在课文中快速寻找,讨论,渐渐有几个学生有新的发现,叫起来)"醉","醉"字好!

师:可是有些学者不这样认为,他们说,在这篇文章中"醉"字是表面的,"乐"是内在的、本质的。"乐"体现了"与民同乐"的思想,同时还表现了作者旷达的胸怀。你怎么看?

生1:"醉"既有酒醉的意思,还有"沉醉"的意味,含义更为丰富,能揭示出作者此时此地真正的情感态度。

生2:"饮少辄醉"、"颓然乎其间",表现了太守不是一个酒鬼,也不同于周围的人,他有难言之忧,要借醉浇忧。

生3:太守自号"醉翁",自己到滁州一年就政通人和,百废俱兴。看到一片"和谐社会"的景象,自己也沉醉于其中,比起"乐"来"中毒"更深。(他的"和谐社会"、"中毒更深"引来一阵阵笑声和掌声)

师:好,现在下课了。是"醉"是"乐",同学们可以回去再品味,我想随着你们的阅历的增加,对这两个字的理解会有更多的自我色彩。

[评析]《醉翁亭记》的文眼到底是哪一个字?常见的说法是"乐",教辅用书如是说,名家散文欣赏如是说,教材的编者也持此观点,在课后作业中也直接点明。事实上"乐"字在全文中确实也起到了贯穿全文的作用,同时通过"乐"也有助于理解太守的思想感情。这位教师有自己的特殊的解读,认为"乐"似乎不如"醉"字,更能发挥文眼的作用。他巧妙地设计这个教学环节,借来课本资源、名家鉴赏资源,个人解读资源,让学生在其中自我检索、自主阅读、独立思考。在一课即将结束时忽起波澜,留下了一个令人久久回味的余音。要说明的是,这个教学环节不是课堂生成的,而是执教者在备课时就已预设好了的。可见对错误资源的利用,无论是生成还是预设都是大有可为的。

语文教学中常出现的错误很多,从错误的性质来看可分为科学性错误和非科学性错误,从错误的根源来看可分为思维性错误和非思维性错误,从错误主观动机来看可分为故意错误和无意注意错误,从错误的客观因素来看可分为历史局限性错误和文化局限性错误。不同的错误可以生成不同的教育功能,不同的处理就会有不同的价值,对于这项资源的开发和利用很值得语文界同行的关注。

第二节 本色化阅读:让阅读教学返璞归真[①]

许多时候,我们总喜欢"事本简而求诸繁",往往是简简单单的事经过精加工细加工、弯弯绕绕弯弯,"秀"成了满头雾水,一团乱麻。比如吃鸡蛋,本可以去壳之后,囫囵吞下,就可以变成身体所必需的营养了,但有的人却偏偏要生出个"鸡蛋导吃模式",他告诉受训人:鸡蛋壳的主要成分是碳酸钙;蛋白

---

① 本文发表于《苏州教育研究与实践》,2006 年第 3 期。

的主要成分是蛋白质,易为人体所吸收;蛋黄的主要成分是脂肪,也含有胆固醇。为什么不回到最原生态的吃法呢? 一口把它吃下去,然后任由肠胃来消化吸收。

阅读教学也是这样,只要我们稍加留心就会发现语文学习有这样一种现象:即使是同一作者的同一作品,放在课本以外,学生津津乐道,爱不释手,一旦入选为课文,一到课堂上就兴味索然了。我们在听课的时候也经常会有这样的体会:一篇本来令我们感动的课文,可是一经过老师的"导学",反而没滋没味如同嚼蜡一般,有的甚至令人望而生厌。原因大概就是由于课外阅读是处在一种相对自由、无需作"秀"状态下的。事实证明这种状态下的阅读是最为有效的阅读,是通向成功的必由之路。只有这样的大量阅读才能把语言文字化为语感的营养,只有这样的阅读史才会成为"一个人的精神发育史"。让我们回到本色阅读上去。

所谓"本色阅读"是指按自己的方式,用自己的方法去阅读文本,在领会其内容的基础上,有新的见解、新的发现,并开拓出新的意义领域。

一、本色阅读的一个最大特点就是各取所需

阅读随着目的与需要的不同,可以有以下几种:如果阅读是消遣性的、休闲性的,那么能看懂大致内容就行;如果阅读是寻找资料性的,那么他只会在某块内容或某个点上作深入理解,就不会刻意去谋求新的发现;如果阅读是认读文字性的,那么他只会在认读陌生字上做文章。语文的阅读教学与其不同,语文的阅读教学是一种文化传承行为,它的实质就是文化的创造;阅读能使我们获得知识、体验人生、认识社会;阅读是我们成长的必由之路,我们在阅读中不断走向成熟。即便如此,对于具体的一篇文章来说,阅读教学也会是因人而异的。有的是为了研究作者的思想,或者是对某一焦点问题的主张,或者作者的学术主张;有的是为了学语文,有哪些字词是新的,通过阅读或者进一步查阅工具书,进一步掌握;有哪些语言用得好,自己以后可以拿过来使用。

但是,在强调各取所需的同时,"本色阅读"以准确、具体获取文章有用信息的研究为根本目的。以鲁迅《为了忘却的记念》为例,按照"文章学阅读教学法",阅读教学流程应该是:介绍写作背景→解题(理解"为了忘却")→分析各部分(包括重点语句、语段)→归纳中心思想、写作特点等。但是,当我们把本文的阅读目的假定为如下几点时,情况就迥乎不同:第一,撰写《我国现代文学史上的五位青年作家烈士》专题报告,则要从本文收集五人的生平事迹、

性格特点等材料;第二,准备做《鲁迅与青年作家》讲演,则要从本文收集有关五位作家与鲁迅交往的材料;第三,写作论文《试论国民党反动派对"左翼"文化的围剿》,则要从本文收集五位作家受迫害的材料。同一篇课文,阅读目的不同,筛选认知的信息也就不同。这是"文章学阅读教学法"无法解决的。

二、本色阅读在课堂教学中推崇几种简朴的阅读方法

本色语文是简约的、具有灵气的。作为简约语文要做到教学理念——简朴,教学目标——简明,教学内容——简要,教学流程——简化,教学方法——简练(简易),本色语文追求原汁原味的语文味,有滋味、意味、趣味、情味、韵味等。本色阅读推崇如下三种简朴的阅读方法:

1. 情境式阅读

教师在授课时不对学生设定目标,不对课文详加分析,只创设便于学生感悟课文的情境。比如播放课文朗读的录音,让学生边听边默读,慢慢地进入课文为我们所创设的氛围,然后根据自己的经历去感悟课文内容。比如播放切合课文内容的背景音乐,如教《琵琶行》可播放《夕阳箫鼓》,学《归去来兮辞》可播放《渔樵问答》等,让这些优美的音乐把学生带到特定氛围中,使他们能够随着旋律的飘荡而让自己的心沉静下来,然后再去体味课文。比如还可以用课件来创设情境。我不赞同把课件做得很复杂,更反对用课件来代替板书,我更喜欢做一些精致短小大约只有三五分钟的课件。

学生在老师为其所创设的情境中徜徉,然后慢慢地走进课文,走进作者,用自己的经历、学识去体悟语文。这样阅读一篇课文就像亲口品尝一顿美味、亲眼观赏一处美景一样,其感受应该是真真切切的。

2. 对话式阅读

对话式阅读就是教师与学生以平等的身份互相交流阅读感悟,一起探讨阅读的难点,共同享受阅读给人带来的快乐。如教《兰亭集序》,我们可以就整篇文章的内容与学生对话,也可以就其中一言一句与学生对话。比如读到"虽无丝竹管弦之盛,一觞一咏,亦足以畅叙幽情也"一句时,我就与学生交流了自己的感受。我对学生说,每当读到这一句时,我就想起自己插队时以及刚参加工作时几个年轻人聚在一起的情景。那时虽然没有美味佳肴,更没有丝竹管弦,但几个志同道合的年轻人凑在一起,谈天说地,倒也情趣无穷,至今回想起来,仍感叹不已。接着学生也谈起读了这一句的感想,他们回忆同学聚在一起过生日的情景,有的还想起了自己的童年时光,于是一些同学便沉浸在回味的欢乐中。一篇课文,甚至课文中的一句话,能让学生有如此深

刻的感触,复何求哉,复何求哉?

对话式阅读还可以包括学生与作者的对话,学生与作品主人公的对话以及与作品所展示的环境的对话,等等。比如教《赤壁赋》时,我为学生提供一些背景知识,然后让学生与苏轼对话,探讨苏轼何以在深受政治迫害及生活变故之后还能那样乐观豁达,问问苏轼何以对江上之清风、山间之明月那样钟情迷恋。让学生读这篇课文宛如东坡居士就在眼前一样,可与之促膝长谈,尽倾肺腑。如此阅读,学生怎能不对课文内容刻骨铭心?

3. 整合式阅读

通常的语文课一般把阅读与写作割裂开来,阅读归阅读,写作归写作。阅读课的任务就是分析课文,写作课的任务就是布置题目或讲评作文,其实这是一种效率很低的做法,我们完全可以把阅读和写作整合在一起,让语文课插上高效率的翅膀。

那么阅读与写作如何整合呢?办法其实很多,我们可以让学生作批注、谈感想、练仿句,等等,不一而足。

比如让学生作批注,我们可读一段批一段,也可以读一句批一句,对象不受限制,哪处顺眼就批哪处,就像一个人无拘无束地走在一条山道上,看到一块漂亮的石子,捡起来,把玩把玩;看到一朵奇异的野花,就蹲下来观赏观赏。多么自在,多么惬意。阅读如散步,批注如赏景,既散步又赏景,何乐而不为呢?

为课文作批注,还可以不受字数的限制,多则洋洋洒洒上千字,少则寥寥数语,甚至一个"妙"字、一个"好"字,也不失真知灼见。不像有些阅读题,为你画好 10 个或 20 个格子,答题时不能超出规定的字数。为课文作批注,真正体现了言为心声的准则,心里想说什么就写什么,想说多少就写多少,没有人会把它当作苦差事。

更重要的是,为课文作批注,思路可以不受条条框框的约束,答案可以五花八门,丰富多彩,同样针对一句话,你可以认为"妙极,此句起渲染气氛的作用",他也可以认为"谬矣,此句完全多余,可删去"。你认为枯枝败叶不堪入目,可八大山人却认为极具美感,仁者见仁,智者见智吧。因此,学生给课文作批注,教师应遵循无错原则,鼓励学生大胆说出自己的见解。只有这样,才能大大刺激学生的尝试欲。于是拿起一篇文章,学生便大胆地在这里批上"此处极妙,描尽人物复杂的内心世界"。在那里批道:"此处极佳,画出了人物贪婪蛮横之嘴脸。"

三、本色阅读的灵魂是"打通"的思想

广义的"打通",即打通中西,打通古今,打通各学科。孔子打通"诗、书、礼、乐"而"会于一手";司马迁继承孔子修《春秋》的义例,贯彻治史的"打通"准则,"究天人之际,成一家之言",编写了第一部纪传体通史;范文澜说,他写《中国通史》,在于古今"打通";钱锺书写《管锥编》,在于中西打通,文史哲打通;赵元任把自然科学有意识地、系统地引入人文科学;李政道、杨振宁打通物理与中国古典哲学,发现"弱作用中宇宙不守称",获诺贝尔奖。打通生物与物理就有了基因工程学,打通了物理与化学就有了量子理论,诗人、文学家打通"六觉"遂创造了"红杏枝头春意闹"、"小星闹若沸"、"碧空里一簇星星喷喷喳喳像小鸡儿似的走动"等鲜活的语言。

创新来源于"打通","匠"与"家"的区别就在于"通"与"不通"。"打通"也叫"会通"、"融会贯通"。《高中语文课程标准(实验)》指出:"积累历史文化知识,增加文化底蕴,并融会贯通于语文学习的全过程。"可见没有深厚的积累,囊中羞涩,捉襟见肘,就无法打通。而积累的目的不是为了成为知识的容器,而是为了"打通",创造一片属于自己的崭新天地。

狭义的"打通"还指文本阅读要做到融会贯通。在阅读中就要自觉形成六种意识,即整合意识、层次意识、语境意识、提炼意识、品评意识与"知出入"意识。主要就是能够运用回忆、想象、联想等手段由表及里,由此及彼,触类旁通,举一反三,打通文本与文本、文本与作者、文本与生活、实现阅读中的对话,甚至能从已知推出新知,达到新的境界。

四、本色阅读的必由之路是先博而后约

不博学则孤陋寡闻,但学而不精又容易浮泛、空洞。因此,"凡读文贪多者必不能深造,能深造者必不贪多,此理当深悟也。"古人在处理博约这一矛盾时,要求先有较广的知识储备,有良好的治学根基,然后才学有专精,才能深造,有所成就。所以朱熹说:"自博而约,自易而难,自近而远。"博约结合,先博后约包含着辩证的因素,是符合治学规律的。

夏丏尊、叶圣陶在《文心·小小书柜》一书中提出不可乱读书,"故读书非求经济不可"。那么怎样才是"经济"的读书法呢? 第一,关键是要读经典,即使是经典也要有选择地读,比如枚乘就认为,《四书》中要读《论语》和《孟子》,至于《大学》和《中庸》如果不是为了做学术研究就不要读了。第二,不要

一味钻进故纸堆中去,还要读富有时代气息、适合年龄特点的文章及书籍。第三,还要读"不用文字写的书",那就是读生活、读社会了。我们现在面临国学复兴、传统文化振兴的好时代,"私塾"、"读经"悄然出现,应该如何对待这个问题,夏丏尊、叶圣陶两位的意见很值得借鉴。

夏丏尊还介绍过一种"参读法",事实证明这是处理博与约关系的最佳方法。叶圣陶盛赞这种读书法,"以精读文章为出发点,向四面八方发展开来,那么,精读了一篇文章,就可以带读许多书,知解与领会的范围将扩张到多大啊! 学问家的广博与精深差不多都从这个途径得来"。至于阅读与写作结合起来,必修课与选修课结合起来,课本与读本结合起来,阅读与语文活动结合起来,还可以根据学生的需要重新组合各种学习资源。这些都是新课程思想所提倡的,对于积累和整合有很大的意义。

第三节　补白·调序·删减·整合·创生①
——语文教材"二次开发"的实践性智慧

语文教材的"二次开发",主要是指语文教师和学生在课程实施过程中依据课程标准对教材内容进行适度增减、调整和加工,合理选用和开发其他教学材料,从而使之更好地适应具体情景的过程。主要策略有"补白"、"调序"、"删减"、"整合"、"创生"等。

一、补白

阅读面对的是文字,反映的是生活,展示的是体验,涵盖的是情感。阅读教学要真正做到使文本打动学生的心,使学生感受到作家情感的脉搏,获得求知的满足、敏锐的感受,以及审美的体悟,无论教师和学生都要有一个对教材进行补白的过程。补白可以分为以下几种:

1. "铺垫性"补白

有一些课文,文质兼美,但是由于种种原因,在学习者和作者之间无法达成共鸣。欲让学生走进课文特定的境界,感悟其中的情趣,体验作者在文章中所反映的人生三味,就必须用足够的时间和内容,通过合理的穿插,使学生在知识和情感两个层面上更加贴近课文、贴近作者,这样才会有真正意义上

---

① 本文发表于《语文学习》,2008 年第 9 期,《中学语文教与学》2009 年第 3 期全文转载。

的体验、揣摩、领悟、意会。比如,苏教版高中第三册选了刘亮程《今生今世的证据》,这篇文章的价值就在于把日常生活中的普通现象转化为哲学的隐喻成为文学作品的意象,学生在阅读中很难意会。同时,这篇课文提出了现代人精神家园失落的社会性问题,但对如何构建自己的精神家园却留下了一片空白。一位老师在这一课教学的引入环节,链接了陈凯歌导拍的10分钟短片《家园》,在拓展环节补充了著名散文作家毕淑敏的《我的三间小屋》(毕淑敏说,若有可能,要为自己的精神修建三间小屋,第一间盛放对人的爱心,第二间盛放事业,第三间用于安放自己)。这两则补白对文章的学习就形成了铺垫。

2."探究性"补白

对于原教材的课文,师生在学习中常常会遇到很多的知识盲点和未知领域,对这些知识盲点或未知领域进行探究,就能够使单薄的教材逐渐丰满起来,一方面有助于加深对文本的认知体验,另一方面还可以培养探究阅读的能力。如在《伶官传序》一文的学习中探究后唐唐庄宗李存勖的从创业到亡国的经历,学习《道士塔》探究敦煌艺术的价值,学习《劝学》探究中国历代"劝学诗文"等,都属此类。

3."拓展性"补白

语文教学要提高学生的阅读、分析、比较、鉴赏能力,仅靠单元中的三四篇范文是远远不够的。教师必须根据单元目标,适度增加一些具有典型性的同题材名作。如果遇到选文是节选,教师就采取由节选看全文,有利于学生更好地把握文章的主题,丰富视野。如果课内学习一篇佳作,教师就在课外推荐学生阅读同作家的其他作品。如人教版教材高三第一学期有《涉江》一文,在教学中有的老师就增加了《国殇》、《渔父》和《屈原列传》,一来可以使学生增加对屈原的立体性认识,二来使学生理解屈原写作的主流风格即浪漫主义。

4."互文性"补白

在教材的二次开发过程,有些补白可与教材相映成趣、相得益彰,从而进一步拓展学生的生活体验、思想体验和情感体验。如干国祥在和学生讨论《斑羚飞渡》这篇课文时,提供了三个相关主题的"互文性文本":人类的"弃老"传统、《泰坦尼克号》电影片段、克拉玛依大火。这三个文本与课文互相支撑、互相参映,彰显人性中善与恶、美与丑、情与理,让人的心灵感受强烈的震撼。

在教材的二次开发过程当中,"补白"的手法运用最多,也出现了很多的误区。有的补白喧宾夺主,教师不是去引导学生吃透原教材,只是把它作为一个引子,然后另起炉灶,匆匆拓展,只求皮毛相关,没能把学生的阅读引向深入,反而削弱了阅读。有的补白"贪多"不精,把课堂变成资料展厅、吊书袋,无意义地搜集、交流课外资料而浪费了大量宝贵的课堂时间。有的补白严重超出了学生的年龄特征与认知水平,难度过大,反而"你不说我倒明白,你越说我越糊涂"了。所以"补白"必须把握好几个原则:要有助于更深刻理解原文本的主题,要有助于提高学生鉴赏、比较、分析的能力,要有助于全面了解事物,提升学生的价值观念。

二、调序

根据学习对象或目的不同,调序有以下几种:

根据学习内容的不同而调整教材顺序。有时为了与时令、季节、社会文化生活一致,有时为了构成相同、相近、相关或者相反的专题版块,有时为了与其他科目学习内容相同步,这样可以使学生的学习有更为直接的、生动的情境和背景支持,有更多知识体验、生活体验和情感体验。在端午节这天学习《涉江》会别有一番风味,在夏雨滂沱的日子学习余光中的《听听那冷雨》也会引起学生无限的遐思。

根据文体的特点而调整顺序。新课程标准下的教材多以专题板块为体例,事实上在教学中有时为了形成文体的类化学习或者不同文体的对比学习而需要做出调整。比如,人教版第三册按照文学史的顺序编排诗、词、散文。一位教师把其中的《六国论》、《蜀相》、《石头城》、《过华清宫》、《念奴娇·赤壁怀古》、《永遇乐·京口北固亭怀怀古》、《桂枝香·金陵怀古》、《伶官传序》组合为一个中国古代"怀古"文学视窗,既调节了学习节奏,又有效地进行了类化学习。

根据学习方法需要而调整顺序。比如,为了实现对比阅读或者精读与泛读相结合,可能就需要打破教材原来的顺序而进行一次重新的组合。如一位教师在教学《药》时,把叶圣陶的《夜》调到本课之后,以形成比较阅读。通过人物异同的比较,可以让学生体味两篇作品不同的主旨;通过两篇小说的双线结构思路的比较,加深对文学作品明线与暗线使用的理解与应用;通过结局不同的比较,体会由辛亥革命到北伐战争变迁中的中国社会历史表征;通过两篇作品的语言比较,感受两位作家的"沉郁"与"冷静"的创作风格;通过情节切面的比较,体会"纵切面"与"横切面"两种不同的写作方法;通过比较,还可以体会叶圣陶写作《药》的文后深意。

根据学生的认知规律,为了强化教学的知识与能力目标,对教材进行调整。如沪版高中语文教材第五册"文学评论单元",有的老师将单元中的第一篇《屠格涅夫》放在第四篇来教学,因为这是一篇作家评论,是文学评论的特例,教师先介绍本单元的其他三篇,即对文章的内容、写作手法、人物进行评论的文章(这三种形式是常见的文学评论),在学生认识了常见的文学评论模式之后,再介绍作家评论。这样做是考虑到学生对于文学评论这一体裁的认识是由浅入深,由一般到特殊。因为毕竟文学评论对于学生而言是很陌生的,如按原单元顺序教学,显然是不符合学生认知规律。可见,教师在调整时,必须兼顾学生认识事物的规律和单元的教学目标。

三、删减

从教材观而言,选文必须兼顾如下几个要素:典型性、时代性、适切性。但是在实际教学中我们可以发现,在新教材中由于为了照顾主题的需要,却选了一些缺乏典型性、时代性不足、更不适切的文章。对这些课文任课教师完全可以进行适合于自己和学生的剪裁。

人教版高中语文第四册两个戏剧单元,节选了现当代戏剧与中国古典戏剧共 8 篇,分别是《雷雨》、《茶馆》、《罗密欧与朱丽叶》、《三块钱国币》和《哀江南》、《闺塾》、《长亭送别》、《窦娥冤》。一位老师对这 8 篇课文的处理是,精读《雷雨》、《长亭送别》与《窦娥冤》,泛读《茶馆》、《罗密欧与朱丽叶》、《哀江南》,舍弃《三块钱国币》、《闺塾》。他介绍说,戏剧教学在我国存在着很大问题,教材编写过于集中,用太长的时间简直可以把师生"腻死"。同时,现在的师生对这些经典戏剧缺少感性认识,阅读经历也很少,生活体验更是不足,机械地教教材,效益低下。他还认为,学生们甚至包括自己对《三块钱国币》的整部戏剧了解甚少,其意义价值很难把握。在他们看来,节选部分鸡零狗碎,穷极无聊,不知为什么要选入课文。《牡丹亭》虽好,但"春香闹学",实在是对教师形象的丑化、人格的侮辱,是典型的贱师轻教的封建思想。老师教得无奈,学生学得尴尬,打死我都不愿教。(注:《闺塾》一课,在人教版修订本中现已改为《游园》)对于这样的篇目,教师与其硬着头皮教学,倒不如毫不可惜地舍去。这是很有道理的。

有些选文过长,读完需用很长时间,有必要进行"瘦身"处理。如人教版教材曾全文选用了高晓声的短篇小说《陈奂生上城》,一个课时读不完,其"语文"含金量并不很高,有的教师就节选了其中最精彩的一章,来进行上勾下联式的学习。

四、整合

我们习惯独立教学每一篇文章,很少发掘和利用相似教育资源之间蕴藏的巨大信息量。这种信息量是一笔宝贵的课程资源,它能成为一条纽带把相关文本连接成为一个整体,这个整体可以形成一个模块。学生一旦触及模块中一个文本的信息,其他信息就会立刻出现在学生的头脑中。通过发掘和利用相似文本之间储存的信息量,就可"读厚"文本,并开发出新的教学资源。下面通过一则案例,介绍一种利用"整合式单元学习模块"进行专题探究学习的具体做法。

必修教材人教版高中第五册美学单元共五课,其中两篇导读课文《中国艺术表现里的虚和实》和《重新创造的艺术天地》,三篇自读课文《中国戏曲的虚实相生之美》、《中国古典诗词虚实相生的取境美》、《中国诗文与中国园林艺术》。

本单元的核心知识是"(艺术与文学)中的'虚与实'的美学原理"。

单元学习目标:1.整合单元学习内容,引导学生从书本走向生活体验,对生活现象进行抽绎与分析概括。2.能够借助课本知识,探究生活、文学与艺术中的美学道理。3.培养艺术鉴赏力与人文素养,提高审美情趣。4.合作探究,从而学会学习,学会探究。

课程实施:总课时安排五课时(每课时45分钟),分四步走。

第一步,教师指导阅读单元导读课文,总结艺术创作上虚与实的辩证关系及创作规律(二课时)。

第二步,学生自我研读单元,自读课文,学习课文,任务是对课文进行观点提要(一课时)。

第三步,推出整合学习资源进行合作探究学习。游览苏州园林(拙政园、狮子林、网师园、留园等)中的一个,体味园林美学;看电视专题片《苏园六纪》(或《苏州水》)感悟园林美学;观赏街头、广场艺术雕塑、学校及社区的建筑艺术,欣赏身边的美学;阅读各类诗文、小说,探究文学作品中的美学(一课时 + 课外)。

第四步,交流学习体会(一课时)。

本案例获2005年江苏省优秀教学案例评比一等奖。"体现了教师整合资源,二次开发教材的智慧"(评论专家语)。通过第一步为每一个学生打下了本单元学习的底子;通过第二步的探究性学习,每一个学生都收获了属于自己的感悟;第三步充分发挥同伴互助在语文学习中的作用,在合作互动中实现思维碰撞,深入推进探究的开展;第四步合作交流,智慧分享,收获探究成果。

五、创生

美国学者辛得、波琳和朱沃特(Synder,Bolin&Zumwalt)分析了三种不同的课程实施取向,即忠实取向、调适取向和创生取向。忠实取向的做法是把教材当"圣经",体现的观点是"教教材",虽然现在还很有市场,但不在本讨论之列。上文所列出的四种方法,属于"调适取向",把教材当"例子",体现的观点是"用教材教"。"创生取向"的主张是:课程实施本质上是在具体教育情景中创生新的教育经验的过程,既有的课程计划、文件和教材等不是教师忠实执行的材料,而是教师和学生创造新的课程经验的工具,是一种课程资源;教师是课程的开发者,在课程实施过程中不再服从于"专家"的"权威",教师和学生一起成为课程创生的主体。

华南师范大学刘良华在他的《教师的课程智慧》中介绍了这样的一则案例。

> 黄玉峰,复旦大学附属中学语文特级教师,《中国青年报》曾以《语文教学的"叛徒"》为题,对黄玉峰做过长篇报道。所谓"叛徒",不过是说他大张旗鼓地增减教材。增添的原则是,与所教课文有关的就扩展开去。与课文并无关系,但对提高学生思想认识、兴趣能力有益的也有选择地引进。同时他还根据不同学生,开一些书目,让他们进一步地开拓视野,两年多时间里,学生一般都熟读背诵了几十篇文章、几百首诗篇,看了几十本书。他还非常重视对语文课程资源的开拓。他曾带领学生到浙东演绎文化苦旅,把课堂搬到了山上、水上、路上。他还请大学教授、学者担任评委,举办论文答辩会……拉近学生与古人、名人、伟人的距离,使他们对历史上的优秀诗文有了直接的、感性的认识。

在有创生取向的语文老师那里,"我的课堂我做主",我即课程,我即教材。

创生,既需要有走自己路的胆量,还需要有学贯中西的专业能量,更需要我们的社会和学校有一个让教师施展创造个性的容量。这是一个"高难度动作",不是每一个人都可以"长袖善舞"。有了"金刚钻",才揽瓷器活。在目前我国 GDP 水平的条件下,教材的二次开发还是"基于教材,超越教材"来得更为积极稳妥些。

让我们迎接"黎明的通知",欢呼"创生"时代的到来吧。

第四节 整合·质疑·点拨·拓展①
——《人是什么》教学设计

[说课]

在高中生语感培养的课题实验中,我们根据"直觉思维"、"两面神思维"特点和"隐性学习"理论,设计了"感悟式语文课堂阅读四环节"。下面以人教版高中第五册《人生的境界》一课来谈谈具体做法。

第一步:整合感悟,触摸文本,感受语言文字的温度。

语文阅读中的整合,主要是通过读(诵读)、看(默读)、划(边读边划关键语句)、听(听范读)、说(复述)等办法,创设情境,优化情感体验,切己体察,在熟悉内容、把握思路、了解主旨的同时,整体感受文本,触发体悟。

《人生的境界》一文的标题并没有概括全文的内容,其实只是文章内容的一个部分,也不是文章论述的主要问题,如果把标题当做对全文的概括来阅读就会走入误区。在学习这一课时,我们提出两个学习任务:一是找出全文的主旨句以及相关重要的句子;二是切分全文的段落层次,进而找出每个层次的关键句子。这两个学习任务的目的是理清文章的思路,在此基础上实现对文章的整合性理解。

在整合阶段,我们的体会是,要针对学习任务来选择最适切的阅读方法。若要感受文字的情调、体味文字的韵味、领受语言的气势就要用诵读。而由于理清思路要求很快抓住关键句,因此就要让学生默读、快读,一目十行地读,囫囵吞枣式地读。筛选文章的重要信息要求沉潜阅读,就要要求学生边划边读,用中等速度读。文学作品画面性强,形象生动,"听"有助于展开丰富的想象,能够引人进入情境。

第二步:质疑解难,在探究中感悟。

再读课文,发现问题,解决问题。这一环节强调自我涵泳,自我发现问题,自我解决问题。或通过同伴互助,思维碰撞,讨论激悟。学生的探究表现为针对一定的学习目标,独立阅读思考,品味体验,钻研探求,不断深入,做到能感知语词,领悟语情,辨味语体,通晓语理。

---

① 本教案设计收录于《高三语文教学优化设计》,南方出版社,2003年。

如《人生的境界》一文,在第一步理清思路的基础上,我们采取老师和两个诵读水平比较好的学生分任务轮流诵读的方法,以区分不同的层次内容。要求下面的学生在文中标划出不理解的内容。诵读结束后在笔记本上整理问题,然后自我探究,对自己仍然不能解决的问题向老师提出。师生选择共同性的问题集体探究解决。

在这篇课文中"觉解"一词贯串全文,共出现了13次,它与人生境界有着密切的关系,甚至可以说它决定了人生的境界。很多学生表示难以理解"觉解",我们采取分解语词理解和结合语境理解两种方式,大家共同研讨。除此之外,我们还解决了以下几个问题:"作者划分人生境界的依据是什么?人生分为哪几种境界?""经常听人们用'出世'、'入世'、'既出世又入世'来形容一些人对待生活或事业的态度,请具体解说这些词语和句子"。

第三步:重点品读,在点拨中感悟,教学中运用点拨诱导。

叶圣陶在《至陈其欣》信中说:"指点文章的脉络,揭示作者的用心,旧时有所谓'评点'一派,做得好的对于读者很有帮助。"从古人和今人运用点拨诱导的经验看,有助于促成"悟"的产生。其一是抓住文眼适当点拨。如《岳阳楼记》"谪守"二字,抓住了这个文眼就能带动对文章的整体阅读,就会产生"挈领而顿,百毛皆顺"的效果。其二是在理解的关键处点拨。如对《五月的青岛》结句的理解,是悟文章的内容、悟作者的写法的关键所在。其三是对披文入情的枢纽处进行点拨。如《背影》,"他用两手攀着上面,两脚再向上缩,他肥胖的身子向左微倾,显出努力的样子,这时我看见他的背影,我的泪很快地流下来了。"在这里进行点拨,使学生随着作者感情的波动而产生共鸣,从而得到审美愉悦。

对于学生不能感悟的难点,老师点拨诱思:或重点品读,或语感分析,或美读感染,或比较揣摩,或类比联想揭示规律。通过点拨,使学生阻滞的思维得以接通。这一环节,强调教师的讲要"三精":精要、精练、精彩。通过这一环节,学生在老师的帮助下,突破了自己的"高原",在第二步的基础上又出现了豁然开朗的新境界。

冯友兰先生在《人生的境界》中把人生四境加以严格区分,概念解说非常清晰,可是,这也只能是理想化的人生境界,在社会生活中有时人生四境并不是"水火不相容"的,老师在这个问题上谈了自己的看法:

"西方经济学之父"亚当·斯密曾说:"每个人为自己的利益做事比他故意为社会做有道德意义的好事对社会的贡献更大。"现代社会承认行为功利,尊重个人利益,这是社会的进步,对于促进社会的发展有推动作用。"克己复礼","牺牲我一个,幸福全人类",也许在一些圣人能够做到,但如果违背人性而一味地追求大而空的所谓"高"、"大"、"全",对于一个人来说是难以做到的,同时对于整个社会来说也会导致虚假不实之风,反而会败坏社会风气。

接着老师讲了一段关于孔子的有趣的故事:孔子的弟子子贡赎回了鲁国人质,本来按照鲁国的法律是应该由政府负责报销赎金的,但是子贡却不取其金。做好事不图回报,这是很高的道德境界,本来应该受到大力表扬,但是孔子却很不赞同子贡的做法,认为他这样做是不对的,以后鲁人如果成了别国的奴隶就没有人再去拯救了。孔子这一论点并非否定子贡的道德水准,而是认为,子贡这么高的道德水准对于大众来说是可望不可即的。因此这一示范最终的结果就很可能是:多数人没有子贡的修养与财富,他们做不了像子贡这样的义举,不如干脆什么都不做,帮助别人的人就会减少。孔圣人的做法确实很有道理。

第四步:积累延伸,在拓展中感悟。

通过拓展性阅读,或仿写、或背诵、或点评等有效形式,使学生的语感得以深化和积淀。原来的感悟点进一步延展成线,扩展成面,发展成体。通过这一环节,同时还会出现新疑点,生成新问题,有了新感悟,为课后的自我探究、日后的创新发现埋下一颗种子。

学习《人生的境界》时,在这一环节中,我们要求学生按照例句的句式仿写一个句子:有一种人生,铁骨铮铮;有一种人格,鬼神共鉴;有一种精神,自强不息。司马迁忍辱负重,发愤著述,留下一部经典巨著给后人,这种身陷逆境却有所作为的举动,是一种奋发的人生境界。

同学们很快写出了不少读来令人荡气回肠的句子:

(1)有一种人生,月白风清;有一种人格,桃李无言;有一种精神,平凡而伟大。雷锋位居平凡,乐于助人,献一生温暖给人间,这种把有限的生命投入到无限的为人民服务中去的行为,是一种高尚的人生境界。

(2)有一种人生,顶天立地;有一种人格,高山仰止;有一种精神,剑胆琴心。朱镕基总理一国,正气浩然,趟地雷阵向社会痼疾勇猛冲锋,这种公正廉明务实无畏的精神,是一种峭拔的人生境界。

这样的一个练习,收到了一石三鸟的功效:把哲学理想与社会人生对接起来,为自己的人生找到了新的坐标;通过练习对课文内容进一步思考形成了新的感悟;习得了一种锤炼思想、修饰语言的表达句式。

根据不同的教学内容,我们还设计出了多种多样的感悟式语文课。如扶读涵泳课,适合于自读课文;自读点评课,适合于选读课文;文言品读养气课,适合于文言精读;专题变式训练课,适合于高考考点专题课;感悟导写课,适合于作前指导课;作文积淀式导改课,适合于作文互批训练;口头语言实践课,适合于口头表达训练课;研究性学习课,适合于语文实践课;开放式阅读课,适合于每周一节的课内自由阅读课。在这一些教学范式中,学生学习的自主地位主要通过两种方法来落实:一是自我涵泳,自主探究;二是教师以学定教,为学生的智慧生成服务。学生的语文智慧的生成主要是在其感悟的螺旋式提升的过程中不断积淀而形成的。

一、第一课时

(一)导入语

有一种动物,太阳出来的时候是四条腿,中午的时候是两条腿,太阳落山的时候是三条腿,同学们说说看,这是一种怎样的动物? 是"人",汉字"人"的写法很有意思,一撇一捺写个人,关于这一撇一捺,人们作出了很多的解释,有这样一首歌唱道:"一撇一捺互支撑,一灵一肉两相成,一情一理为双翼,一言一行赖悟功。"这对人的说解确实很有意义。其实,关于对人的本身的思考自从有了人之后,就没有停止过。下面我们就来学习《人是什么》。

(二)整体初读,整合课文

快速阅读课文,教师由浅入深、环环相扣地提出几个问题,引导学生先从整体上把握课文。

思考:标题是"人是什么",那么文章是不是要给"人"下定义?

思考:人生的意义是什么?

思考:文章可以分为哪两部分? 概括本文内容。

(三)深入理解,归纳提要

指导学生通过思考课后习题,加深对课文的理解,进一步整合课文:

思考题一:对于"人是什么"这个问题,中外哲学家、文学家是怎样回答的? 作者对他们的回答有什么评论?(本题要求把握课文前一部分内容。采用列表形式,可以看出这一部分的结,也便于前后比较。语言要求精要,就要注意提取要点)

思考题二:作者是怎样看待"人是什么"这个问题的? 为什么说对现实的把握是"构成人的最重要部分"? 又为什么说如果"失去对往事的回忆和对未来的希望",就"难以把握现时"?(本题把握课文后一部分几个主要观点,引导学生深入思考理解,根据问题对课文内容进行筛选并加以提要)

二、第二课时

（一）重点解读,探究质疑

方法:针对课文设计一组题目,注重培养学生的现代文阅读能力:含蓄的句子能加以解释,概括的内容能具体阐释。

1. 本文一开头就引用了爱因斯坦的三段话。这些引语表明了爱因斯坦怎样的观点? 为什么说这是"有关'人是什么'的质朴见解"? (具体内容能加以概括)

（参考答案:爱因斯坦的观点是,人是伟大人类社会的一个成员,社会始终支配着他的物质生活和精神生活。这一见解之所以"质朴",是因为从最基本的层次上解释了"人"的哲学意义,即人是社会的,离开了社会就没有人的意义。）

2. "我们吃别人种的粮食,穿别人缝的衣服,住别人造的房子"一段话中,爱因斯坦意在说明"人是什么"? (含蓄的句子能明确理解)

（参考答案:从这段话可以看出,爱因斯坦认为,人的本质是由社会规定的,人的物质生活的精神生活完全为社会所支配。）

3. "东西方哲学家竟有如此一致的见解",这"一致的见解"指什么? (具体内容能加以概括)

（参考答案:西方哲学家康德认为:人就是在不断地进行创造性的工作;工作是使人得到快乐的最好方法。歌德说自己的一生只是辛苦地工作,爱因斯坦说:"只要有一天你得到了一件合理的事情去做,从此你的工作和生活都会有点奇异的色彩。"东方哲学家孔子说"生无所息"。可见,无论东方哲学家还是西方哲学家,他们都一致认为人活着就要工作,就要创造,就不能停下来。）

4. "歌德在论及西西弗斯的时候,几乎是另一种调子",这"另一种调子"是什么样的? (能根据具体的语境,理解指代性的内容)

（参考答案:加缪论及西西弗斯,情调是悲观的、无可奈何的;歌德论及西西弗斯,却是为自己能像西西弗斯那样劳碌一生而感到满意、自豪）

5. "圆明园的秋天里的春天"是什么意思? (含蓄的句子能明确理解)

（参考答案:圆明园是废墟,所以把它的春天说成"秋天里的春天",这个"秋天"并非自然的季节,而指废墟的景观。）

6. 什么是"甜美的忧郁"或"忧郁的甜美"? 怎样理解这种感受? (概括的内容能具体理解）

（参考答案："忧郁"是指过去生活中的痛苦,是一些令人伤感的对象。而这些东西一旦到了回忆中,或成了文学艺术的题材,就往往会因为距离或艺术创作的魅力而形成美感,这就是"甜美的忧郁"或"忧郁的甜美"。如与亲人分别甚至失去亲人是生活中的痛苦,但一旦成为回忆,就往往因能在脑海中再现当时的情景而有一种令人心颤的美的感受。"记得绿罗裙,处处怜芳草"就是这一美感的突出体现:不仅因回忆当时女主人公穿的绿罗裙而感到美,甚至因此而怜爱绿色的草了。)

7. 毕加索说:"一旦你的工作结束,便意味着你必须开始新的工作。……你永远都不能说'结束'这两个字。"怎样理解这句话的深刻含义?（能结合语境,透过字面理解句子的深刻含义)

（参考答案:这句话的意思是说,人必须不断地追求新的目标,追求本身才能使人真正感到幸福和满足。如在高空钢索上单独生活 25 天、平均每天在钢索上行走超过 3 小时、创造新的吉尼斯纪录的阿迪力曾多次打破过世界吉尼斯纪录,但他就是不满足于已有的成绩,自己向自己挑战,不断有新的追求。他就是孔子所说的"生无所息"的强者,他就是把追求的过程看得比追求的目标更重的人。因为他在追求的过程中能获得真正的幸福和满足。)

8. 为什么说"追忆往事就其本质来说,也是一种幻想,一种'白日梦'?"为什么说"白日梦即幻想,也是愿望的实现?"（能结合自己所见、所闻、所读,实现与作者、与文本之间的对话)

（参考答案:这里所说的"本质",应该从"现实性"、"物理性"上来理解,往事已逝,其现实性、物质性已经消失,回忆中的世界,虽然过去存在过,但是现在并不存在,是虚幻的,所以说也是一种幻想,一种"白日梦"。举例来说,鲁迅回忆童年在百草园玩耍的情景,写作之时,不也是一场"白日梦"吗? 这样的回忆不也是寄托着一种愿望,不也是这种愿望的实现吗?)

9. 作者把现时看成 1,对未来的憧憬看成 0,是为了说明什么?（概括的内容能具体理解)

（参考答案:要说明只有把握现时,努力工作,才能实现理想。理想越是远大,工作越是努力,数值越是巨大。这是要说明憧憬未来与把握现时要紧紧结合起来,既要有远大志向,又要努力工作。)

（二）拓展延伸,创造性的训练

1. 作者以"1"和"0"作比,阐述人生的意义,很有创意,请您仿照作者的写法,也以"1"与"0"作比,说一段话,用它来阐明你对人生意义的理解。

例文:我把现时（当前）看成是小学算术上的 1,对未来的憧憬则看成是 0。每个小学生都懂得:0 的位置是很重要的,0 只有在 1 的后面（而不是在 1

的前面)才能显示出它的价值和分量。1 后面的 0 越多值越大,若用日常语言来说,就是:伟大志向造就伟大人物,但要以牢牢把握现时为必要前提。

示范 1:我把身体健康看成是 1,把理想、事业、爱情、金钱、名誉、人格……分别看成是 0,1 的位置很重要,1 只有在最前面,后面的 0 越多,人生的价值就越大,如果用大白话来说,就是:身体是人生的第一本钱,但也要以理想、事业、爱情、金钱、名誉、人格等来支撑。

示范 2:我是把人格看做小学算术中的 1,把金钱、功名、地位等看做是 0,1 的有无或者说位置很重要,没有了 1,0 即使再多也是无意义的;1 如果在前面,后面的 0 越多则值就越大。这就是说,金钱诚宝贵,功名价更高,若为人格故,二者皆可抛。

2. 活动:体验"偶像"的人生观

我们人人都有自己的偶像,这个偶像可能是高大的,也可能是平凡的;这个偶像可能是历史人物,也可能是现时人物,还可能是虚拟人物,但既然是偶像我们就要把他化作我们的血肉。在关键时刻他可能就要站出来指挥我们的一言一行。偶像的一言一行也许会让我们一直津津乐道,特别是他的颇富人生意义的哲言警句。下面由学生发言,介绍偶像的名言警句和事迹,由同学或老师提出一个情境,该生试回答这位偶像会怎样说怎样做。

示例:山田本一,日本著名马拉松运动员,1984 年在东京国际马拉松邀请赛中,名不见经传的他出人意料地夺得了世界冠军。当记者问他凭什么取得如此惊人的成绩时,他说了这么一句话:凭智慧战胜对手。当时许多人都以为他故弄玄虚。两年后,意大利国际马拉松邀请赛在意大利北部城市米兰举行,山田本一代表日本参加比赛。这一次,他又获得了世界冠军,记者又请他谈经验,他仍然是那一句话。这一次没有人不再相信他,但对他的所谓智慧百探而不得其解。

10 年后,这个谜终于解开了,他在他的自传中是这么说的:每次比赛之前,我都要乘车把比赛的线路仔细地看一遍,并把沿途比较醒目的标志画下来,比如第一个标志是银行,第二个标志是一棵大树,第三个标志是一座红房子,这样一直画到赛程的终点。比赛开始后,我就以百米的速度奋力地向第一个目标冲击,等到达第一个目标后,我又以同样的速度向第二个目标冲去。40 多公里的赛程就被我分解成这么几个小目标轻松地跑完了。起初,我并不懂这样的道理,我把我的目标定在 40 多公里外终点线上的那面旗帜上,结果我跑到十几公里时就疲惫不堪了,我被前面那段遥远的路程给吓跑了。

老师提出一个情境:现在我们的高三生活很苦,有人说,高三就是高山。

想想到明年 6 月份还有近一年的时间,而什么清华大学、北京大学,每科分数必须得到将近90%。真是高不可攀,如果你就是山田本一,你会怎样面对这段生活呢?

学生答:我会把目标分解成若干个,如第一学期的期中考试、期末考试,第二学期的期中、期末考试,一仗一仗地往前打。我会把总分分解到各科中,一科科地攻。

课后作业:每人拟写 2~5 条人生格言。班级编写一本格言集,向同学征集集名,老师也可参与。比如《倾听心跳》、《黄金法则》、《未名箴语》等。

[教后记]

20 世纪 40 年代叶圣陶、夏丏尊在《阅读与写作》中所述:"文字是一道桥梁。这边的桥塉站着读者,那边的桥塉站着作者。通过了这一道桥梁,读者才和作者会面。不但会面,并且了解作者的心情,和作者心情相契合。"因此,整合全文也好,解析细节也好,无不旨在强调作者的思路和胸境,力图返回到作者世界,揭示出作者原意。但不能到此为止。作为读者的老师和学生,应当结合自己的观念和水准,发表(或者埋藏)自己的见解,让文本意义在最终的读解中增损变形,化为自己的东西,拨动个人的心弦。这才叫深入领会,这个深入领会在于一个字:"悟"。

第五节　阅读教学切入口设计中的"点穴"艺术

语文阅读教学犹如文学艺术创作,或如诗歌含蓄凝练,或如小说形象感人,或如散文形散而神不散,或如戏剧冲突迭起,或如玉雕精致玲珑,或如油画色彩斑斓。但万事开头难,语文阅读教学中教师要传道、授业、激趣、解惑、传情、育美,需要艺术地设计最佳入口处,成功的教学突破口的选择也是一种构思,一种创造,一种智慧的展现,一份美的享受,它为一堂课的成功奠定了基础。"天机云锦用在我,裁剪妙处非刀尺",选择解读文本的最佳入口处,往往很能体现教者的教学艺术素养和运思匠心,"点穴法"的运用即其一例。

点穴,相传是拳术家的一种武功,把全身的力量运在手指上,在人身某处穴道上点一下,就可以使人受伤,不能动弹。在阅读教学中,开门见山,直奔文章的关键处进行解读,收到提纲挈领之效。一般来说,一篇文章的穴位主要有"三点",一是文眼,二是关节点,三是重难点。

一、穴位点在"文眼"处

作者为文特别讲究"立片言以居要",这处"片言"正是文章的命穴所在,点准了它,便可收"一穴得气,百毛皆顺"的效果。因此这种方法的阅读教学艺术颇受设计者青睐。

《荷塘月色》抓"这几天心里颇不宁静",《绿》抓"惊诧",《威尼斯》抓"别致"。在古代诗歌鉴赏中这种方法更为常见。还可以直点意旨,以意为纲。教学《金岳霖先生》一文,初步阅读中就觉得全文是扣住一个"趣"字展开的,可到底是如何写趣的呢,以此深入探究,反复阅读之后,终于豁然开朗,就可以发现文章是通过写先生的童趣、风趣、雅趣和士趣,表现先生的个性和人品。

一位老师教《宝玉挨打》一文时,抓住一个"哭"字展开:先分析众人的哭相,后探析不哭之人不哭的原因,再找可以哭却没有哭的人,接着想象迎春、探春和惜春来了会不会哭,赵姨娘、贾环来了会有什么反映。这样的精彩教学充分证明了智慧的教学来自智慧的阅读,智慧的解读使其抓住了教眼所在。

关于《林黛玉进贾府》一文,一般的教学都是抓住环境描写、人物出场描写引领学生解读教材节选部分的内容。但一位老师引导学生在细致阅读中发现"忙"和"笑"这两个反复出现的字,比较不同人的"忙"和"笑"的不同内涵和不同作用,带领学生走进人物的内心世界,解读的途径、解读的方式可谓别出心裁。《雷雨》是一部经典戏剧,也是中学教材的保留篇目。长期以来,很多老师用心探索了解读作品节选部分的不同途径和方式。除了抓住剧情,抓住矛盾冲突、抓住人物性格,抓住潜台词等通常的途径之外,有的老师从洋火、衬衣、照片、钱等道具入手进行解读,有的老师抓住人物台词中"我们"、"他们"、"我"、"你"等人称代词的变化进行解读,有的老师抓住侍萍对周朴园称呼的变化进行解读,途径各不相同,但都获得了理想的效果。

二、穴位点在题目处

题目是文本的眼睛,是文旨的透视点,从题目突破来设计阅读教学,也常常成了设计者的重要抓手。如添加标点符号,学习《药》,老师在文题后加一个"?"或一个"!"即可引发学生对阅读兴趣与深入的思考。

1. 换题法

《变色龙》一课,学生在通读课文之后,老师要求给课文重新拟题。学生们拟定了这样一些题目:一个看风使舵的人、变化多端的人、多变的人、两面人等。虽然这些题目很难超过原作,但这只不过是一种引导学生感知课文内容的手段而已——学生要在整体阅读课文的过程中进行思考,才能提出自拟的题目;说明所拟定题目的理由,正是学生对课文内容的初步理解。在教师方面,通过学生所拟定的题目和陈述的理由,可以了解他们初读的水平,有利于加强教学的针对性。这是一举多得的办法。待这一步工作完成以后,教师顺势提出问题:刚才同学们给课文重新拟定了不少题目,但作者为什么却要用"变色龙"作题目呢?教学自然而然地进入精读阶段,而且学生兴致很高。

2. 改题法

《中国石拱桥》,老师让学生通读课文以后,在题目前面加上修饰限制成分,成为"_____的中国石拱桥"。学生们添加的有:(美丽的)中国石拱桥;(坚固的)中国石拱桥;(历史悠久的)中国石拱桥;(世界著名的)中国石拱桥;(多姿多样的)中国石拱桥;(有优良传统的)中国石拱桥,等等。添加副标题或修饰限制成分只是一种手段,引导学生大致了解课文内容才是目的;有了这个对课文整体感知的基础,就能够进行深入的阅读了。

巧妙地扣住文章标题设问来带动全篇的阅读,也比较常见。如教学《小石潭记》,所设计的主问题是:"小石潭记"四个字,字字在课文中都有"文章"。请同学们从标题中任选一个字,分别用"小"、"石"、"潭"、"记"来说话,说说课文哪些内容能够分别表现这四个字。教者以"石"为例,进行示范:"全石"、"卷石"是明写石潭,"犬牙差互"是暗写石岸;"如鸣佩环"写出了水击石声的清越;"影布石上"写出了水的清澈;"凄神寒骨"不仅写石的冰凉,还含蓄地表现出作者的悲凉心情。然后学生根据要求和示范,自选内容,自由品析。这种教学设计显得大气,给学生深入地研读课文提供了一个广阔的平台。

三、穴位点在总领句处

诗文中总领全文的句子也是文本的关节点。比如吴均在《与朱元思书》一文中说:"奇山异水,天下独绝。"这一句在文中起着总领全文的作用。教学中教者扣住此句设计了一个提挈全文的主问题:文中哪些句子写了奇山?哪些句子写了异水?作者是怎样表现它们的"独绝"的?像这样抓住在全文内容或结构上起重要作用的关节点来设计主问题,有利于学生提纲挈领,把握要点,探求作者布局谋篇的匠心和选材立意的技巧。张晓风的散文《行道树》的结尾说:"立在城市的飞尘里,我们是一列忧愁而又快乐的树。"这一句是全文点明题旨的话,也是对全文内容的收束。我从这句话中的关键词"忧愁而又快乐"入手,设计了一个主问题:行道树为何忧愁,又为何快乐?从文中找出语句来理解。通过这一组相互矛盾的关键词,学生深入研读文本,理解行道树忧愁和快乐的真正内涵,从而深入理解了行道树在奉献中快乐着的奉献者形象。

四、穴位点在情节高潮处

《项链》的结尾,在高潮处戛然而止,由这个结局突破,可以说是牵一发而动全身的设计。第一可通过这个结尾找情节的伏笔,第二可以通过这个结尾想象故事的发展,第三可以通过这个设计体悟小说的意蕴与价值导向,第四可以据此分析理解人物的性格特征。《群英会蒋干中计》中蒋干中计是故事高潮所在,以"蒋干为什么会中计"为问题,也可以拎起整个故事情节,理解分析人物的性格。

五、穴位点在文体特征处

对于任何一篇文章来说都是"类"中的一例,课文无非是一个例子,据此例能够让学生举一反三,从此出发,便能登堂入室,深得其妙。以古代文体为例,掌握阅读规律、把握写作的诀窍也不失是一个智慧之举。读苏轼的《赤壁赋》,主要围绕"赋"的"形式美"和"内容美"的特点来切入了解课文。比如,体会课文内容美。刘勰在《文心雕龙》中说:"'赋'者,铺也,铺采摛文,体物写志也。""体物"表现为叙述、描写流畅、细腻。其中叙述清楚、完整:事情发生的时间("壬戌之秋,七月既望")、地点(赤壁)、人物("苏子与客")、事件("苏子与客泛舟游于赤壁之下")、主要经过(泛舟荡游、饮酒诵诗、放歌吹箫、主客对话)。描写细腻:清风、明月、水光接天组成的诗情画意的境界,使人飘飘欲仙;化抽象为形象,用比喻、通感传达箫声哀怨,使人内心受到震撼,自然引出下文颇有理趣的对话描写。"写志"(志:心意,志向)表现在情感的变化:乐甚—愀然—喜而笑;因景生乐,因乐(箫声)生悲,因理再乐,一气呵成。"写志"还表现在思想的流露,借主客问答巧妙传达了思想的矛盾,既有人生如梦、人生渺小短暂的悲叹,又有物我永存、旷达乐观的态度,而后者是唱主调的。

六、穴位点在难点、重点处

以学定教,这样才能真正落实学生学习的主体地位。如《中国人失掉自信力了吗?》"中国人"的内涵不同,是理解作者思想感情和驳论的关键处。《文学和出汗》中"出汗"的含义是体会作者观点的关节也是学生的易误点。《记念刘和珍君》中作者欲说还休欲罢不能的言辞常常使学生大惑不解,以之为突破口,便可"一穴得气,脉络皆通"。钱梦龙教《中国石拱桥》,先挂一幅彩色教学挂图《赵州桥》,要求学生用简单的话说明一个大拱和四个小拱的位置关系,结果学生们越说越糊涂,甚至错误百出,有很多学生想打开课本看个究竟了,老师趁势宣布让学生看课本以找出正确的答案,课堂气氛顿时活跃起来。这是抓住本文语言教学重点,设计的一个切入口,让学生百思却不得其解,心"愤愤"而口"悱悱",产生了一定要寻求答案的内驱力,从而激发浓厚的学习兴趣。

学习莫泊桑《项链》一课时,我没有按照小说情节结构、人物形象、主旨去分析文章,而是挑选课文中的一句话"人生是多么奇怪,多么变化无常啊,极细小的一件事,可以败坏你,也可以成全你!"让学生谈体会,引起同学们兴趣。他们主动解读文章,观点冲突,思想碰撞,从不同角度诠释人生,也倾听各种人生感悟,生活得到启示,精神得到鼓舞,学生再没有从前被牵问、被束缚的压抑感了。

《陈情表》悟其为文之妙很不容易,学习正文前,先简要介绍了李密的身份和写此文时的处境,强调他当时既是亡国之臣,又被新朝征召,这种背景介绍非常重要也不必嫌其陈旧而不用。一位老师在此之后切选了一个"换位思考"突破口:"假如你是李密,你不想去做官,会找什么理由说服晋武帝司马炎?"学生反应热烈,想出许多借口,如生活不适应、水土不服、照顾老人、本性粗鲁等。再请学生假设自己是晋武帝,又如何看待这些理由。结果大多数学生认为以上理由都不甚有力,容易被认为是找借口搪塞,被扣上忠于前朝的罪名。然后再引领学生读课后"练习二"中《古文观止》的评语,了解到李密呈上此表后,朝廷不仅停止征召,而且还"赐奴婢二人,使郡县供祖母奉膳"。这样铺垫之后,学生学习本文的兴趣陡增,迫不及待地想了解作者提出的理由、作者的用词等,效果自然颇佳。

七、穴位点在延伸拓展处

《假如给我三天光明》这篇散文,无论字面还是内涵,学生学习都不会有任何障碍,教学以自主学习为主,教师对本课不做任何讲解、小结,只是发放自学材料——《盲人看》、《摆渡自己》、汪国真《热爱生命》等,完全由学生自己借助材料去品悟,在学生的一番感悟后,在贝多芬的《命运交响曲》中结束了这一节课。课下学生说:"我忘不了海伦·凯勒,因为她的心中没有黑暗",可见,这种学习,无须教师费心劳神去讲,无须用唇舌去煽情,海伦·凯勒的"人格美"、"生活观"早已浸入学生心灵,学生被海伦的惊人之举、伟大贡献震惊了,折服了。试想:如果教师讲一些理性道理,会把学生讲"跑"的,一节课下来,乏味、枯燥,也就没有了海伦的追随者,更何谈良好思想品质的形成。

教学突破口选择的原则应是实与活的完美统一,它熔铸着教师对语文教学的审美理想和事业的追求,在突破口的选择中,教师或创设情境,或激发兴趣,或引人思考,其目的都在于加强和培养学生的语文能力,从而塑造一个"完整的人"。众所周知,学习是科学,教学是艺术。因此我们说教学突破口的选择应该充分发挥艺术创造性,我们反对为艺术而艺术的唯美主义倾向,也反对把教学突破口的选择设计纳入固定不变的"科学"的程序之中。

第六节 在"意识流"和"诗歌"视角下解读《听听那冷雨》

苏教版高中语文必修二节选了余光中的《听听那冷雨》,这是一篇好看但难教的散文。读了也觉满口生香,满篇烟霞。不少老师指导这篇文章的阅读,只是把它当做一篇修辞教学的范本,把余先生的作品肢解得支离破碎,成为语文的标本,不复是富有生命的机体。还有的试图用中国传统的篇章学理论来套解,却屡屡碰壁。所幸的是有"形散而神不散"的"筐子",一下子即可装了进去,但总是难以打开阅读之门。

余光中先生是台湾中山大学英文系的教授,他右手写诗左手写散文,说:"我致力追求的文体,是用女娲炼石补天的洪炉来炼仓颉的方砖,与源出希腊、罗马的西欧拼音文字相融。我相信只要得法,混血更美,合金更贵。"无论是散文还是诗歌或是文学评论,他的创作和研究里都有"欧风美雨"浸润的印痕。解读他的作品既要着眼于诗歌文化,还需要借助西方现代派艺术创作的视角。我尝试从这两个视角来解读这篇文章,有豁然开朗之感。

一、以心理时间的流动来结构全篇

意识流原是现代派的小说技法,在思路结构上的特点是以心理时间来组织作品结构。打破传统时间观念和传统心理小说的时序,淡化逻辑时间界限,将感觉中的过去、现在和将来拧在一起组成主观心理时间,随人物心理时间的变化组织结构。心理时间的叙述方式有倒时序、循环时序、颠倒时序、闪回时序和预见时序。

黑白默片台北雨—磁石向心汉字雨—蠢蠢而蠕清明雨—商略黄昏溪头雨—摧心折骨蒋捷雨—按摩耳轮大陆雨—古屋四季台岛雨—古屋不再台北雨。

经过这样整理,我们有两个发现:一是文章的思路是可以随人物心理时间的变化来组织结构的;二是这篇散文的意象——"雨",细读本文必须从意象入手。诗歌意象一般表达形式有三种,一是单独的意象,二是一组意象,三是扩充的意象。这篇散文中是一个单独而极丰富的意象——雨,之所以"冷",是因为"忧"。它受到来自两个方面的打击:一是政治因素的,如中国大陆的"文革";一是现代化,如台北的大都市化。落根还是"忧"自己:就像一个无根的浮萍,我从这里来,将到何处去? 这令人不由自主地怀念起诗歌文化中的"家园"了。所以这篇作品不能简单理解为一般的乡愁之作。

二、以心理世界来透视外部事物

运用意识流手法创造的艺术天地是对外部世界联想的心理世界,即"内宇宙"。要描写的是外在事物在一个人的感官上的反映和那些被事件所引起与触发的复杂的心理、情感。描写的手法多为内心独白、自由联想、意识迁移、梦语等。

听雨,只要不是石破天惊的台风暴雨,在听觉上总是一种美感。大陆上的秋天,无论是疏雨滴梧桐,或是骤雨打荷叶,听去总有一点凄凉,凄清,凄楚,于今在岛上回味,则在凄楚之外,再笼上一层凄迷了,饶你多少豪情侠气,怕也经不起三番五次的风吹雨打。一打少年听雨,红烛昏沉。再打中年听雨,客舟中江阔云低。三打白头听雨的僧庐下,这更是亡宋之痛,一颗敏感心灵的一生:楼上,江上,庙里,用冷冷的雨珠子串成。十年前,他曾在一场摧心折骨的鬼雨中迷失了自己。雨,该是一滴湿漓漓的灵魂,窗外在喊谁。

这是一种典型的心理流动的语脉结构,取诗歌文化意象先写大陆秋天的"疏雨滴梧桐"、"骤雨打荷叶",接着写自己在岛上回味的凄楚与凄迷,然后化用蒋捷的词句来浇自己胸中块垒,最后落到自己的一个幻觉,仿佛雨是窗外一滴湿湿的灵魂,在喊自己。

把《荷塘月色》拿来与这一段文字对比,就明显不同了。

曲曲折折的荷塘上面,弥望的是田田的叶子。叶子出水很高,像亭亭的舞女的裙。层层的叶子中间,零星地点缀着些白花,有袅娜地开着的,有羞涩地打着朵儿的;正如一粒粒的明珠,又如碧天里的星星。微风过处,送来缕缕清香,仿佛远处高楼上渺茫的歌声似的。这时候叶子与花也有一丝的颤动,像闪电般,霎时传过荷塘的那边去了。叶子本是肩并肩密密地挨着,这便宛然有了一道凝碧的波痕。叶子底下是脉脉的流水,遮住了,不能见一些颜色;而叶子却更见风致了。

"月下荷塘图",对客观事物的心理感受外射于荷塘,为有我之境。有逻辑顺序的描写,通过比喻、拟人、通感,动静结合,视角变化,用形象生动的词语绘形、绘声、绘色。

三、在中国文字的风火炉中炼丹

余先生说:"我尝试在这一类作品里,把中国的文字压缩、捶扁、拉长、磨利,把它拆开又拼拢,折来且叠去,为了试验它的速度、密度和弹性。"

他这里所谓的"弹性"指各种语言,包括古文、西语在内,不拘一格,兼容并蓄;"密度"指美感的含量,要左右逢源,五步一楼,十步一阁,步步莲花,字字珠玉。这种语言追求就不能用传统汉语的话语方式来解读了。下面结合文本的具体句段来看余先生的追求。

雨是一种回忆的音乐,听听那冷雨,回忆江南的雨下得满地是江湖下在桥上和船上,也下在四川在秧田和蛙塘,下肥了嘉陵江下湿布谷咕咕的啼声。

这是一个典型的长句,语言的形式为表达绵绵不绝的乡愁情感服务。有人说这是一种欧化或准欧化的句式,时而在作品中出现,是为了强调诗情的激情荡漾或者曲衷缠绵,有如京剧的拖腔,使情绪的抒写烘托得格外充沛与饱满。很有意思的是这个句子可以改成一首小诗。

雨是一种回忆的音乐
听听那冷雨
回忆江南的雨
下得满地是江湖
下在桥上和船上
也下在四川
在秧田和蛙塘

下肥了嘉陵江
下湿布谷
咕咕的啼声

　　杏花。春雨。江南。六个方块字,或许那片土就在那里面。而无论赤县也好神州也好中国也好,变来变去,只要仓颉的灵感不灭,美丽的中文不老,那形象磁石般的向心力当必然长在。

　　语言的形式同样为表达绵绵不绝的乡愁情感服务。这个语段短句与长句相交错,把乡愁写得起起扬扬,爱的情感也就分外滂沱充沛。

　　听听,那冷雨。看看,那冷雨。嗅嗅闻闻,那冷雨,舔舔那冷雨。

　　在这个语段中短句,参差跳跃,简洁干脆,具有珠落玉盘的效果。

　　各种敲击音与滑音密织成网,谁的千指百指在按摩耳轮。"下雨了",温柔的灰美人来了,她冰冰的纤手在屋顶拂弄着无数的黑键啊灰键,把晌午一下子奏成了黄昏。

　　这个语段沟通不同的感官,同时利用借喻改变描写物的性态,从而造成感官的矛盾,引起读者的鲜明印象,更便于引起多种感官的刺激。把雨声之美比作钢琴演奏,把演奏者比作美人;把美人说成是灰色的,和雨天的阴暗光线统一起来;加上定语"温柔",和绵绵细雨的联想沟通;由于是钢琴演奏,屋瓦顺理成章地成了琴键,黑和灰的形容与黑键白键相对应;把雨的下落比作美人的纤手,把冷雨转化为"冰冰"的感觉;把这一切综合起来,把一个下午的雨,转化为一场钢琴乐章的演奏,"奏成了黄昏",说是雨声如音乐,美好得让人忘记了时间。

　　读余光中的散文如行山阴道中,游目骋怀,是一次赏美的历程。当然,我们也要注意写作的主要目的是表情达意,且不可因辞害意。香港著名评论家董桥曾评余光中的散文说"露才扬己,缺乏克制",这一点也需要我们阅读时时时警醒。

第七节　叙事研究:"联系生发",让想象飞

　　语文阅读与写作体悟的内容有三个层面。一是"感知表象",主要感知语言材料表达了什么内容,表达了什么感情,具有什么语气。二是"认知理性",主要认知语言材料的深层情境、层理关系和内部构建。三是"哲理探究层",

主要探究语言材料蕴涵了什么哲理,给人什么样的启迪。要由抽象的语言语音符号、字形符号进入上述三个层面,始终离不开联想。因此我们说没有想象力,就没有文字、文章、文学和文化,也就没有语文教学。

倪文锦主编的《21世纪语文教学展望》一书中,有一则"来自美国的短篇小说阅读指导"的案例,很值得研究。

> 阅读短篇小说是个主动的过程,你必须用想象来重新组合故事中发生的事情,并理解其意义。你可以用以下方法来做到这一点。
>
> 提问:你在阅读时想到了哪些问题?例如,小说中的人物为什么那样做?事情发生的原因是什么?作者为什么要写某个细节?在阅读过程中,设法找到这些问题和答案。(由象及意)
>
> 想象:在脑中想象小说情节所描写的画面,回忆事情发生的经过。在阅读中,随着故事的展开和你对故事的理解的加深,适当地改变画面,用想象帮助你理清混乱部分。(由象及象)
>
> 预测:你认为小说怎样发展?注意寻找可能导致某个结果的线索,在阅读中,你会发现你预测的正确与否。(由象及象)
>
> 联想:把你自己的经历和知识带入阅读中,将小说中的人物和场景和你的生活中相似的情景相联系。另外,将小说的事件和另一事件相联系,看看小说中的这些片段是如何连接为一个整体的。(由象及象)
>
> 思考:想一想小说的含义。小说说明了什么问题?你在阅读中经历了什么感情?小说对你认识周围的人和世界有什么帮助?(由象及情,由象及意)
>
> 在阅读本单元小说时,注意运用这些方法,它们有助于你理解和欣赏文学作品。

联想、想象、思考是这则案例的关键词,我们都知道想象力、思考力对于一个人来说非常重要,法国哲学家狄德罗甚至认为"想象是一种特质,没有它,一个人既不可能成为诗人,也不可能成为哲学家,甚至不可能成为一个有思想的人、一个有理性的生物、一个真正的人"。但如何在阅读中落实到具体教学环节,却注意不够。这个阅读指导给我们的启示就是要善于"联系生发"。

"联系生发"是一种有效的想象力培养方法,要求学生捕捉字里行间的隐含信息,加以延伸,产生由内到外、由上到下、由实到虚、由虚到实、由此物到彼物、由现在到将来的构想。能由一个形象联系到另一个形象,由一个形象创造出另一个形象,由表象联想到情、到理、到言外之意。

一、象与象之间的生发

叶圣陶曾以读王维的"大漠孤烟直,长河落日圆"为例来说明要领会这两句诗,必须在想象中睁开眼睛来,看这 10 个字构成的画面:大漠、长河、孤烟、落日,传出北方旷远荒凉的印象。给"孤烟"加上个"直"字,见得没有一丝风,当然也没有风声,于是来了个静寂的印象。给"落日"加上个"圆"字,是说落日挂在地平线上的时候才见得"圆"。圆圆的一轮"落日"不声不响地衬托在"长河"的背后,这又是多么寂静的境界啊!这样的想象,其实是叶老为我们提供的一个极好的教学范例。

鉴赏《琵琶行》"江心聆听琵琶曲"的一段。为了启发学生的想象,我先让学生欣赏琵琶独奏《春江花月夜》,具体感受音乐形象。然后重温《明湖居听书》一文中对白妞表演的描写,与本诗中的"大珠小珠落玉盘"、"间关莺语花底滑"、"幽咽泉流冰下难"、"银瓶乍破水浆迸,铁骑突出刀枪鸣"等互相照应。

教学中由象及象可以使阅读者的想象更为丰满,形成一种阅读中的特有的"场",搭起了体悟的桥梁,提高对语言文字的内涵及言外之意的领悟力。

二、象、情(理)之间的生发

徐志摩《再别康桥》中"悄悄的我走了,正如我悄悄的来;我挥一挥手,不带走一片云彩。"如果只停留在字面上,就会觉得平淡无奇,只不过是诗人故地重游剑桥大学离开时的情形,但是只要我们想象作者当时故地重游时的情形,就能体会到作者对故地眷恋、珍惜而又略带忧郁的情怀,在这同时也能领略徐志摩那种至真至纯的个性,那种唯美主义者的情丝。我们再让想象的野马继续驰骋,在那个复杂的现实世界中,他的单纯怎会久存,正如他在《偶然》里写的那样:"我是天空里的一片云,偶尔投影在你的波心。你不必讶异,更无需欢喜,在转瞬间消失了踪影。"

郭初阳老师执教《斑羚飞渡》时,先是介绍了这个故事,然后要求学生听故事,畅谈感受,展开师生对话,教师边对话边梳理:包括站在猎人角度的感受、站在斑羚角度的感受、站在个人的角度的感受、站在人和动物角度的感受。(具体详见第六章第七节)

通过这一环节,让学生初步感受,引发学生的经验和初步体验,同时引导学生的思维上升到一个新的理性层面,即知觉的层面。

其实,阅读中还有一个由理及象的想象过程。在《伶官传序》教学的第三个环节,延伸拓展对课文的理解,要求学生联系生发一些史实来进一步感悟"忧劳可以兴国,逸豫可以亡身"的道理,同学们很快列举出了如下事实:秦国——兴,励精图治;亡,仁义不施。六国——兴,抵抗秦国;亡,弊在赂秦。勾践——兴,卧薪尝胆;夫差——亡,轻信小人。项羽——兴,力战群英;亡,不用贤能,等等。

三、象、意之间的生发

教学《祝福》时,执教者往往围绕造成祥林嫂悲剧的根源与学生展开讨论,联想、想象鲁四老爷、四太太、柳妈、卫老婆子、"我"等人物的所作、所为、所想,联系当时的社会背景及人物活动的环境思考、感悟到在祥林嫂悲剧命运面前的集体无意识,人人都充当"善人"的角色都干着"恶"的勾当,置祥林嫂于死地却心安理得。在《拿来主义》一文的阅读教学中,教师先引导学生依托课文语境,仔细体味"孱头"、"昏蛋"、"废物"、"大宅子"、"鱼翅"、"鸦片"、"烟枪和烟灯"、"一群姨太太"等关键词语的意义、色彩和作用,深入挖掘这些表象的隐含意义及相互联系,借助联想和想象使文学遗产的批判与继承这一抽象道理得到形象化的凸现,进而体会鲁迅的辩证思想和战斗情怀。由此可见,在由象及意的想象过程中,语境是一个桥梁。

由象及意其实在文本中会有触发点,阅读敏感的人往往能一下子就抓住这个触发点。如苏轼的《记承天寺夜游》:

> 元丰六年十月十二日,夜。解衣欲睡;月色入户,欣然起行,念无与为乐者。遂至承天寺,寻张怀民。怀民亦未寝,相与步于中庭。庭中如积水空明,水中藻、荇交横,盖竹柏影也。何夜无月,何处无竹柏,但少闲人如吾两人耳。

这里,夜晚月色,中庭散步,月华满空,竹柏有影,都能引起人们无尽的想象,能调动人们的经验。用自己在夜晚月色下散步的经验来理解文字,又是一种补充。比如散步时的所见景象、所想、身心所处的状态,都是加深理解原文的很有用的经验储备。但对原文的理解解读要以原文中的"念无与为乐者"和"闲人如吾两人"为根本,不能不抓住"乐"和"闲"两个字。

有时候作者会有意把这个"触发点"隐去,这就需要阅读者自己把它补出来。《林黛玉进贾府》中写贾宝玉的肖像:"面若中秋之月,色如春晓之花,鬓如刀裁,眉如墨画,面如桃瓣,目若秋波。"这里是"以象写神",必须运用想象能够补出这个神来,才能算是真正领悟作者的写法,"面若中秋之月(圆),色如春晓之花（艳），鬓如刀裁（齐），眉如墨画（浓），面如桃瓣（红），目若秋波（明）。"补出后就会觉得形态、色彩更鲜明了。当然如果原作添上了这几个字，就没有读者可以想象的空间了，一下就失去了文字的美韵了。

阅读教学中教师引导学生由意及象进行联想是一项教学基本功。钱理群先生在解读《记念刘和珍君》中指出，像鲁迅这样的文学家、艺术家，在他那里，存在着两个转化过程：首先是将历史事件转化成个人心理事件，然后又将个人心理转化为文学艺术（意象、画面、色彩、声音）。如果只是把这篇文章理解为"反映了封建军阀的残忍、御用文人的无耻，表现了爱国青年大无畏的牺牲精神"等，这就和读新闻报道、评论没有什么两样了，因此要通过想象与联想把这篇文章外化为画面、色彩、声音。因此钱先生在解读时把这篇文章转化为四个场景：追悼会场外；深夜，鲁迅的"老虎尾巴"里；幻景一、二、三、四；重回"老虎尾巴"里，闪回一个个镜头和画外音。有了光、影、声、色，语言的形象感就如画如歌般展现了出来。①

第八节　"评点阅读法"运用策略及意义价值

文章评点法是从宋代开始兴起的，当时这种文艺批评法兴起的主要原因在于一是要方便文本读解，二是要实现品评的精细化，三是要启示后学方便法门，四是指点科举考试写作的门径。进行文章评点的人，往往都是当时文坛重要的批评家。他们满腹才华，对评点的作品有超乎寻常的感悟；他们智慧超群，常常能一笔点出精彩所在；他们潇洒倜傥，常常将自己的个性印在评点过的作品上。他们能"通作者之意，开览才之心"。明朝公安派重要人物袁宏道曾盛赞文章评点："若无评点家揭出一段精神，则作者与读者千古俱成梦境。"

把评点法运用到极致的当数金圣叹、毛宗岗父子等人。关于金圣叹的评点法前文已有论述（见本书第四章第九节《且借圣叹"金针法"》），这里主要想谈谈我在教学中运用评点法的几点体会。

一、运用杜威教学过程五阶段说，设计"评点阅读法"五步教学模式

杜威的"教学过程说"，把教学过程分为五个阶段。第一，学生要有一个

---

① 钱理群，孙绍振，王富仁：《解读语文》，福建人民出版社，2010年。

真实的情境;第二,在这个情境内部要产生一个真实问题,作为思维的刺激物;第三,学生要占有资料,从事必要的观察,对付这个问题;第四,学生负责展开他所想出的解决问题的方法;第五,通过实践检验他的观念,使这个观念意义明确,并让学生自己发现它们是否有效。

根据杜威的这个模式,我们对"评点阅读法"的操作方式设计了如下五个步骤:提供文本——整体阅读(标划出动心、动情之处)——(找到几个有意义有意思评点的点位)阅读评点——合作交流——反思拓展。

1. 提供文本

提供文本不是简单地把文本交给学生,而是需要恰当地引入,比如设置有助于阅读的情境、介绍相关背景知识、进行激发阅读兴趣的引导,甚至可能还要老师带着学生进行分析讲解,这样才能有高质量的阅读,评点也不至于低效进行。

2. 整体阅读

教师特别要注意整体阅读,一般的学生很容易在第一遍阅读时就边读边评了,这对整合全文极为不利,所以必须让学生养成习惯,评点的第一步一定要先整体阅读课文,想一想,这是什么文体,整体思路是怎么样,要表达什么观点,作者这样写有什么目的等。

3. 阅读评点

首先让学生进行个人独立评点,培养学生主体精神,也为后面的交流、合作提供条件,并避免某些学生产生依赖、偷懒的思想。

要选准自己要评点的几个重要点位,可以是积累性的评点,可以是理解性的评点,也可以是欣赏性的评点,还可以是质疑性的评点。用得较多的是这几种评点法的综合使用。

4. 合作与交流

这一环节必须以学生为主,教师起组织、帮助的作用。可以采用先分小组再全班交流的形式,也可以借用合作学习的形式。评点交流时,既要创造良好的气氛,又要注意局面的控制,不可漫无边际。因此,文本是话题,也是控制交流这只"风筝"的"线"。评点与交流是大家在主持人的引领下,共同探讨,力求有所悟、有所得。

5. 反思拓展

反思拓展是指对合作与交流环节的内容进行整理反思,让多元的解读互相碰撞,互相启发,互相融合,共同提高。同时,教师此时还要发挥主导作用,对学生的点评作出中肯的评价和补充说明,增补学生未知的东西,启发学生。

在文本材料学习结束之后,再进行同类材料评点、社会生活评点,也可对原文本材料进行改造、修正,以提高实践能力。

二、"评点阅读法"五步教学模式要注意的教学策略

1. 教学设计:充分准备

所谓充分的准备,一是教师要尽可能占有相关资料,尤其是文本涉及的需要补充的新知识以及扩展材料。二是教师要熟悉文本材料,能对文本内容作双重理解,即文本观点(对作者彼情彼景下所要表达的原意的理解)和读者观点(读者此情此景下的现时理解与批评)。同时还要尽可能做多角度的详细评点,注意要有正确的价值观和多元化的视角,对文章写法特色的批评要包括优点和不足。三是教师要为学生独立评点提供帮助,比如选择与设计交流形式,准备合作交流的辅助手段,如资料、器材、多媒体或投影设备等。

2. 课堂环境:导而弗牵

教师要创造良好的气氛,诱导学生观点的碰撞与融合。教师要及时总结经验,辅导学生合作交流的方法与技巧。要充分引导学生,激活思维,提倡"生疑"而不是"设疑",对可能的问题作发散思维,特别是不能把学生置于教师给定的思维定势之下,要给学生以发现的权利。

"导"还有另一层含义,那就是通过"合作交流"与"反思拓展"让生生之间、师生之间能够互相启发,有新的意义生成,每一次都有新的提高和领悟。通过评点培养学生的主体精神、分析能力、发现和创造能力、评价判断能力、语言表达能力和自学能力。

3. 评点原则:规范多元

规范就是要有一种大家都能理解和运用的操作工具。在阅读的过程中,把你觉得要评点的字词句段做上记号。比如质疑处使用问号,动情处使用感叹号,品赏处用波浪线,积累处用三角号等。评点时可以就内容写出看法,可以就文章的修辞、文句、用词、篇章结构或语言风格等说说自己的意见,可以对作者"评头论足",还可以就自己认为值得怀疑的地方或不理解的地方提出疑问,还可以对自己不敢苟同的观点、技法和用语提出自己的见解。

评点类型要多种多样。对于中学生来说阅读目标有三维,这也就决定了评点类型的多种多样。有积累性评点、理解性评点、品评性评点、质疑性评点、拓展研究性评点。积累性评点就是积累语言、思想;理解性评点就是对文本中的重点处、难点处注上自己的个性化理解;品评性评点就是对文本中的精彩处和作者匠心处给予赏析,注上自己的体验和感悟;质疑性评点就是把文本中与自己见解不同的或疑问处注上自己的看法;拓展研究性评点,就是

根据文章的启示进而引发自己的更深入的研究。

4．评点方法：抓准点位

使用评点的方法,要始终能够体现其语文味。一般来说,要扣"三点",带"五面"。一是重点,二是关节点,三是疑点。在疑点处作批注引起思考,产生解疑的欲望。只有解决了文本中的一个个疑点,才能拨开迷雾,出现"柳暗花明"的新境地。我们指导学生评点主要抓好五个方面的内容对语言文字进行涵泳、比较、推敲。从语音、遣词造句方面,领会语言文字运用的规范确当;从概念、判断、推理方面,理解语言文字的逻辑严密;从适应语境、语体要求方面,把握语言的适境得体;从文章整体组合、材料搭配、艺术手法方面,感受语言运用的和谐;从文章的情感、质地、气势、韵味方面,领悟语言运用的情味。

5．教学策略：把握时机

在学习运用评点法之前,我们以王尚文主编的《现代语文·初中读本·好的故事》和金圣叹《天下才子必读书》为评点法的学习教材,带领学生体会评点法的运用技巧,再依样画葫芦自己评点,这样的训练一般会有两个月的时间,不少学生在评点时就会有令人眼前一亮的心得了。学生阅读评点训练有几种时机:"预习性评点",有利于自我感悟,个性化的默会学习;"教学中评点",有利于课堂教学的互动生成;"课后作业式评点",有利于拓宽延伸,提升悟性思维品质。

三、"评点阅读法"的现代教育学意义研究

评点经历了漫长的封建社会和坎坷的当代社会,以其顽强的存在和适应现时代教育特征的内容,具有重要的教育学意义。

首先,评点阅读法体现了对阅读主体的尊重,有利于实现主体的自我构建。它以阅读主体的能动性为前提,它是建立在主体运用自己已有的思想对所阅读的内容进行再加工的基础之上的,是学、思、用合一的,否则评点无法进行。价值性的追求要求将人的发展权力真正还给教育主体,尊重人的独立性、自主性、创造性,才能促进人的个性化发展。在评点阅读中,阅读者是主体,文本材料是客体。主体不能脱离客体而存在,对材料所传达的文本信息的准确理解,是评点阅读的基础;但评点阅读又不受客体(文本)的束缚,它的着眼点在触发。它可以接受信息,也可以否定信息;可以在信息的基础上延展,也可以把文本仅作为一个触发点而联想到其他。评点阅读法所看重的是主体已有的经验、评点的过程、经过评点的主体认知结构的变化;文本材料则成为促进主体认知结构变化的媒介,而不是主体必须接受的信息。这样,就

把学习的自主权真正地交还给了阅读主体,从而使学习者(阅读主体)从一个知识的接受者还原为知识的探究者、创造者,还主体以个性。另外,评点阅读法有利于培养阅读主体"以自己的方式建构对世界的理解",并且因主体的不同形成了理解的多元性,这就是建构主义的知识观。这种方法始终以阅读主体为基点,用主体自己的思想来重新解读文本,构建对世界的个性化理解,具有"只此性"。

其次,评点法适合高中生心理文化的特点。高中阶段的学生处于创造性思维最佳发展的前端,能够更自觉地评价别人的和自己的个性品质。高中生在社会化方面则求独立,要求确定自我,评点法充分发挥了这种内驱力。评点阅读法实现了读、写、思的融合与互动,有助于实现发展性阅读。我们知道,只有理解、审思、创建相结合才能形成发展性阅读。审思,必须以已有的知识经验为基础;创建,则需主动地建构自己的认知结构。这一阅读方法的思维过程与评点的思维过程形式一致,是合而为一的,通过读、写、思的三者结合就得以实现了。

再次,评点法有助于培养学生探究性阅读的良好习惯。美国著名教育家帕克说:"教师的伟大工作是指导学生发现真理",使学生养成探究、发现和使用真理的习惯。实现这一目标的最好方法是自主学习,评点法是一个让学生主动探究发现知识的过程,一个练习着怎样发现探索的过程,有助于提高学生智慧的潜力,可以说它有与现代教育对接的天然优势。养成了评点的习惯,也就学会了怎样去学习,并能产生对学习的内部兴趣,从而为终身学习铺平道路。同时,由于评点是对文本信息的重新加工和组织,用评点法掌握的知识,其存贮是有序的,已经内化的,是有意义的联结,因而便于检索,有利于记忆的保持。

第九节 教育叙事:"语文对话活动"何为

"语文对话活动"有三个要素:首先它是"语文"的,意味着"基于语文,在语文教学的过程中,为了语文素养的培养"。其次,它是"活动"的,动眼、动耳、动手、动口、动脑。再次,它是"对话"的,这里的"对话"不单指一问一答形式的对话,它是后现代课程观的一个核心理念,关于这一点需要多说几句。

王尚文先生曾借用多尔的"舞蹈"来阐发"对话教育",他说"对话教育是一种舞蹈型的课程,其中的舞步是模式化的,但却是独特的,是两个舞伴之间——教师与课本、教师与学生、学生与课本——交互作用的结果。其目的是为了培养优秀的舞蹈者,而培养的基本途径是通过舞蹈本身"。①

教学中的对话不是一般的对话,而是具有某种引导性、目标性甚至控制性的对话。在对话教学中,教师是平等中的首席,与学生属于"情境共存"关系,在这个情境共存之中,教师与学生同时都是受教育者,也都是教育者。而教师的权威也转入情境之中。"情境共存"有三个条件,一是以"爱"为基础,二是"教""学"一体,三是以知识为保证。

教师在"情境共存"(或曰"'教''学'一体")中,如何发挥平等中的首席的作用,是"对话"的关键。评价一个语文活动是不是"对话"的,主要标准有以下四个:

第一,要引导学生在读写听说的活动中树立对话的态度,"对话"的目的在于培养一个优秀的对话者,他应该是一个乐于对话、能够对话、争取对话权的人。但也要让学生明白,对话不仅仅是发言,也包括倾听,倾听才是关键。为了树立对话的态度,在教学中可以有引导,也可以有教训。该鼓励则鼓励,该批评则批评,教学中有微笑,也有严肃。

第二,对话是自由的,但不是任性的,因此要讲究对话规则,遵循对话规律。在对话型教学中,教师的角色是双重的,他既是一个读者、一个对话者,更是一个教育者、引导者甚至管理者,他的天职是传授和守护规则。

第三,有效对话也离不开知识的支持。所有的理解都是在前理解的基础上展开的,这些"前理解"都是可以通过"教"来传授的。

第四,教师要有意识地与学生共享阅读成果。一是教师要勇于与学生共建意义。教师与学生不是简单地交流各自的阅读结果,而是共享自己与文本的对话过程,对话过程的价值要大于对话的结果。

一、"语文对话活动"何为之一:从"读书法"中汲取营养

1. 评点

我们指导学生评点主要抓好五个方面的内容对语言文字进行涵泳、比较、推敲。从语音方面、遣词造句方面领会语言文字运用的规范确当;从概念方面、判断方面、推理方面,理解语言文字的逻辑严密;从适应语境方面、语体要求方面、把握语言的适境得体;从文章整体组合方面、材料搭配方面、艺术手法方面,感受语言运用的和谐;从文章的情感方面、质地方面、气势方面、韵味方面,领悟语言运用的情味。

---

① 王尚文:《走进语文教学之门》,上海教育出版社,2007年,第150页。

2. 卡片

古今中外的学者一致认为,做读书卡片有利于掌握所读内容的重点、难点、名言警句、精彩部分或重要的公式、推理和结论,有利于产生联想和想象,激发思维活动的积极性,提高分析和解决问题的能力。素材积累多了,经过分类排列组合加工,就会由量变到质变,有利于产生信息撞击,使人发生联想和想象,从而发现新问题,产生新构思,经过研究,即可形成新认识,提出新创见,充实学术研究成果。学者的读书卡片有自成规范的做法,阅读教学不必照搬照抄。

我们根据中学生阅读的特点,尝试进行分主题阅读卡片的制作,即根据不同的视角把阅读分成"积累语知"、"我仿我秀"、"天光云锦"、"含英咀华"、"怦然心动"、"浮想联翩"、"探疑解难"、"挑战权威"等主题。"积累语知"的主要工作就是对所阅读文章中的语、修、逻、文知识进行整理分析;"我仿我秀",是指抓住文章写作精华部分,或观点阐述,或事物说明,或记叙描写,进行仿写训练,可收到以读带写、以写促读的效果;"天光云锦"的主要工作就是摘抄学习甚至背诵文章中的生字、新词、警句、好段;"含英咀华"主要是对文章语言中的精华部分进行美读、赏析、评论;"怦然心动"就是抓住文章中令自己产生原初感动的地方,进行再品读、赏析、评论;"浮想联翩"是指主要抓住文章中能够令自己产生联想的部分,充分发挥自己的想象,把所有能够想到的东西尽情地写出来;"探疑解难"就是提出自己读文章所产生的疑惑,然后制定解决问题的方案,进行探究;"挑战权威"就是对文章的观点、写法、注释提出自己不同的看法,还可以对教学参考材料、对老师的讲解提出自己不同的意见,说出自己的道理。

3. 比较

作为我国问世最早的教育学经典《学记》,对比较触发的学习方法强调有加,指出"古之学者,比物丑类"的论断,意思是古代学习的人往往喜欢运用类同或类似的事物进行比类。这里的比类涵盖的内容较为广泛,但最主要的还是近似于现在人们所提倡的比较阅读。

在阅读中可以用来比较的内容可大可小,可以局部也可以细节,可以是整篇文章也可以是一个语词。如,换词比较、文体的比较、思路的比较、写作风格的比较、写作背景的比较、文章主旨的比较、文章思想观点的比较、作者思想情感的比较、文学形象的比较、创作技巧的比较等。比较的最主要视点有两个:一是同中求异,二异中求同。比较法有助于提高学生的观察能力、思维能力、想象能力、创造能力,还可使教学内容丰富,教学思路宽广,能开拓学生的思维空间,培养学生的想象和思维能力。

人教版高中语文第五册里《中国艺术表现里的虚和实》(以下简称《中》)是一篇文艺论文,主要阐述中国艺术中表现空间上的虚实结合、虚实相生的美学原理。我们把这篇文章和高中语文第二册里《米洛斯的维纳斯》(以下简称《米》)进行比较阅读。《米》文主要阐述雕塑作品"米洛斯的维纳斯"因缺少双臂,反而给人提供了广阔的想象空间,产生了无穷无尽的美感。将这两篇文章进行对照学习,既可以以《中》文的理论为指导来理解《米》文里的艺术思想,又可以以《米》文里的有关阐述来验证《中》文里的文艺理论。同时,引导学生展开联想,举出自己所了解的有关文艺作品,与这两篇文章相比较,看虚实相生的原理在具体作品中的运用。学生在这样的引导下思维发散开来,有的想到宋徽宗以"深山藏古寺"为题考画师的典故,有的想到齐白石画的虾,有的想到雕塑作品"两只相握的手",有的想到一些古诗,有的想到荒诞派戏剧《等待戈多》……学生在联想举例、比较探究中,真正领悟了"虚实结合、虚实相生"的美学原理,同时,使得学生在思考问题时能触类旁通,举一反三,发展了他们的思维的灵活性和变通性。

4. 提要钩玄

"提要钩玄"可以反映出一个人的阅读潜能,对提炼、概括性思维能力要求较高,诸葛亮读书喜欢"观其大略";陶渊明读书"不求甚解";韩愈提倡"记事者必提其要,纂言者必钩其玄"(《进学解》);一代"文化昆仑"钱锺书更是娴熟地运用"提要钩玄"读书法,边读书边思考边作提要,他读过的书都能牢牢地记在脑子里,最终成了博览群书、博闻强识的现代大学者。

提要钩玄法对于一个高中生来说,在阅读文字较艰深、隐含信息较复杂的学术文化性的论著时能够敏锐地抓住作者的基本观点,能够把作者隐含的、含蓄的东西全部挖出来,能够从不同角度、不同层面上进行联想、推断、思辨,从而挖出精华,剔除糟粕。

人教版高中第六册第一单元有一篇《数学与文化》,这篇文章的开头部分由11句话组成,其中最富有信息量的是第10句:"我这里并不想概括什么是数学文化,而只是就它对人类精神生活影响最突出之处提出一些看法。"这句话告诉我们,本文要谈的是数学文化对人类精神生活的影响。然后浏览全文,可以快速提取出论述数学文化特点的几个提示语"首先"、"另一个特点"、"再一个特点"和"总之"、"概括为一句话"、"最根本的特征"等提示语。这样全文的大致内容就已经清楚了。

本文主要探讨数学文化对人类的精神生活影响的问题。作者认为,数学对人类的精神生活的影响最主要表现为数学大大促进了人的思想解放,提高与丰富了人类整个精神水平。这是因为数学作为一种文化,它的最根本特征就是"探索"精神,这种探索精神主要表现在数学的三个特点上:一是"数学追求一种完全确定、完全可靠的知识",二是"数学追求的是宇宙的根本",三是数学总是"不断反思、不断批判自己,并且以此开辟自己前进的道路"。这三个特点的根本点是探索,就是对知识,对宇宙,对自己的探索。

通过整合对课文观其大略,提炼要点,在此基础上还要进一步联想推断,比如作者说数学的三个基本特点,如果只是知道这些条条框框还是不能做到"文化化人",我们进一步要求学生联系数学史上的一个实例,具体地说说这三个特点。可是由于学生数学文化史知识的局限,没有人能够很好地完成这个任务,老师向他们介绍了几何学的发展历史。然后让学生用自己的话来阐述数学的对知识、对宇宙、对自己的不断探索三个特点。学生是这样来阐述的。

古希腊时代,在欧几里得之前,数学知识是零碎的、片断的,他用公理法建立起演绎体系的,借助于逻辑的方法,把以前的知识组织起来,加以分类、比较,揭露彼此间的内在关系,整理在一个严密的系统之中,形成一本具有划时代意义的《几何原本》。这充分说明了数学是在对知识的不断探索中逐渐完善的。两千多年来,所有初等几何教科书以及19世纪以前一切有关初等几何的论著都以《几何原本》为依据。当然《几何原本》也有不完美的地方,某些概念定义得不明确,采用了本身应该定义的概念,基本命题中还缺乏严密的逻辑根据。因此后来又逐步建立了更严密的希尔伯特公理体系。这就更加说明了数学是在对自己的不断超越中来实现的,甚至有时是否定之否定的。

从语文高考的角度看,这不就是在培养"概括的语句能够具体阐释"的阅读能力吗?学生们从阐述中也发现"对宇宙的不断探索"这个特点其实可以归入"对知识的不断探索"中,这样似乎才更严密。可见提要钩玄法很有助于提高学生的思辨能力。

二、"语文对话活动"何为之二:从传统语文教学中汲取营养

传统的语文教学,积淀了很多语文"对话"活动精华,我们从四个方面来总结分析。

1. 讲解

我们无法全真扫描古代著名教育家们课堂讲解的场面,但仍然可以通过一些文字,来想象教师"精彩的讲"对于"舞伴"来说是何等的陶醉。梁启超先上课"讲到精彩处,'有时掩面,有时顿足,有时狂笑,有时太息','悲从中来,竟痛哭流涕而不能自已',情绪好又'涕泗交流之中张口大笑了','每当讲过,先生大汗淋漓,状极愉快'。"读到这里,心向往之。梁任公真性情、真名士也!这样的课,这样的教师,学生一辈子也忘不了。只是,在目前形势下,这样一种精彩的讲解,有人敢做,有人不能做,也有人不屑做。

析理如析柴,讲解的关键是抓准需要讲解的精要处有条理地、精彩地讲。如《群英会蒋干中计》一文。从情节来看,开端写周瑜要除掉蔡瑁、张允;发展和高潮处写周瑜巧施反间计;结局处写曹操杀了蔡、张二将。这三部分确实构成了完整的故事,且前后照应,首尾契合。如果我们只注重故事的本身,而不从整体入手,不从人物着眼,就很难得出《三国演义》的真髓。一位老师抓住三个问题:"蒋干为什么会中计,周瑜为什么能够施计成功,曹操为什么会中计",紧扣故事的情节和细节进行层层解析,深深地吸引着学生。这样的讲解也是生动的"对话"之旅,切不可因为"满堂灌"而把学生打入冷宫。

2. 诵读

清华大学附属中学赵谦翔在教学中着力引导学生对古汉语词汇和句式进行"自诵自悟"、"活记软背"、"熟读精思"。他说,人的语言能力是在大量的听说操练中习得的。但长期以来,教师对词汇和句法的注入式教学,使学生早已习惯于当"厅(听)长",懒于、拙于诵读,更懒于、厌于思考,一上来问老师的是哪些是要考的。所以必须以读带讲、以导促读,通过教师自己声情并茂的范读、解疑释惑的领读和贯通文脉的导读,激励和带动学生,熟读成诵,日积月累,熏陶养成文言文的语感。他教苏轼的《石钟山记》,大部分时间是学生在读,学生在老师的点拨下异口同声地齐读,诵、听替换地轮读,看着黑板上的关键词背读,分层逐段地接读,众声鼎沸地速读……几十个年轻的声音,营造出一种书声琅琅的氛围,给人一种久违了的感动。

宁鸿彬老师教学《有的人》,要求学生把诗中的8个"有的人"改成具体的一类人,发表见解时采用朗读课文的形式直接把改动后的结果读出来。

一个同学诵读道:被人民憎恶的人活着/他已经死了;被人民爱戴的人死了/他还活着。残酷剥削人民的人/骑在人民头上:"啊!我多伟大!"/全心全意为人民服务的人/俯下身子给人民当牛马。

又一个同学站起来诵读:鱼肉人民的人活着/他已经死了;/造福人民的人死了/他还活着。反动统治者/骑在人民头上:"啊,我多伟大!"/共产党人/

俯下身子给人民当牛马。

这是一种"替代式诵读课文",巧妙地把读与思结合在一起,"替换诵读"四个字拉起了一根重要的、品析课文艺术与思想特点的教学线索,一线以串珠,成功地拎起了一连串的教学内容,串起了全体学生参与的课堂创造活动的彩珠,在明快单纯的教学线条中激荡出丰富多彩的教学内容。

3. 训诂

训诂本就是语文探究活动的一种行之有效的办法。"大胆假设,小心求证",也是一种创造性的方法。

蒲松龄《狼》中"乃悟前狼假寐,盖以诱敌"。如果不能透彻地理解"假寐"一词,也就不能更好地理解"禽兽之变诈几何哉?止增笑耳!"有人根据中国古代大量文献考证,认为"假寐"是不脱衣服小睡的意思,如《左传·宣公二年》"盛服将朝,尚早,坐而假寐"。《红楼梦》中"一日,供毕早饭,因此时天气尚长,贾珍等连日劳倦,不免在灵旁假寐"等。但是从本文的语境来看,写这只"假寐"的狼的文字是"少时,一狼径去,其一犬坐于前。久之,目似瞑,意暇甚"。这个神情描写含蓄地写出狼假装睡觉、故作悠闲的叵测居心,为后文埋下伏笔。可见训诂法的运用不可不慎,切忌以偏概全。

4. 问答

这是课堂教学中最常规的语文活动方式,我们分析高中语文教学的100堂公开课,发现"问答"活动占100%。江苏省语文特级教师傅嘉德谈及他的语文点化教学时,认为一堂好课关键就在于有一个好问题。著名特级教师黄厚江主张"本色"语文也极力主张要有一个好问题。关键是怎么样的问答才是"对话式"的,怎样才能克服人们所常诟病的"满堂问"现象。我们认为,有6个标准:(1)是否有一个清晰和恰当的问题;(2)能否有效跟进学习者所提问题(或曰追问);(3)能否使用多样的问题类型和问题层次;(4)能否提出并重新引导到那些促进学习的问题;(5)能否用问题激发和引导讨论;(6)以回答问题来连接学习活动。①

苏州大学附属中学一位老师执教沈从文的《街》时,有一个与学生问答的过程,很能说明作为"问答"的活动怎样才能具有"对话"性。

师:通过初读,大家认为这条"街"有什么特点?
生:寂寞。
师:找出理由。

---

① [美]克莱因,等:《教师能力标准:面对面、在线及混合情境》,顾小清译,华东师范大学出版社,2007年。

生：没有男人。

生：我不理解。有一条寂寞的长街，但下文总是说这长街早上、日里并不寂寞，这是为什么？我觉得这是写人们的心里是寂寞的。

生：第11段可表现寂寞。用凄凉的感觉来表达人们的心里的寂寞。

师：那么文章有几处写并不寂寞，表现在哪些地方？

生：五处。早晨起来打水、撒尿，鸡与狗的热闹，早上、日里、黄昏并不寂寞。

生：不寂寞的例子，是这条街表面上的人的活动，但并不是人的内心活动。人和人之间并没有发生什么事情，都是各做各的。表面的不寂寞反衬寂寞。

生：这是从孩子的眼光来看不寂寞……孩子还小，不理解寂寞的生活，不理解生活的苦涩。

生：这些事是每天发生的，生活的单调，他们并没有享受丰富多彩的生活。越是单调，越是寂寞。

师：并不寂寞是个假象。大家可以从最后一段的文字来看。这种手法叫反衬。写不寂寞是为了表现寂寞。

师：那么，是什么造成了这条长街的寂寞？

……

老师一语切入，让学生的注意力关注在"寂寞"上，然后抓住表面的不寂寞与内心寂寞的矛盾处，直捣缝隙，学生很快体悟"反衬"的手法。更好的是以这一个问题为阶梯，课堂教学又顺利地向远处延伸。

三、"语文对话活动"何为之三：因文因人而生丰富多彩的创意

1. 复述

复述是指在理解吸收的基础上对原文的内容进行讲述或转述，是对那一种习见的师生问答式的反拨。复述的过程是对课文感知、体味、消化、理解、筛选、概括、归纳、表达的过程。它可以串起常规的双基教学，整合情感态度价值观培养，也勾连起了双基与创新。复述还可以催动学生调用一切有效信息使文本文字尽可能准确地意境化，使其有身临其境之感，情境也就会随着复述的不断丰富而逐渐完善。比如李煜《浪淘沙》的最后两句"流水落花春去也，天上人间"，我们把今昔不同的画面复述在学生眼前，让大家身临其境感受一番，学生自然就会对其中的意味和意蕴领悟在胸。通过复述还可以找到

读与思的最佳结合点,把读的功能发挥到了极致。

当然复述不同于机械的记忆性的背诵,需要强化一个逐步深化、提高的过程。我们一般把复述划分为三个层次,第一层次是概要地复述;第二层次是有感情地详细复述;第三层次是创造性地复述。这样的复述就很好地完成语文学习的反刍、消化、吸收过程。

由湖北省青年教师刘谦执教的《斑羚飞渡》曾获全国青年教师教学比赛一等奖,这个课例以"复述"性的语文活动为线索来设计课堂教学。先以教师的复述引发学生的思考,然后要求学生概要地复述,进而是有感情地详细复述,最后是创造性地复述,让学生把自己摆进去,参与创造,进行想象。由于有了上述三个层次作为这次教学的设计框架,课堂也就显出了层次性、丰富性和立体感了。

2. 探究

这是一种模块性的语文活动,所谓探究就是围绕文本内容探索答案、建构意义的一种学习方式。如发隐性探究、思辨性探究、赏美性探究、信息处理性探究、推断性探究,等等。

比如,在课文《孔乙己》的教学中,执教者设计了这样一个"主问题":要求学生围绕"孔乙己与'偷'"自读课文,从课文中任选一个点进行品析讨论。教师的点拨引发了学生的课堂讨论:第一,由"偷"引出"酒"。为喝而偷,深刻揭露了孔乙己好喝懒做的性格。第二,由"偷"引出"笑"。"偷"成了人们取笑、挖苦、揭短孔乙己的把柄。由"偷"引出的笑,表现了社会环境的冷漠。第三,由"偷"引出"打"。小说中的孔乙己,不管是皱纹间时常夹些伤痕,还是脸上又添新伤疤,以至被打折了双腿,他始终都没有醒悟过来,世人也没有停止对他的"打"。第四,由"偷"引出"情",文章通过写孔乙己的"偷",深刻揭示出孔乙己性格上的弱点,表现了作者对孔乙己又怒又哀的态度。作者在小说中用一个"偷"字贯穿全文,从而更广泛、更深程度地从不同的方面揭示了作品的思想内涵。

3. 想象

阅读者要善于"联系生发","思接千载,视通万里"。想象和联想在阅读教学中是一种重要的语文活动,有时抓住文本中的空白点来进行想象,如《项链》结尾的推想。有时,抓住结合生活体验进行视觉、听觉、味觉、触觉性的想象,如《念奴娇·赤壁怀古》中关于赤壁古战场的想象。有时由象及情,有时由象及意,有时由象及象。"推断"也是一种重要的想象力培养,如文言实词、虚词意义和用法的推断,作者观点、思想情感的推断,写作目的的推断等。

4. 编创

通过对文本进行第二次改编创造,从而完成阅读教学的各项目标。改编创造的方法很多。一位老师教学《季氏将伐颛臾》,让学生根据具体的语境在表示孔子和学生对话的每个"曰"字前面加上修饰语,通过对课文的改造,巧妙地引领学生深入解读文本。

散绎诗歌,通过对语言凝练含蓄的诗歌进行写意的创造性活动,整合了诗歌鉴赏中的多种思维活动。

在《邹忌讽齐王纳谏》教学的开始阶段,执教老师请学生根据课文内容口头创编"门庭若市"的成语故事。教者将一般老师惯常所做的解读课题、简介作者、介绍背景、诵读课文、感知整体等多个教学环节浓缩在这一节的编创之中。

一位老师教学《南州六月荔枝丹》时要求学生先将全文缩写为 300 字左右的短文,通过比较认识文章引述诗文和资料对于说明的作用和效果,再要求学生利用文章的素材写一个以荔枝为主的 MTV 脚本。这样的教学设计不仅是一种综合性、活动性的语文学习,同时也是引导学生解读文本的有效途径。

此外,将游记性散文改编为导游词,将人物传记改编为电影,将写景散文改编为风景专题片,将篇幅较长的文本按照要求进行缩写,将提供的语段或文本进语体转换等。下面举一个由散文编创为诗的一个教学活动。

这种文变诗的改变,首先要学生对文字有敏锐的审美感悟,精选自己最美的语言。其次还要重组创新,把散文乔装打扮成新诗,改诗的过程不是简单的形式上的变化,而且要有创新,使改出来的新诗有个性。这又是一次思维的飞跃,这一活动可真正让学生和作者的思想交融,产生共鸣。对文字的理解、对语言的赏析都可以在这一活动中得到体现。

5. 论辩

根据文本中不同的思想观点,设计论题让学生进行论辩。比如学习《报任安书》和《渔父》之后,设定两个论题《宁为玉碎,不为瓦全》与《为玉不碎,须为瓦全》,让学生充分讨论,是像屈原那样不愿随波逐流宁赴江流葬身江鱼之腹,还是像司马迁那样忍辱负重苟全性命? 我们到底应该怎样坚守理想?

6. 表演

在戏剧和叙事性文本的教学中使用,分角色朗读也是一种表演。在《雷雨》的教学中,老师从学生中选出周朴园、鲁侍萍、鲁大海、四凤、周萍等角色,先是分角色诵读,然后分角色分析"表演"某个台词的心理,进而分析自己的性格特点,说说眼中、心中的对方。其余学生作为观众互动于其中,说说自己作为一个局外人的想法。一节课和谐互动,成了欣赏之旅、学习之旅。自编自演课本剧也是一种语文对话活动。比如我们在阅读《最后的常春藤叶》后，我们组织了剧本编创、表演两个小组，排练后作为本学期语文学习成果在圣诞晚会上向全校师生展示。

第十节 现代文探究性阅读之探究

一、《普通高中语文课程标准》关于"探究性阅读"的探究

高考现代文阅读探究类试题的出现应该溯源到"探究性阅读"以至《普通高中语文课程标准》（以下简称《标准》）。从原点出发来考量探究类试题是很有必要的。

《标准》中使用"探究"一词达55处之多,尽管它对"探究"一词的界定语焉不详甚至还有些概念纠缠,但其中提出的语文"探究能力"、"探究性学习方式"、"探究性阅读"、"探究的评价"等诸多问题,对于语文教学、语文考试的改革有着很重要的意义。

（一）语文"探究能力"

《标准》指出,语文能力是由语文的应用能力、审美能力和探究能力三个方面构成的。探究能力有赖于相关背景知识,要通过探究过程在体验中生成。语文探究力主要表现在两个方面:要有独立思考,敢于质疑,勇于探索的良好习惯;要养成丰富的想象力、独特的思辨力和深刻的批判力。

（二）什么是"探究性阅读"

《标准》把"探究性阅读"与"创造性阅读"并列,有失严谨,因为探究性阅读是一种学习方式,目的在于"创造性阅读"。但在《标准》中提出的"个性化的阅读"概念,与"探究性阅读"相近。二者都强调阅读主体要充分调动自己的生活经验和知识积累,在主动积极的思维和情感活动中,"通过对语言、文学以及文化现象独立思考、质疑探究","获得独特的感受、体验和理解",促进"积累整合、感受鉴赏、思考领悟、应用拓展、发现创新"等五个方面的发展。

研究者认为,探究性阅读主要突出"问题意识",强调"解决问题的过程",强化拓展"思维空间",重视"阅读视野的开放",突出解读的"个性化与多元化",在探究性阅读过程中主要运用"专题研究"、"阅读期待"、"阅读反思和批判",从而培养良好的思维品质。

（三）如何进行探究性阅读

《标准》对不同的文体提出了不同的要求。

对文学作品的阅读要"探究作品的思想蕴涵及其社会价值；培养具体分析作品情节结构、叙事方式、人物塑造、表现方法、语言特色、创作风格等方面的文学审美能力；养成文学史的眼光与多样化的文学视野"，"努力探索作品中蕴含的民族心理、时代精神，藉以了解人类丰富的社会生活和情感世界。"对古代文学作品的阅读要能够"用现代眼光审视作品的思想倾向，评价其积极意义与局限。"

文化论著的阅读要"把握论著的主要观点和基本倾向，了解用以支撑观点的关键材料"，"运用科学的思想方法发现问题、分析问题和解决问题，在阅读过程中注重理性的反思，探究论著中的疑点和难点，敢于提出自己的独立见解"。

（四）怎样进行探究性阅读的评价

《标准》非常强调探究性阅读评价的"语文性"，指出探究性阅读也要服务于"提高学生的语文运用能力"。同时，因文体不同，应该有不同的评价内容。

实用类文本着重考查学生对文本内容的准确解读，以及对文本信息的筛选和处理能力。

理论类文本着重考察学生的抽象思维能力，如：能否概括和提炼文本的思想观点、发现观点阐发与实证材料之间的逻辑联系、评估文本的理论自足性；能否运用正确的观点和科学的思想方法研读文本、评述作者的思想。见解独特但还要持之有故。

文学类文本要重视评价学生对作品的整体把握，特别是对艺术形象的感悟和文本价值的独到理解，鼓励学生的个体体验和创造性的解读。具体地说，就是要以"学生的审美能力、艺术趣味和欣赏个性作为评价的重点"，如能否拓展想象和联想，能否对作品人物、情节、场景等产生具体的感受，能否通过作品的形象和意境产生感情的共鸣，能否发现作品的丰富内涵和深层意义，是否有独到的感受，是否具有批判质疑的能力和对作品的创造性理解等。

文言文要考查学生在阅读中能否有意识地了解文化背景、感受中国文化精神。评价要有助于学生确立古为今用的意识、用现代观念审视作品的内容和思想倾向。

二、《语文科考试大纲》中关于"探究试题"的探究

国内一些研究者认为，阅读教学中有这样几个层面的问题需要解决：

（1）疏通性的问题。这类问题属于读通课文所要解决的字、词、句等表层疑问，如读音、句读、文章基本结构等。（2）思想内容的问题，主要是对课文所表达的思想等的理解和把握。（3）鉴赏性问题，这是从思想内容回到语言文字，有关表达形式的赏析的问题。（4）延伸性问题，是指由课文引发的知识拓展，从而产生更多新的问题。（5）评价性问题。在阅读文本后，对课文的语言表达、思想情感等提出不同的看法，甚至批评意见，是读者带有创造性的问题。

如果对问题的解决只是处于浅层，满足于读懂、接收，如果探究的强度不够，探究性体现不足，从应试效果来看，探究性阅读远不如接受式阅读来得高效，来得整齐，来得轻车熟路。一直以来，语文教学讲风太盛，"填鸭"难扭，原因大概就在于此。所以要倡导探究性阅读，就要从解决学习方式和思维方式入手。在高考中强化探究性阅读能力的考核可以有效利用指挥棒的作用，有助于推动阅读的学习方式与思维方式的变革。

这就是"探究类试题"出现的背景。

《2007年普通高等学校招生全国统一考试新课程标准语文科考试大纲（考试中心标准稿）》（以下简称《大纲》）里，提到"探究"这个概念的有三个地方：第一处是在《考试能力要求》，"探究：指探讨疑点难点，有所发现和创新，是在识记、理解和分析综合的基础上发展的能力层级"；第二处在《选考内容·文学类文本阅读》，"（1）从不同角度和层面发掘作品的丰富意蕴，（2）探讨作品中蕴含的民族心理和人文精神，（3）对作品进行个性化阅读和有创意的解读"；第三处在《选考内容·实用类文本阅读》，"（1）从不同角度和层面发掘文本的深层意蕴，（2）探讨文本反映的人生价值和时代精神，（3）探究文本中的疑点和难点，提出自己的见解"。综合以上条文的信息，可以知道，"探究"的内涵要点是"探讨疑点难点，有所发现和创新"，出现的范围是选考部分的阅读题，为阅读现代文而设置。所以它不涉及古文，也不包含作文，它的名字就应该叫"现代文探究性阅读题"，或者可以简称"探究题"。

根据上面内容，可以总结出《大纲》对探究性阅读题有如下要求：一是命题点选择了文本解读的难点，超越记忆、感受、理解，更重感悟、赏析和评价，凸显对思维深度的考查；二是选择文本解读的疑点，以此考查反思和批判的阅读能力；三是，偏重于文本意蕴，即其所体现的民族心理、人文精神、人生价值、时代精神，也就是说考查偏于对文章内容的理解；四是要求考生解答问题需要能够从多种角度、多个层面甚至必须拓展至阅读的文本以外来思考，综合性强，发散度高；五是个性化解读，一般不设定标准答案，鼓励学生独立思考，积极探索，提出自己的主张，阐发自己的见解；六是有条件地选择,可以根据自己的实际情况,选做文学类阅读题或实用类阅读题。

《大纲》很好地体现了《语文课程标准》所倡导的"探究性阅读"精神,对探究类试题的取材、立意与构思做了界定,为语文考试改革从中观层面上解决了一些命题的技术性难题。

三、语文高考试卷对"探究试题"的探究

现代文阅读的命题对探究能力的考查,不管是全国卷还是分省(市)卷都有不同程度的体现。特别是北京市、上海市近几年来的语文高考命题对此进行了很有意义的探索。但第一次吃"探究题"这只螃蟹的,还主要是 2007 年广东、海南、宁夏、山东等四省。我们的视角不能仅仅停留在四省市卷上,最应该放大到"立意于探究能力考查"的试题上。

这类试题在形式上的共同特点是"答案开放、个性解读",四省市试题还不约而同地表现出答题可选择性。

下面我们从四个方面分析探究类试题的取材与构思。

第一是从疑点(难点)上设题,要求考生多角度、多层面挖掘作品意蕴。

2007 年广东试卷文学类阅读第 18 题:"最后一段,作者既说'我们也不会刻意制造一种泥泞让它出现在未来的道路上',又提出'我们是否渴望着在泥泞中跋涉一回呢',你是如何理解的?"从形式逻辑的角度来思考,这两句话是自相矛盾的,这就产生了理解的疑点,而疑点往往也是阅读理解的难点。但是从文章的逻辑来看,它又是合乎情理的,这就要从文章不同角度层层深入分析思考解疑,从而发掘作品意蕴,探讨作品中蕴涵的人文精神。

第二是在文眼上设题,考查学生的思考领悟、概括分析的语言运用能力。

2007 年北京试卷第 20 题:"结合'湿'字在文章中的特定含义,说说为什么沈从文认为'值得回忆的哀乐人事常是湿的'?"这篇名为《湿湿的想念》的文章是沈从文的孙女沈红回忆爷爷写的。"湿"是文眼所在,也是理解文章的难点所在。这道题的难点在于对"湿"的特定含义的探究,从文章看,"湿"与水相关,与"泪"相关,但水与泪又都有内在与外在、客观与主观之分,这就需要概括出四个要点,才算是全面的理解。这道题对考生探究的精细和概括的准确提出了很高的要求。

第三是在关键句上设题,考查学生多角度探究分析的能力。

2007 年浙江试卷第 21 题:"联系全文,就'我看不清来路,更找不到去路'写一段赏析性的文字。"这份试卷中现代文阅读选的是蔡家园的游记散文《泰山之思》,这篇文章借助雾中登泰山的所见、所感、所思,讲述对博大精深的泰

山文化和泰山精神的感触,表达对民族文化与民族精神的独特反思。阅读难度不大,但命题却非常有特色。为了引导学生在阅读后能由作品引发对中华文化和民族精神作深层次、多元化的思考,抓住末句"我看不清来路,更找不到去路"来命制试题,让学生从过去与未来、理想与现实的角度,对民族文化和民族精神有更深的感悟。理解这个句子应从全文的结构安排、语句艺术手法和文章思想内容等三个角度来探究。

第四是在拓展点上设题,考查学生联想、推断和创新的能力。

读书要"透脱","入得进去跳得出来",这样才能把书读活。其实"读活"的过程就是一个拓展的过程,也就是探究的过程。

从内向外拓展。2007年广东卷实用文本阅读选的是新闻体的文章,题目是《访钢琴演奏家傅聪》,第21题:"根据傅聪的观点,演奏家如何才能使伟大作曲家的作品'不断地发展','不断复活、再生、演变'"?命题的特点就是由文章的思想内容向外拓展。这类拓展类题目命制把握火候很重要,原则在于紧扣文本的思想内容设题,考生也要注意发掘文本深邃的意蕴,探究文本的观点,提出自己的见解。

从外向内拓展。2007年海南、宁夏试卷的实用文本阅读试卷,文章选自《叶圣陶和他的世界》第九章《叶圣陶在四川》,命题人从文本之外选取思考点,要求考生在文本之内筛选材料进行探究分析。"叶圣陶晚年曾用'得失塞翁马,襟怀孺子牛'来自勉。依据传记内容,探究文中哪一方面已经体现了叶圣陶的'孺子牛'襟怀。请简要论述。"答案要求考生能够从文本内容"对子女循循善诱,呵护备至;对作者、读者精心扶植,热情宽容;对年轻编辑辅导提携,关心爱护"等三个方面来进行探究分析。从中可见多层次内容的归纳分析的要求。

概括起来看,2007年现代文阅读探究试题的命题跨出了自觉探索的第一步,设题点选择合理,对考生发掘文本的思想内涵,进行多角度、多层次的理性分析要求较高,因此难度较大。而考生要做出正确的解读,就要理清文脉,整合提炼,准确概括。因此这种探究能力的考查鲜明地体现了语文性,方向正确。

当然,探究类试题如果局限于此,就略嫌势单力薄了一些。

分析2007年高考现代文阅读探究类试题,我们还会发现一些名不副实的探究题,有的题目根本无须探究,只要把必修课文中人物分析的概念化词语拿来,即可得满分。有的试题看似要求考生在探究中实现与文本的对话,联系自己实际,可是却重复着坐而论道式的思想教育。还有的题目名曰探究,实则无须探究,其实只是一个社会生活知识的重现,有替别人"打工"

之嫌。

更为重要的是探究类试题的生命在于能够让考生"个性化"地发现问题、"独特性"地见解问题。如何解决这一类命题的评分公平性、合理性、可操作性,目前还没有见到成功的尝试。

从以上三个方面来探究现代文阅读,或许对我们建构探究性阅读指导有一定意义和价值吧。

第六章　阅读教学观课

第一节　围观"公开课"

一、面对各种各样的"生成点"

据说,在成都的一次语文教学展示课上,李镇西上了一节课,在课上学生有了游离于教师预设的"奇思妙想",李镇西老师用一招化开了学生,然后又沿着自己预设的路线走了下去。后来,在专家评课的时候,程红兵对此很不满意,批评授课者缺少课堂的机智甚至教育理念不对。据说后来李镇西当场表示批评正确,又据说其实他心里颇不服气。他不服气的理由大概在于,如何应对学生的"奇思妙想"我在课前没有料到,如果在这样一个"盲点"继续走下去,岂不是更加糟糕!

无独有偶,在一次苏、鲁、豫、皖语文圆桌会上,在理解托马斯沃尔夫《远近》的寓意时学生也生成了新的精彩,授课教师也顾左右而言他化开了,按照自己的教学预设进行了下去。评课时有人又提出了"如何处理预设与生成的关系"的问题。教者坦白地承认,自己在事先没有想到这样的生成,准备不足,只好回避。然后就有人提出建议,应该在备课时设计几套方案,这样就能左右逢源了。

[围观讨论]

站着说话不腰疼。课堂的生成有时是千变万化的,有时课前做一百个预案都不一定能够确保对课堂中突发的生成问题应付自如。更何况课堂生成点,有的属于旁逸斜出的细枝末节,如果顺势生成整个教学就会迷失方向。

课堂生成的问题总起来说,可以分为三类,一类要"化过去",一类要"接过来",一类要"留待课后",不一而足。

在《孔乙己》的学习中,有的学生提出孔乙己偷书是违法的,老师生成了一个道德法庭,对孔乙己进行审判。其实,学生的生成是合情但不合理的,教师的生成既不合情更不合理。因为这个生成点影响了小说阅读的大局,属于

"骈指",老师要勇于把它割去。

学习《改造我们的学习》时,有的学生说不喜欢这篇课文,有的说非常喜欢。于是老师改变了原来的教学设计思路,把不同意见的学生分成两派,举行了一次辩论赛。老师又加以点拨,不断引发新的思考。学习效果得到了优化,这个生成是非常机智的。

学习《我有一个梦想》时,学生中有了"和平反抗"与"枪杆子里面出政权"的碰撞。公说公有理,婆说婆有理,到底谁是正确的? 教者接过话来说:"理论总有局限,生活之树常青,'智者顺时而动'"。一句话巧妙地化开,不做更深层次的生成。其机智更令人佩服。因为不同的社会形态、不同的历史背景就会有不同的选择,同时还有一些敏感的问题。面对这些高中生恐怕是你不说我还明白,你越说我越糊涂了,不如回避过去。

在学习《药》时,有一位学生忽然提出"黑衣人"并不是康大叔,老师知道这是一个很有价值的生成性问题。因为通过这样一个问题的解决,可以抓住性格特征、职业特征、外貌特征等来分析,甚至还可以分析文学表现"暗示"手法。但他忽然感觉到自己对"暗示"手法材料的掌握还是支离破碎,不如放在下课后再进一步翻查资料准备更充分一点再讲。于是他说:"你提出了一个很有价值的问题,好东西不能急着吃,老师请大家都来思考这个问题,我们下节课再来讨论。"在下一节课上,学生和老师因为有了充分的准备,所以讨论得以充分展开,大家都感到受益匪浅。这种迟来的生成也是一种智慧。

学习李乐薇的《我的空中楼阁》时,教者设计了两个课时的教案,第一课时把握主旨,引导学生寻找自己的精神家园;第二课时,品味语言。他设计第一课时的教学流程,首先是整合课文,然后引出精神的家园(理想的圣地)的话题,还设计了多媒体课件,从《桃花源记》到《梦游天姥吟留别》再到《乌托邦》,再到《我的三间精神小屋》,再到《今生今世的证据》,他心情激动,认为通过这一节课一定可以让学生享受到一顿精神大餐。然而上课伊始,一位学生在谈课文理解时,一语道破主旨所在,他说:"《我的空中楼阁》其实就是李乐薇精神的家园、理想的天地。写得如虚似幻,又如实似真,我觉得这人是个理想主义者,追求人与自然和谐、自己内心的和谐、现实的和谐。"老师知道,再按照原来的设计教学下去已没有多大意义,他就重打锣鼓另开张,说:"你对这篇文章的理解,与我所见略同,读这篇文章让我们感动的不只在于其意象与意境,更在于他'唯美'的语言艺术感觉,我们就共同品读吧。"于是改变原定的教学计划,直接进入原来设定的第二课时计划。这样对教学计划的新的生成,建立在他原来备课的基础上,因此说是科学的。

二、化简单为复杂的课堂设计

1.《父亲》是一篇5000多字的长文,在一次公开课上,授课老师先从朱自清的《背影》引入,再出示很多有关"老农"的摄影图片,还播放了一支赞美父亲的歌曲。为了让学生感受父爱,又设计了"说我自己的父亲"、"父亲节上给父亲发短信"等活动。一课时学完了这篇课文,但45分钟内学生几乎没有进入文本,50多个学生(再加上几十位听课教师)就在这样的花里胡哨里度过了。

[围观讨论]

其实这篇课文有一些场面只要动情地读,就可以催人泪下,情感体验、认知体验、审美体验自在其中。为什么不舍弃那些豪华的设计,返璞归真,大家一起读呢?有的老师说,如果只是读,老师备课的精心不就没有办法展现了吗?最后大家讨论一致认为,这种不合实际的"精心设计"既浪费了教师大量的劳动,又损害了教学效果,不要也罢。

2. 一位学科带头人的展示课。第一步是阅读欣赏余光中的《乡愁》,先从刘欢的《乡愁歌》导入,引入余光中的介绍。第二步是读诗歌感受这首诗的音乐美,方法是请同学们配一首自己熟悉的歌曲,从而体验其音乐美。于是有的学生唱周杰伦的《东风破》,有的学生唱《七里香》。老师又播放《东方之珠》让学生一起来演唱,进一步感受。第三步是逐节想象"画面美":第一节想象作者正在烛光下给远方的母亲写信,第二节想象晚上在轮船码头依依惜别,第三节想象秋风萧瑟之中在母亲坟前祭奠,第四幅画面是在金门岛上眼望大陆。在学生想象之后,教者又运用多媒体展示了诗歌内容的一个个画面。第四步是品味诗歌的语言美,船票、邮票、海峡的形象可感、具体生动;"小小的"、"窄窄的"、"矮矮的"、"浅浅的"虽轻描淡写但感情都很深沉内涵深厚。第四步,延伸拓展,仿写余光中的《乡愁四韵》,来体会诗歌的韵律美。学生表现了优秀的才思,很快就有人写出了:给我一支光阴箭啊,光阴箭……给我一碗家乡水啊家乡水……给我一方天空蓝啊天空蓝……给我一朵百合白啊百合白……给我一捧祖国土啊祖国土……

[围观讨论]

从文本解读的角度看,这一节课没有展示教师的才能,恰恰暴露出他对文本解读不到位。

这首诗最大的特点就是作者选取自己人生经历中的几个生活画面,从中提取鲜明的意象,有了对"乡愁"鲜活的比喻,运用整齐划一的形式层层推进地展示出来。如果能扣住这个特点设计自己的教学,少一点芜杂,多一点从容,该是多么优美的一堂课!过多的教学目标、过杂的教学内容、过多的媒体压垮了他们。学生不假思索地回答,老师急吼吼地推进,简直让人无法喘气。甚至如果少了课前排练,很多环节很难在常态的教学中得以实现,可以想见师生为了这一节课要经过多少次的"磨合"。这种"奢侈"的教学成本投入,收益可能恰恰是成反比的。

正像一位箭客,有一把神弓,他在心爱的神弓上雕刻了很多很美的花饰,看起来美极了,可是后来当他需要拉弓的时候,刚用力,弓就断了。

三、教育教学伦理的底线不容挑战

教师如何培养学生的自学能力?一位特级教师的"招牌课"就是让学生上课,每次公开课就是让学生走上讲台,老师坐在台下,专心致志地做一个"学生"。有几次还故意在公开课时迟到,学生等得不耐烦了,于是就自己走上讲台。学生的精彩表演往往引得观课者都由衷赞叹,埋怨自己所教的学生素质太差。后来他的一个学生揭了老底,原来每次这样的课都是老师周密安排,精心彩排,一切都是老师设计好了的,只不过公开课时由学生的嘴里发出罢了。

[围观讨论]

这位老师为自己的做法提出了三条理由:第一,让学生自己先学后讲,从根本上说是无法做到的,如果学生都能自己自由讲课了,还要老师干什么?因此,教师'扶一把'必不可少;第二,学生的学习任务非常繁重(特别是高中生),对于语文不可能有很多课外自主钻研的时间,老师帮助他们,减少他们一些备课的时间,很有必要;第三,这种课型叫"教师帮扶式教学",老师在幕后,让学生走上前台,比较好地处理了教师的主导与学生的主体关系;第四,一个学生走上讲台,兵教兵,还可以给学生树立一个最切近的榜样,比老师的教育力量来得更大一些。

我说,这位老师可能还有更多的理由,但都无法回避对教育伦理的根本性的伤害。公开课教学的底线,首先应该是"真实"的,弄虚作假式的教学其实是在挑战我们教育的底线。可是目前在公开课教学中,弄虚作假的花样繁多,有的人乐此不疲,有的人推波助澜,有的人糊里糊涂地跟着叫好,这正是当前教育最令人"揪心"的乱象。

四、学生点而不化的原因

《庄周买水》是一篇小杂文,在公开课教学中,老师分四步设计教学。先让学生填写《庄周买水》的故事情节表,让学生分析表中所透露出的相关信息;接着老师就课文阅读设计了几个问题;然后就故事新编类作文,如何利用好"故事"、如何进行"新编"进行总结;最后结合几篇故事新编类作文进行写作训练。

但在实际教学中,老师遭遇到了一件尴尬事:学生总是启而不发,或是回答不到位,或是干脆回答"不知道",或是驴头不对马嘴地乱说一通。且看课堂中 10 个问题的情况。(1) 根据表格你得出了哪些信息?(学生回答不对路)(2) 明明在东海可以买到水,却让庄周绕了许多弯子,这中间发生了什么事?(学生回答不到位)(3)(从 1 元一吨水,到 50 元一吨水)这一切都是谁造成的?(学生回答准确)(4) 这些人比喻现实生活中什么人?(在老师的反复的诱导下得出了"官倒"、"官商"、"倒爷"这些答案)(5) 这些人做了什么事给庄周带来了痛苦?(费了很多的口舌,老师导出了"买空卖空"、"哄抬物价")(6) 为什么海神若自己不赚钱,却让给别人发财?(学生多回答"用钱买政绩"、"上下勾结",老师目的是导出"把持资源,以权谋私")(7) 这揭示了社会上的怎样的现象?(学生回答不到位,老师用"什么人做了什么事"来引导)(8) 庄周喻指社会上的什么人?(学生回答:"普通老百姓"、"弱势群体",老师不想得出这个结论,而是"作家"、"弃文从商者")(9) 鲁迅的杂文像"匕首"、"投枪",聂绀弩的杂文像一把箭,杂文都会直接批判某种不良社会现象,这篇文章为什么不这样,却选择了庄周买水,为什么?(这一说法本身就存在问题,学生回答更是很难到位)(10) 作者为什么用海神若这个人物?(学生结合上学期所学过的课文,回答较好)

[围观讨论]

听课的老师在课堂中就交头接耳议论:这些学生的素质太差。

在说课时,授课老师自己反思:"我带的这个班是实验班,虽说学生总体成绩很好,主要是理科成绩较好,语文水平并不理想,因此在课堂上经常会出现'点而不化'、'启而不发'的现象。"

一位资深的语文教学专家评说:这一课很好地体现了"三维目标"的达成。老师不断引导学生去思考,引导学生去表达自己的想法,把学生的活动看成是最重要的。同时,老师还把阅读与写作自然地融合在一起。整堂课思路清晰、效果明显。更为重要的一点是,教者始终关注价值观的导向,注意思维训练与价值观导向整合起来,帮助学生去深刻认识分析。(这个评价可以用于一切评课)

一位老师在课后自己整理听课笔记中写道(在场上说出来是一件得罪人的事情,只好"肚里春秋"了):

在阅读教学中教者从"教"的角度出发,循序渐进地设计问题,这是教学中常见的现象。关键是问题的提出要有意义。教者力图循序渐进地对课文进行分析,从而为读写结合做好铺垫,但是由于太注重这一点,以至于把问题切分得过小、过细、过密,甚至循环往复,没能调动学生思维的兴奋点。正是由于过于注重这一点,反而把这篇文章更有价值的东西遗漏了。

嚼碎了的东西没味道。这样的阅读就好像"鸭子吃乌牛(田螺)",或曰囫囵吞枣。事实上阅读者在阅读时对问题的思考决不是单一的,披文以入情是形象思维,不同于逻辑思维之点就在于,它是把感觉表象综合起来,甚至是把各种概念综合起来涵泳、体验、感悟。那么阅读教学为什么不遵循这种阅读的规律呢? 阅读规律告诉我们,在阅读教学过程中,不能把问题切分得过于琐碎而又理科化地追求所谓的循序渐进。语文阅读教学的问题有时可以是"散打"的,不妨留有空白,进行跳跃式思考。从这一点上来看,阅读中的问题应该是包含有大量信息的、有分量的问题。

第二节　教育叙事:基于学生学习困难的教学设计
——以《品质》的阅读教学为例

一、有奖质疑

《品质》是一座富矿,可是学生阅读却提不起兴趣,让学生初读,我问他们喜不喜欢这篇文章,基本上没有人点头。问之,答曰:不懂。我以为是没有读进去的缘故,那么,怎样才能让学生深入读进去?

我临时改变了教学设计,宣布这节课的主要任务是"有奖质疑",给大家一节课的时间读课文,有哪些地方不懂的写在书边,读完之后再找答案,能找到答案的就过去,不能找到答案的就提出来。谁的问题多且质量好,就得奖。奖品是由我提供的 5 本书。

在学生进入第二遍阅读前,我先交给他们一根拐杖——介绍本文阅读的6 个宏观背景(参见第三章第九节《文本解读需要"宏观大格局"》)。

二、问题梳理

学生阅读后,果然提出来很多问题,经我梳理大致包括四个方面。

（一）关于题目

1. 文章的题目"品质"有什么含义？（沈丹婷）

2. 文章的题目"品质"与结尾一段有什么联系？"品质"指的是什么品质？（姚益新）

3. 第7段中说"他好像把靴子的本质缝到靴子里去了"，这句话有什么含义？（汪家慧）

4. "靴子的本质"是什么？这篇文章主要写"我"去鞋店订鞋子，而鞋子质量很好，但只是一味地赞美鞋子的品质吗？文章的主旨是什么？（赵鸣）

（二）关于人物

1. 文中写格斯拉先生像皮革制成的人，为何这样写？（钱丽青）

2. 为什么作者要将格斯拉兄弟刻画为沉默不语，很少讲话的人？文章将这对兄弟刻画得僵硬古板，不会影响到文章对人物形象的表现吗？（汪家慧）

3. 格斯拉先生是一个优秀的鞋匠，为什么会饿死？他真的宁愿饿死也要买最好的皮革、亲自做鞋吗？在那样一个社会是什么支持着他呢？（刘倩）

4. 他的死是必然结果吗？其中有社会因素吗？他为什么要重复"我哥死了"？是对哥哥的怀念吗？有没有对黑暗社会的谴责？（王雅婷）

5. 作者为什么给予格斯拉先生以饿死的结局？作者强调其靴子的品质以及大公司的靴子的劣质，是否是对社会不良现象的批判？如何认识格斯拉的结局？（吴春霞）

（三）关于细节描写

1. 文章第2、28、54段都提及了橱窗中的靴子，联系全文看，有什么作用？（乐梦君/姚单单/沈丹婷）

2. 几处描写的修饰词及感叹都不同，为什么？表达了怎样特殊的感情？（唐佳莉）

3. 全文并未怎么描写哥哥，但在文末写到哥哥的死因有什么作用？为什么当我说"靴子很结实"时避开他带责备的眼光和语调？当格斯拉说"那不是我做的靴子"语调中隐藏着"可以冰冻血液的潜在因素"指的是什么？（杨玲）

4. 在文章第7段已经用店堂的简陋来揭示他们品质的高尚了，但为什么又在第27段再一次描写黑暗？前后感情上有何变化？（虞心怡）

5. 文章结尾详写订货细节有何用意？（吴丹）

（四）其他

1. 人们不赊格斯拉先生的账，走进店铺如同走进教堂，这是为什么？（汪家慧）

2. 文章以什么为线索记述靴子店的兴衰？小说更深层次上叙述了怎样

的主题思想?小说是如何刻画格斯拉的品质的?(姚单单)

三、课堂教学设计

我分析这些问题,发现有的可以找到准确的答案,有的根本无法找到准确的答案,还有的可以找到多种答案。而且这么多的问题,如果逐个解决需要很长时间,也不利于培养学生的独立思考习惯和能力。我试图找到一种设计方案,既有助于解决可以找到准确答案的问题,又可以促进其他类问题的解决,还可以交给学生解决问题的方法。教学设计中我主要注意了两个问题。

第一,通过梳理思路来进行中观整合。

先通过表6-1来理清思路。

表6-1 《品质》中"我"与格斯拉的交往

起讫段落	线索	"我"	格斯拉
1～2	交往过程	第一次走进格斯拉靴店:崇拜。	靴店:朴素安静。
3～5		第一次接触格斯拉,定做靴子:羞怯提问。	回答我的提问,视做靴子职业为"手艺":朴实严肃,迷恋理想。
6～11		平时的交往,人们和"我"对待格斯拉:心平气和与虔敬。	平时做靴子:格斯拉沉浸于美的创造中。
12～21		告诉格斯拉自己有一双靴子发出咯吱响声:为他的难过而感到"怜悯"。	谈起自己做"咯吱响"靴子:难过与悲伤。
22～27		我穿一双从大公司买来的劣质的靴子;定做许多靴子。	面对这双倒霉的靴子:悲哀愤怒之极,心如冷灰。
28～35		两年后再来,本来只需要两双靴子,定做了三双;很快离开。	缩小店铺,卖出一半:哀怨;对待靴子依然如旧。
36～42		过了几个月,定做了几双靴子。	哥哥死去,本人更加衰老,做的靴子质量依旧。
43～53		一年后从国外回来时,再定许多靴子;高兴地离开。	更加衰老,生意清淡;如约寄来靴子。
54～67		一星期后再来看望。	店铺为他人所有,人已慢性饥饿而死。

通过这个表格,再明确几个问题:小说主要人物有两个;故事主要情节是变与不变两面,变的是格斯拉的靴店"由盛而衰亡"和格斯拉的命运,不变的

是格斯拉对品质的坚守;叙事的线索是"我"与格斯拉的交往。我主要引导学生从格斯拉、顾客、"我"和其他靴店等角度体察揣摩,作者表现了当时怎样的社会现实,有着怎样的情感态度和价值导向。问题答案的得出就水到渠成了。

第二,通过细节描写来进行微观品鉴。

这是一个关键环节。陆文夫先生说"小说小说,就是从小处说",无论是写还是读都要抓住"细节描写"。细节描写到处都是,学生在选择时也是漫无目的地寻找。其实任何细节描写都是为塑造人物服务的,因此我提醒他们,作者塑造格斯拉这个人物形象时,既用了直接描写也用了间接描写,寻找细节不妨从这两个方面展开。

首先,直接描写包括语言描写、动作神态描写、肖像描写。在直接描写方面重点品鉴语言描写和肖像描写。

格斯拉的"语言"并不多,有限的几次都是关于"靴子"的对话。

> 1. "这是一种手艺。"
> 2. 他眼睛盯着皮革对我说:"多么美的一张皮啊!"
> 3. 与"我"关于一双有响声的靴子的对话:"有些靴子,做好的时候就是坏的。"
> 4. "那不是我做的靴子。""这些大公司真不顾体面。可耻!"

"他们利用广告而不靠工作把一切垄断去了……""可耻"。

[品味] 小说的一句话就能凸显人物的个性,写出人的灵魂。格斯拉并没有把做靴子当做一种低贱的职业,当做养家糊口的手段,而是作为一种艺术的追求。"美"字是格斯拉对皮革发出的由衷的赞叹,他把自己对靴子的热爱,把自己的生命倾注到了靴子上,用自己高超的手艺创造出他的"杰作",追求他的理想。在与顾客的关系上,他没有其他招徕顾客之道,他凭靠的就是产品,他把靴子坏的责任留给了自己,没有责怪顾客。他为顾客抱不平,愤怒谴责坑蒙拐骗的大公司。

格斯拉的外貌描写是阅读理解的难点,因此要多花一点工夫。

> 他本人有点儿像皮革制成的人:脸庞黄皱皱的,头发和胡子是微红和鬈曲的,双颊和嘴角间斜挂着一些整齐的皱纹,话音很单调,喉音很重;因为皮革是一种死板板的物品,本来就有点儿僵硬和迟钝。这正是他的面孔的特征,只有他的蓝灰眼睛含蓄着朴实严肃的风度,好像在迷恋着理想。

[品味] 这段外貌描写主要是白描,有两个明显的特点,一是把外表的形似与内涵的神似结合在一起,二是把描写的落脚点归结在人物精神境界的揭示上。"他本人有点儿像皮革制成的",这个比喻把人物的外貌和职业、性格

糅合在一起,用"皮革"喻示其老实、执著的性格。"眼睛含蓄着朴实严肃的风度,好像在迷恋着理想"这句话是理解这一人物形象的关键句,表现格斯拉对制靴的态度:制靴对他来说已经不是糊口谋生的饭碗,不是发财的手段,也不再是谋取名利的职业,而是一种人生的理想事业。这种高境界的追求,是我们理解他一生坚守的"钥匙"。

> 他终于站在来客的面前,上身没有穿外衣,背有点儿弯,腰间围着皮围裙,袖子往上卷起,眼睛眨动着——像刚从靴子梦中惊醒过来,或者说,像一只在日光中受了惊动因而感到不安的猫头鹰。

[品味] 本句描写了格斯拉先生刚从工作间出来的衣着和神态,从中我们可以推测出格斯拉兄弟在工作时的那种忘我投入的精神状态。"像刚从靴子梦中惊醒过来"、"像一只在日光中受了惊动因而感到不安的猫头鹰",这些对眼神的描写,突出的是刚从聚精会神的工作中醒转来的状态,写了格斯拉先生对制靴工作的投入。

其次,间接描写包括对靴店的环境描写、对橱窗里靴子的描写,"我"的态度的复杂性,其他顾客,英国年青人……重点和难点是橱窗里的靴子的细节描写。

> (一开始它们陈列的地点是两间打通的铺面,写着包含着日耳曼姓氏的"格斯拉兄弟"的招牌,并没有注明任何为王室服务的标记的):"那几双靴子太美观了——有一双轻跳舞靴,细长到非语言所能形容的地步;那双带布口的漆皮靴,叫人看了舍不得离开;还有那双褐色长筒马靴,闪着怪异的黑而亮的光辉,虽然是簇新的,看来好像已经穿过一百年了。只有亲眼看过靴子灵魂的人才能做出那样的靴子——这些靴子体现了各种靴子的本质,确实是模范品。"

[品味] 强调"日耳曼姓氏",赋予格斯拉特殊的"严谨、严格、严密"的特殊品质。"并没有注明任何为王室服务的标记"反映当时的社会风气,同时也表现了格斯拉对自己靴子的信心。对靴子的描写没有过细的外形细描,只是重其贵族品位的"神",这种反映细节的描写到了高尔斯华绥手中已经有所变化了。

> (店铺的生意陷入困境,最终不得不盘掉一个铺面,而这些靴子也遭遇了同样的命运):"那几双常见的旧靴子已经失去了孤高的气派,挤缩在单独的橱窗里了"。

[品味] 在和同行的激烈竞争中,格斯拉已处于劣势。它们也象征着格

斯拉的理想之火在现实的风雨中渐渐地暗淡了下去。

（格斯拉已经离开了人世,店面已归他人所有）:"但是当我走近他的店铺所在地时,我发现他的姓氏不见了。橱窗里照样陈列着细长的轻跳舞靴、带布口的漆皮靴,以及漆亮的长筒马靴。"

[品味] 这一细节的描写似乎暗示老鞋匠的生命在他制作的靴子里得到了延续。格斯拉先生的杰作成了别人的样品,大概是已经没有人可以做出比这些靴子更好的靴子了——令人无限哀叹。新的公司把别人的产品拿来做自己的样品,商业欺诈可见一斑了。

其实这篇小说还有很多的细节描写,比如开头和结尾处的描写,只能留给学生作为课后思考了。

四、课后拓展

为了检验这篇小说阅读教学的效果,课后我布置了一个作文题:以"底层的光芒"为话题,写一篇小说,1000字左右。我从学生的习作中发现了《品质》的影子。

第三节 《今生今世的证据》教学案例分析

执教:(南京师范大学附属中学)石群英。

点评:(苏州大学附属中学)邵统亮。

学生:邗江中学高一某班。

研究专题:课堂中的对话情境

师:今天我们这一节课学习刘亮程的《今生今世的证据》,课前大家已经做了预习,喜欢这篇课文的理由是什么,不喜欢的理由是什么,预习中存在着哪些问题。先请大家谈谈阅读的感受,喜欢不喜欢?

喜欢的学生都说,以往学的文章直抒胸臆较多;这篇散文景物描写较多。这篇写思乡之情,通过许多景物的描写。

不喜欢的学生说读不懂,不像其他文章那么感情强烈。也有的说这篇文章只能半通。

师:喜欢与不喜欢的同学都好像不太懂。那么同学们在预习中存在着哪些问题,请提出来,我们一起来解决。

学生提出的第一个问题是对第四段好像不太理解。一个学生帮助解决:第四段好像是说,今生今世的证据是在这里生活过的痕迹、留在生活中的痕迹。另一个学生说:一般思乡的文章都抒怀浪漫,而这篇带着伤痛的心揭示了思乡的本质。

学生提出的第二个问题是第七节。那个"等待"到底是什么? 一个学生回答:证据,在故乡中的生活,在故乡生活的人与事物。

> 第一板块:让喜欢与不喜欢的同学各自陈述理由。虽然学生的喜欢与不喜欢都还是感性的,但对于教师的导读来说却是弥足珍贵的契机。学生提出预习中不理解的问题,让学生随即来回答,老师不多加点评,为的是让学生都能把原初感受表达出来,这对于下一步确定教什么有一定的好处。

师:大家对文本有一定的认识,但这个认识还不够,还比较浅。今天这一节课老师与大家一起来深入理解这篇课文。首先读第二节,体会第二节所写的事物,应该读出什么语气?

生1:对家乡的怀念之情,作者寓情于物,把自己的感情寄托一草一木。有一种遗憾之情,走的时候没有好好告别。

生2:悲伤之情。墙不能倒,好像很难过。

师:所有这些都是今生生命的证据,都是生命的痕迹,都是生活过的证据。让我们带着情感读这样一段文字。"草你可要一年年长下去啊……"
学生齐声诵读。

> 通过读读议议来解读第二节文字,扣住一个"情"字,来"情读"。也许这样的处理胜过老师的形而上的解读说教。

师:其实今生今世的证据不只是草,还有所有的人和物。我想起了李敖参观当年读过的小学,他一个个教室地走过去,他说"我其实是和过去的我对话",他也是寻找自己生活过的痕迹,自己生命的历程。刘亮程生活在沙湾,一边生活一边写作。我们来深入理解第六段中"它们"的指代意义。学生研读讨论。

> 学生最初的讨论尚未展开,老师就要求学生在班上交流一下,在交流中看能不能开阔我们的认识。所以学生回答不能到位,前前后后有4个学生回答这个问题:

生1:魂牵梦绕的家园与一草一木是同一个意思,"它们"侧重于生活过的痕迹。

生2："它们"指内心生存的外物,内心的生存只能靠自己。

生3："它们"是指思想寄托、生活的痕迹。

生4：内心的生存,自己生活中让自己感受很深的东西,深藏在自己的心中。

教师总结说："它们"是指深藏在自己的生活中的感受很深的东西,自己的喜怒哀乐……用自己的什么来证明内心生存的存在呢? 只有故园,只有陈迹。

> "它们"指代什么,是解读这篇文章的一把钥匙,这个设计点位的选取体现了教者解读文本的智慧。但落根到学生身上,要理解这个问题的难度大了一点。也许这个问题的解决如果放在南京师范大学附属中学的学生那里可以一点即通,但目前教学对象是县中的学生,让学生自己领悟就难了一点,所以有时老师需要出面,不妨越俎代庖。

师：关于这一点,刘亮程在多篇文章中都有所体现。在《村庄》中,故乡是我们的精神的根。请再思考,如果我们这个故乡生活的证据都消失了,那么会怎么样呢? 齐读最后一节："当家园废失……"

学生齐读后,教师连续问,学生连续答,什么是虚无?（生答：没有,不存在的。）是一种什么样的精神状态?（生答：漂泊,失落）什么是"家园"?（生答：自己的家乡）家园还指什么?（生答：精神家园）什么是踏踏实实?（就是实实在在,真真切切的）"踏踏实实的虚无之途"矛盾的表达有何作用?（生答：强调的作用。）

最后教师总结：自古以来,中国人就有独特的家园情结和寻根的意识,所以要叶落归根。最近连战与宋楚瑜都来大陆探亲访故乡也充分表明了这一点。这样看来,这篇文章是单单写思乡吗? 看来还在于表明家乡是自己的精神家园。

> 抓准最后一节,扣住"家园""踏踏实实的虚无"来启发思考,这也是全文解读的一个关键章节。
>
> 第二板块：运用导读法,抓住文章的关键之处——第2段、第6段以及最后一段,一读一品一联之间举重若轻,帮助学生领会理解文章的精髓。

师：在预习中同学们已经写了对文章的评点,下面我们集中再对第七节、第八节进行评点,还可以对前面预习时候的评点加工修订一下,因为经过前面的学习,对文本的解读水平已经提升了。

生1:第八节中虽用了句号,其实是疑问句,起强调的作用。

师:刚才这位同学提出的见解我们还可以见仁见智,我提醒大家注意两个"是否",考虑是不是疑问。

生2:第七节:没有珍惜,因此后悔莫及。

生3:我觉得第八段的最后一句话,"是否"失去了今生今世的证据,是对今天生活的迷茫,自己也不能确认。

生4:我评点的是土坑的等待。土坑:虽然土坑上种上了树,比以前漂亮多了,但他还是对自己生活过的怀念,对自己曾经生活过的家园的怀念。

生5:第七段的第一句话:作者存在的生命的证据消失,有一种失落之感。

生6:两小节的语言平淡朴实,但含义很深刻,是精神的寄托。

师:通过评点来谈自己的感受,其实还可以结合自己的生活来谈自己的阅读体会。在文本评点的基础上,和作者对话,抓住文本中的词语,为什么用这样的词语,有什么意思?"是否"、"我不知道",作者为什么这样说,这样说有什么用意在?评点法的使用对于我们学习语文很有好处,今后我们还可以多多使用。今天所有的这一些也都是我们今生今世的证据。

第三板块:运用评点法,让学生自己品味感悟,如果说上面几个环节解决了共性阅读的几个问题的话,那么在这一环节里,个性化阅读充分张扬起来了。

[案例分析]

正像执教者所说,苏教版高一年级上册和下册比较难教,因其人文内涵比较丰富。这些都比较难以处理。《今生今世的证据》尤其难教。而教学参考书上的分析也相当简括。只解决人文内涵的问题,还是把学生的所有问题都告知。而对于初三刚升入高一的学生来说,这一点就更难以把握了。这样难的文章如何处理,处理到哪种难度,对于执教者来说都是一个挑战,执教者要勇敢地挑战这个难题。

一篇文章要靠生命来解读,要靠生活阅历来解读,要用心来解读。但对于这篇文章应如何导读,让学生在阅读中怦然心动,让他们的知识与能力、过程与方法、情感态度价值观得以提升,这是一个实实在在的问题。

这一节课上,执教者创设了一个和谐的对话情境。这个对话情境有着丰富的内涵,通过三个板块的内容的设计充分体现了这一点。这个对话情境不是平面的无意义的师生在一起"过家家式"的,而是具有极强的挑战性,每一个对话话题的提出都需要学生的思考爬上一个台阶,都需要动脑积极思考,因此对于学生来说,这个对话的情境也是发展性的。

对话情境的设置要讲究方法,教师在教学过程中与学生进行平等的对话,同时又不回避引导,通过朗诵、品词味句、评点,一步一步地把对话引向深入。特别是评点法，对执教者来说，重要的是在于教给学生以方法，而不在于结论的浅与深、对与错，这是需要我们关注的。在对话中，执教者适时联系当前社会文化生活的热点话题，如连战、宋楚瑜访问大陆，联想的触角向广度延伸，《今生今世的证据》深奥的乡村哲学玄理也就豁然显现了。

对话中执教者稍嫌心急，当学生沉思默想时又耐不住课堂的沉默，其实有时候课堂的沉默可能是一种更深层次的对话。教师也应该耐心等待啊。

关于文本理解的问题，见仁见智处更多，刘亮程对于人的精神依归也是困惑和忧虑的。当没有宗教的时候，家园就成了宗教，家园能成为宗教吗？其实他也感觉到了无奈、忧虑、困惑，《今生今世的证据》也算是苦涩的表达吧。现代主义的生命的荒诞感、漂泊感在这里似乎也有一些痕迹。当然，这对于高一的学生来说似乎玄奥了一些。

[附] 我教《今生今世的证据》

《今生今世的证据》课堂教学的六个板块

第一板块：温故知新

具体是听写两段文字。

> 乡土的一山一水，一虫一鸟，一草一木，一星一月，一寒一暑，一时一俗，一丝一缕，一饮一啜，都溶化为童年生活的血肉不可分割……童年的烙印却像春蚕作茧紧紧地包着自己，又像文身的花纹，一辈子附在身上。（柯灵《乡土情结》）

> 我这才明白，为什么各种异国的旅游景区都不能像故乡一样使我感到亲切和激动。我的故乡没有繁华酥骨的都会，没有静谧侵肌的湖泊，没有悲剧般幽深奇诡的城堡，没有绿得能融化你所有思绪的大森林。（韩少功《我心归去》）

目的有二：训练听写能力，一段长句子，需要抓住关键信息理解句意，而不能被一些枝枝节节的东西遮住眼睛；为理解今天要学的新内容铺垫台阶，柯灵的一段文字正是最好的注脚，只不过表述的方法不一样而已。

第二板块：怦然心动

请学生从文中找出一些令自己怦然心动的文字，并加以品赏。请注意，主要的要求是前面的同学讲过的句子，你最好不要重复。语言表述要清晰，先说出哪一页哪一节，然后读你所要欣赏的文字，再接着说说自己的体会。

当一纵排的学生按次序说完之后，我发表了自己的点评："同学们果然很有眼光，通过这些句子真的感受到刘亮程观察事物的视角很独特，好像他不是人,他就是树,是那一片泥土,是那一只大鸟。由此带来的另一个问题就是,他思考时好像也不是居高临下地君临万物的人,他根本就像一棵会说话的树,一堵会说话的墙,一头会思想的驴子。其实这正是刘亮程的自我主张,他说'我看世界,像牲畜一样观察'"。

我在课件上出示了有关刘亮程评论的三段文字,让大家进一步体会作家个性观察与思考的特点。

> 刘亮程把自己的村庄视为了人格化的精灵,狗、猫、驴、马、牛,乃至树木、麦子、鸣虫等,都被他赋予了人格化的含义。狗也拥有历经沧桑的生命,狗的生命里,也浮现出人世间的陈事旧影。驴也好,人也好,永远需要一种无畏的反抗精神,人有时也要像驴那样卑微。当描述起那个村庄所有的事物的时候,刘亮程都平等地与之进行生命的对话。这种独特视角反映了作者对生命的深刻领悟。(张光茫)

> 真是很少读到这么朴素、沉静而又博大、丰富的文字了。我真是很惊讶作者是怎么在黄沙滚滚的旷野里,同时获得了对生命和语言如此深刻的体验。(李锐)

> 刘亮程的才能在于,他好像能把文字放到一条清亮透明的小河里淘洗一番,洗得每个字都干干净净,但洗尽铅华的文字里又有一种厚重。捧在手里掂一掂,每个字都重得好像要脱手。(李陀)

第三板块:有疑不解

其实学生在解疑的过程中对刘亮程又有了新的发现,他的思考很特别,身边的一山一水,一星一月,一草一木,到了他的文中,都有了形而上的意义。正如佛教教义所说,一沙一石一世界,一花一叶一天堂。难怪评论家送予他"20世纪最后的乡村哲学家"的称号。

正因为如此,本文有很多地方难以理解。甚至有两个学生告诉我,读这篇文章找不到感觉。到底有哪些地方形成了理解的障碍,我让同学们提出,再让同学们来解读。

有的提出最后一节文字不理解,提出最多的是"那时我就知道一个土坑漫长等待的是什么"。到底土坑等待什么,刘亮程没说,我也不知道。我们就猜,根据上文来猜,上文有一句"他们打那些土墙时,我便清楚这些墙最终会回到土里",当然理解起来就容易得多了。《今生今世的证据》全篇文章想说什么,这是解读全文的关键,也是学生阅读的难点。我出示两段评论文字,来提供思考的拐杖。

> 刘亮程是一位题材与风格都很独特的散文作家,他的大量作品

通过对西北农村的细腻抒写,体现了一种难得的对乡村、对底层民众的人文关怀,对乡村日常生活意义的发掘以及对现代化进程中传统与现代两种文明之间冲突的反思。

刘亮程的可贵之处在于,他在自己平淡的叙述中,有意无意间透出人世间的哲理和生命的意义。每个人都期望着回归自己的精神家园,就如风中的院门那样,在一开一合地等待着你回家的步履。生命就像一场风,我们不知道刮过一个人的这场风什么时候停。刘亮程从破旧房顶的窟窿里,看到了昔日那贫困的童年。刘亮程的文字,俨然把自己生活了20多年的村庄,承载了生命的重大课题。读刘亮程的作品,我们要从那些凝重的文字里,领略到他对人生的深刻理解。

第四板块:浮想联翩

优秀的文学作品之所以具有强大的艺术感染力,就是他能够引发读者的共鸣,激活读者的想象。我读《今生今世的证据》,就好像把我拉回到了往事之中,让我浮想联翩。于是写了一篇短文《此生今世的年轮》:

人其实也是一棵树,他也有年轮啊。此生今世的阴晴风雨,都成了我心里的胎记。我经历过的,我看到过的,我读过的,我听到过的,就像烟云过往,再也找不到它的痕迹。甚至我没有空闲想起它,但它却经常来到我的梦里与我相会。

我每年回到老家一次,我童年时的证据在一点一点消失,我的母亲到了坟墓里边,老父亲已是满脸的沟壑,背虽不驼,脚步却比以往蹒跚。

我在麦地找到的一棵桃树苗,曾经栽在门前的园子里,如今,园子埋在一堆碎石乱瓦之下。桃树也早化为灰烬,去肥了另一片土地。

我生活过的证据,确实有很多不曾珍惜。那一只每天早晨放开圈来就围着母鸡打旋、飞到草垛上高声呐喊的大红公鸡。几个月大的儿子一见到它就会安静下来。后来被我亲手杀掉,与客人一起大快朵颐。

房前屋后这一棵树代替了那一棵树,这一个土坑成了那一条路。

那位一直让我心仪的魏家的漂亮的媳妇,婀娜着的,粲然着的,花貌着的,真的曾经有过吗?会不会有一把雕刻刀,在每一天每一天地雕蚀着她的青春?

身外的家园废失了,回家的路成了踏踏实实的虚无。物是人非只是人们给予自己的最后慰藉。人是物非更不可能,更难堪人非物也非。那伤感,那迷惘,怎一两字了得!

　　人之常情,过往的事物最好能成为琥珀,或者是化石,尘封起来,永久不变。谁人能够? 太阳总要把一切晒老,风儿总要把一切吹老。我们所能做的,只是浅酌低吟,为它唱起最后的挽歌。谁见到太阳回到过昨天,谁见过河流回到过前天。

　　证据可以废失,年轮不会消失。只要有生活,家园就会在不断漂泊。坚守者如我,回家之路真的会成了踏踏实实的虚无。

不过,我没有先把自己的文字介绍给学生。先介绍给学生固然可以展示教师的才华,但我很怕这样会束缚学生的思想,甚至把他们吓到不敢再说。我先让学生说,如果他们说得很好,我就不说。如果他们还很难把自己的想象与联想整理成一段很流畅的语言,我就做个示范,让他们课后写出来。

课堂上,我选的是后者。

第五板块:探幽发微

21 世纪初,"热读刘亮程"成为中国文学界一个很奇特的现象,特别是他的观察描写之细腻与特别,其秘诀到底何在? 我们一起探讨了本文中几个句子,我还选了作者另一段短文《谁喊住我》,以此来进行类化的总结。

　　"一场一场的风吹倒旧墙、刮破院门,穿过一个人慢慢松开的骨缝"。

　　"地深处的大风","更黑,更猛,朝着相反的方向,刮动万物的骨骸和根须"。

　　"恒久明亮的月光","它一夜一夜地已经照透墙、树木和道路,把银白的月辉渗浸到事物的背面"。

　　当我走了,那滩芦草会记得我。那棵被我无意踩倒又长起来、身子歪斜的碱蒿会记得我。那棵树会记得我。当树被砍掉,树根会记得我。根被挖了,留在地上的那个坑会不会记得我? 树根下的土会不会记得我?

　　多少年后我如烟似风的魂儿飘过时,谁会喊住我? 谁会依旧如故地让我认得我的前世?

　　能挡住我风一样的魂儿的,必定是那堵残破不倒的土墙,能缠住我烟一般的魄儿的,除了年复一年的草木,除了一朝一夕的炊烟,又会是谁呢? (《谁喊住我》)

至此,得出以下结论就不是很困难的事情了。

对场景细腻的描写,这种描写是浸透了作者的感觉的,物与场景总是个人化的,是人的感觉的延伸,它成了他生命中的一部分,比如,这些对物的记忆显然是非常个人化的。

这样一种观察与思考的特点,我们可以模拟试之。老师是校园中的一物,如桂花树。同学是刘亮程,桂花树与刘亮程进行有意义的一次对话。

第六板块:指点作家

刘亮程的散文确实是20世纪末中国文坛奇特的现象,我强烈向大家推荐他的两本散文集《一个人的村庄》和《风中的院门》。阅读这两个集子,需要有一把钥匙,谁能通过《今生今世的证据》抓住刘亮程散文的特色,谁就等于找到了阅读刘亮程的那把钥匙。

关于他的散文有的学生说是"寓言散文";有的同学说是"玄思瞎想";有的同学说是"朴素平淡"。我谈了自己的看法,有两个评价语:一是"大巧若拙",二是"赤子其人,烂漫其文"。后者是我从黄永玉评价著名作家沈从文"赤子其人,星斗其文"化用过来的。

第四节　语文课堂艺术镜头研究

一、在创造中积累语言,以《山中访友》为例

[艺术镜头说略]

《山中访友》是一篇文质兼美的课文,它那诗化的、精粹的语言,灵动飞扬的想象,营造了童话般的纯真的境界。所以积累语言是本课的一项重要的教学目标,按照往常的惯例,只要学生摘抄并熟记美句,就完成了这一环节。可是我突然发现学生懒洋洋的,为什么一落实到积累上学生就没有兴趣了呢?我有点恼火了,正要责备学生时,突然想到,是不是自己的教学手段太陈旧了?就像人的口味,每天都吃山珍海味也会乏味。能不能换一种形式的摘抄呢?把其中最精美的句子,以诗的形式组合会达到什么效果呢?于是,我首先作了一个示范。

古桥——

你是德高望重的老人

你把我人马渡过彼岸

你把滚滚的流水送向远方

你躬腰俯身吻着水中的人影、鱼影和月影

你在涧水上站立
你在岁月中坚持
波光明灭
泡沫聚散
你那从不改变的姿态
让我看到了一个古老而坚韧的灵魂

这种文变诗的改变,首先需要学生对文字有敏锐的审美感悟,精选最美的语言。其次还要重组创新,把散文乔装打扮成新诗,改诗的过程不是简单的形式上的变化,而是要有创新,使改出来的新诗有个性。这又是一次思维的飞跃,这一活动可真正让学生的思想和作者交融,产生共鸣,使自己的语言和作者的语言融为一体,和作者感情相通。对文字的理解、语言的欣赏都可以在这一活动中体现。一石激起千层浪,于是,立刻就有学生将第四段这样改了:

我愿意是一棵大树
让我的思想变成树汁
在年轮里旋转
——流淌
最后长出树籽
被鸟儿衔向远山远水

他在原文的基础上加了一句"我愿意是一棵大树",我肯定并鼓励了这种改动,加的这一句可说明这个同学读懂了作者陶醉于山林,以至想化为大树的心情。马上又有学生说:我觉得他改的还不完整,还不能完全体现作者陶醉于山林的心情,可以长一点——

我愿是一棵大树
脚长出根须
能呼吸地层深处的元气
头发长成树冠
去泼撒绿的心绪
手变成树枝
去拥抱山中的每个朋友
思想变成树
在年轮里流淌
长出树籽

被鸟儿衔着游山玩水

　　为了让其他学生领悟这种改的妙处,我和这个学生来了一番讨论:

　　"你怎么想到要加'去泼撒绿的心绪'、'去拥抱山中的每个朋友'、'去游山玩水'的?"

　　"因为我看到作者写到头发长成树冠,树冠是浓密而茂盛的,我就想到了'绿的心绪';而且茂盛的树冠向人们展示它的生命力的旺盛,所以我就用'泼撒'表现出来;而树枝往往是伸展开来的,我想到了去过黄山看到过迎客松,于是我就用上了'去拥抱山中的每个朋友';而最后一句作者写鸟儿是'衔向远山远水',而我想若改为'游山玩水'更能表现作者快乐的心情,而且还是一种拟人化的写法,和这篇文章的风格更吻合。"

　　多么富于创意的改动,而这种改动难道不可以说是"青出于蓝而胜于蓝"吗? 我不禁为这个学生拍案叫绝! 接下来,学生的思维的绳索一下子被解开了,好诗一首接一首地涌现:

悬崖——
你高高的额头
刻着玄奥的智慧
深深的峡谷荡漾着清澈的禅心
你是一位无言的禅者
云雾携来一卷卷天书
那正出自你的手笔

雷阵雨——
那是一千个侠客在天上吼叫
一千个喝醉了酒的诗人在云头朗诵

轻轻敲击斑驳的石头
我听见远古火山爆发的声浪
我听见时间隆隆的回响

拾一片落叶
细数精致的纹理
那是命运神秘的手相
没有留恋

来年——

你化成了软软的春泥

幽谷里传出几声犬吠

云岭上掠过一群归鸟

我该回家了

带一路月色

[观课分析]

这样的语言积累,是一种创造性的积累,既完成了摘抄美句的目标,又能调动学生的兴趣、开发学生的智慧,使沉重的思维通过了两个层次的跨越,一是鉴赏,二是创造。摘抄的句子一定是学生最欣赏的句子,这就是一个鉴赏的思维过程,而改动的诗句则是在鉴赏之后创新运用、会用,是积累的终极目标。

语言积累是语文素养培育的一个重要方面,而摘抄优美词句又是教师们最常采用的方法,也是语言积累的常规要求,摘抄的过程就是选择的过程、审美的过程、价值判断的过程,但由于做得习惯了,就把它当做一种常规的要求了,忽略了其过程性。正是由于这样千篇一律、千课一面的做法,使学生逐渐腻味了、讨厌了,逐渐产生了语言积累的倦怠,甚至是语文学习的疲倦心理。建构主义学习理论非常强调意义的建构,就是能够让学生在学习过程中体验成功的乐趣,老师要通过创设情境,引导学生把类似"干海鲜的"东西"水发了",和学生共同观赏这种"水发"的过程,让学生在这独特的过程中,生成独特的认识。这样的语言学习的过程不仅使学生的思维实现两个层次的跨越,而且还使枯燥的工作富有挑战,充满了诗性。在这里,她把语文教学的科学训练和人文关怀巧妙地融合了,这就体现了课堂语文的良好的生态。

二、《鸿门宴》两大阵营巧对比:选好切身体察的抓手

[艺术镜头说略]

这一节课是《鸿门宴》的总结课,怎样使课文内容融会贯通,引发学生向内容更深层思考,是我备课一直在推敲琢磨的问题。

我设想了三个方案。

第一个方案是引导学生把本文关涉的人物分为两大阵营,看两大阵营各有哪些人物,确定这些人物的身份。第二个方案,以故事的开端、发展、高潮和结局来串联人物和内容。第三个方案是我经过很长时间思考勾画出来的。把上面两个方案做适当的糅合,带领学生以军事观察员的身份,用量化积分

的形式,推断两大阵营的发展前景,并分析决定成功与失败的重要原因。略述如下。

导语:项羽和刘邦的两支军队原都是反秦的起义队伍,项羽实力雄厚,刘邦曾一度投靠。但当义军攻破函谷关、攻占咸阳时,秦王朝土崩瓦解,新的对立加快形成。双峰并峙、两水分流的局势在《鸿门宴》上已显端倪,我们来对两大阵营的力量进行一次实地考察,来判断一下在未来的楚汉相争中谁是王者。

汉:军队实力10万人,谋士张良,勇士樊哙,内奸曹无伤。首领刘邦。

楚:军队实力40万人,谋士范增,勇士项庄,内奸项伯。首领项羽。

第一板块:双方硬实力——军队实力判断

楚:40万军队,5分。楚占绝对优势。

汉:10万军队,1分。

第二板块:双方软实力

一比谋士。

范增:有谋略,对形势分析正确,劝说项羽急击勿失;与项羽关系亲密,是亚父,且年高德劭;能抓住战机,及时示意。可得5分。

张良:张良只是为韩王送沛公,张良只是友情赞助,尚未参与刘邦内部重大机密;张良在关键时刻叫来樊哙;张良让沛公先离开,自己留谢,敢于担当。可得3分。

二比勇士。

项庄:及时响应范增,基本上按照范增的计谋行事,比较有执行力。但不能随机应变,刺杀刘邦未成。虽说是由于项伯翼蔽造成,但也表现了他的笨拙无能。只能得1分。

樊哙:对刘邦忠心,"今日之事何如?"没有寒暄,没有客套,有的是一份忧虑、一种机警、一颗赤胆忠心。当得知"项庄拔剑舞,其意常在沛公"时,樊哙迫不及待请命:"此迫矣!臣请入,与之同命。"其人勇武豪壮,威风凛然,霸气逼人。面对层层设防、卫士交戟、刀剑如林,他"带剑拥盾",侧盾冲撞,"卫士仆地"。"哙遂入,披帷西向立,瞋目视项王,头发上指,目眦尽裂。"项羽赏赐给他的是一大块半生不熟的猪腿,樊哙当即倒扣盾牌,放下猪腿,拔出宝剑,把猪腿切成几块,几下工夫,狼吞虎咽,"消灭"得干干净净。樊哙是个机智干练、能言善辩的智士。他瞅准时机,巧妙发难,一番理直气壮、滴水不漏的陈辞,与项伯劝项羽的话和刘邦的陈词相契合,因此让项羽心服口服,无言以对。最后假以推心置腹之语,设身处地替人着想,前硬后软,引君入瓮,最终满足了项羽沽名钓誉之心,彻底摧毁了他"旦日飨士卒,为击破沛公军"的那份怒火和霸气。可得5分。

三比内奸。

项伯:与项羽关系非同一般,是季父。讲哥们义气,为救友不顾本集团利益,出卖项羽军事机密。禁不住刘邦的拉拢,竟然为刘邦出谋划策,"旦日不可不蚤自来谢项王"。帮助刘邦说话,劝说"沛公不先破关中,公岂敢入乎?"甚至为刘邦歌功颂德,"今人有大功而击之,不义也。"在关键时刻,"常以身翼蔽沛公",使"庄不得击",使项家的大好机会丧失殆尽。可得 –5 分。

曹无伤:地位低微,只是一个左司马;出卖机密度不高,"使子婴为相"是公开的消息,"珍宝尽有之"的机密与范增的判断不合。"欲王关中"是关键信息。其实只是项强刘弱,欲暗中投托,"欲以求封"。最后投机未成丢了小命。可得 –1 分。

小结:软实力相比,楚仅得 1 分,汉已得 7 分。但那个时代是要靠硬实力说话的,谁的拳头硬谁就是王者。胜负就在一念之间,就看双方首领如何决策了。

四比首领。

项羽:听曹无伤言(大怒)决意伐刘——受项伯说(许诺)答应善遇——受刘谢罪(留饮)自愧设宴——见范增举佩(默然)纵容刘邦——见项伯护刘(不应)继续纵容——樊哙闯斥(称赞)赐座赐酒——张良留谢(不追)安然受璧。只能得 0 分。错过了机遇,还损失了自己的眼线,更留下了本集团内部的累累裂痕。

刘邦:为之奈何(惊)——求救张良(问)——拉拢项伯(谋)——谢罪项羽(奸)——脱身独去(识)——留良代谢(周)。既逃掉鸿门宴被杀一劫,又躲过一场必败的大战。他可得 5 分。

结论:在错过这一次面对面的一决雌雄战争之后,项羽败势已现!经过几年征战,刘邦走出重重危机,于公元前 202 年在垓下对项羽发起了总攻击,项羽乌江自刎。

第三板块:胜负原因探析

请学生结合以上观察,进一步分析。经过讨论,形成以下意见。

1. 硬实力是重要因素,但不是关键因素,关键因素是人。

2. 内部同心同德,步调一致,才有战斗力。

3. 虽然说每一个人都有其特殊价值,但主帅的作用不可忽视,一个国家、一个集团非常重要的一件事就是运用各种机制选好领头人。

4. 主帅如何发挥好自己的作用? 不可沽名学霸王。项羽最大的问题在于寡谋轻信、优柔寡断、眼界不远、不善用人。根本原因还在于个人英雄主义,沽名钓誉。刘邦的优点在于头脑清醒,善于应变,虑事周到,善于用人。

我们可以从中找到一个交集:要善于用人。刘邦恰恰就是这样评价自己的。他说:"夫运筹帷帐之中,决胜千里之外,吾不如子房(即张良)。镇国家,抚百姓,给馈饷,不绝粮道,吾不如萧何。连百万之军,战必胜,攻必取,吾不如韩信。此三者,皆人杰也,吾能用之,此吾所以取天下也。项羽有一范增而不能用,此其所以为我擒也。"

[自我反思]

这个构思的好处就在于把课文分析的过程转化为学生切身体察的过程。切身体察,把自己虚拟成事件中的角色,在理解思考的过程中,自然享受各种体验。我之所以用"军事观察员"这个角色,而不是用故事中人物的角色,是为了让学生能够站在这个事件之上,置身局外,也就是说能用历史的大眼光来考量事件、品评人物。我觉得这是古为今用的要领。体悟语文教学最智慧之处就是看谁能够找到切身体察的抓手,教师的教学艺术设计之功也就表现在这里。

三、碑"经"义"纬"织出锦绣文

[艺术镜头说略]

先是教师有意识地抽出课文中四个句子,再进一步考虑每个句子的关键字(义),然后翻译理解。

1. 五人者,盖当蓼洲周公之被逮激于义而死焉者也。

2. 吾社之行为士先者为之声义。

3. 大阉亦逡巡畏义,非常之谋难于猝发。

4. 是以蓼洲周公,忠义暴于朝廷。

教师在畅谈中提问,与学生形成互动。由此看来,"义"是这篇课文的聚焦点,这里有蓼州"忠义"、人民"声义"、五人"激于义"、魏阉"畏义"。五人"激于义"是全文的总纲和重点,作者从三个方面写出了他们的"义":一是身居贫贱却不忘追求正义,二是面对魏忠贤的淫威不改变志向,三是慷慨赴死凛然不顾。这恰好与三种人形成了鲜明的对比。

问:他们是哪三种人?

答:富贵之子、得志之徒、缙绅和高爵显位之人。

师:所以我们去看五人墓那门额上题了四个字——义风千古,也算是画龙点睛之笔。更有一副对联写得好——刻奋身终奋义,千秋埋骨不埋名。"义"我们耳熟能详,但是要真正说出个所以然来又是很难的,谁能根据这几个句子来阐发"义"的内涵?

答:忠于国家,忠于人民,不向邪恶势力低头,路见不平一声吼……

师:《周顺昌传》有一个字与"义"也相近——"德",就是做好事,可见事情不论大小,只要是好事就可以称为"义",我们人人都可以称为"义士"。其实张溥作这篇碑记的目的也就在这里,试找出这个表示目的的句子。

答:故予与同社诸君子哀斯墓之徒有其石也而为之记,亦以明死生之大,匹夫之有重于社稷也。

师:我们苏州人似乎特别注重这种思想,昆山顾炎武曾说:"天下兴亡,匹夫有责。"当然这也不只是苏州人的专利,南宋绍兴人陆游诗云:"位卑未敢忘忧国",说的也是这个道理。那么围绕"义"这个文眼,作者是如何展开思路的?

共同完成——以义为"纬"

1. 五人因激于"义"而挺身赴难。
2. 郡之贤士大夫因重"义"而厚葬五人。
3. 富贵之子、得志之徒因轻"义"而湮没不足道。
4. 苏州市民为申"义"而举行反阉暴动。
5. 缇骑、毛一鹭因背"义"而失去民心。
6. 缙绅者因弃"义"而临危变节或苟且偷生。
7. 魏忠贤因畏"义"而非常之谋难于猝发。
8. 四方之士因慕"义"而无不过而拜泣。

但是这篇文章却又时时不离"碑记"的写作需要,怎样体现出来的?

共同完成——以碑为"经"

1. 且立石于其墓之门。
2. 去今之墓而葬焉。
3. 即今之傫然在墓者也。
4. 故今之墓中全乎为五人也。
5. 不可谓非五人之力也。
6. 哀斯墓之徒有其石也,而为之记。

[自我反思]

文言文学习的字词句理解能力的培养与阅读中的"义理法"——解读能力是文言文教学的两个方面。二者不可偏废其一,但是在我们的教学中常常是油是油水是水,把二者割裂开来进行分析。我试图通过文中词句的加工整合深入浅出,在作者思路的引领之下,披文入理,披文入法,披文悟道,这个片断就是基于此的设计。

四、《伶官传序》引申讨论与鉴赏案例

[艺术镜头说略]

本文教学分两课时,教学过程安排如下:(1)课前印发与本课有关的资料,让学生先对课文学习背景有所了解。(2)以自学为主,教师导学。(3)运用三读法:一读,划出课文重要词语、难点句子,并对之加以突破。二读:了解有关史实,加深对文句内容的理解。三读:延伸拓展对课文的理解。下面展示的是"三读"的镜头。

师:史论文的社会意义及写作特点:"以铜为镜,可以正衣冠;以古为镜,可以知兴替;以人为镜,可以明得失。"任何一种文章体裁都是有发展变化的,史论也是如此。最早的史论,指的是史家在本纪、列传后面所写的一段评论文字,如《史记》中的"太史公曰"、《汉书》中的"赞曰";后来扩大到凡是就史实发议论的文章都称为史论。贾谊的《过秦论》出现在《史记》之前,原是一篇策论,后被附于《史记·秦始皇本纪》之后,用以代替作者的评述,也就被看做史论了。

我们所学过的史论文章有《过秦论》、《六国论》、《伶官传序》(《阿房宫赋》也是用赋的形式来论史),试根据其特点总结。

1. 从史实中提炼观点;

2. 在观点的指导下叙史,以史实为论据而不是介绍历史;

3. 叙史一般用概括叙述方式,对个别极为重要的史实也可以具体地叙述。

4. 叙史的目的是为了总结历史的经验教训,因此常有明显的针对性,常用借古喻(讽)今的手法。

学习这篇文章请大家思考三个问题:

1. 下面是根据本课课文总结的后唐唐庄宗的大事年表,请填空,然后答题。

表 6-2　后唐唐庄宗 908—926 年大事年表

纪 元	年 龄	事 件	道 理	中 心
908 年	23 岁	受矢(其后用兵,则遣从事以一少牢告庙,请其矢,盛以锦囊,负而前驱)	逸豫可以亡身	
912 年	27 岁	破燕(方其系燕父子以组)		
923 年		亡梁(函梁君臣之首)		
926 年	41 岁			
结 论				

2. 请再找出其他几个例证。

3. 本文是一篇不可多得的骈散结合的史论文章,行文中有很多的特色都值得我们咀嚼品味,请用评点法来评点这篇文章。

说明:评点法就是在文章的头尾、书边、文字中间添加上自己阅读品味的个人的体会。文字可长可短,可俗可雅,但一定要有自己的独特的感受和体会。

生:通过第三次深入文本,思考并解决上面三个问题。讨论最后结果如下。

表6-3 补充完整的后唐唐庄宗908—926年大事年表

纪元	年龄	事件	道理	中心
908年	23岁	受矢(其后用兵,则遣从事以一少牢告庙,请其矢,盛以锦囊,负而前驱)	忧劳可以兴国	盛衰之理虽曰天命岂非人事哉
912年	27岁	打败燕国。(方其系燕父子以组)		
923年	38岁	亡梁(函梁君臣之首)		
926年	41岁	国破身亡(身死国灭,为天下笑)	逸豫可以亡身	
结论		祸患常积于忽微,而智勇多困于所溺		

请再找出其他几个例证:

秦国:兴,励精图治;亡,仁义不施。

六国:兴,抵抗秦国;亡,弊在赂秦。

勾践:兴,卧薪尝胆;夫差:亡,轻信小人。

项羽:兴,力战群英;亡,不用贤能。

学生评点几则:

1. "系燕父子以组"二句,对偶句。音韵铿锵显出胜利者的气概。

2. "仇雠已灭"等11句,以四字句为主,连珠而下,显出衰败之速。

3. "岂得"二句,自然转入议论。两问中,前问铺垫,重在后问"皆自于人",照应开头"岂非人事哉"。

4. "书曰":引证经典。

5. "忧劳"二句:本意在此。

6. 详写晋王遗命,为下文张本。

7. 将16年征战过程概括无余。

8. "忧劳"二字正寓其中。

9. 第一句:照应开头"盛衰之理"。

10. "夫祸患"二句:重在说衰。

[自我反思]

文言文学习要做到"实"与"活"的统一,阅读要做到"深入浅出"。这篇课文总教学时间为 90 分钟,我基本上用 60 分钟时间与学生一起梳理课文,落实字词句并联系以往学习的知识实现语感迁移。但我觉得仅此还不行,还需让文字在学生的大脑中活起来,化为鲜活的人与事,为学生的精神打下鲜明的烙印,所以安排了第三读这个环节。应当说这对于一部分学生有点难度,在这一个环节当中也不是每一个学生都能达到要求,但不同的人确实有了不同的收获。

第五节 《金岳霖先生》观课分析

执教者:(南京一中)张曙光
班级:扬州邗江中学高一学生
观课分析:邵统亮
研究重点:阅读教学中教师的"讲"

师:今天我们一起欣赏汪曾祺先生写的《金岳霖先生》,这篇课文下面有四个字,活动体验。我们今天就活动体验一下。大家知道汪曾祺是我们扬州高邮人。一次有一位来访者对汪曾祺先生说:"古有秦少游,今有汪曾祺";汪老幽默地说:"古有秦少游,今有双黄蛋。我汪曾祺还要排在后面。"最近几天李敖大陆文化游是新闻热点,李敖到北大演讲,他对金岳霖先生也非常地敬重。

(幽默的介绍,课堂学习有了轻松的氛围。教师的讲中有着很大的信息量)

接着老师先要求学生默读一遍课文,然后再来谈一谈对金岳霖先生的印象。一个学生说:"我觉得与我爷爷差不多。样子很相像、性格很相像。他的性格很顽皮,如果他是我爷爷的话,我会更喜欢他。"另一个学生说,"金先生是一个比较随便的人。从文章第九小节的这段文字就可以看出。"

教师当即肯定他持之有据,就让两个学生读第九节的文字。

下面,师生有一段对话:

师:金先生很随便,你说的真的很有道理的呀!

生:他是一个很崇尚真理的人。第九节说,"……他不人云亦云,他很有主见"。

师:你为什么把"崇尚真理"改为"有主见"的人?

生:有主见与崇尚真理不一样。当大家都对其主见认同,主见才可能成为真理。

生:他是一个很钟(终)情的人。(读课文原段)不是片面的爱情,而是欣赏其才华。(谈林徽因的生活经历)。

师:你说的是哪个"钟"?

生:终了的"终"。

师:把自己的感情进行到底。

师:想看看林徽因吗?

下面老师通过视频展示了青年林徽因的图片,引起学生"哇"声一片。老师也幽默地说:"风姿绰约。我也很喜欢。"然后又展示中年林徽因的图片,说:"中年了,仍不失其风韵。""想看看金岳霖吗?"当他把金先生的图片通过视频展示出来时,引得学生"哈哈"笑成一团。

师:大家都知道林徽因与梁思成、徐志摩的爱情故事。其实金岳霖先生是他们的竞争者。在西南联大,林徽因与金岳霖的房间只一门之隔,有一次林徽因非常迷惑地问梁思成,"我一下子爱上了三个人,那三个人也都很爱我,我该怎么办?"梁思成思考了一夜,痛苦地决定要退出。金先生听到这个消息之后,他认为梁思成是真正地爱林徽因,于是他主动退出。金岳霖经过那一段感情之后,一辈子未曾结婚。在金岳霖的晚年,照顾他的是梁思成与林徽因的孩子。让我们一齐读这一段文字。

老师指导学生齐读"林徽因死后……日子。"接着又说——

师:这几行文字很平淡,但却是金岳霖先生真性情的真实表现。刚才同学用了"终情"二字来形容,太好了。还有呢——北京饭店,是郑重严肃的地方,金岳霖为什么选在北京饭店?(可见庄重严肃。对林的持尊敬重)"今天是徽因的生日",如果多了"先生"或多了"林",那份情感就薄了许多。但也不能说是"因的生日"。"两情若是久长时,又岂在朝朝暮暮"。"问人间情为何物,直叫人生死相许;问世间情为何物,直叫人埋在心底。"对这些文字,我们要慢慢欣赏,细细咀嚼。金先生还有其他的例子吗?("金先生是一个单身汉……斗鸡……")据说汪曾祺是一个高明的厨师,一来客就烧菜。淮阳菜比较清淡,但味道很丰厚。汪先生这里边有着特别的韵味。你读出来没有。你有没有从刚才这些随便的细节中,体会其中的意味。大家读,我看你有没有读出。

(这一路精彩的讲,补充一个生动的细节,重点品读北京饭店请客时说的一句话,点化直入心底。)

接下来老师又指导学生读"养斗鸡"、"斗石榴"、"问林国达"、"对王浩"。边读边提示,比如在读"斗石榴"一段文字时,老师提示说:这些孩子有哪些人? 杨振宁、邓稼先等,当时的生活也很差,其实他是在拿大梨、大石榴一方面要逗孩子们玩,一方面也是有意送给他们。有人说,金先生是一个很随便的人,你对此怎么看? 下面是老师与学生的一段评价金岳霖先生的对话。

> 师:那么,这随便之中其实是什么呢?
> 生:很有趣。
> 生:很复杂。
> 生:有礼貌。
> 生:高深莫测的学者。
> 生:是一个平凡的人。
> 生:很不拘小节的人。
> 生:挺尊重别人的人。
> 生:学富五车的人。
> 师:有学富五车吗? 他一生只出了两本书,但是"大家"。
> 生:充满爱的人。
> 师:是不是爸爸对你的爱?
> 生:不只是一种亲情,充满大爱的人。
> 师:岳为山,霖是水。山的沉稳,水的灵动。山水金岳霖。谁能再加上一个词。同学们的眼光告诉我,这个人真让人看不透。这种人叫"性情中人"。性情二字。至性至情金岳霖。作者为什么不这样写。就是为了让大家一起去品味。

(教师通过自己的总结是对文本的点睛,也是对一堂课的点睛。)

> 师:萧珊问金先生为什么搞逻辑,回答说好玩。这说明了什么?
> 生:对逻辑的喜爱。
> 生:至情至性。
> 师:陈省身是数学大师,他也曾说过,数学好玩。黄永玉说:年过八十,仍然不辍画画,有人劝他,他说,画画好玩。一个鲜活的人,还是金岳霖。当然要把一个人写得鲜活,要靠细节。

接着教师回忆自己的生活,教师谈与父亲的交往、母亲的经历中的两个重要的细节。但是教师说得过多,由于是自身的事情,表达稍有拘谨。

(教师畅讲意在让学生读书要勾连起生活,勾连起自身,这样才能深入

浅出。)

　　（铃声下课）

　　　　师：我很想听大家说说自己生活中忘不掉的细节。

　　　　生：我小时候对爷爷是很讨厌的，可在他快要去世的时候，他把我叫到跟前，说我们陈家没有一个大学生，让我好好学习，成为陈家第一个大学生。

　　　　师：一句话也是很感人的细节。好，下课。

［观课分析］

　　《金岳霖先生》一文确如山阴道上美不胜收，张曙光老师与学生一道慢慢走、慢慢欣赏。听课人也被那一路解读文本的过程所深深吸引。教师的讲解称得上是课堂上的一道风景。

　　试解其中味。

　　新课程强调学生的主体学习的地位。如何看待教师的讲？教师的讲解会不会影响学生的主体地位的确立？这个案例实实在在地告诉我们，没有，教师只要讲得精彩、讲到点子上，同样也可以使学生的思维在一堂课中不断爬坡。

　　教师的讲应该是具有"很高劳动附加值"的讲，要有文化含量、信息含量、语文因素含量和精神含量。张曙光老师的讲的劳动附加值高，课堂学习的每一个参与者通过他的精讲都拓展了自己的信息空间。这样的讲是有意义的。

　　教师的精彩的讲，体现在与文本、与人物、与作者、与学生、与生活的精当的对话上。对金先生的尊崇、对汪曾祺的敬重、对父母的感恩、对文本的敏感、对学生的爱护这一切都体现在教师的精讲之中，这一切也塑造了教师的人格魅力，课堂教学的三维目标的实现尽在其中。

　　教师的讲要繁简得宜。张老师有四处畅讲，更多的地方是一句话点化。畅讲处让人心动，精讲处启人心智、发人思考，让人会心一颔。

　　教师的讲要讲究节奏。张老师的繁讲与精讲分布得极为合理，如行云流水，精其所当精，简其所当简，自然天成。如果没有精心的预设恐怕很难做到这样。

　　教师的讲要在点子上，点子包括学生的疑难处、思维阻结处、文本的精华处、有独到体会处。如果悱而不启，首席发言人的作用也就会缺失。

　　当然教师的讲要建立在对文本的深透的解读上。一堂课下来，总感觉到无论是教者，还是学生，对金岳霖先生的理解都缺少一点什么。其实，汪曾祺先生写金岳霖，除了表现其至情至性，还写了作为学者的他的一片率真、童心,我以为抓住一个"真"字,才算是理解金先生,也才算理解了汪曾祺。

另外,这一堂课教师主要引导学生探析金先生的为人,失之于太大篇幅的"思想"分析。其实这些内容很多学生是一读便知的。如何让一节课更富一点"语文味"也还值得好好研究。

第六节　"素教"语文教学叙事

还记得刚刚走上工作岗位时第一次语文研讨活动:一位老教师上公开课,讲的是朱自清的《春》。他把课文知识点分析得头头是道,课堂教学设计也滴水不漏。但是,听课之后,我却对《春》顿生反感,甚至觉得它面目可憎。而我第一次读《春》的时候,好长时间都被那优美的意境氤氲着。是什么偷走了这种原初的感动? 可能是老师的肢解使文章没有了生命;可能是解读太透使文章没有了神秘感;也可能是自己读的多了,销蚀了新鲜感;还可能是老师"千口一腔"式的解读,使得文章面目可憎!

还有一次我自己教《〈物种起源〉绪论》的经历。在第五次教这篇文章时,我设定了两个教学目标:阅读文章,体会作为一个科学家的达尔文的科学态度和科学精神;把握作者文章内容和语言的科学之美。围绕这个目标,我设计了三种方案。第一种方案:先出示本课学习目标;然后解读文本,梳理文脉,把握内容;接着从文章学的原理来看中心论点与论据之间的关系,最后体悟文章语言的逻辑美,领悟语言的分寸感。第二种方案:这是一篇绪论,先是让学生了解一下绪论(或称导言)的文体特点,从而体会这篇文章的写作内容;进而给出几个问题,引发学生思考,带领他们通过深入语言来理解内容。第三种方案:让我们的教学富有一点趣味,开拓一下学生的视界,先介绍"达尔文的挑战与挑战达尔文",用一节课的时间介绍"进化论"的产生、与"神创论"论者的论辩、与同道的专利之争和来自各方面的挑战。我的设想是通过这个办法培养学生的兴趣,然后再深入学习这篇课文、品味语言文字,从而领会和学习达尔文为科学献身的人文精神,以及他处理事情的科学态度。

我选择了第三种方案。为了搜集达尔文的挑战和挑战达尔文的材料,我整整用了一天的时间。为了让课堂生动有趣一些,我又把材料进行梳理美化做成 PPT。但课堂实际情况很糟,学生并不喜欢。问题原因,一直无解。

后来偶翻一本关于传播学的书。作者认为,传播的前提就是使它简单、傻瓜。传播学的原则就是你要永远保持它那种特别简单甚至是傻傻的、笨笨的样子。"简单化"、"傻瓜化",与教育学"最近发展区"理论不谋而合。那么,我的这一次教学设计是不是有悖于这个原理? 简单中求深度,傻瓜下见智慧,切近中谋提高。语文阅读教学的设计应该遵守这一原则,姑名之曰"素教"吧。

第一,教学内容删繁就简,扣重点,破难点。

《师说》是韩愈作品中最重要的一篇,集中体现了韩愈文章"茹古涵今,无有端涯,浑浑灏灏,不可窥校"的语言风格,学习难度较大。对于刚升入高一的同学来说是一大难点。我查阅了 23 个关于该课的教学设计的课例,多是过于烦琐的古代汉语字词句的知识教学,还有很多的延伸拓展。这样的阅读势必要使学生在繁茂芜杂的内容中晕头转向,文言文的学习兴趣会一下子消失殆尽。

教这一课我最重要的工作就是洗课,把一些可要可不要的所谓知识教学全部洗去,从五个方面简化内容,让阅读轻松上阵。

介绍韩愈时,我说了 6 句话:(1)宋儒:孔孟之后便是韩愈。(2)苏轼对他的称赞:文起八代之衰,道济天下之溺。(3)与柳宗元共同发起了古文运动,让儒学复兴起来。(4)唐宋散文八大家之首:清代人编选的《古文观止》(共 240 多篇,选韩愈的作品就有 24 篇,在几千年中国历史上的散文作家中独占鳌头。(其次为苏轼 17 篇;《史记》14 篇;欧阳修 13 篇;柳宗元 11 篇。)(5)余事作诗人。开创了一种奇险诡谲的新诗风。(宋诗"以文字为诗、以才学为诗、以议论为诗")(6)伟大的评论家:最早发现了杜甫,把李白与杜甫并尊的他是第一人。(李杜文章在,光焰万丈长)

结合课下注释了解一个文化常识:六艺经传。

初步了解 12 个词语的意义和用法:师、学者、所以、从而、众人、句读、常、徒、族、嘉、其、耻。

能够译通 5 个句子:

1. 夫庸知其年之先后生于吾乎?

2. 其皆出于此乎?

3. 句读之不知,惑之不解。

4. 位卑则足羞,官盛则近谀。

5. 不拘于时。

内容理解上,重点研习第二段三方面的对比及其作用。

设计一条课堂教学主线:以读顺、读懂、读通为主轴,层层推进。洗课后面临一个问题,如何对有些语文程度较好、学习兴趣较浓的同学实现差异教学? 我采取布置课后拓展学习的办法,把拓展学习材料放在教室电脑桌面和我的博客上,让学生自由学习。

第二,寻找举重若轻、化繁为简的突破点。

在《寒风吹彻》中,刘亮程写了一件简简单单的事情——围抱火炉回想:一次寒夜的经历、一个冻死的陌生人、在冬天死去的亲人、姑妈、年迈艰难的母亲。但这篇文章深厚得简直难以读透! 很多人都说,刘亮程好读不好教。

刘亮程自己也说,《寒风吹彻》"这篇文章在我的文字中是很特别的一篇,那些太寒冷的文字,可能不适合孩子阅读。当然,这样的文字呈现到中学生面前,说明我们的老师和学生都长大了。"

我沉下心来反复阅读,文本给了我丰厚的回报,让我发现了这篇文章的多重意象复构法。这样我就可以从文本出发了。

一读,理清文脉。

二读体味语言。每读一节文字,我都与大家找一找最有意蕴的句子。运用比较法,用我们的话怎么说,刘亮程怎么说,从而体会他对自然、对人生特有的敏锐的感受。

三读,提取最主要的问题进行讨论。

第一个问题是,"寒风吹彻"有哪几层含义?（寒风冰冷的程度,冻坏骨头,冻死了人。寒风冰冻每一个人,寒风冰冻着每一个人的一生,寒风冰冻着人心,这寒风就是"劣境、苦难、无奈"的象征）

第二个问题是,面对如此寒冬,人生确实又是一个悲剧,我们应该怎么办?大家都说,人与人之间要友爱,面向未来,树立信心。

我说,要找到自己的火炉。高中的生活也有寒风阵阵,我们找到自己的人生火炉是什么? 互相关爱……看来,作者写抱炉回想,这个火炉也是一种文学的意象啊。我真的很奇怪,刘亮程的一篇写平平常常乡村生活的散文,为什么能让人读出那么多的东西呢? 作者下了什么药,能够这样引发我们的深广的联想?

张绿叶说,主要在于作者运用了细节描写,有了细节就深刻了。虞心怡说,作者运用了象征,如寒风,如火炉。吴春霞却说,他雪碧加葡萄酒,但又语焉不详。汪家慧说,他主要留白,每说一段话,不说尽,不写完,留一些东西让别人去体会。赵鸣说,作者的触角广泛,写了那么多人的寒冬,本身就是一种意蕴。

但依我的解构,"寒风"其实就是作者在这篇文章中苦心经营的意象,这个意象含义非常丰厚。它是"自然的寒风"（现在正在经受的,过去经受过的,未来还要领受的;我的寒风、陌生路人的寒风、亲人的寒风、妈妈的寒风）。它是"人生的寒风"（隐约寓示着"劣境、苦难、无奈"）。它是"心中的寒风"（失望、灰心、冷漠,失去了抗争的欲望）。文章以第一种寒风为主线,营造氛围,再把后三者融于其中,表达出一种对生命的抽象的体验,所以浑厚了啊! 这就是多重意象复构法,是我阅读一得,属于我的"专利"。

第三,追求简约、朴素、本真的教学方法:读读,想想,议议,评评。

在《我与地坛》的第二部分,史铁生把对母亲的忏悔和深爱置于地坛之内。地坛的阔大、母亲的博大与"我"悔恨的痛彻,读来感人至深。

这一课的教学流行煽情:配音乐,用多媒体,用名言警句,让每一个人歇斯底里地喊"妈妈,我爱你"。但我很怀疑这样做的长久效果。动情,应该是在内心深处无法言说的默然,惊鸿一瞥的悸动。一阵暴雨也可能马上将地皮打湿,但总不如醉心酥骨的淅淅沥沥。这是我的观点。

于是,我在导入的环节设计了一个课外文段的链接,读史铁生的《秋天的怀念》这篇怀念母亲的感人至深的文章,每一次读它我都禁不住泪流满面。我用凄婉的语调来读,一定会让每一个人歔歔有声。但如果我在课堂上满面滂沱,而学生却无动于衷岂不枉然! 我还是决定让学生自己来读。

我选一个平时比较散漫的男生来读。他读着读着声音哽咽了,学生中也出现了很多吸"鼻涕"的声音。这个一贯大大咧咧的家伙,读完了脸上竟然也凝重起来,还向同桌做了一个沉重的表情。

于是,课文诵读就在一片歔歔声中开始了。这一次我把史铁生的一幅满面阳光的画面投影出来,我让每一个男同学读一节,在一些特别强化情感的地方采取多种形式尽情尽兴地诵读。

"我真想告诉所有长大了的男孩子,千万不要跟母亲来这套倔强,羞涩就更不必,我已经懂了可我已经来不及了。"

男生读,女生读,全班齐读,老师跟大家一起读。母亲的眷眷,儿子的拳拳,拳拳眷眷在教室里潜流脉动着。

诵读到结束,我想尝试一下这种感性的读能不能带动理性的思考。课文的最后一句是理解全文的关键,通常的做法是要设计一套环节组织学生来探究研讨。我却用一句话单刀直入——

"多少年来我头一次意识到,这园中不单单是处处都有过我的车辙,有过我的车辙的地方也都有过母亲的脚印。"这一句话意味隽永,谁解其中味?

一个男生站起来说:作者体味到了当年母亲到地坛找寻"我"的艰难,找"我"时候的心中之苦。车辙有多长,妈妈的苦就有多长。

又一个男生说,其实这坛中的处处车辙还是作者精神成长的证据,母亲的脚印处处也说明了母亲的精神无时无刻不在滋养着"我"。

他的话还没说完,就有女生小吴站起来说,车辙处处,脚印处处,地坛的阔大,母亲的博大,儿子的感恩之情在这里已经水乳交融了。

第四,运用"观其大略"读书法,阅读不求甚解,只求能抓到关键信息。

《火刑》其实是一篇很优秀的文章,只可惜很多的高中语文教材不选了。还记得当年教学人教版教材时,我要上一节公开课,就选《火刑》。我把教学目标确定在两个方面:

第一,(渗透)通过学习,培养学生的科学精神。勇于探索,追求真理,献身科学。

第二,(重点难点。导练)培养搜取、整理、归纳、概括语言信息的能力。

用一课时来完成这两个目标,如果细嚼慢咽很难实现。既然古人有一种"观其大略"的读书法,我想不妨就用一节课来尝试这种读书法吧。

首先我要求学生用 5 分钟时间快速阅读课文,搜寻并筛选有关布鲁诺的信息,用 100 多字略说布鲁诺。这个训练要求学生首先要定向,即了解布鲁诺哪些相关信息,比如哪国人、哪个方面的科学家、生卒年月、主要贡献。其次要跳读,跳过无关的段句,比如第一部分,最后一部分,中间的语言描写、外貌描写、心理描写的部分。

通过 5 分钟的速读,果真有学生就以《走近布鲁诺》为题,整理出了一段话:

> 布鲁诺出生在意大利那不勒斯附近的一个城镇,天文学家,主要贡献是在观察实验上。1548—1558 年为其儿童时代,1558—1570 年为其僧侣生活时期,1575—1578 年为国内流亡时期,1578—1591 年为其国外逃亡时期,1591—1600 年狱囚生活时期,1600 年被害。

接着,进一步筛选信息。作为一个天文理论学家,布鲁诺的主要观点有几个,要求学生用 3 分钟时间阅读并用尽可能少的字数来概括。

比较理想的答案是:太阳不是宇宙中心;宇宙无穷;宇宙不断运动;地外有生命。

然后,教师提问:《火刑》是一篇人物特写,属于传记文学,文章非常讲究艺术构思,比如布鲁诺一生几个阶段作者分别用了哪几个有关"火"的意象?这样安排有什么好处? 这一个训练的难度开始爬坡,在直接找原句的基础上,还需要通过自己的思维进行加工。

> 生:火种,火把,火焰,火刑;这几个意象的串连概括了布鲁诺从探求真理到献身真理的过程,也概括了他与罗马教廷不屈不挠地斗争的过程;火刑是科学与愚昧、真理与迷信的水火不相容的斗争的高潮。在火刑之中,布鲁诺的精神得到了洗礼,而罗马教廷的残忍与狠毒的嘴脸也被彻底暴露了。

接着,师生齐读文章的最后一部分。老师说,读完这一部分,我们感慨良多。对真理的追求、对科学的探索不是一蹴而就的,从布鲁诺身上我们可以总结科学发现对真理的探求还需要经过哪几个阶段? 在这个过程中贯穿着一种什么样的精神?

生:追求真理、发现真理、传播真理、坚持真理、献身真理。科学精神的最主要内涵是献身精神和创新精神。

最后,老师再一次要求同学们整体阅读理解课文,师生共同完成筛选信息分析鉴赏课文练习。请学生从下列选项中选出对课文分析和鉴赏正确的三项。其实这些选择项也是老师解读这篇文章所形成的理解与探究的重要信息。

A. 本文开头景物描写沉重压抑,写出了罗马教廷"黑云压城城欲摧"的白色恐怖景象。

B. 布鲁诺在《诺亚方舟》一文中系统地阐述了自己关于宇宙的理论,对伪科学进行了辛辣的嘲讽。

C. 宗教裁判所的最后宣判,向世俗政权建议,"对异端尽可能惩戒得温和一些,切勿流血。"这表明罗马教廷尚有一丝慈善。

D. 布鲁诺关于宇宙的理论在今天已经完全被科学所证实,因此人们怀念他,并在百花广场上建起了他的铜像,有6000多人参加了揭幕典礼。

E. 布鲁诺与罗马教廷的斗争,最为激烈的表现在"囚房刑讯"、"法庭审判"、"百花广场火刑"等三个回合,作者用了语言描写和对比的手法来表现他的坚贞不屈的意志和对真理的坚定不移的信念。

F. 这篇文章紧紧围绕中心剪裁和组织材料,略写了布鲁诺从出生到22岁的生活,一笔带过了他16年的流亡生活,只重点详写他与罗马教廷的斗争,充分表现了他誓死捍卫真理的伟大精神。

G. 文章最后部分与第一部分相呼应,升华了布鲁诺献身的意义不只在于证明自己的理论是正确的,还在于推动了科学、历史的前进,从而深化了文章的中心思想。

H. 布鲁诺为了传播真理、躲避罗马教廷的迫害,只身逃亡到瑞士、法国、德国等地。

I. 文章的第一部分从故事情节的结构上看是序幕,从叙述的方式上看是倒序。这样处理的目的是为了造成悬念,吸引读者阅读。

素教语文,简约而不简单,大气缘于底气。素教语文,追求语文的"本色","本真"地教语文。素教语文的"机巧"在于把读书思考的主动权还给学生,把课堂的时间还给学生。由于简约,思考张力更大;由于朴素,更显自然和谐;由于平常,更需要沉潜的功夫;由于朴实,更需要读写听说真本领。魏书生很多公开课都是即兴选课,即兴而教,源于他的"懒",素教而已。钱梦龙很多的公开课也没有机巧,清澈见底,但听他的课,如坐春风——素教使然。

第七节 从《斑羚飞渡》的教学看"复述法"在阅读教学中的应用

[说明]复述法是语文阅读教学中最常用的方法之一,对语文学习三维目标的达成有着重要的作用。阅读教学中如何设计复述法,使之更为科学、有效?湖北省优秀语文教师刘谦执教的《斑羚飞渡》曾在全国青年教师课堂教学大赛上脱颖而出,值得一"观"。

师:在这个广袤的星球上,人并不是唯一的生命形式,也不是唯一的具有情感的生灵。我们一直和千姿百态的动物相伴而生。斑羚就是其中的一种。下面老师就给大家讲一个猎人和斑羚的故事。(运用 CAI 网页式课件,边叙述,边展开课件)

[评析]

教师复述,营造情境氛围,先让学生感动起来。

师:故事讲到了这里,我想,同学们的心灵应该受到了强烈的震撼。那么,你们能说说现在的感受吗?或者说,最让你感动的是哪一点呢?

学生畅谈感受,展开师生对话,教师在对话中注意把对话的内容进行梳理:站在猎人角度的感受,站在斑羚角度的感受,站在个人角度的感受,站在人和动物角度的感受。

(一) 斑羚的角度

1. 陷入绝境后求生、自救。

2. 勇于牺牲,视死如归,从容赴死。

3. 危急关头勇于献身的精神。

4. 为了拯救种群而无私奉献,为了种群的生存而甘于自我牺牲。为了使种群得以生存延续,面临绝境义无反顾选择死亡,无怨无悔。

(二) 猎人的角度

1. 崇尚斑羚的品质,希望人类从斑羚身上得到启示。

2. 他没有表现出应有的忏悔,正是人类的猎杀才造成了人与动物之间的矛盾。

3. 是谁使这群斑羚面临死亡的威胁呢？正是人类的狩猎队使老斑羚壮烈死去,由此人类应该反省如何去爱护野生动物,维护生态平衡。

4. 留给人类的思考是什么？人类只有一个地球,人和动物都是大地之子,本是同根生,相煎何太急?

（三）人和动物的角度

1. 对"人类应该怎样与动物相处"这个严肃的问题进行思考。

2. 反思人类的所作所为,摆正人类在自然界中的位置。

3. 人类自诩为高等动物,是世界的主宰。人类拥有强劲的思维能力,拥有先进的科技手段,可以改天换地,对于和自己一起生活在这个星球上的其他物种,人类是蔑视的。人类肆意屠杀它们,导致许多物种的灭绝。

4. 人类是地球上唯一的高智能生物。没有其他动物,就没有人类的生生不息。

（四）个人的角度

面对困难,要勇于接受挑战。由人生的历练,锻炼出柔软如水的、坚强如钢的精神。

1. 千百年来人类对伟大母爱的讴歌。

2. 对报国杀敌勇士的赞颂。

3. 在学习中团结合作。

4. 在灾难面前要勇于逃生、善于逃生。

[评析]

本节让学生初步感受,引发学生的经验和初步体验,同时引导学生的思维上升到一个新的理性层面,即知觉的层面。这一切都为下面的学生复述做了铺垫。

师:是的,同学们心里都涌动着许许多多的感动和感慨。由于时间的限制,不能让每个同学在这里一一叙述了。怎样让更多的人听到我们的心声,怎样让更多的人与我们一起感动呢？有一个办法,那就是学会复述故事,学会讲故事。大家应该知道了,老师讲的这个故事叫《斑羚飞渡》,它是沈石溪的一篇小说。（课件引入本课课题）下面请同学们把课文默读一遍。读过后想一想,你能不能用几句话就把这个故事概要地复述出来？

[评析]

课文主要包括两方面的内容:有反映故事的叙述性内容（故事情节）,还有串起的非叙述性内容（介绍、修辞性描述、抒情、议论等）。老师先用几句话作复述指导,要求用最简洁的语言概述故事,只作纯粹客观的介绍）。

生1：一群斑羚被狩猎队包围在悬崖前，进退维谷。这时，老斑羚为了挽救种群，甘愿牺牲自己以换取下一代的生存。他们在头羊的指挥下以老少配对的形式一对对地飞渡山涧，每一次都会有一只老斑羚摔得粉身碎骨，但种群的一半得以生存。

生2：一群被逼至绝境的斑羚，为了赢得种群的生存机会，用牺牲一个挽救另一个的方法摆脱困境。

生3：一群斑羚被猎人逼至伤心崖上，身陷绝境，在生与死的抉择面前，为了使种族得以生存与延续，老斑羚甘愿粉身碎骨，把生的希望让给年幼的，把死的悲剧留给了自己，神奇般地用脊梁为年轻斑羚架起了生命的桥梁，从而把死的恐惧演绎成生的赞歌。

师：好的概述在于能把故事的情节用最精练的语言表述出来，同时又能引发听者的兴趣与欲望，期待着对故事更深透、更真切的了解。

[评析]

这是一种"概述"的方法。概述的好处是能够抓住文本的关键信息，删繁就简，从而让学生对课文有一个整体的把握，这是培养概括性语言思维的好方法。

师：怎样能让别人分享《斑羚飞渡》的故事，怎样更透彻、更真切地把这个故事讲出来？那就要在进一步熟读的基础上，有感情地、详细地对课文进行复述。（CAI有感情地详细复述故事）下面我们分两部分对课文进行复述。（1～8段为第一部分，9～17段为第二部分）我们分成两组，各组分别复述故事的前后部分。要求：复述的同学不看书，其他同学可以看书。如果复述中出现阻隔、中断，必须有本组同学立即接上，直到讲完故事。故事复述完后，同学自评和互评。

一位学生读1～8段（配CAI课件），一位学生复述课文（1～8段）。教师在学生复述时，指点词句——

师："逼"，这一个动词很妙，一方面写出了猎人围猎的架势，是"穷凶极恶"地不让斑羚有一点点逃生的机会和间隙；另一方面，写出了斑羚被围的处境，是"无路可逃"地处在毫无出路的绝境；在读者这一方面，由"逼"领略到了紧张、惊险及剑拔弩张的氛围。

师："是……还是……"虽然用的是表选择的句式，但在这里并没有选择的意思。因为不论"是"，或"还是"，都不是老斑羚的真正意图，老斑羚是以自己的死来告诫、警醒它的种群，绝不能盲目蛮干，要另谋出路，否则死路一条。

师："像颗流星似的笔直坠落下去"，流星划过夜空，有一道美丽的弧线，并留下了最后的一点光亮，以此来比喻老斑羚的坠落，赞美它的献身精神，以自己的纵身一跳,换来种群对逃生的新的思考。同时,也写出了老斑羚献身的悲壮。

师:"这叫声与我平常听到的羊叫迥然不同,没有柔和的颤音,也没有绝望的叹息,音调虽然也保持了羊一贯的平和,但浓郁有力,透露出某种坚定不移的决心。"由排比而转折:三个"没有"写出了头羊叫声潜在的力量,这一声吼叫,既是对灰黑色母斑羚不能踩进深渊的警醒、阻止,也蕴涵着头羊对母斑羚的爱抚,同时更提示着头羊已有了拯救种群的方法。转折则写出了头羊已经由方法的思考形成了实施的决定。它的低沉郁重的叫声,表现着头羊的临危不乱、当机立断以及号召、组织种群摆脱危险的决心。

第二组学生阅读并复述,学生自评与互评。

师:一连串的动词,如"飞奔"、"起跑"、"跃"、"跳"、"紧跟"、"勾"、"蹿跃"、"猛蹬"、"起跳"、"升高"、"落"、"坠落"等,生动形象地展现了斑羚飞渡的高超技巧,显示了斑羚飞渡场景的悲壮惨烈。

师:"老斑羚就像已输送完了燃料的火箭残壳,自动脱离了宇宙飞船",言老少斑羚结对飞渡的跳跃技巧,更写出了老斑羚自我牺牲的悲壮。

[评析]

老师在学生复述时,对有助于情感表达的句子和词语进行评析,一方面有助于师生之间的互动,另一方面也有助于提高学生的理解和鉴赏水平。同时,教师如此的"讲"就富有了课堂的动态,比起一灌到底的教学法不知要好多少倍。当然,这是教者教学设计时的主观意图,但在实际教学中又会如何?从课堂反应来看,教师穿插对词语、句式、修辞、议论与抒情的点评,让学生在复述中品味语言,一则用时太长会冲淡了本课的主要目标,二则,对于初中生来说,品评语言的要求也高了一些,这样就给课堂学习带来了太大的难度。

师:概述和详述都是不改变原文的内容、结构等的一种复述方式,或者说是忠实于原文的一种复述方式。其实,复述还可以有复述者自己的参与,有复述者个人的创造,这种复述就是创造性复述。

师:第一小组改变叙述角度来复述,如:站在猎人的角度复述,表现猎人的反省、反思、自我批判、人与动物的关系等;站在老斑羚的角度来复述,我并非老眼昏花,也不是逞能,是想以自己的死警醒种群——六米宽的山崖,斑羚是跳不过去的,只能另想其他的办法;站在镰刀头羊的角度来复述……

师:第二小组可以改变叙述的顺序和结构,还可以进行想象性复述。特别是后者,就是利用课文的空白进行创造性的想象。如老斑羚牺牲自我警醒种群,不能蛮干。镰刀头羊的智慧、从容、果敢、临危不乱(头羊形成决定、组织飞渡、慨然赴死的心路历程)。还可以突出"我"在猎人与斑羚之间所取的态度,对斑羚与猎人的认识,对人与动物关系的认识升华。

学生进行创造性复述。教师参与其中,强化对生命的认识,要善待生命,敬畏生命,爱一切生命。

[评析]

创造性复述开辟了课文学习的一片新天地,学生融入课文角色,与他们共命运同呼吸,用他们的语言来思考,这对他们的生命意识是又一次洗礼。同时在复述过程中学生的想象力和创造性也得到了进一步培养。

师:同学们,生命对每一个人来说是宝贵的;生命对每一个生命的个体来说也是宝贵的。人的生命、动物的生命都是生命,都是最宝贵的。当生命受到威胁,当种群遇到灭顶之灾,斑羚尚且以慨然赴死相拯救,这的确令万物之灵的人类汗颜、警醒,善待生命,敬畏生命,关爱一切生命,让我们的星球成为所有生命和谐相处的乐园吧!

同学们,请你们把"斑羚飞渡"的故事讲给更多的人听,相信,它一定会打动更多更多的人……

[总评]

这个课例把复述处理为三个层次,第一层次是概要地复述;第二层次是有感情地详细复述;第三层次是创造性地复述,让学生把自己摆进去,参与创造,进行想象。由于有了上述三个层次作为这次教学的设计框架,课堂也就显出了层次性、丰富性和立体感了。

从本节课的教学氛围与效果来看,我们还发现了复述法的教学效益。第一,可以串起常规的双基教学,串起情感、态度、价值观的培育,也勾连起了双基与创新,复述还找到读与思的最佳结合点,把读的功能发挥到了极致。第二,因为复述是讲述式的,它是对习见的师生问答式的反拨。这种形式因为没有空洞的说教,很受观众欢迎,中央电视台最受欢迎的节目也就是这一类的。

由此,我们可以对复述教学法作出如下总结。

复述可以充分落实学生的主体学习的地位,但教师不能无所作为,要给予学生指导,不能把复述搞成机械的、记忆性的背诵。复述训练应当是经常性的,它不是一两次、一两堂课就能达到目标的,不可能一蹴而就。要培养学生良好的复述习惯,通过多种方式发展学生的复述能力,这需要一个反复的过程。

复述训练属于语感思维的训练,是在理解吸收的基础上讲述或转述原文的内容,复述表达的过程是学用词语、修辞、句式等的过程,复述的过程也是对课文感知、体味、消化、理解、筛选、概括、归纳和表达的过程,因此也是语言张力实现的过程。

语文的复述与心理学意义上的复述不同,与其他学科的复述也不一样,那就是语感的培养,这也是语文教学的核心;因此要转变为复述而复述的现状,要在字词理解、课文理解中复述,让复述真正生动起来。

第八节　诵读教学应该成为一道"功夫茶"①

中国古诗词教学和文言文教学既要疏通字词、弄懂内容,又要体味语言,体察思想和情感,还要鉴赏探究,灌溉精神与文化。桐城派作家们提出要"因声求气",对于《登高》这类古诗词,我们能不能设计一道通过诵读而"求气"的程序? 2008 年 11 月江苏省中小学教学研究室在江苏省沭阳中学举行了全省高中语文评优课,由赣榆高级中学张永庆执教的这一节课,受到了评委专家和听课教师的一致好评,获得了高分。张老师这次教学在这方面作出了有意义的探索,值得探究。

一、对联导入,铺垫诵读:未成曲调先有情

上课伊始,张老师在幻灯片上首先展示自己拟写的一副对联"茅屋连黎庶,腐儒孤舟叹人间疾苦;草堂铸诗魂,圣哲七律吟世事沧桑",让同学们猜猜这副对联写的是谁,从哪些信息中可以判定。这个问题显然不难,很多人一下即猜中是杜甫,有的是从"茅屋",有的是从"圣哲"、"七律"等字眼上判断的。然后老师总结:"'黎庶',就是百姓。杜甫一生坎坷,但他忧国忧民。杜甫的诗大多反映民生疾苦,有'诗史'之称,杜甫又被称为'诗圣'。杜甫对七律的贡献最大,有'七律圣手'的美誉。"从而引出了本节课的学习内容,学生在老师的要求下朗诵全诗。

[评析]

张老师在这里通过一首对联简洁地导入诵读。通过对联简单介绍了杜甫,一是他的诗歌内容"诗史"的特点,二是他在诗歌创作上最有成就的"七律"诗体。学生对杜甫有了简单了解,也有了一种仰望心态,为初次诵读奠定了良好的基础。

---

① 本文发表于《中学语文教学参考》,2001 年第 9 期。

二、整体把握，引导美读：弦弦掩抑声声思

初诵毕，老师评价说："同学们读得很有气势，也很有节奏，但我感觉还没有把这首诗里面丰富的情感读出来。有人说这首诗凝结着杜甫的一生血泪，沉郁悲凉，读后令人荡气回肠，你们想不想读出这种荡气回肠的感觉?"学生们齐声回答"想"。老师于是亮出第一个法宝：要想把一首诗读好，首先就要了解这首诗的意思。

老师的设计是让同学们交流在阅读这首诗的过程中对哪些词语的理解有困惑和发现。学生们一共问出了四个问题，第一个是"风急天高"的"急"能不能换成"疾速的"的"疾"? 第二个问题是颔联中的"不尽长江滚滚来"，原来认为这句话是描写长江的潮涨潮落，奔流不息，应该是一个积极的立意，但是在整首诗中，好像很消极，这是为什么呢? 第三个问题是"艰难苦恨繁霜鬓"中的"艰难"指的是什么? 第四个问题是"百年多病独登台"的"多"，意思应该是说有许多病，还是说一种病就病了很长时间? 四个问题提出之后，同学们开始自由讨论，自己研究解决问题。在此基础上，老师进一步要求同学用自己的话来概括一下这首诗主要写了什么内容。一位学生由景、事到情感作了较为准确的概括："我认为这首诗写了杜甫通过登高所看到的景物，抒发了自己长年漂泊在外，孤独、忧愁还有壮志未酬的那种苦闷。"为了让学生进一步理解诗的意境，老师又抛出了一个问题：

师：诗歌的前半部分写景，写了什么景啊?

生：写了秋景。

师：具体一点是秋高气爽，还是秋风萧瑟啊?

生：是秋风萧瑟。

师：用诗中的一个词来概括，是比较"哀"、比较凄清的，从而抒发了个人的情感。

理解了诗意之后，学生读得怎么样了?

一位女生站起来诵读，她语速中等稍慢，节奏也显得舒缓，但诵读中整首诗都用一种语调和节奏，没有抑扬顿挫，显得较平板。只有"百年多病独登台"的"独"用重音来读，但强调显得过了一点。张老师评价说："你读得很好，让我听到了那种十足的悲凉之意，但还不够荡气回肠。"怎样才能把这首诗读得更好一点? 老师指出仅仅理解这首诗的诗意还不够。

［评析］

张老师在这里引导学生了解诗意，没有采取串讲法，而是勇于取舍，针对

诗中不能很好理解的字句,让学生自己提问题,自己讨论解决,老师只是在其中做一个"推手"。他主要抓住学生提出的理解本诗的四个关键问题,自己补充提出一个问题,抓住学生发言中的重要信息,点拨学生的解读。学生理解了诗意,通过这一环节,为有感情的美读作了有力的铺垫,事实上学生的诵读确实也有了明显的改变。

三、发隐察情,点拨美读:嘈嘈切切错杂弹

这一环节设计的教法是让同学们解决老师提出的疑惑。

第一个疑惑是,"风急天高猿啸哀"一句中,诗人写猿的叫声,为何用"啸"而不用"啼"?首先老师把同学们的思考引导到李白的诗"两岸猿声啼不住"中的"啼",与这里的"啸"来换词品读,与岳飞《满江红》里面"仰天长啸,壮怀激烈"对比思考,从而体味情感表达效果。经过讨论大家认识到用"啸"能体现一种悲凉,使人心灵受到震撼,另外"啸"比"啼"更大声,更撕心裂肺。"啸"中还有对人生的无奈,除了含有悲壮,还有愤怒。然后老师随机点名一位学生朗诵,这位学生的诵读确实情感较为饱满,"急"与"啸"二字得到特别的强调,显现了诗句情感的顿挫。但老师认为这位学生读首联的时候,并没能把那种悲愤之情读足,特别是第二句的情感并不太吻合,他点拨学生"第二句比第一句要放缓慢,要把这种凄清之意读出来"。

[评析]

对首联抓住一个"啸"字来赏析,体会作者复杂的思想感情。老师还指导诵读技巧,指点学生如何通过调整诵读的节奏,来强化这种情感的表达。但学生很难达到老师的要求,是否有必要一定要让学生按照这样的标准诵读。值得商榷。

第二个疑惑是"情由景生,诗人首联写了六种景象,抒发了悲愤之情,而第二联却只有两种景象,这对于情感的抒发,会不会略显无力呢"?老师没有就此而止,而是把讨论延伸到对"不尽"、"无边"、"萧萧"和"滚滚"的品味上。经过讨论,大家认为"无边"写出范围的广和气势的开阔,"不尽"写出长江奔流不息。落木的"无边"和"萧萧"写出了秋天萧瑟的特点,"不尽长江滚滚来",用"长江滚滚"写出长江恢宏的气势,以"不尽"写长江的无边,更写出长江的胸怀。颔联写景不仅仅是"凄清",还写出了景物的气势开阔、磅礴,以及壮观美景,抒发了自己胸怀的宽广与博大。

接下来学生诵读颔联。在诵读中强化重音"萧萧"与"滚滚",有慷慨豪迈的语调。之所以要这样,学生解释说:"这颔联气势非常磅礴,所以我要读出

作者的那种感情,要非常豪壮、豪迈地读。"经过老师的启发,她认识到这里的"长江"和"落木"不只"豪迈",还应有"感伤"。体会归体会,可要把它化为有声的语言,学生还是很难做到,因此当老师要求同学站起来读的时候,没有人敢站出来,只好集体朗读,但这种集体朗读是很难体现出情感来的。

老师再进一步点拨学生体会该联中"下"跟"来"的读法:"这里面包含诗人无限的叹息声,还要读出这种叹息声。"一个学生在老师的要求下站起来读,他弱化了"萧萧"与"滚滚",在"来"字上有一个稍嫌悲凉的拖音。张老师认为读得味道还不足,于是自己做了一个示范,他读时节奏更慢一些,配合了手势动作,在"萧萧"与"长江"上加重了读音,"来"之后有较长的拖音,真的有了叹息声。再一次齐读,其实与刚才的齐读并没有多大的区别,也很难辨析清楚有了多大的提高。

[评析]

对颔联的指导,老师主要抓住修饰性词语,抓住形容词与动词来品读,深得炼词炼句之真谛。特别值得注意的是执教者对"下"和"来"字的品读,拖长的叹息声,把诗人的无限感伤传达了出来。教师的诵读基本功不仅在于对文本的解读,还在于对诵读技巧的掌握。

诵读教学是否一定要每一个人都"同腔一气",这本身值得商榷。如果把这个作为诵读教学的目标,更是吃力不讨好。让每一个人用自己的语调表达方式来千姿百态地诵读岂不更好?只要他的诵读是心口相应的就是好诵读。

第三个疑惑是:有人说,这首诗前两联写登高闻见之景,境界宏大。而后两联只感叹自己的命运,境界不像前面的诗句那样开阔,这首诗的前后境界并不那么吻合。学生经过讨论普遍认识到这里的"艰难苦恨"表现了当时的时事艰难,忧国伤时。"繁霜鬓"也表现了作者为国家、为人民、为自己担忧,使得自己两鬓都变得斑白了。这里不仅写了个人的命运,而且写了天下苍生的命运,把国家的命运和天下苍生的命运都深埋在胸中,可以看出作者忧国、忧民、忧身的阔大情怀。老师告诉同学们杜甫抒发感情的方式不像李白那样张扬,他把感情深埋在自己的胸中,这种内敛和深沉,有人说叫沉郁,因此读尾联要读出一种沉郁的感情。沉郁风格不是低沉。沉郁是声音虽然低沉,但是里边的情感是非常丰富的,有厚度。在一些词语上需要重读,才能读出这种沉郁的感情。

经过讨论大家认为应该重读"常"、"独",也有的同学认为应该重读"悲"和"多"。让同学站起来朗读,却又很难读出这种韵味来。老师进一步重点点拨,抓住古人"登高祈福"的特殊风俗,从而体会杜甫多病且孤独的状态。

一位学生站起来诵读,此时强化了"独"字,稍有拖音,带有颤音。老师评价说:"这稍有点悲郁,我们能不能让'独'再痛苦一点? 想想那种情景,百年多病——独——登——台"。张老师充分发挥了他的诵读特长,声音里有了色彩,有了温度。

[评析]

为了让学生品读一个"独"字,执教者把它放到杜甫"沉郁顿挫"的风格中来观照,放到后两联的整体的思想感情中来体悟,从而自然地落到要重读的"独"字上。其实,学生的诵读在对情感的体验和传达方面已经很不错,老师可以把自己的阅读体验传递给学生,没有必要强求一律、要求学生一定要达到自己的高度。不要给学生一种印象,诵读是诵读特长人的专利,从而害怕诵读。这是与诵读教学的目的相背离的。

引导学生诵读"艰难苦恨繁霜鬓,潦倒新停浊酒杯",张老师与学生有一段对话:

师:大家想一想,别人登高是为了祈福。杜甫登高,干什么?

生:抒发感情。

师:我们以前学过王维的诗,他是怎么说的?

生:独在异乡为异客,每逢佳节倍思亲。遥知兄弟登高处,遍插茱萸少一人。

师:杜甫登高是为了思念家人,还是为了排遣乡愁啊?

生:排遣乡愁。

师:他有没有能够排遣乡愁啊? 不仅没有,还增加许多新的愁,这么多的愁怎么去排遣?

生:借酒浇愁。

师:诗人能不能借酒? 大家想一想,把酒杯拿到嘴边又轻轻放下的情景。就是我们最后一句该怎么读? 潦倒新停浊——酒一杯,诗人到这时候,万千情感郁结在心头,却无法抒发,这种文人的孤独,这里边已经能听到诗人的悲咽之声了。

生:(然后齐读尾联)(齐读全诗)

师:悲叹、悲愤、悲咽,让我们倍感悲凉,悲秋、悲己、悲国,让我们深陷悲思。

[评析]

沿波讨源,披文入情,通过对古代登高文化的了解与对比,再加上前面三联诵读的基础,尾联的诵读,乃至全诗的诵读都可以水到渠成了。教师一句话用了六个"悲"字,点染了诗情,对上一阶段的教学也作了理性的概括。

四、引人入境，点化美读：铁骑突出刀枪鸣

然后张老师又拿出美读的第三件法宝：想象自己在那个情境中，即入境。为了让学生认识入境的重要性，这一次他设计的教法是把杜甫的七律改成了五律，让同学们比较一下，看五律之后还有没有韵味。修改后的五律是："天高猿啸哀，风急鸟飞回。无边落木下，不尽长江来。万里悲秋客，多病独登台。苦恨繁霜鬓，潦倒又停杯。"他启发说："像'萧萧'这样情境化的词语都去掉了，让我们觉得这首诗的作者始终立在诗外，不能融入其中。同样我们读诗，如果不能融入意境，就难以把这首诗真正的情感读出来。"

为了把大家带入杜甫当时生活的情境，他选取了阿炳的二胡独奏《二泉映月》，在乐曲声中老师用他的男中音把学生带到了长江之滨："那是一个战乱频仍的年代，一个秋风萧瑟的日子，一位两鬓苍苍的老人，孤零零地站在长江之滨，面对无边的萧萧落叶，耳畔不时传来凄清的猿叫。"学生们诵读的声音响起了，紧接在学生之后，老师饱含深情的朗读把本节课引向了高潮，赢得了台上台下热烈的掌声。然后是全体起立，师生合作，把这首诗背诵了出来。

[评析]

为了引导学生入境，执教者采取了三种方法。一是抽去每一句诗中的两个可以引人入境的情境化词语，从而引领学生进入诗境。二是通过二胡独奏《二泉映月》，再现了当年杜甫登高感怀的情境。三是用自己的语言描述当时的情境，把学生引入情境中，从而形成本堂课诵读的高潮。当然如果没有前面的三层铺垫和蓄势，也就很难形成这次诵读的巅峰。但是，每一个学生的美读目标是否达成了？执教者专注于热闹的入境诵读而忽略了本课起始时设定的教学目标。原因在于，如果用一个"标准"来衡量学生的诵读，所谓的"诵读目标"将是无法完成的。诵读其实是一种个性化非常强的学习过程。千人一面，百人一腔，不能实现，也不必去追求。

五、登高悟理，升华美读：曲终收拨当心划

最后，张老师变换音乐，在屏幕上打出《登高》的读后诗，又一次声情并茂地朗读。"走在历史上那个悲怆的角落/一声凄厉的啸撑去记忆的尘/还有一只低回的鸟/一片秋天的叶凝视着我/假如可以追寻/就让那穿透千世的遐思/那载负沉重的痛/都和着这节奏的韵律/化作这古朴的风/就让我漂泊在

那个高台/静静地吹着你如霜的两鬓。"

下课的铃声响起,台上台下又一次热烈地鼓掌,现场上空似有余音久久回荡。

[评析]

最后一个环节的安排非常巧妙,教者用自己的诗拨动学生的情感与思悟,引发学生的共鸣。有两个作用:一是对本节课的学习内容的总结,二是深化学习内容,把余音留在课后。

[总评]

张老师的这节课以引导学生美读为中心任务,紧紧扣住"诵读"这条线索,导入、整合、发隐、察情、入境、悟理,层层铺垫,精心地进行课堂工艺设计,形成了一种诵读教学的圆融境界。从这一节课起码可以得出如下四点启示。

第一,诵读是一种语文教学思想。以诵读教学为中心的教学设计,要讲究目标层次的设定。在这个课例中,执教者在引领学生反复诵读课文的过程中达到了三个境界。首先是读准确、读明白、读出语气来,如强与弱、重与轻、果断与委婉、紧急与舒缓、沉重与轻快、严肃与活泼等,以形成"语感"。其次要读懂诗歌,领悟技巧,读出文气来,以形成语文素养。最后要读出感情来,读出精神来,要与文中高尚的道德情操产生共鸣,并内化为自己的情感、意志,以形成"责任感"。

第二,诵读与整体感知、体验感悟、分析鉴赏、思考探究可以相融互动。这个课例告诉我们,通过诵读可以使学生探求"知识"去获取"知识",从而体验人生。同时,情感的体悟和朗诵基调的把握,离开理性分析,就会失去起码的准则。没有理性分析作为基础,学生的体悟只能是原始水平,反复朗诵只能是低水平的重复。只有在教师作理性分析的前提下,学生的情感体悟与朗诵水平才能有效地提高。所以诵读教学,当然要引导发隐、察情、入境、悟理,而不能一味地"傻读"、低层次地读。

第三,诵读要因时因地赋形。这个课例中,有时齐读,有时单独读,有时老师读,有时学生读,有时局部读,有时全首读,有时引读,有时范读,有时配乐读,最后是背诵。老师善于调动多种读的形式,使得这节课的诵读时间占了约25分钟,但并不觉得其腻味,反而趣味丛生,原因也许就在这里。

第四,诵读教学最重要的是让诵读者自己诵读,把诵读的权利还给学生。首先,要尊重学生个人的诵读体验,没有必要也不可能"标准化"地生产。而在这一节课中,教师的诵读技巧的指导也许很有效,但是学生的个性不同,表达情感的语调、节奏都会有所不同,所以未必科学。其次,须防表面的热闹裹挟了学生的涵泳与体味。在班级授课的环境里,特别是公开课中学习者个人的吟诵体悟、潜思默想常常被忽略,代之以热热闹闹地读、议、讲,这样往往会弱化了一个重要环节,缺失了一个基本落脚点,即由学生自己沉浸在涵泳的学习状态里,获得阅读体验和语感积淀。这层道理,古人早已悟到,有两句名言经常为人引用:"学者读书,须要敛身正坐,缓视微吟,虚心涵泳,切己省察"(朱熹语);"善读书者,须视书如水,而视此心如花、如稻、如鱼、如濯足,则涵泳二字庶可得之于意之表"(曾国藩语)。这种以心会文的涵泳之象,在语文课堂上很少见到了。

另外,这个课例设计精心、精细,甚至有点儿繁复,有乱花迷眼的感觉。但设计过于"精心",有时可能流于雕琢、成本太高,效益却很难理想。这是我们在教学设计中要把握好的。

第九节　关于《铃兰花》①一文的解读及教学设计的通信

××:

看了曹老师和你的教学设计,很受启发。谢谢你。

不是客套话,因为我教这本书的时候,就把这篇课文舍弃了。我当时觉得这篇文章很无聊,编者把这样的文章编入课本实在无厘头。受到你的启发,我又看了几遍,这才有了几点自己的想法。

第一,与编者对话:为什么要编入这样的课文?

童年记事是一个人一生中随时都可做的事情,一个学生在上大学之前的12年的学习中,谁没有写过几篇关于童年的文章?但这一类文章矫揉造作居多,总要写出伟大的意义来。而这篇文章不是为了主题而做故意拔高,只是自然呈现,很值得借鉴。另外我们所写童年记事类文章,大多数很单薄,而这一篇是多么丰厚!人物性格鲜明,心理细腻。到了高中,童年记事类的文章应该有新的标杆了吧。

童年时候的喜怒哀乐往往很不可理解,即如对"地狱"的恐惧吧。童年的一件小事对人的一生都可能会有大的投射,有一位儿童研究专家说,童年是一个人的终生宿命。"我"的"壮举",为爱战胜了恐惧,战胜了自己,走出了自己投射下来的阴影,对人生来说具有伟大意义。

①　《铃兰花》的作者为南斯拉夫文学家、政治家沃茨,《铃兰花》一文选入苏教版高中语文读本必修五。

第二,与作者对话:写作这篇文章时作者已是成人甚至是一个政治家了,有多少大事要做、要写,为什么还会写这篇"小儿科"?

1. 小时候一切都好像在梦中,有很多事情没有看透其中奥妙,现在成人,一切恍然大悟。

(1)对"地狱"的惧怕,是自设的心障,其实地狱的入口也可能就是天堂的入口。那时是多么可笑。但人们往往总会陷于心障之中吧,只不过"只缘身在此山中"而没有发觉罢了。待到时过境迁回头来看,才可以看透。

(2)父母当时为了"我"的教育煞费苦心,只是当时"我"被蒙在鼓里,现在才恍然大悟。原来采铃兰花是父母故设的圈套。先前让我到"地狱"去放牧,粗暴地把我推下去,是父亲特殊的爱。当时"我"却不理解父亲的苦心,甚至"恨"他呢。这样一种父爱教育是多么难能可贵啊。

2. 父爱如山,母爱如水,这是何其鲜明的两种爱。回想当初的细节仍历历在目,生动传神,不让它流传下来,真是人生的憾事。

3. "我"童年时候那个"战胜恐惧"的壮举,在今天想来,可笑但又真的很伟大。为了报答母亲的"爱"在当时看来是做了一件惊心动魄的大事,对于一个孩子来说,这真是一件最伟大的事件。

第三,与文本对话:这篇文章有哪些地方值得好好品味?

1. 童年的视角,素描式呈现。"地狱"的阴森或恐怖、放牧时和采花时恐慌心理的描写细腻而微妙。采花见到母亲后的神情与心理特别有意味。

2. 渲染与铺垫的手法。文章从多方面描写"地狱"可怕,其实"放牧"也是一层铺垫和渲染,在心理上对"地狱"又多了一层恐惧。这个铺垫有两个作用,一方面写自己战胜恐惧的勇气,另一方面也暗写父母为儿子的焦虑。

3. 藏而不露。父亲为了消除"我"的"恐惧"而设的两个圈套。第一是放牛,其实不让我去放牧完全可以,但父亲却有意安排了这一件事。第二是采花,其实这在父母来说是很容易解决的,却故设圈套。作者在行文中其实留下蛛丝马迹,可以找得出来吗?

4. 怎样理解这篇文章表现的"爱"主题?

文章只是自然呈示"爱的本能"。父母对我,言语、行动、神情、举止都是天性的流露,自然本能的展现,"我"采铃兰花也是这样。

但仔细品味,这爱里有着为人父母的责任感,也有为人子的责任感,当然也有着爱的智慧。

第四,与学生对话:怎样带学生进入文本?

1. 学生读本文可能有三处读不懂:

(1)文章的藏笔之处。

（2）父亲为什么对我那么粗暴？

（3）第二部分"放牧"的一段文字有什么作用？

2. 希望学生通过本文的学习能有哪些提升？

（1）读懂父爱。

（2）学会鉴赏：渲染与铺垫。

（3）细腻的心理描写。

第五，关于教学设计的几点看法。

（一）走进文本

用一句话提要本文的内容："我"战胜恐惧到"地狱"为母亲采铃兰花。围绕上句话，变换视角复述。

1. 我 50 岁的时候回述这件事，谈自己成长的经历。（用 5 句话）

2. 父亲向别人介绍儿子成长过程中这个故事。（用 5 句话）

3. 妈妈在教堂中向教友介绍铃兰花来历。（用 5 句话）

4. 课文的编者为本文做的内容提要。（用 5 句话）

（二）发掘文本

围绕这句话，展示学生的问题（这些问题在课前收集）。

1. "地狱"本来是一个很不错的地方，特别是从现代人的眼光来看，是一种原生态的自然，为什么感到害怕？"地狱"有哪些让人恐怖的地方？

2. 父亲为什么明知我害怕"地狱"却偏偏让我去放牛？为什么这样粗糙地对待我？放牛的故事可以说是"我被恐惧战胜"，写这一个故事有什么作用？……

3. 为什么我会突然决定到"地狱"采铃兰花？

4. 文章多处写到"哭"，同样是哭有什么不同意味？

5. 文章最后把妈妈写得很美，有什么作用？

6. 作者通过这个故事，想表达怎样的思想？

（三）带着文本走向作者

1. 给本文另拟一个题目，试体会这篇文章拟题的意蕴。

（《童年旧事》，《童年趣事》，《采束铃兰送妈妈》，《走出"地狱"》，《我家的那片"地狱"》，等等。）

2. 对文章的前四节进行改写，以"我打从记事的时候开始就害怕这个地方"作为开头，用 6 句话来描述。

3. 按照一般的写法，在文章结束的部分，可以到"妈妈……妈妈……铃兰花……"戛然而止。我们是否建议作者作这样的修改，为什么？

（四）带着文本走向生活

体味生活中和作品中父爱的细节,感受父爱的特点。

以上想法谨供参考,很不成熟,特别是显得不够流畅,也少一些灵动,学生的水平能否跟上,也未可知。期待你的大作。

邵统亮

2010 年 10 月 7 日

第十节 "比较阅读法"教学设计

——《药》的课堂实录

[说课]

学习《药》时,我以为与作品相适配的阅读教学方法,当属"比较阅读法"。鲁迅先生善用对比方法,整篇小说内有多处可以形成对比映衬。更有叶圣陶先生的《夜》,与《药》堪称孪生姐妹,更适合两篇作品拿来作比较阅读。

比较阅读,必须先有基础,所以要选择一篇进行较为深透的阅读。拟在第一、第二课时专注于《药》的教学,也主要抓住篇内可以形成比较的元素进行阅读,从而帮助学生解读这篇小说。有了前两个课时的铺垫,再加上《夜》的课前评点,第三课时的两篇比较阅读也就水到渠成了。

当然在比较阅读中,我尽可能自己少讲一些,把发现与发表的权利交给学生。运用整合法、评点法、列表分析等方法"逼"着学生跳进文本的大海,自己去游泳。这也是教学设计中所要致力解决的问题。

一、第一课时

导入:今天我们来学习鲁迅先生的《药》。这篇小说与我们恍若隔世了,但它是大浪淘沙留下的真金。读它,让我们用理性来审视自己;读它,理解那个时代;读它,理解那个时代民族的灾难;读它,理解那个时代民族先驱者的清醒与斗争;读它,理解鲁迅先生的忧愤之深广;读它,体会并学习小说创作的一些技巧。读它千遍也不厌倦。

第一,师生接龙读课文,随时处理课文中字词的形、音、义。

第二,课文内容整合。

1. 本文主要有哪些人物,这些人物可以分为三类,请填写。

他们是<u>华家</u>、<u>夏家</u>和<u>其他人</u>。

2. 在空白处填上最恰当的动词。指出 A 与 B 两个人物分别是谁。

驼背五少爷话还未完,突然__进一个满脸横肉的人,__一件玄色布衫,__着纽扣,用很宽的玄色腰带,胡乱__在腰间。

"喂!一手交钱,一手交货!"一个浑身黑色的人(B),站在 A 面前,眼光正像两把刀,得 A 缩小了一半。那人一只大手,向他__着;一只手却__着一个鲜红的馒头,那红的还是一点一点的往下滴。

A 慌忙__出洋钱,__的想交给他,却又不敢去接他的东西。那人便焦急起来,__道,"怕什么?怎的不拿!"A 还踌躇着;黑的人便__过灯笼,一把__下纸罩,__了馒头,__与老栓;一手__过洋钱,__一__,转身去了。

3. 这篇小说的情节都围绕着"药"展开,标题"药"有概括情节的作用。这些情节是( )"药"、( )"药"、( )"药"和"药"( )。

4. 填写表6-4:

表6-4 《药》一课的情节、结构表

故事情节	地点	结构	
		明线	暗线
开端	茶馆—刑场	老栓买"药"	夏瑜就义
发展	茶馆	小栓吃"药"	夏瑜的血被吃
高潮	茶馆	茶客谈"药"	夏瑜被捕及狱中斗争情况
结局	坟场	华大妈上坟	夏四奶奶上坟

第三,请学生用自己的语言解说表6-4中的内容。

示范:《药》分五个场面:第一个场面,时间是秋天的后半夜,地点是茶馆,人物是华老栓、华大妈。第二个场面,时间是拂晓前,地点是丁字街头的刑场,主要人物是华老栓、康大叔。两个场面写的是一个事件——买"药"。第三个场面,时间在天亮以后,地点是茶馆,人物是华老栓、华大妈、驼背五少爷,事件是吃"药"。第四个场面,时间是下午,地点是茶馆,人物是康大叔、华老栓、花白胡子等,事件是谈"药"。第五个场面,时间是第二年清明早晨,地点是坟场,人物是华小栓的母亲和夏瑜的母亲,事件是她们分别祭奠去世的儿子。可见,本文的情节可分为故事的发生(第一、二个场面)、发展(第三个场面)、高潮(第四个场面)、结局(第五个场面)。《药》则是采用双线结构法组织材料,从愚昧落后的群众和革命者两个侧面来表现主题。

明暗线结构正是本文的结构特点。《药》的主要情节由明、暗两条线构成,华家的故事是明线,夏家的故事是暗线,从而构成了这样的结构图:由表

6-4 可见,双线连接的物是人血馒头,而双线连接的人则是康大叔。

二、第二课时

[导入]

讲一个故事:1929 年,广东海丰,这是一个平民式的共产党人,是当时农民运动的领袖,经常深入群众做农民的工作,后来因叛徒告密而被捕。他披枷戴锁被敌兵押着游街,围观的群众水泄不通,他们还常常发出鼓掌、喝彩、嘲笑的声音。彭湃见此,心情沉重,大为感慨,写了一首《绝命词》:"急雨渡江东,狂风入大海。生死总为君,可怜君不解。"看了这首诗,我忽然又想到,鲁迅先生曾有一首诗,有这样的两句:"寄意寒星荃不察,我以我血荐轩辕。"那么,让我们来看看药的故事吧。

(一)变换角度复述《药》的故事

请各位同学分别选择以下的一个角度,以第一人称来复述故事。

1. 旁观者的角度:故事发生在辛亥革命时期的一家茶馆。小茶馆业主华老栓的儿子小栓患了痨病,他到刑场买人血馒头给儿子治病。刽子手康大叔,用烈士夏瑜的鲜血沾在馒头上卖给华老栓。小栓当天早上吃了人血馒头,而第二年就死了。夏瑜是早期革命者,他家境贫寒,参加革命后因夏三爷告密而被捕。在狱中他坚贞不屈,坚持宣传革命道理,甚至劝牢头造反,终于在敌人屠刀下英勇就义。想不到他的鲜血却被刽子手卖给华老栓为儿子治病。小栓和夏瑜死后,都被埋在穷人的坟地里。这就是华、夏两家的悲剧。

2. 华老栓的角度:我叫华老栓,职业:开茶馆。家中有三口人,老伴人称华大妈,儿子叫华小栓。我这家庭人丁不旺,已经两代单传。儿子年纪尚幼就得了痨病(就是你们现在所说的"肺结核"),这些年小本经营挣一点钱全搭光了,孩子的病也没见好转。有一天,忽然听说政府要杀一个犯人,据说有一种非常灵验的偏方,用犯人的血蘸馒头,趁热吃下,无论多重的痨病都能治好,百应百验。我好容易联系上了监狱中专司砍头的康大叔,千求万求讲定了"药"价他才答应。那是个秋天的后半夜,与康大叔约定行刑时我去取药。那天夜里杀犯人,我算开眼啦。有那么多人起大早来看,那么多人来看却没有一点声音。老康给我"药"时,那血就一点点地往下滴呀!"药"是不假,只是我那孩子还是没保住小命。怎么这偏方到我们老华家就不灵验了呢?老天老天,你就开开眼来救救我们华家吧,就看在我这一辈子老实本分,从来没干过一件坏事上。

3. 华大妈的角度:(略去老栓的话)。

4. 夏瑜的角度:(要抓住他的两句最为重要的话)坚贞不屈、视死如归;孤独与寂寞。

5. 阿义的角度:凶残、贪婪、顽固。

6. 夏三爷的角度:出卖灵魂的势利之徒,卑鄙自私。

7. 康大叔的角度:是封建统治阶级统治和镇压群众的工具,是直接杀害夏瑜的凶手,但还不是罪魁祸首。他对群众蛮横凶恶;对革命极端仇视,是个穷凶极恶贪得无厌的刽子手。他凶暴、残忍、贪婪、无耻。

8. 夏四奶奶的角度(略)

9. 茶客当中20岁左右那个人的角度:(坐在这群人中间,与其年龄似乎不相称、不协调,而对于夏瑜造反格外愤怒。)(你们20岁30岁40岁可别坐到这群人中间来啊!)

选两个学生复述2与4。

(二)讨论标题"药"的含义及作用

教师引导学生发散思考:

1. 双关意义

2. 情节上的作用

3. 从"药"中表现出的作者的价值观

(三)讨论小说的环境描写

教师:环境描写一般包括两个方面,一方面指社会环境描写,一方面指自然环境描写。前者指社会历史时代,文学作品中人物之间组成的特殊的人际关系;后者指文学作品中景物描写所形成的意境以及人物生活的空间的人为摆设。

景物描写的特点:动态美、静态美,以动衬静,以静衬动,动静结合。壮美、优美。人物心理、情感与景物相融而形成意境。以乐景写哀情、以哀景写乐情,以乐景写乐情、以哀景写哀情。还要注意景物描写中的意象的使用。

小说环境描写的作用:(1)交代故事发生的时间、地点。(2)具有象征意义。(3)推动故事情节发展。(4)渲染气氛。(5)揭示社会时代的特征。(6)烘托人物的心情。(7)更好地表现主题。

从第一部分的景物描写开始读相关文字,请同学做好点评。

1. "秋天的后半夜……什么都睡着"和后面的"街上黑沉沉的一无所有……可是一只也没有叫。"

[提示]这两段环境景物描写至少有三个方面的暗示作用:(1)这种异常单调和阴暗的环境、景物,与华老栓爽快和充满希望的心情,形成十分鲜明的对照,暗示华老栓希望破灭的必然性;(2)为夏瑜的牺牲制造孤寂肃杀的气

氛;(3)暗示当时的社会现实的阴暗、凄凉和恐怖。

2."路也愈走愈分明,天也愈走愈亮了",华老栓得到人血馒头后,作品写道"太阳也出来了,在他面前,显出一条大道,直到他家中"。

〔提示〕这些景物描写也是为了烘托人物的内心活动。

3.第四部分(结局)开首的坟场之景:"微风早经停息了;枯草支支直立,有如铜丝。一丝发抖的声音,在空气中愈颤愈细,细到没有,周围便是死一般静。"

〔提示〕毫无生机的坟场的悲凉氛围,令人窒息,烘托出夏四奶奶与华大妈无比沉痛与悲凉的心情,这些无不引起读者的共鸣。这更能强化白发老人为年轻死者上坟的悲哀之情。当然,这一段描写还应与有关乌鸦的描写联系起来理解。

4.夏瑜的坟上"分明有一圈红白的花,围着那尖圆的坟顶"。

〔提示〕这不被夏四奶奶理解的花圈,正是作者精心设计的暗示笔法。它暗示了尽管反动派对革命者进行残酷的镇压,还是有人在纪念革命烈士,革命者并没有被斩尽杀绝,革命的火种是扑不灭的,这样给人以希望和鼓舞。

5.乌鸦的叫声。

〔提示〕从环境到人物心理具有安特莱夫式的阴冷。两位老人站在寒冷寂静的坟地上,怀着对儿子的眷恋与幻想,听到乌鸦的惨叫,呈现于面前的是荒凉、寂静的阴冷。

(四)课后阅读

把叶圣陶先生的《夜》印发给学生。要求学生试着与《药》比较阅读,作出评点。

三、第三课时

《夜》与《药》的比较阅读

导入:(展示鲁迅先生与叶圣陶先生的照片)先让我们来看一幅照片。小伙子挺帅,大智若愚,眼睛透着智慧的光芒。他的眼睛仿佛有一种穿透力,可以穿透千年的阴霾。他那神情始终是在思考,罗丹有一幅雕塑《思考者》并不见得比这一幅完美。

猜猜看,下面一幅是谁?

下一幅,这是一位慈祥的长者。长眉皓髯,表现出一个智者、仁者的风度。

两座山峰耸峙,发生了一次奇妙的碰撞,有两篇作品有着异曲同工之妙,这就是《药》与《夜》。它们堪称现代小说中的两朵姊妹花。学习《药》时,我总是不能忘怀叶先生的《夜》，因此也印发给了大家，大家也用了一个晨读课时间来读了。

首先，就让我们"奇文共欣赏，疑义相与析"，先进行第一个板块——"怦然心动"。请大家交流《夜》的评点文字。

其次，问题思考。

1.《药》的故事发生在什么时候，从哪里可以看出？《夜》的故事发生在什么时候，从哪里可以看出？

2.《药》的故事情节有明、暗两条线，我们通过第一节课的学习已经很清楚，你能说说《夜》的情节线索特点吗？在比较中你有什么发现？

［提示］所谓比线索，就是理清文章的结构，对照布局谋篇，然后进行比较。《夜》和《药》都采用复线结构，这是它们的相同点。《夜》的明线是正面实写老妇人由惊恐、害怕到怒火燃胸、觉醒反抗的成长过程；暗线是侧面虚写革命者映川夫妇慷慨就义。《药》的明线是写华老栓夫妇为儿子买"药"（人血馒头）治病；暗线是写资产阶级革命者夏瑜英勇牺牲。两篇作品都以明线带暗线，暗线的情节内容又是明线情节内容的基础和深化。通过比较阅读，我们会进一步体味到这两条线索是相辅相成、缺一不可的。

3. 你怎样理解这两篇小说的主题？

［提示］《夜》中的映川夫妇和《药》中的夏瑜都是革命者，都是民主主义革命斗士。他们都有强烈的民主主义思想和自我牺牲精神。但由于他们所处的时代不同，所展示的性格光彩和主题思想也就各异。《夜》通过老妇人一家的悲惨遭遇，深刻地揭露了国民党反动派叛变革命、残酷镇压进步力量的罪行，热情讴歌了革命者坚毅不屈的革命气概和高贵品质，表现出处在水深火热之中的劳苦大众身上潜藏着的巨大的抗争力量。《药》通过华、夏两家相同的不幸遭遇，揭示了旧民主主义革命脱离群众的致命弱点，表现了当时国民的冷漠、迷信和愚昧无知，有力地批判了产生这种社会现象的根源和基础，启示人们去探求疗救中国病态社会的良药。通过比较，我们看清了它们既有鲜明的共同点，又有显著的不同点。

最后，总结。我们设置的以上三个问题，是从比较阅读的角度来考虑的。比较阅读是阅读中常用的方法，可以篇外比较，也可以篇内比较。一比即醒，通过比较，文本的奥秘或许就会"芝麻开门"了。下面请同学们自选比较角度，在这两篇之间找一些相近的或相异的内容提出问题，进而深入思考。

［提示］（1）读小说一定要注意细节，《药》与《夜》你最注意的是哪个细节？（2）《药》中夏瑜有一句最重要的话，你认为是哪一句？为什么？《夜》中映川夫妇也有几句重要的话，你是怎样理解的？（3）《药》中的夏四奶奶可以

与《夜》的哪个人物对接，比较一下二人有何异同？（4）你认为《药》与《夜》的主人公是谁？为什么？（5）《药》与《夜》题目都有双关意义，试具体解说。（6）两篇都有坟场的描写，二者有何异同？

[附] 学生的发现

（1）华老栓这个主人公的形象和老妇人这个主人公有何异同？这样写有什么作用？答：华老栓始终是一个愚昧、麻木、落后的形象，最后他的儿子死于肺结核。老妇人与他不同，作者通过对她思想感情变化历程的描写，揭露反动派的凶狠残暴，歌颂了革命者的忠贞，表现了人民在白色恐怖下反抗意识的滋长。（2）《药》的结尾在夏瑜的坟上虽用"花环"涂抹了一缕亮色，但阴冷之气毫无冲淡。那层层叠叠的坟墓，那根根枯立的衰草，那寒冷中零星开着的素白小花，那静寂里缩着头孤立于枝丫间的乌鸦，构成了何等凄凉的气氛。而《夜》中的环境描写虽也透露出沉重与恐怖，但随着老妇人开始摆脱彷徨与悲叹，尤其是领悟了托孤意义之后，便逐渐显出兴奋，露出了乐观。如果说《药》以悲凉基调贯穿始终的话，那么《夜》则从悲凉走向了悲壮。

[专家点评①]

你的课堂教学设计一直在致力于创新，今天又看到了一个新的样本。用比较阅读方法非常经济。只用三堂课时间，细读了《药》，泛读了《夜》，充分利用了听、说、读、写的手段，语言训练和思维训练强度高，有实效，不只是耳目一新的问题，还让人为之一振。

公开课教学设计，有人非常强调一个"巧"字，这是老师才华的展示，才艺的表演。老实说，我不以为然。我觉得《药》的教学设计应该用"智慧"来评说。智慧就是"理性＋灵性"，仔细赏析课堂教学中的诸多细节都不难看出这二者的结合。比如，第二课时，让学生变换角度来复述课文，这里有一石三鸟的好处，小说创作的多部变奏的技法体现出来了，每一个人物的故事和不同性格分析通过复述不留痕迹地达成了，人物之间性格对比显现了，学生语言思维训练得以强化了，文本深入细读得以落实了。

在课堂现场中，发现学生的表现并不是很精彩。原因我想可能有三，一是这种比较阅读方法用得可能太少，学生一下子难以适应。二是比较性阅读对学生的思维要求较高，学生跳起来也够不到。三是由于这样安排，课堂容量较大，老师和学生都不太能够在"场"中从容思考、畅达述说，体悟需要一种从容的心境，如果在匆忙奔波赶路之间来体悟，可能是很难实现的。泰戈尔说"慢慢走，欣赏啊"，这"慢慢走"其实是很关键的条件。

---

① 点评专家为苏州大学文学院教授王家伦。

第七章　作文体悟能力培养策略

第一节　作文有病，人知否？（五题）

高中生写作能力下滑的原因何在？

尽管高考作文赋分已经占到语文高考全卷 7/16 了，作文教学却受到了严重的冷遇，甚至被忽视，你是否深切地感受到？当前的高中作文教学处于严重的"三无"状态：无(所作)为、无序、无法。学生的作文能力就像深山中的野花：开了就开了，谢了就谢了。虽然中国少年文坛也颇不寂寞，虽然每年高考之后各地满分作文层出不穷，但我们也应该看到高中生的写作能力正一步一步地下滑，我每年参加高考的作文试卷的阅卷，就会很明显地感到这一点。归纳多年来各省市作文阅卷之后的评价，高中生作文整体水平下降的表现不外乎四点：一是书写水平不过关，二是思想情感低幼化，三是不善构思谋篇，四是语言苍白无力。

当一个民族的整体写作能力不断下降，这意味着什么，不能不令人心急如焚！

导致高中生作文能力下降的原因很多，诸如，社会转型时期人们价值观的变化，急功近利、浮躁心态的影响，高考科目及内容不尽科学所带来的负面效应，等等。虽然这些是主要原因，但作为高中的语文老师，我们也不能不对自己的作文教学进行深刻的反省。还要多想一想我们能做些什么来拯救作文教学。

下面谈谈我就能力所及而对作文教学现状的思考，希望各位方家对这个问题能够共同关注。

第一，语文教学课时安排过少，作文训练时间难以保障。

按照国家课程计划，高中语文教学在高一、高二安排四课时，高三安排五课时。按每学期 18 周的教学时间来计算，高一、高二每学期共 72 课时，高三共 90 课时，而每学期语文教材一般必修内容是 6 个单元，共 24 课，另外还有大量的读本上的选修内容。在这种情况下，课堂上作文训练的时间就很难保证。而学生的课外时间往往会被大量的理科和英语作业所挤占,语文老师真的不忍心再去雪上加霜。

第二,作文训练见仁见智,作文教学在无所适从中只能选择放弃。

每学期应该写多少篇作文才能达到应该达到的科学的训练量? 有的说每学期8篇,有的说每两周一大作文一小作文,有的说应该天天写,有的说有每学期五次考试(期初考、两次月考、期中考、期末考)就够了。高中生的作文应该精批细改还是精批少改? 关于这个问题,众说纷纭。高中生的作文应该重指导还是重讲评? 学生作文训练是否要建立一个循序渐进的系统? 作文训练应该以文体训练为主线还是以生活感悟训练为主线? 作文训练应该以考场作文训练为主线还是以自由写作为主线? 当学生写不出或不愿写的时候怎么办? 作文评价应该以思想情感为主还是以语言表达为主? 百花齐放,百家争鸣固然能够表现春天的万紫千红,但如果由此带来了思想混乱,是不是也应该有一个拨乱反正的过程? 谁来承担这个责任?

第三,作文训练效果不显著,学生的积极性难以调动。

这确实是令人头疼的问题,语文学习本身就是个慢功,而作文训练之功更是难以看得见摸得着,有时甚至你不训练我还能写点,越是训练越是写不出了。而且作为语文老师所能做的,多是给学生作文上规矩,指导写作模式等考场作文的一类。在新课程背景下这些都是摆不上台面的东西,要求保持鲜明个性的学生也会极力抵抗。所以韩寒成为中学生的偶像也合情合理。学生的积极性调动不起来,作文训练要见效更是难于上青天了。

第四,考试命题随意性过大,平时训练难以受到重视。

虽然高考的主要功能是选拔,但评价高考也还有一个重要的指标,就是看其能否有利于高中阶段的教学,因为如果不重视这种过程性的学习,估计高考的质量也难以从根本上得到保证。但我们的作文考试的命题却不是这样,特别是平时的考试命题,不分青红皂白一味跟着高考走,特别是近几年来出现了话题作文后,不管是什么类型的考试一律都是话题作文,从思想内容上看话题都是放之四海而无人能置辩的,但此时、此地、此阶段的学生能否有话说那就没有人管了。不限文体式的写作对高一、高二的作文教学冲击更大,因为在这两个学年段里,前者最适宜于复杂记叙文(形象思维能力)的训练,后者最适宜于议论文(辩证思维能力)提升,但考试文体不限,也就把文体训练逼到了墙角。至于话题内容就需要学生凭着命运碰了。有一次我为期中考试命题,就半学期以来学生语文学习和学校生活的共同点选择了一个话题,私下里为之沾沾自喜,但考试下来不少学生还是感到无话可说,写不下去。作文指导时一点破,很多人才恍然大悟。原因就在于平时没有养成关注周围生活的习惯,根本原因就在于没有这方面的作文训练的机制。考试作文与自己的生活毫不相干,油是油水是水。

第五,作文评价保险化,写作文不如多做几道题。

我曾参加过一次全国高考的作文阅卷,老实说,只参加一次我再也不敢去了。作文评卷标准要求,只要达到四个基本(审题基本正确、立意基本明确、结构基本完整、语句基本通顺)就可给切入分,低于切入分的要有明显不适当的地方,审核人员要严加审核。而作文在二类卷以上也要引起小组长的格外注意。结果评卷老师为求保险,作文得分多集中在切入分上下5分之间,切入分最多。再加上作文阅卷速度要求极严,一目十行式阅卷,要想不出差错,切入分最保险。而切入分评价标准虽然有"四基本",但最硬的一条标准还是审题基本正确。高考每年的数据统计也能说明这一点,拉开分数差距的是前面的选择题和阅读题。作文本应该是语文素养区分度最好的样本,但是在高考中却是相对最为保险的。这次参加阅卷我最大的收获就是高考语文训练第一位是选择题,第二位是现代文阅读题,第三位是语言知识运用简答题。所以训练作文不如多做几道题。作文训练最根本的是要抓审题。近年来语文高考作文赋分从60分提高到70分,其实阅卷问题不解决,无论多高的赋分都不能解决问题。

第六,语文教师作文"倦怠",教学训练难到位。

学生最怕文言文、写作和周树人。而老师最怕的是写作。对语文老师来说,好与差的区别大概就在于喜欢不喜欢,会不会写作。叶圣陶、朱自清、夏丏尊之所以成为大师,原因也在于他们热爱写作。所以叶老多次提出语文老师要写下水作文,这是深得语文教学真经之倡议。可是目前,实事求是地说,语文老师能写作的不多,能写出一手好文章的人更不多了,以其昏昏,使人昭昭,谈何容易? 不但如此,语文老师还生怕学生写作文,因为一写作文,就要批改,就要讲评。不然的话,对不起学生,良心上过不去。作文批改是语文教师苦的根源,两个班级上百篇作文,大致要求是每篇800字左右。要消耗多少精力? 何况现在的语文教材,经常变化,备课要花费大量精力。另外还有班级管理、教师培训、各类各样的学习、各类的听课,谁能沉心静气地为学生改作文?

第七,作文教学改革"功利化",没有实质性突破。

高中作文教学改革的"功利化"主要表现在四个方面:一是围着高考转。高考怎么考,改革就怎么来;二是在细枝末节上做些文章,比如,如何批改,如何给学生编文集,如何写批语;三是盯住作文特长生,来个一俊遮百丑;四是快出成果快出书,一项改革一年半载就立竿见影,成绩出来了,名利也随之而来了;五是多钟情于重大话题,不愿做扎实细致的功夫,试想《语文课程标准》一颁布有多少新鲜的话题可以发挥,你只需有"文抄"之功,就可一夜成名。我们可以回顾一下,进入 21 世纪以来,语文教学改革可谓红红火火,但作文教学改革真正意义上的成果何在?

积羽沉舟,沉疴难医。作文教学,我拿什么来拯救你?

高考作文的"小布"之忧

参加高考作文阅卷,读了那么多我们认为等类较高的优秀文章,近来又搜罗了各省满分作文,不禁感叹,我们现在的高考作文已经进入了"小布"时代。

"小布"即"小布尔乔亚",意谓"小资产阶级","小布"读物是小资产阶级的阅读选择。缘于今日城市人的普遍的生活状态,"小布读物"已经成为今日的大众文化主流。而老实说,这种读物和崇高相去甚远,与理想主义也不搭界。

一位批评家总结现在的小说:漂亮的语言、流畅的叙事、机智的情节、完整的结构,再加上故事后的一些意味。就是这些构成了"小布读物"的基本元素。你看,这多像把我们高考作文的"基础等级"和"发展等级"相加,然后加以浓缩。

我们会发现"小布作文"的特点。从文体上看,最好不要议论文;记叙文可得高分,散文也不错;另类最好,比如,剧本、广告、诊断报告、说明书、病历等,满分作文往往出自这里;《读者》体的大散文也是不错的选择。从语言上看,多几个排比、比喻,多几个诗文名句、流行歌曲当中的句子也不错。但是最要注意的是一定不要所谓深刻的思想,不必深入地思考,要符合命题人意图,还要揣摩阅卷人的口味,万不要有"自我"。"名人故事"、"滴水藏海"的故事就是别里科夫式的套子。

猛回头,我们惊愕于现在的学生的思考为什么那么幼稚!江苏省高考语文阅卷点的 2002 年《考题·阅卷·思考》一文中这样写道:作文"低幼化"的倾向仍旧严重。有的故事编得像小学二三年级学生写的,缺乏深刻的内涵。高中毕业生写这样的文章,也许的确是出于无知,认识生活的水平过差,也许的确是天真幼稚,但是到了 18 岁还停留在 8 岁左右的思想水平和情趣上,不能不让人感到可怜。2002 年试卷缺少高水平的议论文,有试题本身的原因,道理是明摆着的,再论证也难以有新意。除了议论写作指导薄弱的老问题之外,还有些问题有上升趋势,如议论没有深度,批判意识不够,几乎没有考生能从文化意识的高度去批判。今年的高考作文仍旧反映出中学生的视野不够开阔,他们辨析问题多数还停留在"要怎么样、不要怎么样"、"谁对谁不对"上,缺乏理性高度,极少能从人文高度认识诚信问题,对不讲诚信的社会现象,几乎没有人能从社会性、民族性的高度作必要的文化反思。充斥在议论文中的,仍旧是大量的假话、大话、空话,官腔官调,文风恶劣。为什么29万考生中没有人能写出纵横天下、大气磅礴的文章?

比如,"诚信"的话题,我们的学生对诚信存在着严重的误区:仿佛有了诚信就有了金钱,就有了地位,就有了荣誉;有了诚信一切都会峰回路转。殊不知生活并非如此简单,虽说"善有善报,恶有恶报",但自古以来因为讲诚信失利的有,倾家的有,身败名裂的有,杀头的有,灭九族万劫不复的也有。惜乎29万考生几乎无一人认识到这一点。设想,一旦将来在社会生活和工作中遇到"善有恶报"之事,我不知他们将有多少人能够正确面对,有多少人能够坚守诚信。

再看一看,满分作文有没有思考不成熟甚至低幼之处? 难道尾生的抱柱信、绿珠为石崇而跳楼真是我们今天所应选择的诚信吗?

我们有一个职业的癖好,喜欢把全国各地每一年的高考优秀作文都搜集来欣赏把玩一番。真的,我觉得我们的考生愈来愈"小布",那作文写得真是相当圆熟。构思越来越精奇,结构越来越精巧,内容越来越精致,语言越来越精美。唯一的问题就是缺"钙"。

一个不敢思考的民族是多么可悲,一个没有思想的人是多么可怜。一个不敢思考的民族是没有希望的,一个没有思想的人永远是一个精神侏儒。一个不敢思考的民族只配做奴隶,永远是"看客",只能是专制主义的牺牲品。一个没有思想的人,只会永远对别人跪着。笛卡儿说:"吾思故吾在",那么一代人呢? 不敢思,不愿思,不屑思,不能思,不会思,"万马齐喑究可哀"啊!

人是会思考的芦苇,不善思考不是考生的过错。"小布作文"的流行,不是话题作文的过错,却与我们的评价关系密切。高考作文的评价究其实质是一种社会价值观的导向,是指挥棒。每年各地推出的满分作文,就是放个样子。高三语文老师贩卖着"某氏八股"。"楚王好细腰,宫中多饿死",千军万马趋之若鹜焉。

请放"有思想的文字"一马。因为有思想的文字很难十分完美,瑕疵多见;有思想的文字往往朴素平淡,质胜于华,吸引不了眼球;有思想的文字可能流于偏激,不怎么养眼,如果别里科夫来改试卷可能要心跳加速,大呼"千万别闹出什么乱子来";有思想的文字,需要考官有几分耐心,几分细心,几分宽容。要想学生作文摆脱低幼化,首先要教师和考官思维不僵化。

首先声明,"小布作文"美得精致,我不是不喜欢。但那种大气磅礴,纵横掉阖的文章，毕竟大手笔，我更喜欢。思想敏锐、思考深刻、思维活跃的知性文章，毕竟振聋发聩，我最喜欢。如果真正有一天，我们的高考作文"万紫千红""百舸争流"了，"小布"又何足忧，何必忧？希望我的"小布"之忧完全是彻头彻尾的杞人之忧。

从猫怕老鼠说起

契诃夫短篇小说《怪谁》写了这样一个故事：一个养猫人养了一只小猫，他天天用一鼠笼捉了老鼠来训练小猫抓鼠的本领。老鼠从笼里跳出来，这位养猫人就用棍子赶猫捉老鼠。日复一日，几个月后，这只小猫长成一只威壮的猫了，但它有一个严重的缺点，就是见了老鼠就逃。这样的后果怪谁呢？

我们的作文教学也有类似的情况：学生从小学二三年级就开始在教师的指导下写作文，可是到头来又有几个学生对作文感兴趣呢？"羊怕狼，狼怕虎，学生就怕星期五。"（大多数学校的作文课安排在星期五。）这句在中学生中广为流传的顺口溜，反映了学生对作文课的头疼、害怕，甚至厌恶的心理。这又怪谁呢？

我们认为除了别的原因之外，许多老师在作文教学中不注意对学生非智力因素的培养，是产生这种现象的重要原因之一。

所谓非智力因素，指的是除智力以外的一切因素，如动机、兴趣、情感、意志、毅力、性格等。这些紧密联系、互相依赖的非智力因素是个体内部的动力体系。培养和发展学生的这些非智力因素，能推动学生智力的发展，有助于学生维护和促进自身智力的充分发挥；反之则会阻碍和干扰学生的正常智力活动。

基于上述认识，我们觉得，在作文教学中除了要教给学生一些写作的初步知识，培养学生使用语言、谋篇布局的写作能力之外，还应该注意对学生非智力因素的培养。为此，我们的写作指导课可以也应该设法上得生动活泼、轻松愉快，使学生扔掉背上那"老师让我写"的沉重的十字架，产生"我要写，要写好"的浓厚的写作兴趣和强烈的创作欲望。我们的作文批改可以也应该设法采用多种多样的形式，给上等成绩的作文指出美中不足之处，鼓励其作者再鼓一把劲，更上一层楼；在中下等成绩的作文中找出哪怕一点点的闪光之处，告诉其作者："你行啊！瞧，这里，哦，还有这些，都写得挺不错嘛！只要认真，我相信你的下一篇文章一定会有更多写得很好的地方的。"我们的写作讲评课也可以而且应该上得既严肃认真又宽松和谐，力争让每一个学生通过教师的讲评既能感受到成功的喜悦，又能产生"无论花多大力气，也要把这篇作文修改好，把下一篇文章写得更好"的顽强毅力。这样一来，猫见鼠就不会是逃,而只会是兴趣盎然地奋力捕捉了。

培养兴趣,写什么是关键;培养兴趣,作文批阅是一大关口。

有人说,文章是写出来的,作文是改出来的。在他的眼中作文批改的作用可谓大矣。我们姑且承认这种立论的正确性,但我总感觉,不管是小学生还是中学生,其写作的心理总是很脆弱的,语文老师在批阅作文时千万千万要小心。

炫耀自己高明,不能以贬低别人为手段。学生的作文不是教师驰骋才华的园地,马蹄踏花固然来得痛快淋漓,一个字:"爽"! 但这一片生态脆弱的园地将要承受着怎样的荒芜!

有的老师认为自己是外科医生,手握一把犀利的手术刀,眼光是冷峻的,遇到病灶毫不留情。殊不知,老师对待学生的作文最好还是把握好"一个中心,两个基本点":以保护学生的写作信心为中心,偷懒一点,糊涂一点。在"特殊"情况下,对一些不敢恭维的作文,其实也可故装糊涂,甚至也可表现为不负责任,暂且让它漏网过去。不是我对学生不负责任,而是夸之不能,批之不忍。所以有些家长埋怨老师不批改作文,并因此认为老师是不负责任,我想不能否定很多老师有他们的苦心。千万不要冤枉了好人。

有的老师说"我一批改作文就头大",原因就在于他用审丑的眼光来看学生的作文。在他眼中,学生的作文满目疮痍,何来美感? 快乐从何而来? 弄到后来,他自己也得了一种"恐作文症",一是自己怕动笔,二是怕批学生作文。为什么不用审美的眼光,不用欣赏的眼光呢? 有人说得好,如果尽挑一个人的刺,那么他应该被判处无期徒刑;如果只找他的优点,他其实是一个全国劳动模范。我们批改作文,不妨倒过来试试看。

国人对表扬与批评的看法有着特殊的思维方式。即好处有一百件放在那里不宣扬,好处还是好处;坏处只有一件不说,终究要闯祸。所以"打是亲骂是爱",可以无表扬,不能无批评。

其实表扬鼓励是作文能力生长的复合肥,很多作家都是从鼓励中走出来的。

在 20 世纪初,有一学生小时候作文本上老师的批语如下:"十二岁小儿,能作此语,莫谓祖国无人也。""堂堂之阵,正正之旗,确是史论正格。""好笔力,好见地,读史有眼,立论有识,小子可造。其竭力用功,勉成大器!""慨祖生不遇其主,壮志莫酬,确有见地。行文之势,尤蓬蓬勃勃,真如釜上之气。""扫尽陈言,力辟新颖,说理论情,两者兼到。""生于同班年最幼,而学能深造,前程远大,未可限量! 急思升学,冀着祖鞭,实属有志。""慷慨而谈,旁若无人,气势雄伟,笔锋锐利,正有王郎拔剑斫地之慨!""目光如炬,笔锐似剑,洋洋千言,宛如水银泻地,无孔不入。国文至此,亦可告无罪矣!""是将来能为文者",这个学生就是后来中国现代文学巨匠——茅盾。

毛泽东在湖南长沙第一师范读书时,曾写过一篇《商鞅徙木立信论》,全文413字。作文眉批5处76字,尾批65字,总计141字。18岁的毛泽东,在作文中表现出了忧国忧民的思想情怀和"利国福民"的改革抱负。他的老师涤庵先生在批语中赏识道:"历观生作,练成一色文字,自是伟大之器,再加功候,吾不知其所至。"

当然,我们提倡鼓励,不是谬赏,更不是捧杀。茅盾先生的小学老师是这样指出他作文中的不足的:在他写的《富弱使契丹论》后面就批道,"简则简矣,而警策语尚少。"而《张良贾谊合论》的批语是:"人物合论,不可竟重一面,使旗鼓不能相当。作者论贾生甚详,论留侯则略,未免犹有此弊。"

谬赏的作文,隔靴搔痒,赞又何益?"捧捧捧,你真会捧"!

作文的批改既要有"善知文"之才,又要有"善知人"之能,还要有"善知心"之德。正所谓要"胸中有道,目中有人,手中有法",关键是要小心翼翼,呵护好那年轻的心灵。

呵护学生的作文兴趣,在作文批改上还有一个更深层次的问题,即动态与静态的关系。

教师批改作文的任务是什么? 很多教师只限于找错字,勾病句,指出优点和缺点,或者仅是写一两句适应性很强的套话,诸如"语句通顺"、"论据充分"、"理由不足"之类。我们把这种批改称为"静态批改"。应当承认,这种批改方法有其价值,但收效甚微。正因为如此,才有人说:好文章是写出来的,不是老师改出来的。学生对这种静态批改已经麻木甚至相当反感。

所谓"动态批改"就是老师不停留在对原作的定性分析上,而是把落脚点放在帮助学生如何展开联想、如何跃过思维障碍,写出高质量的文章来。老师通过动态性的批改讲评帮助学生如何构思、如何提高语言的表达效果。文无定法,批改也应没有定法。有时可以把全班作文体现的知识信息归总告诉给学生,有时请优胜者介绍成功经验,有时具体指出某一篇习作的成功之处,为什么写得成功,怎样按成功之路继续走下去;有时可以把全班作文张贴出去,让学生吸取成功的经验和失败的教训;有时总结全班共同存在的问题,提出修改意见;有时全班共同修改带有普遍性问题的一篇作文,然后再修改重作;有时直接帮助学生构思立意。完成这一工作虽然艰苦,但学生从中可以享受到无限的创作乐趣,比起静态批改来更有利于提高学生的写作能力。

高考作文命题需要"想象力"

——写在 2007 年语文高考之后

当我汇总好全国各地 19 套语文试卷、回过头来细细品味这些作文题目时,一种莫名的苍凉感袭上心头。缺乏想象力是今年高考作文命题的一大通病,没有想象力,就缺少生机,语文就缺少了魅力。

有一位国外的著名足球教练批评中国的足球缺乏想象力,现在朱广沪完全可以自豪地说,中国的足球比起高考作文的命题总算稍胜一筹了。

那么作文命题的想象力丢失到哪里去了?

首先是陈词滥调。《提篮春光看妈妈》这样的题目最好给小学一年级的孩子来写。感恩教育是近几年来的热门话题,学生们从读小学起就开始写爱妈妈一类的文章,没想到在高考时还没有逃脱写这类作文的宿命。命题者大概以为使用"提篮春光"的包装就可以掩盖自己想象力之贫乏了。《语文,心中的一泓清泉》《语文,想说爱你不容易》这也是语文老师常挂在嘴边的话。命题老师可能会以为这样便于考生抒发真情实感,人人都有感受,人人都能写。但是人人都能写的东西,未必就是好的作文试题。还有,2000 年早就有一篇《让冷香飞上语文》的满分之作,只要读过这篇作文的考生就更幸福了。还有什么《酸甜苦辣话高考》《帮助》《我能》(变相"超越自己,我能!"),亏他们好意思端得出来!

其次是"走不出自己"。江苏省自从分省命题以来,一直在引导学生做无聊地浮泛记叙、抒情、议论,从"水的灵动,山的沉稳"到"凤头猪肚豹尾"再到"人与路",第四年了走到了"怀想天空"。四年一个面孔,都是一段提示性的文字,加上一个话题或文题,而这些文题或话题的写作指向都是"五分小资情调,三分才气,两分语言技巧",缺少的是厚重和大气。

再次,不自觉地跟在别人后面爬行。前几年分省高考作文命题,我们很可喜地看到百花齐放、千姿百态的景象。可是,在今年的命题里,我们却看到了去年的影子,如《时间不能使记忆风化》与 2005 年的广东省的高考作文试题《记忆》如出一辙。"有句话常挂在嘴边"与"座右铭""'三'的联想与感悟",也没有多少不同。"怀想天空"完全可以把"愿景"拿来加以移植。北京有一位特级教师经常出没于全国各地,讲授高考的技巧,其中最重要的一条,就是高考优秀作文的"改头换面"术。他的这一独家秘籍应该可以成为目前我国高中作文教学的广谱用药。跟在高考优秀作文后面爬行也是今年见到的特有景象,湖南试卷《诗意地生活》与几年前的一篇高考满分作文《诗意的栖居》撞了个正着。

最后,杀回马枪,再设审题过关的高门槛。全国 I 卷看漫画写作文,在审题立意上设置了一道很高的门槛,但是考生必须走过这道坎。十年前就有人进行过研究分析,证明考场作文在审题上设置难度过高,是不利于高考选拔人才的。这一道作文题苦了陕西、河南的考生了。宁夏作文是提供一份科学发明故事的材料,让学生提炼观点,写一篇作文,命题者对材料进行了分析,为考生的审题提供了一个思考的拐杖。但这个分析牵强附会,大贴标签。

当然这并不是说,2007年高考作文就没有亮色了,这类文章已经很多,再说已属拾人牙慧了。

一个好的高考作文命题,首先是要能够考查学生的思维力,思维力是建构在他们人生18年的基础之上的,从思维力上来看他们的洞察力和独立思考力。高考作文对学生语言表达力的考查,应该建立在思维力的基础之上,看他们表达自己的思想是否清楚,是否正确,是否有条理,是否生动,是否美。好的作文命题在限制的基础上要留有空白。戴着脚镣跳舞,这是考场作文的最大特点。布下一个思考的出发点,给学生越大的想象空间,就越是好命题。

当然这要植根于命题专家们的想象力。

"四点一篇"与"一指禅"

作文教学过程至今还存在着旧模式:教师出题—学生作文—教师批改—教师讲评。简称为"四点一篇流水线"。十几年来的改革也只是着眼于对这种旧模式的改良,或在某个环节上变变形式,或在原来基础上另加一个环节。回顾一下教改实绩,不难看出这些改良虽然省了一些力,但效果总是不尽如人意。作文训练为什么要守着这种模式呢?据说,苏联老师教作文常常带着学生到大森林里倾听祖国的语言;日本有些学校聘请学生家长做顾问,日本的一位初中语文教师提出了一种"引起共鸣,发生反响"的作文教学理论;美国流行着一种"三阶段写作过程"理论(即形成概念阶段、酝酿成熟阶段、修改定稿阶段)。这些都值得我们借鉴。我不妨把作文改成"真情实感录",放手让学生去写。每天一篇,养成习惯,定时交流,老师加以必要的指导。这样做也许能够有效地提高学生运用语言的能力,达到锻炼思维的效果。当然还有更多的方法,只要不死守老模式就行。

我一直以为写作有一个"三字经",即"养(气)、仿(作)、创(新)"。其中一个"仿"字很重要,但不少人不重视,总认为有剽窃的嫌疑,会扼杀创造力。其实不然。

胡适说:"凡富于创造的人必能于模仿,凡不善于模仿的人绝不能创造……太阳之下,没有新的东西,一切所为创造都从模仿中出来。"①

不只中国,其实西方人创作起步时也长于"偷"。

巴尔扎克在开始写作时,多次失败,在他的《克伦威尔传》又失败后,他就遍读名著,裁剪缝制,改头换面成自己的"作品",原只为换取稿酬聊以自资。可是谁知这种长时间的"借"、"偷"和"抄",竟成就了他的创作天才,一部《驴皮记》便成了他由偷借裁剪到独创佳作的重要分水岭。

伏尔泰认为:"所谓独创的能力,就是经过深思的模仿。"

其实不只写文章,艺术家们也很长于"偷"。

美国世界美术学会曾公举张大千为"当代第一画家",徐悲鸿也曾称赞张大千是"五百年来第一人"。这位大画家的"偷"功甚至成了坊间的美谈,而且偷出了"系统"。他的"偷"可以分为三个阶段:先"偷"中国古人,特别是石涛,他仿石涛的作品,几乎分毫不差,真假难辨,以至人们称他"假石涛"、"石涛再世"、"石涛复生"、"石涛第二";第二阶段"偷"敦煌,从 1941 年春末开始,他用两年零七个月的时间,除了写成 20 多万字的《敦煌石室记》外,还复制、描绘石窟壁画 260 余幅;第三阶段是学习西方现代艺术,特别是到毕加索那里讨教。而张大千又恰恰在毕加索那里,发现毕加索也"偷"中国人的,他临摹了中国古代画作整整五大册!

不只是艺术,人类在科学发明上,常常去向身边的动物朋友虚心学习,形成了一门独特的发明学——仿生学。

所以我一直坚信一个道理:写作起步的一指禅功就是一个"仿"字。

一个人在上大学之前,有三个写作起步点:小学三年级、初中一年级、高中一年级。如能有计划、有系统安排去"偷"作文,我敢肯定,写作就不会成为天下第一难的事情!

其实,很早就有人提倡"读写结合",也是"仿"的训练。只是由于这种训练零打碎敲,没有形成气候,所以作用不大。

当然,"仿"只是起步,"似我者死,学我者生"。颜真卿在书法方面初学褚遂良,后来又由褚而上追王羲之。他在仿习时,不求形貌相似,而是从中探求书法至美的原理,别出心裁,终于创出与国势强盛、文化空前繁荣的盛唐时代相称的一种雄健、奇伟、壮美的新书体,成就了光耀千古的大唐书风。在他同时代以及其后来的人都学他的颜体,历久而不衰。所以他成了继褚遂良之后的又一位唐朝的广大教化主。

写作也是同样的道理。

---

① 胡适:《信心与反省》,《现代评论》,1934 年第 104 期。

第二节　发散思维在"四想"作文训练中的运用①

一、概说

　　材料议论文的有些材料具有多元意义,而且这些多元意义都可以构成命题立论的角度,我们称之为"开放型"。如全国高考文题要求根据漫画《这下面没有水,再换个地方挖》写议论文,可从"做事要持之以恒"的角度立论,也可以从"做事不能只凭热情要有科学的态度和方法"的角度立论,还可以从反对主观臆断、盲目瞎干等方面立论。开放性材料的特点在于材料比较散,没有一定的中心,可供分析的角度比较多,限制性不强,因此作文审题难度比较低,但分析材料容易流于肤浅俗套,难免"异口同声"、"千人一面",致使得分偏低。因此开放性材料审题的关键是避免庸俗的立论。如何才能使自己的立论"深刻、新颖"? 首先是要尽可能多地分析议论角度,有了多个议论角度后,本着"言之有理,持之有据,抓住重要之点,深入开掘"的原则选择最佳立论角度。

二、示例

　　一位母亲严格要求儿子,望子成龙心切,儿子质问母亲:"你望子成龙,你是龙母吗?"——自拟题,写一篇议论文。

　　1. 审题

　　材料涉及的人物只有母亲、儿子两个,事情也很简单,没有多少侧面可供分析,但我们仍然可以找出如下角度:

表 7-1　给定材料的立论角度

角度	立论
母亲	(1) 对下一代必须严格要求
儿子	(2) 教不学,儿之错。 (3) 压力过重,会产生逆反心理。

---

① 本文发表于《作文成功之路》,1998 年第 8 期。

续表

角度	立论
儿子与母亲	（4）望子成龙,首先母亲要做龙母。 （5）成龙成凤关键要靠自己。

2. 辨析

应该说审题中所选的三个角度,列出的五个论点都是准确的。但对比分析五个论点,(4)(5)要比(1)(2)(3)深刻得多。特别是(4)具有很强的现实意义,现在独生子女的家庭越来越多,对于子女态度出现两种偏向:一是溺爱,奉为"小皇帝";一是望子成龙成凤心切,教育不科学,出现这两种情况都集中反映了一个问题,这就是为人父为人母的素质不高,所以我们说社会正呼唤千万个"龙父龙母",论点(4)发出了时代之音,同时,写这个论题马上会联想到"孟母三迁"、"岳母刺字"、居里夫人教育子女等正面材料及很多反面材料,做到"持之有据",游刃有余,不难写出好文章,所以(4)是最佳选择。当然,作为写作者,各人有各人的特殊材料积累,对社会的感触也有所不同,所以其余四个不乏能写得很好者,所以我们又说(4)不是唯一的选择。这样也就构成了开放型材料作文的丰富多彩性。

三、作文现场

呼唤"龙母"（构思一）

儿子质问母亲:"你望子成龙,你是龙母吗?"问得好! 人从呱呱落地开始算起,开始时思想只是一张空白的纸,父母的一言一语、一举一动都将在纸上留下永恒的笔迹。这笔迹正是孩子成人后性格和品质的基础,可见要想培育出龙子龙女,父母的作用可谓大矣。孟母是位龙母,是她,"三迁其居",是她,"子不学,断机杼";岳母是位龙母,她为子刺字"精忠报国",培养出一个民族英雄;居里夫人是位龙母,她科学育女,使两个女儿一个成为著名的作家,另一个成为著名的科学家,并获得了诺贝尔科学奖。

但现实中不乏这样的望子成龙者,他们"望"心迫切,却不得"育龙"之法,或"上梁不正","下梁怎能不歪"? 或恨铁不成钢,自信"棒头底下出孝子",或"只要高分,不虑其余",或按照自己的意愿"捏方成圆",等等。真正的"龙母"应当懂得科学教育方法,以身作则,言传身教,启发诱导,科学地帮助孩子。

可怜天下父母心,有哪位父母不希望子女有出息、望子成龙,请先做"龙父""龙母"吧!

"龙"飞"凤"舞靠自己(构思二)

"龙生龙,凤生凤,老鼠生儿会打洞"。难怪儿子责问望子成龙的母亲:"你是龙母吗?"

此问大谬。成龙成凤固然和家庭教育有关,但关键还在于自己奋斗。

有不少人的成功是和早期的家庭教育分不开的。居里夫人女儿的成功得益于母亲的严格要求,杨振宁也出身于书香门第,但这些并不能证明只要有个好爸爸、好妈妈就可以成才了。试想自己若放弃努力,能有成功的可能吗?

更多的人出身寒微,硬是通过自己努力拼搏走向辉煌灿烂。爱因斯坦出身农家,父母何尝是"龙父""龙母"?牛顿母亲逼迫儿子弃学务农,牛顿排除重重阻力刻苦自学,日后的辉煌是他自己开拓出来的。此类例子,不胜枚举。

由此可见,成龙成凤的关键不在于外部因素,而在于自身努力拼搏。我们周围总有不少人动辄怨天尤人,就是不愿反躬自问,这是"懒人哲学"。

当然,有了主观努力再加上良好的外因会更有利于人的成才。据统计,近几十年来的诺贝尔科学奖获得者65%出生于三代高级知识分子的家庭,道理就在于此。但不管怎么说成功还要靠自己。愿在中国大地上,不,应该是在整个世界上,"龙"飞"凤"舞。

担起你的责任来(构思三)

母亲望子成龙心切,严格要求儿子,我们为这样的母亲叫好。

养不教,亲之过;应当说,教而不严格要求,也是亲之过。

严师出高徒。父母亲教育子女必须严格要求。孟母严格要求,"子不学,断机杼",这才培养出了中国一个伟大的思想家;岳母严格要求儿子,这才有了民族英雄岳飞。相反,如果不严格要求,即使儿子是天才也会迅速泯灭的。宋朝有神童方仲永,父亲不是严格要求促其学习,而是"日板游,环谒乡人",结果不几年就"泯然众人矣"。

但是总有那么些糊涂的父母,把子女奉为"皇帝""小太阳",溺爱、放纵。有识之士早就呼吁要警惕"421综合征",两年前蒙古草原上夏令营中日儿童的较量就暴露出了这个社会问题。

严格要求,不只是家庭的责任;学校和社会也义不容辞。要从学习、生活等各个方面严格要求下一代,让他们学会自尊、自爱、自律、自立、自强。

少年富则国富,少年强则国强。为了民族的未来,严格要求下一代,请你担起责任来。

四、阅卷评点

这三篇文章的构思,都能注意写作的时效性,联系现实,针对性强。但三篇的构思立论有明显高下之分。构思三立论浮于浅表,构思一、二显得较为深刻。从谋篇布局上看,三篇构思都是引析联结;但构思一、二起承转合,议论步步深入,体现了思维的严密性,比构思三稍胜一筹。所以构思一、二可入一类卷,构思三只能入三类卷。

五、强化练习设计

《沙》:世上/好像——/只有沙最不值钱/然而/最宝贵的东西——金/就在它的里面。

读诗,不仅能带来美的享受,还常常伴有哲理的启迪,引发对生活的思考。读了上面这首短诗,你有怎样的感悟呢?请联系生活,自选角度,自拟题目,写一篇不少于800字的文章,诗歌除外。

六、现场作文

藏在自己身上的财富

我们每个人都有潜藏在自己身上的财富,差别是,有的人自怨自艾地在羡慕别人,而有的人则努力发掘自己的矿藏。

发现自己藏在身上的财富,需要远瞩未来,更需要把握当下。一位个子矮小的人喜欢篮球,却被队友嘲讽。当所有人在怀疑他的才能、对他不抱希望时,他不厌其烦地重复着枯燥的训练,折返跑、交叉步……他需要挖掘自己的财富。否则他将永远只是个饮水机看守员。

发现自己潜藏的财富必须肯定自己。曾看过一部电影讲述女孩阿基拉与她参加的拼字大赛的故事。阿基拉虽有拼字才能却被母亲阻挠,母亲告诉她,她不可能夺取冠军。而一位赏识阿基拉的教授对她说:"我们深深恐惧的,不是我们做不到,而是我们无法估量自己的能力。我们反复问自己是不是才华横溢,出类拔萃。事实上,我们害怕的是自己。"

发现自身财富需要机遇。命运确实是件不可思议的东西。往往当你拥有财富时,却找不到施展的机遇。遇到困难,哪怕走了一条相反的路,错失了原来的机遇,也不要怨天尤人。方文山则从电工变成词作家……当机遇已经溜走时,不要叹息自己的财富将被掩埋,或许下一个机遇已经向你招手。

生活中,我们不可避免地将会遇到很多挫折。把藏在自身的财富最大化地利用,不管你是走了多少弯路,最终到达目的时,你心中的风景已经不同了。

七、升格作文

藏在自己身上的财富

熟悉的地方没有风景,也许我们对自己太熟悉了,很难发现潜藏在自己身上的财富。所以孔老夫子总是不厌其烦地说,不患人不知,而患己不知。又说,知人者智,自知者明。

就像从最不值钱的黄沙中淘金一般,我们真的需要从平凡的"我"身上发掘财富。

发现潜藏在自己身上的财富,需要坚信自我,更需要把握当下。一位个子矮小的人喜欢篮球,却被队友嘲讽。当所有人在怀疑他的才能、对他不抱希望时,他不厌其烦地重复枯燥的训练,折返跑、交叉步……他需要挖掘自己的财富。否则他将永远只是个饮水机看守员。

发现潜藏自身的财富必须不断挑战自我,超越自我,毛遂自荐,脱颖而出。司马迁忍辱负重,把自己的人生价值发挥到了极致。曾看过一部电影讲述女孩阿基拉与她参加的拼字大赛的故事。阿基拉虽有拼字才能却被母亲阻挠,母亲告诉她,她不可能夺取冠军。而一位赏识阿基拉的教授对她说:"我们深深恐惧的,不是我们做不到,而是我们无法估量自己的能力。"

发现自身财富需要随时抓住不期而来的机遇。命运确实是件不可思议的东西,往往当你拥有财富时,却找不到施展的机遇。遇到困难,哪怕走了一条相反的路,错失了原来的机遇,也不要怨天尤人。走下去,便能发现另一片天空。孔子周游列国为的是扭转礼崩乐坏的乾坤,发现这个想法无法实现后便回家收徒办塾,把自己的人生理想一代一代衍传。当机遇已经溜走时,不要叹息自己的财富将被掩埋,或许下一个机遇已经向你招手。

每一个人都是一座富矿,有些人总是不屑于自我挖掘,心里有个"伯乐"情结,寄希望于"伯乐一顾凡马空",等待着刘备们能够不厌其烦地"三顾茅庐";甚至自命清高,大隐隐于市,津津乐道于"心远地自偏"。殊不知,在这一"等"一"隐"之间,浪费了多少巨大的人生财富!

我很平凡,掉在人堆里,你就看不见。把"我"从沙子中淘出,显现"闪光"的真金,责任在我,我能行!

第三节　聚合思维在"四想"作文训练中的运用①

一、概说

材料议论文题型,有些材料可以多角度思考、多角度立论,我们称这种题型为"开放性供料议论文"。但是还有些材料审视角度呈收缩状,不可多角度地多向立意,此种题型在应试中占有很大的比重,如1986年高考题就"理论对实践的指导意义"这个问题写一篇短文就属此类。此类题目限制性强,审题要求高,考试中出现的审题失误率高(一般在20%左右),因此亟须加强此类文的指导与训练。

闭合性供料议论文有助于培养求同的思维能力,使人的思想更趋准确精密。此类试题的考查意义也正在于此。

闭合性材料的特点在于材料的意旨隐含性强,中心指向集中。审察材料提炼中心是此种类型作文的写作关键,也是难点。一般的说,分析材料提炼中心的方法有如下几种:一是整体阅读整体理解,二是抓"文眼",三是比较异同,四是引申对应。中心提炼正确再据此写作即是如刀破竹了,对写出优秀

①　本文发表于《作文成功之路》,1998年第8期。

的考场作文来说也就算稳稳当当地迈出了第一步。

二、示例

S中学的一个班,有许多同学常常为成绩不如愿之类已经过去的事而懊丧,以致影响了下一阶段的学习和生活。一天B老师给他们上实验课,他把一瓶牛奶放在水槽边,同学们不明白牛奶和所学课程有什么关系,好奇地等待。忽然B老师一巴掌把那瓶牛奶打翻在水槽中,同时大声说道:"不要为打翻的牛奶哭泣!"接着他和同学们围拢到水槽前观察那破碎的瓶子和淌着的牛奶,然后一字一句地说:"你们仔细看一看,我希望你们永远记住这个道理。牛奶已经淌完了,不论你怎样后悔和抱怨,都没有办法收回一滴。现在,我们所能做到的就是把它忘记,记住下一件事。"

1. 审题

本材料有揭示文眼的语句:"学生们常常为考试成绩不如愿之类已经过去的事而懊丧"、"为打翻的牛奶哭泣"、"把它忘记,注意下一件事",但是由于发散思维的结果,可能会产生以下几个立意的角度。

(1)老师传道、授业、解惑,千万不要忽视德育。

(2)教师教育学生要循循善诱,切不可空洞说教。

(3)不要为一些小事而耿耿于怀,要胸怀大志,目标远大。

(4)不要斤斤计较分数的高低,要着眼于培养能力。

(5)不要让失败成为你的包袱。

(6)已经过去的就让它过去,一切重新开始。

2. 辨析

运用整体阅读、整体理解和找文眼的方法;我们可以概括这段材料的主旨是"要正确对待已经过去了的失败或不如愿之类的事"。联系实际,阐明事理应该紧扣这个中心,而不能随意乱辟蹊径,反弹琵琶。(1)(2)是从老师的角度谈,显然有违材料的隐含,偏离了中心。因为材料叙述角度倾向于学生而不在老师。(3)(4)两个角度是对的,但方向没有指向中心意旨。(3)属擦边球,虽然说的是对待小事的态度,但落脚点在胸怀大志、目标远大上就偏了;(4)横逸斜出,抓住一点不计其余,违背了整体合成的原则。(5)角度选得准,也扣住了材料的题旨。(6)扣住中心句"把它忘记,注意下一件事"立意,也是对(5)的纵向开掘,因此(5)(6)扣住了中心,是正确的立论。

三、现场作文

跟往事干杯（构思一）

……（引）不要为打翻的牛奶哭泣，蕴含着丰富的人生哲理。只要你是生活着总会有许许多多不如意的事，把这些不如意当做包袱只能越背越重，妨碍前进。放下包袱，着眼于未来，这才是应取的积极态度。

每一项科学实验成功之前都经受过重重失败和挫折，每一位成才者的足迹都是由不如意联结而成。之所以能够成功就在于他们能够正常对待不如意。

成功者总是放眼未来，想着下一次。放眼未来任重而道远，想着下一次君子不可不自强不息。牛顿、爱迪生是如此，司马迁、苏轼是如此，毛泽东、成灵顿也是如此。

正确对待失败挫折、种种不如意，我们说要放下包袱并不是简单扔弃，要从中总结经验教训，汲取养料，化种种不如意为成功之动力。

朋友，就让那一切不如意化成流水，明日的酒杯莫要再装着昨天的伤悲，让我们跟往事干杯。

志当存高远（构思二）

……是的，何必太在意于生活中那些小小的失意呢？但是在我们周围总是有那么一些一蹶不振、被区区小事憋死的"牛"，究其原因是这些人胸无大志，目光短浅。

志当存高远，志向越高越远大，成就就越大。巴尔扎克决心以笔锋征服天下，于是世界文学史上就矗起了一座批判现实主义的高峰；马克思中学时期发誓要为人类最伟大的事业献身，他成了革命导师；周恩来小学时就发誓要为中华之崛起而读书，他成了人民热爱的好总理。

志向远大，可克服目光短浅病，生活中得失荣辱全不放在心头。"不以物喜，不以己悲"，小小的不如意又何必放在心头。屈原虽然被流放仍心系祖国；诺贝尔为研制炸药，虽然家中有五个人为之丧生，自己也弄得浑身是血，但他从血泊中站了起来，继续试验直至成功。

有了远大的志向还要付诸行动,现实是此岸,理想是彼岸,中间隔着湍急的河流,行动就是桥和船,放眼未来,拿出行动来吧,不要为打翻的牛奶而哭泣。

四、阅卷评点

第一篇作文系根据高考作文缩写,赋分 60,此卷得 56 分;第二篇作文据学生作文作业缩写,赋分 60,得 36 分。两篇作文得分悬殊相差 20 分。第二篇的作者的语言表达能力、谋篇布局能力不见得比第一篇的作者差,关键在于分析材料提炼观点时出现了偏差。"成也审题,败也审题"此言诚是。第一篇的作者正确领会了材料的含义,紧扣题旨"放下包袱,着眼未来"加以阐发。首先指出生活中总会有许多不如意,要用正确的态度来对待;然后举出两个例子加以证明;接着一转阐明要总结经验教训,使之成为成功之母,最后引用流行歌曲中几句话照应题目,点化中心。虽然说理稍嫌不足,但也不失为一篇好文章。第二则例文在正确题旨上向前多走了一步,结果成了谬误,虽然有一段文字点及了材料中心,但全文落根于谈立志、理想,归结在要胸有大志上,扣住这一点阐发开去,越说越远,如断线风筝。再好的语言,再好的谋篇布局也都无力回天了。

五、强化练习设计

水在超高压下,通过高压水龙头,就可以削铁如泥,琢玉雕花……
根据以上材料写一篇 700 多字的作文,题目自拟。
[参考例文一]

"压力"效应

柔弱的水在超高压下便可琢玉雕花;野兔有了冰馋之虞,其寿命便比家兔长了十几倍;沙丁鱼槽内放进了鲶鱼,便有了"鲶鱼效应",压力作用可谓大矣。

人无压力轻飘飘,井无压力不出油。太平天国运动、明末李自成起义的失败都是在取得一点胜利后麻痹轻敌,思想上放松了压力,因而组织涣散、生活腐化而造成的。

压力有时来自外部:逆境、挫折、失败、敌对力量、师长的严格要求……都有可能构成压力。

压力更重要的来源于自己。日本人时时有忧患意识,常常提醒自己"日本国资源少，国土面积小，唯有勤劳才能自立"，于是有了东瀛经济的高度发达。勾践卧薪尝胆也是自己给自己压力。

要善待压力。压力来了，懦夫退缩，勇士则一往无前。化压力为动力才是正确的态度、科学的做法。善待压力是心智的升华，没有远大的理想，没有坚忍不拔的意志就会"小富即安"，就会"一蹶不振"。

肩挑两世纪，先辈们的强国梦靠我们去实现。我国的人口基数大，资源并不算丰富，经济仍很落后，面对这些压力愿你我都化作一份动力。

［参考例文二］
压力方程

水把超高压化作巨大动力便削铁如泥，人如能善待压力便可化作无穷无尽的动力。

生活中处处是压力。逆境是，顺境也是；敌人是，亲朋也是；战争是，和平也是；贫穷是，富裕也是。如何才能产生压力？关键是要有一颗不断进取、永不满足的心。

遗憾的是有些人根本感觉不到压力。哀莫大于心死，失却了进取之心便一叶障目。他夜郎自大，他随遇而安，自甘"我是儿子"，他潇洒地沉沦。

自身感到了压力还需要善待之。有的人被压垮了，自暴自弃甚至自绝；有的人千方百计逃避压力，摆脱责任。因为他少了顽强的意志。

爱迪生一生仅有一种发明就够了，可他还是夜以继日地潜心钻研；海明威在他生命的最后几年苦于写不出任何东西，这条硬汉便自杀了；张海迪在生命的种种打击之下顽强地抗争，走在了中国青年的前列。

对于人类来说，压力变成动力要有转换器，这种"转换器"的名字叫行动。言语巨人行动矮子永远享受不了化为动力的乐趣。"夜里做梦行万里，醒来还在睡床上。"动力表现何在？所以说，与其坐而论"压"，不如起而行之！

请记住这样的压力方程：
压力→永不满足＋顽强意志＋行动→动力

第四节 "四想"作文训练中的读写思融通
——以《良知：人类应该珍惜的羽》为例

[说课]

"读写思融通专题作文"是我们作文训练的一种教材模式,根据写作专题的需要,目前我们已积累了 21 个专题。每一个专题由"专题发微"(阐发本专题的意蕴)、"教材链接"(采撷教材专题中材料)、"生活外延"(打通课外阅读和生活积累,链接有关材料)、"神的一滴"(名言警句)、"写作一技"(精选一篇优秀文章对其写作技巧进行点评,以供写作参考)、"现场演练"(根据命题要求写一篇文章)六个板块,力图打通阅读与写作、课内与课外、内容与技巧、理解与鉴赏,从而全面提高语文素养。

一、专题发微

雨果曾论说过良知:"正直、真诚、老实、自信、忠于职守,这些品质在被曲解了的时候,是可以变成丑恶的。不过,即使丑恶,也还有它的伟大;它们的威严是人类的良知所特有的,所以在丑恶之中依然存在。"支撑人类良知的是:人性、人格。鸟儿如果不珍惜自己的羽毛,它就放弃了飞翔的资格,它被自己开除"鸟籍"。人,如果失去了良知……

二、教材链接

1. 听从心灵的召唤。在那个思想被禁锢、灵魂被拘囚的时代,谁能听从心灵的召唤,勇敢地表达自我？是她们,一群在乳母的童谣和庄园的玫瑰花丛中长大的年轻女性,在目睹了丈夫们英勇地刺穿沙皇专制的天幕后,听从穿透灵魂的洪荒古乐,毅然踏过沙皇特许改嫁的谕令,追随着丈夫,行走在通往苦难的西伯利亚的道路上……(《致西伯利亚的囚徒》)

2. 花落春犹在。俄国的十二月党人,如梅花般在寒风如刀的西伯利亚傲然开放。每个十二月党人在被发配的路上都知道自己的生命期限已被提前预定了,可他们却从没有去想过后悔。一位送行的马车夫说:"谁被发配到西伯利亚,谁就是为了人民的人。"革命者们不会后悔,因为他们知道,即使自己已注定成为落花,他们的精神一定会继续传承,他们的后辈会前仆后继,属于他们的春天一定会到来。花落春犹在——肉体可以被毁灭,精神却永远无法被消磨。(《致西伯利亚的囚徒》)

3. 守住心灵的契约。有人说俄罗斯精神就是在苦难中孕育着伟大,在绝望时保持着拯救的信心。那份伟大与信心,来源于他们对自己赤诚、纯净的心灵的守护。他们舍弃了安逸的生活,摘掉了高贵的头衔,他们甘心在冰冷的荒原上匍匐,他们情愿在阴冷的矿洞中摸索,只因为他们坚定地守护着那份心灵的契约——让金灿的阳光普照俄罗斯大地!(《致西伯利亚的囚徒》)

4. 苏艾对琼珊说:"等最后一片叶子掉落下来,我也得去了。"可最后一片叶子似乎被赋予了灵性,死死拽着藤蔓,寻求生的奇迹。这枚永不凋零的常春藤叶将一个姑娘从生命的悬崖边拉了回来。老画家用至纯的灵魂托举了这枚绿叶,当他的生命融入泥土,他应该听到另一个生命拔节的声音。(《最后的常春藤叶》)

5. "然五人之当刑也,意气扬扬,呼中丞之名而詈之,谈笑以死。"他们生于编伍之间,不曾聆听过圣哲的教诲,不曾汲取过诗书的智慧,但他们却激昂大义,蹈死不顾。他们虽是平民,但质朴的思想中却蕴含着凛然的正义。他们掏出燃烧的心驱散着黑暗,他们用伟岸的人格守护着社会的良知。(《五人墓碑记》)

6. "水击三千里,抟扶摇而上者九万里,去以六月息者也。"——持竿垂钓的庄子,有人劝他涉世为官,他漠然视之;他孤傲的心灵走不到浑浊的仕途。他出乎其外,超乎尘世,视楚国相位而不顾,不愿做供奉于高高庙堂之上的乌龟;他又入乎其内,独善其身,甘做一棵在清风中孤独地看守月亮的大树,把持着那洁白的美德,"享受"着逍遥的人生。(《逍遥游》)

7. 闻一多:黄钟毁弃,瓦釜雷鸣,但他并不承认这是中国铁定的现实,更不愿低下高贵的头颅。他曾是中国最传统的读书人,与世隔绝,但如今,沉淀的火山突然爆发——他拍案而起,拳头擂着大地的赤胸,迸着血泪"这不是我的中华,不对,不对!"那声声怒吼,直刺历史的罅隙,卷起漫天罡风。(《发现》)

三、生活外延

1. 1958年,帕斯捷尔纳克被瑞典文学院宣布荣获当年诺贝尔文学奖之后,前苏联当局马上决定对这位作家进行大批判。他们召开了一个大会,大会主席胸有成竹地向世界宣布:大会一致通过,将帕斯捷尔纳克清理出苏联作家队伍。正当即将例行公事地响起经久不息的掌声时,台下突然响起一个女性的声音。作家阿利卢耶娃大声说:"怎么能说一致通过呢?我就举手反对!"她的反对当然无济于事,可是她拒绝了强权对于她的名义的盗窃。拒绝加入到那个"一致"之中,坚持发出自己的声音,这是一个人内在尊严和人格力量的体现。

2. 虽然战争无情地扭曲了人性,但在《南京!南京!》中,惨痛的现实却让唐先生完成了人性的复苏。虽然唐先生曾向日军报告安全区里有中国军人,换一个"朋友"身份,以保护家人。但日军还是冲进安全区杀伤平民、摔死唐先生女儿、掠走唐太太妹妹。这出乎意料的变故,给了唐先生致命的打击。醒悟后的唐先生毅然把生的机会让给了一个中国军人,舍生取义,这是唐先生出卖同胞后选择的赎罪。在血淋淋的残酷现实前,他实现了人性的回归,也完成了灵魂的救赎。

3. 战争往往使人性兽化,在二战这充满杀戮与硝烟的年代中,有一位商人无情地压榨着犹太人,大发战争财。但当他重新思考人类存在的意义后,他的人性开始复苏,救下了数千条必遭集中营厄运的犹太人。他失去了大量钱财,却赢回了纯洁而完整的灵魂,人性因欲望的割舍而愈显辉煌。这就是辛德勒,一个战争中完成了自我救赎的商人,向我们诠释了人性的美好。同为纳粹分子,但在战火洗礼中,一个选择了拯救,拯救别人的同时也救赎了自己;另一个选择了沉沦,毁灭了别人也丧失了自我。辛德勒与高斯,不同的选择,铸就了不同的人生。

4. 林志玲所代言的浪琴表要举行记者会,由于主题是"舞伶",所以浪琴表副总经理张正勋希望可以请林志玲表演一段舞蹈,但经纪人认为不合适,怎么也不同意。林志玲在旁听到了,等到出场时,她自己偷偷脱了鞋,光着脚上台,在原本只是要摆摆 Pose 的段落中,跳起一段长长的舞。让张正勋惊讶的还不止于此。2006 年 6 月,浪琴表邀请林志玲到西安宣传,与当地 100 多位经销商一起吃饭。当一桌一桌的经销商走到台上,和林志玲合照、握手时,张正勋注意到,身高 174 公分又穿高跟鞋的林志玲,一定会膝盖微弯,蹲到和对方一样的高度,眼神平视地和对方握手。"她就那样总共蹲了 80 多次。我从来没看到任何一个艺人这么做过。"

四、神的一滴

1. 无恻隐之心,非人也;无羞恶之心,非人也;无辞让之心,非人也;无是非之心,非人也。恻隐之心,仁之端也;羞恶之心,义之端也;辞让之心,礼之

端也;是非之心,智之端也。人之有是四端也,犹其有四体也。(《孟子·公孙丑上》)

2. 吾闻之:新沐者必弹冠,新浴者必振衣。安能以身之察察,受物之汶汶者乎? 宁赴湘流,葬于江鱼之腹中。安能以皓皓之白,而蒙世俗之尘埃乎?(屈原《渔父》)

3. 善良的心就是太阳。(雨果《笑面人》)

4. 爱与善是幸福,亦是真理,世界上唯一可能的幸福与真理。(罗曼·罗兰《托尔斯泰传》)

5. 人如果没有良心,哪怕有天大的聪明也活不下去!(高尔基《我的大学》)

6. 仁慈的气息永远是一个人心灵高尚的标记。(巴尔扎克《人生的开端》)

7. 庄严和高贵的气质,只有蕴藏着豁达和崇高胸襟的人的灵魂才能表达出来。(狄更斯《圣诞故事集》)

8. "记住回家的路"这句话有两层意思。其一,人活在世上,总要到社会上去做事的。如果说这是一种走出家门,那么,回家便是回到每个人的自我,回到个人的内心生活。一个人倘若只有外在生活,没有内心生活,他最多只是活得热闹或者忙碌罢了,绝不可能活得充实。其二,如果把人生看作一次旅行,那么,只要活着,我们就总是在旅途上。人在旅途,怎能没有乡愁? 乡愁使我们追思世界的本原,人生的终极,灵魂的永恒故乡。总括起来,"记住回家的路"就是:记住从社会回到自我的路,记住从世界回到上帝的路。人当然不能不活在社会上和世界中,但是,时时记起回家的路,便可以保持清醒,不在社会的纷争和世界的喧嚣中沉沦。

五、写作一技

良心无价①
曹培云

如果以"什么东西不能卖"为题向十位商界朋友发问,恐怕会有十个不同的答案。(以"什么东西不能卖"问题引入,有趣味。稍稍宕开话题。)这很正常,每个人的秉性、习惯、修养均不相同,我们似也没有强求人家一致的必要。但是("但是"一词收拢话题)我想,至少有一样东西大家都不能卖,那就是良心。

---

① 文中括号内为邵统亮的评点。

（第一段为"起"：提出"有一样东西大家都不能卖，那就是良心"。）

良心，说白了，是指人们对是非的正确认识，特别是跟自己的行为有关的正确认识。（下定义法，诠释良心）良心无价，它是人类最宝贵的精神财富。对于我们普通人来说，有没有良心决定着一个人的形象（从普通人来看，良心无价）；而对于一个经商者来说，则不仅关系到个人的形象，而且直接关系到消费者的利益，小觑不得（从商人看，良心无价）。

（第二段"承接"论述，解释"良心"的内涵，说明"良心"的价值。）

近日，吉林省桦甸市八道河子乡发生了这样一件事，事儿不大，却很耐人寻味（一句话引入故事）。那里有一个手艺非常好的豆腐倌，做的豆腐个儿大、鲜嫩、口感好，十里八村的乡亲都愿意买他的豆腐。可最近连续几天都没见他出来卖豆腐。乡亲们挺纳闷儿，纷纷到他家中询问。他坦率地说："我得肝炎了，不能再卖豆腐了；如果再卖，那可太没良心了。"（叙事章法：对比生波澜，收于一句话。）乡亲们都很感动。我知道后也十分感动，并由此想到很多。（过渡到"议例"）这位普普通通的豆腐倌之所以放着钱不挣而果断地停业，我们可以用很多理由去解释，但我觉得，最主要的还是他仍固守着一片纯净的精神家园，而精神家园里最鲜艳的"花朵"，则是他那颗充满浓浓爱意的良心！（漂亮一比："良心"是精神家园里最鲜艳的花朵。）

（第三段是"析"，举出典型事例论述"良心"的可贵。）

他深知良心的宝贵，所以格外珍惜它。（用一句话承上过渡）遗憾的是，并非所有的"老板"都像他那样珍惜良心。有些"老板"在"孔方兄"的"感召"下，早把良心抛到九霄云外去了，说起理由倒也振振有词："这年头儿，无商不奸，良心值几个钱？"在他们眼中，精神与肉体、人格与尊严都可以堂而皇之地拿到市场上讨价还价。于是，坑蒙拐骗理直气壮，假冒伪劣畅行于市，明晃晃的"宰人刀"到处高悬。（说奸商，反面的实例）此时，"文人"们也不甘寂寞，炮制出一部部"拳头＋枕头"的"商品"，急不可耐地投放市场（说无良的文人，反面的实例）……凡此种种，说"道德滑坡"、"道德沦丧"，实不如说是良心连同商品一起卖掉了更贴切！（一句话总结，归于"良心"的缺失。）

（第四段为"析"的继续，揭露、批判丧失"良心"的行为。）

或曰，这些人意识上、行为上产生种种"异化"的原因是客观上受到封建意识和资产阶级意识的侵蚀，是社会道德维护体系不完善和受到少数坏人的影响，是计划经济向市场经济过渡时期一些社会因素对人们心理、行为的综合作用。（"破"一种错误认识）事实上也不尽然。人之所以区别于动物，不就是因为有思想、有感情、有道德、有辨别是非的能力吗？豆腐倌乃至更多的善良的人们，其言行已完全证明：只要守住精神家园，守住良心，即使是物欲横流百般诱惑,也会坐怀不乱。("立"自己的观点,再落到"良心"问题。)

(第五段为"转",分析良心缺失的原因。先批驳一种错误认识,再确立自己的观点。)

不要再寻找什么客观理由。我们的确很平凡,的确需要生活得更好些、更滋润些。但这些都不该成为抛弃良心的借口。我们需要守住精神家园。让我们在良心所筑成的崇高面前保持应有的敬畏吧,当我们左右徘徊几欲迷途时,请紧紧握住自己的良心。这样,我们便有了生存的自信。——这,恐怕不仅仅是对商界朋友的忠告!("不仅仅是"一词的言外之意,是整个社会。这个论题实在很有价值。)

(最后一段"合",抛弃借口,守住良心,"这样,我们便有了生存的自信";而且指明,这不仅是对商界朋友的忠告。)

六、现场演练

阅读下面的文字,根据要求写一篇不少于800字的文章。

在西伯利亚雪原上有一种动物叫白貂,白貂十分爱惜自己的一身纯白、漂亮的皮毛,在任何情况下都不愿意玷污。于是猎人们抓住白貂的这个弱点,在它的巢穴周围撒上一圈煤粉,这样白貂往往会束手就擒了;白貂没有因此改变自己的习性,依然年复一年地守护着自己纯白、漂亮的皮毛。

[专家点评①]

语文体悟关键在于"打通",狭义的"打通"即是打通读、写、思,实现三者的互动,体而悟,悟而体,体而思,所以孔子说:"学而不思则罔,思而不学则殆。"广义的"打通"应指打通语文学习与生活,问渠哪得清如许,为有源头活水来。在语文教学中谁能让学生"打通"了,那他就是最高明的老师。摆在我面前的是这样一个专题教材,把读、写、思融合起来,是一个很好的尝试。"专题发微"在于点睛,"教材链接"打通了课内阅读与作文,"生活外延"把生活与阅读、写作联系起来了,"神的一滴"精选了名言警句,"写作一技"通过教材编选人的点评既强化了专题又介绍了一些写作技巧,最后是"现场演练"却又从另外的视角来看本专题了。体悟的过程必然收获优厚的体悟成果。

---

① 点评专家为陈国安,博士后,苏州大学文学院。

第五节　运用"比喻型"文题，培养体悟能力①
—— 以作文《好大一棵树》为例

一、概说

　　命题作文、供料作文、话题作文、新话题作文，不管作文命题形式怎么变化，比喻性文题总会屡见身影。仅以江苏省高考命题为例，从 2004 年开始省级命题至今共 9 年时间，有 5 次为比喻性文题：2004 年《水的灵动，山的沉稳》，2005 年《凤头　猪肚　豹尾》，2006 年《人与路》，2007 年《怀想天空》，2010《绿色生活》。比喻性文题的特点就是命题者不直接亮出命题的本义，一般以"他物"来命题，通过联想，进而发掘寓于"物"中的意义，才能挖掘出命题的基本命意。因此比喻性文题对审题立意要求非常高。意犹帅也，对"意"的要求，要准确，不牵强；要明确，不朦胧；要集中，不散乱；要新鲜，戒陈辞。把握比喻型文题的命意，其实就是培养学生"体悟"能力的一个好抓手。

二、示例

　　以"好大一棵树"为题写一篇不少于 800 字的作文，除诗歌外，文体不限。

（一）想准

　　"树"为中心词语，只要可以用"……就像一棵大树"来比，不犯逻辑性错误，即可以。当然如果有谁在作文中直接以树为本体，用一种托物言志的手法，也不失为一个很好的选择。所以有些看来是比喻性文题其实也可以用本体来写作。

　　这个题目有两个修饰语："好大"限定了树是大树不能"小"，古老而不"大"也有失偏差；"一棵"限定了的数量。

（二）辨析

　　比喻性文题，给立意的创意带来了很大的空间。

　　1. 树大自直——给我们自由成长的空间。

　　2. 树不剪不成材——惩戒"缺点"，灭杀病害与虫害很关键。

---

①　本文发表于《考试指南报·作文专刊》，2012 年 8 月 20 日。

3．根深枝繁叶茂——要深深扎根，为了自己更好地成材。

4．树的美在于精神——人要有点精神。

5．前人栽树后人乘凉——乘前人之凉，为后人栽树。

6．十年树木，百年树人——质量第一。

7．木秀于林，风必摧之——走出"拔尖人才成长"的迷局。

8．树的价值不仅仅在于成栋梁——为了一个"全人"的幸福。

9．人挪活，树挪死——坚守自己的园地。

10．郭橐驼种树，顺木之天，以致其性——人才的培育也要少一点拔苗助长。

11．知识树——知识也会花荣花谢。

12．新松恨不千丈高，恶竹应须斩万竿——对待自身的缺点要像秋风扫落叶，毫不留情。

13．泰山松——要学那泰山顶上一青松，挺然屹立傲苍穹。八千里风暴吹不倒，九千个雷霆也难轰。烈日喷炎晒不死，严寒冰雪郁郁葱葱。那青松逢灾受难，经磨历劫，伤痕累累，瘢迹重重，更显得枝如铁，干如铜，蓬勃旺盛，倔强峥嵘，崇高品德人称颂。

14．岁寒，然后知松柏之后凋也——患难见真情。

15．树的姿态——永恒的站立，站立成一道风景。

16．《红楼梦》是好大一棵树；鲁迅是好大一棵树；我的未来是好大一棵树；老师是好大一棵树；中华民族文化是好大一棵树。孔子是好大一棵树。

17．一棵胡杨树——胡杨树，生三百年不死，死三百年不倒，倒三百年不烂。又一说：胡杨树，生一千年不死，死一千年不倒，倒一千年不烂。胡杨，耐干旱，耐盐碱，抗风沙，多见于戈壁沙漠之间，其树状形态各异，变化万千，盘根错节，苍老遒劲，或盘龙卧虎，或金蛇狂舞，或怒狮雄踞，或雏凤引颈，或金刚怒目，或夜叉探海。历时既久，苍凉则现。枯枝糙皮、节疤残根，无不显示其所历之苦难。然而沙漠之酷暑与严寒、亢旱与盐碱终究不能使之屈服，所有这一切加之昼夜巨大之温差，反而造就其万千姿态；胜似松柏之高风亮节，腊梅之凌霜傲雪。苦难愈多，生命则愈强健；压迫既重，反抗便在无声中迂回而行，天理乎？

18．校园中的春晖香樟——教育要学会等待。

19．庄子的五百年大椿，因无用而长久——功利性的追求成材其害无穷。

三、作文现场

好大一棵树(构思一)

我家有一棵好大的树。

鲁迅先生是它的躯干,而《呐喊》《彷徨》《朝花夕拾》等是它的枝干,《孔乙己》、《阿Q正传》、《药》、《故乡》、《狂人日记》等是它浓密的绿叶。

记得以前春天的时候,这棵树枝繁叶茂,显示出一派勃勃的生机。每一抹绿,都那样浓郁。这不仅是视觉上的感受,更是我心灵的触动,在这棵大树下,我领悟到了鲁迅先生的精神——一个民族所不可缺少的精神!

春天很快地便过去了。夏天的时候,这棵大树长得愈发得浓密了。于是,很多原本沉睡的人都为这种盎然的生机所唤醒——一个时代醒了。

后来,一年之中最悲伤的季节来了,这便是秋天,叶子一片接着一片,在空中几经旋转之后,都落在了冰冷的大地上。绿色没有了,取而代之的是一片枯黄,没有生机,唯剩死气。

又将是一个寒冬吗?鲁迅难道真的能够淡出中华民族的视野?

站在这棵大树下,我沉思着……犹可以感受到那种生机,即便我面对的已是光秃秃的树干;犹可以听到时代的召唤,即便我所处的已经是一个崭新的时代。

站在这棵大树下,我祈祷着……那些醒着的人们不要又一次沉睡过去。因为还没有第二个鲁迅,会来唤醒他们。

不过,也许岁寒,方知松柏之后凋。欲知松高洁,待到雪化时,且拭目以待吧。

好大一棵树(构思二)

"翻到第二页的知识体系,第三块第二点的第五条很重要,大家要记下来。"

树型图,各门课都必用的知识体系构建框架,特点是条理清晰明了,概括性强,可当进入12年苦读生涯的末尾——高三时,才发现概括性再强,也不得不让我们在面对包括如此多知识的它时感叹一句:"好大啊!"

这棵树,与别的树不同的是,它从树枝长起,一点一滴,细细密密,慢慢地才有树干,最后长树根,然后扎在我们的生命中。

种这棵树,我们已用了不止12年,出生的时候便牙牙学语,懵懂中见识到了这个世界,接着学念诗、学写字、学算术,现在想来真有些不可思议。因为还记着小学时老师说的:"'碧'字就是王先生和白先生坐在一块石头上。"学习加减乘除时老师摆弄的小棍与现在语文课上满眼的文言文和数学课上一个个从笔下溜出来的公式重叠在一起。让我不禁想问:"真的只过去12年吗?"真的,那这棵树长得还真快啊,怎么每天都没有感觉到呢?

活到老,学到老,树大自然就直起来。

好大一棵树(构思三)

今年清明,我又来到那座坟前。树已高了,洁净的碑前我扫了一遍又一遍,心中隐隐作痛,面对她慈祥的笑容,我默默地流着泪。

树随风摇摆,我扶着树枝进入了回忆。

她是我的奶娘。现在应该没有这种喊法了,她在时我只喊她奶奶。记得6岁那年,她从母亲那里拿了30元,我就死缠着要她买果子吃。母亲不愿意,又多给了她钱,叫她给我买。她很快称了几种我想吃的,爽快地付了钱。她小声地叫住我:"拿这钱给你妈。"她拿给我这10元,是刚才母亲让她给我买果子的。

当我告诉母亲的原委时,母亲骂得我狗血喷头:"你不晓得她一个人上了年纪,生活多不容易呀!你要的这果子她可以买好几天的米了。"但从那以后,每次吃果子,我便想起她那时一脸的神秘与笑意。

树叶嫩绿时,它便活跃;树叶若到了枯黄时,它便飘落。可它曾经翠绿过。

奶奶是在那样的夜晚离开我们的。她没有痛苦,临走一刻还在为老李家的孩子洗衣服!当我知道她只是一个保姆时,我尝试不去想她、依赖她,可她分明在依赖我,她非要抱我、亲我,哪怕我已到了知道害羞的年纪。

那坟前的树是我偷偷地种下的。每年我都来为她纪念,为树儿洒水,同时,扫去落叶,让它露出新芽。

我再也无法遇到那么朴实善良的人了。但我心中那棵小树也在长大,像坟前那棵一样。许多年以后,必定有人跑来一看,呀,好大一棵树！那是我一辈子的祝福。

四、阅卷点评

构思一：找到了创意点，一切就迎刃而解了。把鲁迅比作一棵大树，结合当下种种对先生的非议，思想情感和知识储备都调动起来了。行文就可以因意而创、喷薄而出了。

构思二：受到老师上课介绍的"知识树"的启发，把知识比作一棵大树。本来是一个俗套的比喻，但写"常人心中有，一般笔下无"的立意，再一步步地把知识树的成长过程描述出来，内容既充实又自然鲜活。

构思三：写自己给已故的奶娘坟头上种树、洒水、扫叶来纪念自己的奶娘。在这里，树成为文章结构全篇的红线。"树随风摇摆，我扶着树枝进入了回忆"，"树叶嫩绿时，它便活跃；树叶若到了枯黄时，它便飘落。可它曾经翠绿过"，"那坟前的树是我偷偷地种下的"，"我心中那棵小树也在长大，像坟前那棵一样。……好大一棵树！那是我一辈子的祝福"，正是这些语句将奶娘过去平凡、朴实的大半生和作者对奶娘的不尽感激串联起来，使文章由眼前到过去，又由过去到现在，首尾圆合，脉络清晰。而且，在前面树本是奶娘形象的写照，到了最后，又借用歌词《好大一棵树》的意境，成了"我"对奶娘的祝福。文章由实到虚，情感升华，具备了较为深厚的意蕴。这就是本文构思的特色。

五、强化练习设计

阅读下面的材料，按要求作文：

有一则童话讲到了两只兔子——小白兔和小黑兔，小白兔的生活观念很简单很实际：守住萝卜，天长地久。基于此，她每天都忙忙碌碌，播种、收获、储存，她单纯而快乐。

小黑兔却并不如此，它的精力不是放在种植萝卜上，而是每天早出晚归，去品尝林间各种各样的美味的野草，累了就在花丛间美美地睡上一觉。

冬天来了，小白兔看着家里储存的满满一仓萝卜，便无比欣慰——自己的日子虽然平淡，但却在冬天守住了萝卜。

小黑兔无法找到食物，只能吃一些难吃的枯叶草根充饥。而小黑兔却并不懊丧，照样乐呵呵：虽然我放弃了萝卜，但是我尝到了小白兔一辈子也无法尝到的美味食物。

　　白兔与黑兔,对应着生活中的两类人,"守住萝卜"和"放弃萝卜"代表着两种迥然不同的人生态度。对此问题,你是如何认识的?我们在生活中该"守住萝卜"还是该"放弃萝卜"呢?还有没有其他的选择呢?

请以"'守住萝卜'与'放弃萝卜'"为话题,写一篇文章。

六、构思辨析

(一)想准

1. 材料部分:小白兔:简单实际,守住萝卜,单纯而快乐,平淡但却在冬天守住了萝卜;小黑兔:品尝美味,冬天只能吃一些枯叶草根,并不懊丧。

2. 解释部分:两类人,人生态度

3. 话题:守住萝卜/放弃萝卜

对以上三个内容进行整合。

小白兔:

人生理念:简单而实际;生活态度:单纯而快乐;生存状态:平淡而稳定。这是一个"现实"主义者、实惠主义者。

小黑兔:

人生理念:追求理想;生活态度:高标而快乐;生存状态:苦难与享受并行。这是一个理想主义者,不停追求的人。

守住萝卜:坚守实际,讲求实际,坚守平淡而稳定的生活,做一个单纯而实际的人。

放弃萝卜:"不务正业",不断挑战,不断追求理想,诗意的栖居。

(二)想开

从我们积累的阅读材料来看,放羊娃也就是一个只想成为"守住萝卜"的人;夏瑜与华老栓们代表着不同的追求;玛蒂尔德的追求令人深思;林冲不正是"守住萝卜"的典型人物吗?贾宝玉正是那个"放弃萝卜"的人;从经典阅读看,《活着》中的福贵先是放弃萝卜的人,后来命运逼他成为一个"守住萝卜"的人,后来成了一个连"萝卜"也守不住的人;韩寒放弃高中生活去写作;陶渊明、阮籍、文天祥都是那种"放弃萝卜"的人;钱学森放弃美国优厚的生活待遇,毅然回国;柳永流连于青楼歌妓,"奉旨填词";南丁格尔,原本出生于一个富裕家庭,原本可以过上富家小姐的享乐生活,当她看到战争给人类带来的痛时,毅然选择了护士这个职业,在黯淡的灯光下,永远有着她忙碌的身影;

达尔文若按父母给他选择的道路生活,完全可以衣食无忧,而他却不想庸庸碌碌了此一生,毅然决然选择了当生物学家,为人类作出了杰出的贡献。

从命题的社会背景来看,当今社会物欲横流,讲求实惠;良知泯灭,理想世俗化,高尚边缘化,精神低级趣味化。人群熙攘,皆为利来利往。有识之士,早就大声疾呼,亟须重建中华民族的精神家园。近来胡总书记提出加强"荣辱观"教育的号召,这正成为当前社会的热点。但这只是精神文明建设的底线。精神家园建设的重建任重道远。

七、参考例文

我很快乐

守着脚下的那一亩田地,我很快乐! ——题记

是单调? 是单纯? 是胸无大志? 是知足常乐?

历史的天空那一抹彤云散开,我看见了他们的选择:

陶渊明放弃了那一顶铜臭般让人作呕的乌纱,守住了"不为五斗米折腰"的傲骨;阮籍放弃了晋朝驸马那纸醉金迷的奢华生活,守住了文人一身自然恬淡的洒脱;文天祥放弃了苟且偷生、高官厚禄的交易,守住了华夏万古不灭的民族气节。

他们坚守在那里,千年不朽。

我终于顿悟,命运就在自己的手中,人生必将由我来掌舵! 我将放弃灯红酒绿的时尚,去享受一份安静的质朴;我将放弃急功近利的追求,去耕耘已有的那一亩三分田地;我将放弃大千世界的环游,去欣赏杨柳扶风的风光;我将放弃各种各样的滋味,只咀嚼咽下那白开水的丝丝甜意。

如果我能做到,我保证我会比所有的人快乐!

有人怀疑我,我却不以为然,在我看来,人生哲学并不仅有一种,人生没有对错,只要自己心里舒坦、实在就行。毕竟每个人都是不一样的,因而世界才会精彩。每一个人的性格与观念决定了自己人生的方向,有人选择恬淡的生活,有人选择激荡的人生,然而谁又能多加口舌呢? 一个人的幸福别人无从知道,只有自己心里最清楚。时代给了我们选择的机会,不是让我们用统一的公式来得出人生的答案,而是给了我们个性解放的空间。

想想看,譬如我选择了守住自己的一亩田地,勤劳的播种、施肥、收获,不也是很好吗? 虽然我未曾感受到外面的世界有多精彩,

不必要在忧心忡忡之后再享受刺激与快乐,然后又再次陷入恐慌。

我想:既然选择了脚下,便只顾细心耕耘。

[专家点评①]

在考试作文中,"比喻型"文题历来是一个高难度动作,但每每也能出现让眼睛为之一亮的优秀习作,原因在于这一类作文给作者预留了一个展开想象的空间。这样说来,"比喻型"文题也算是一种具有思维张力的命题了。利用这样一种命题形式来训练学生的体悟能力,真是抓到了"点"子上了。

"想开"是比喻型文题构思与写作的关键,邵统亮老师抓住这个关键引导学生向思维深处、广处开掘,其中包括两个环节,一是各类材料联想,经历生活体验与知识体验;二是感悟,对材料进行分析与提炼,形成写作立意的创意。

第六节 在"青春诗会"中体验感悟

苏教版高中语文教材必修课本的每一册几乎都有一两个单元的现代诗歌或者外国诗歌,有人说这些没什么可教的,于是在"二度开发"中就被"开发"掉了。可是从高一到高三,从 15 岁到 18 岁,学生们正处于花季和雨季,有人说是青春后期,有人说是从青春期向青年期过渡。这正是做梦的年龄啊,正是浪漫的季节,正是与诗相伴的年代啊。如果这时不读诗,那么他们以后还会有什么时间再读诗。难怪,人越来越现实了。

我跟我的学生说,我们每个学期专门拿出一周的时间"奢侈"一把吧,"少年我为诗歌狂",举办青春诗会周:读诗,写诗,品诗,评诗。

在"青春诗会周",我们把必修教材和读本上的诗,再加上另外选来的诗歌,组织成一个大诗歌主题单元,每人选一首自己喜欢的诗,要求一是会朗诵,二是会品鉴,三是能受触发再创作。我也聊发少年狂,与他们一起读诗、写诗、品诗、评诗。每次青春诗会周,我们都会用一节课进行朗诵比赛,用一节课向同学推荐自己喜欢的诗歌,大约是一节课的课外时间写一首诗,再用一节课诵读自己的诗歌并介绍自己用了什么手法,最后评出最佳朗诵、最佳推荐、最佳创作,像奥斯卡评奖一样颁奖,奖品由我提供,通常是书。成果是出一期《〈大家〉诗专号》。

红了樱桃,绿了芭蕉。孩子们在青春诗会中长大,老师在青春诗会中也越来越富足了。下面是我这几年在青春诗会中与学生同擂比武中的 6 首,如

---

① 点评专家为江苏省语文特级教师、苏州市教育科学研究院傅嘉德。

今搜集起来已有几十首矣。

虞美人·端午有感赠好友

吴山楚水两相忘,榴明粽叶香。江畔龙腾一苇渡,灯红酒绿是端午。

三闾怀沙千年祭,奇服成旧习。问君安命何为家? 云雀声里春入夏。

虞美人·歌风

卅年歌风白莲堂,晨兴暮作谋积粮。廿年歌风康乾柏,昭义仰止、潮头弄沧海。

而今歌风明月楼,花发湄岸了。云飞苍狗人如棋,偃仰笑傲、风萧水静淡陶菊。

远 方

骏马,把草原送给白山黑水/火车,把吴语赠给粤语/轮船,把此岸嫁给彼岸/飞机,把杏花春雨寄给长河落日/因特网,把地球村民交给天涯海角/是谁把我带给了远方?/不是骏马,不是火车,不是轮船,不是因特网/却是那——/一行白鹭,一江春水,一树梅花:一句句诗行

相信未来

蜘蛛网在炉灶里燃烧/炉台上开满了三月的雪花笺/那罗兰般的紫不是深秋的露水/狐狸的葡萄结满在泥泞的灵河畔/凝露的枯藤绽放了芽苞/山青花已如燃

这就是你梦中的未来啊/病树前头喧哗着春天/唇气的琼宇就在沉船之前/相信吧,相信未来——/即使春梦如雾还如烟

异 鸟 行

动物园中鸟的世界,巨大的金属网罩里,有一棵干枯大香樟树,树上有一只大苍鹰,羽毛稀落,如睡如迷如醉如昏沉如龙钟老年,冬日的上午蹲在太阳能够照得到的墙角。

哪儿来的"异"鸟,/瞿然而鸣,划破长空?/在楚庄王的宫廷沉默——七年不飞而不鸣。/从杜甫的沉郁中解脱——天地之间一沙鸥。/从苏轼的后赤壁放飞——玄裳缟衣,戛然蹁跹。/从雪莱的诗

集幻化——在原野,在湖泊,在苍穹。

　　黄冈东坡曾经栖集——缥缈孤鸿影,又似雪爪踏鸿泥。/庄子掀髯长笑——北溟有鱼,其名为鲲,——会当击水三千里。/蓬间雀笑谓:彼且奚适也,图南何如此间乐?/梁国都城有鹓雏/止梧桐,食练实,饮醴泉,——猫头鹰却戒备森严。

　　曾经不知世事艰难美年少,/常常自比高原鹰。/可是你看你看你那沧桑的脸,/铁马冰河还入梦……

龟

　　探出头来是为了谋生、寻路/伸出脚是为了慢慢走我的曲折的长途/曳出尾来表现快意于泥水/不争食也不争庙堂之富/风雨来了,我把一切都缩进甲壳/吃我的人来了/我就默默地盘在温水中任他们煮/变幻出五色让他们目愉/用最佳的营养长他们的寿/还要用味美的肉满足他们的口腹/妈呀,我怨你/为什么不留给我一点自卫武器?/就像毒蛇的牙,鲨鱼的齿,玫瑰的刺

其实,收获更多的还是学生的诗作,我的诗沧桑深重,沉积了很厚的岁月的茶垢,学生的诗清新无邪,读他们的诗我心顿时澄明起来。

初　秋
沈丹婷

　　浅蓝的天空涨红了脸,/它是跟谁在雄辩吗?/炙热的光辉洒落下来,/每一丝都充满着激情/荣荣的野草有初秋的痕迹,/挺拔的大树有初秋的印证。//初秋啊,它在高亢地说:它像盛夏,/是热情洋溢的;它像严冬,/是饱含骨气的。//听到了吗?/它在呼喊呢!

端正好(现代版)
吴春霞

　　当朝霞浸染云层,/天穹苍碧,当黄花灿灿,/大地生辉/那紧迫的北风,/却似弓疾驰/推操着雁子的羽翼/向南孤独地翩飞/黎明即晓/雁断有声/那红橙橙的一片/是醉了的霜林吧/滴染着离人泠泠的泪水

河

张羽惠

窗外的河/冬天是最清澈的时候/艳阳高照的时候/它仿佛心情也变好了一般//下雨天,它会腥得连我在五楼呼吸都是臭/这是它心情不好了吧/我想,河里也许住了一个任性的神灵/随时随地泛滥着他的好心情与坏心情

曾经

汪家慧

曾经/有太多的美好回忆/那些/足以让人沉醉/但你却说/那只是曾经/而我/还站在原地/继续将那些支离破碎拾起/因为/那是曾经

有些人/因为一些理由而开始改变/再也回不到曾经/有些事/因为时间的消逝而渐渐黯淡/再也回不到曾经

难道那真的只是曾经/因为过了/所以就要被遗忘吗?/可谁又知道/那忘与被忘的痛苦呢?

多好

刘倩

有些心事/放下拿起又忘记/睡不着的时候/才会想起/那些傻得糊里糊涂的日子/一不顺心就伏在桌子上委屈地哭/有人总在你桌旁苍蝇似的绕/多好

你想不明白/生命中为什么会有这么多烦心事儿/那时总会忘记快乐/有人手托下巴与你一起唉声叹气/多好

于是一下哀伤变成了露齿一笑/后来你明白了人要不断地往前冲/于是你拼命往前看/但却未留意到离别的苦/有人时不时地和你去吃冰淇淋和草莓蛋糕/多好

再后来你逐渐忘记了迷惘了/单纯的日子却一去不复返/于是现在/你怎么,怎么也睡不着/有人,在你睡不着时被你深深地想起/多好!

箭与歌(中国版)

田智博

我把一支箭儿射向天空,/它飞呀飞呀,落向大地,我却不知在

哪里,/箭儿飞逝地那样迅疾/眼力怎能寻觅它的轨迹?/我把一支歌儿向天籁吟唱/它飘呀飘呀,撒向大地,我却不知在何方,/谁能有如此敏锐的眼光,/去寻觅歌声的翅膀?/许久许久以后,在一棵江南的香樟上,/我见到了那支箭,依旧完好如常,/还有那首歌儿,依旧完整流畅,/我再一次遇见它们时,已刻铸在下巴茸须上。

这六首诗是 2011 届学生在高二上学期创作的,那一周的语文课他们过得真是开心。毕业前夕我又把这些诗拿出来与他们分享,有很多人经过高三一年的摸爬滚打,已经全然忘却了那一段生活。当我重拾往事的时候,很多人恍然大悟。借用田智博的一句诗行:

> 我见到了那支箭,依旧完好如常,
>
> 还有那首歌儿,依旧完整流畅,
>
> 我再一次遇见他们时,
>
> 已刻铸在下巴茸须上。

[专家点评①]

"青春诗会"其实就是一次基于体悟能力培养的语文实践活动,"读诗、写诗、品诗、赛诗",简约而不简单,在语文实践活动中把课内学习与课外拓展结合起来,把阅读与写作结合起来,把读书与活动结合起来,在这个过程中生生之间、师生之间合作互动,快乐在过程,收获在过程,语文的生命化也在过程。

"青春诗会"更为难得的是,老师既是指导者又是其中的一员,与学生一起读写品赛,与学生一起共同丰富生命的年轮。

当然,这篇短文只是展示写诗的成果,如果能够把笔触深入过程,细数读写品赛之中师生的体悟收获,其意义可谓大矣。

第七节　在小说写作训练中培养想象力②

[说课]

从一个螺壳,可以听到海上风浪的呼啸;从一粒石英,可以看到宇宙之光的折射;一块化石,告诉了我们地球童年时期的洪荒;一滴血液,展示了人体奥秘的丰富内涵;一片毫不引目的硅板,竟是当代物质文明的凝形;至于时代

---

① 点评专家为苏州市教育科学研究院、语文正高级教师袁卫星。
② 本文部分内容发表于《考试指南报·作文专刊》,2012 年 5 月 27 日。

的飙风、社会的涛澜、国事万机,莫不可以手抚八紘,目接飞鸿,视千古于一瞬,缩万丈于径寸。这就是微型小说的功能,写小说离不开虚构,人物、场景、细节、环境都需要丰满的想象力。

一、如何想象才能扩充内容

且看一段文言叙事:

> 商鞅令既具,未布,恐民之不信也,乃立三丈之木于国都之南门,募民有能徙置北门者予十金。民怪之,莫敢徙。复曰:"能徙者予五十金。"有一人徙之,辄予五十金,以明不欺。民信之,卒下令。

用现代的话语来表达就是:

> 商鞅变法的命令已经制订完成,尚未公布,恐怕老百姓不相信自己,就在都城市场的南门竖起一根三丈长的木头,他发布了一个招募布告,布告说无论是谁能把木头搬到北门就赏给十金。老百姓们觉得很奇怪,没有谁愿意来搬动。商鞅又下令说:"能把木头搬到北门的赏五十金"。有一个人走出来愿意搬这家伙,于是他真的把木头搬到了北门。商鞅当即就赏给他五十金,以表明决不欺骗。然后终于发布法令。

下面看一位同学根据这个故事写成的一篇小说。

徙 木

清晨,咸阳南门口聚了一小群人,交头接耳,指指点点。太阳升起来了,人圈也越围越大。人圈里靠着城墙竖着一根三丈多长、碗口粗细的木头,一根极其普通的木头,看不出有任何特别的地方。木头左边的城墙上贴着一张告示,告示两边各站着一个神情肃穆的士兵。那些站在后排的和那些不识字的人便向前边的人打听:"老哥,你费神看看,这告示上说的是什么。"

前排一个文士模样的人见有人打听,顿显十分得意,清了清嗓子说道:"听着,这是咱们新上任的左庶长卫鞅大人的告示。他说,谁能把这根木头搬到北门,赏黄金十两。"

"老哥,这木头有什么特别吗?"

"这木头有古怪吗?"

"左庶长卫大人要这木头有什么用吗?"

文士摇摇头,笑道:"这些恐怕只能去问卫大人了,反正这十两金子我可不想得。"说完挤出人群,走了。

又是一番议论纷纷,但终于没有勇者出来试试。人却越聚越多,都想看看这件怪事的结果。

中午天气有点闷热,除了一些实在闲得无聊的人,人们大多不耐烦了,渐渐散去。猛听得一阵急促的马蹄声,一个将军模样的人驾一辆战车急速驶来。那将军来到城门边,站在战车上高声说:"众百姓听着,左庶长有令:搬木头的赏金五十两,有愿意一试的吗?"

有人瓮声瓮气地应道:"我来试试,我就不信这木头有什么邪门。"人群中挤出一个愣头愣脑的大汉。

大汉大步走到木头跟前,紧了紧腰带,弓下腰,用力把木头扛到肩头。用力过猛,一个趔趄,大汉骂了一声:"妈的,这木头一点也不重。"

大汉在前头扛着木头大步流星走,后面跟了一大群看客。北门并不远,不一会就到了。大汉把木头靠在了北城墙根,两手叉腰看着。那将军模样的人驾着战车一路跟着,此刻他下了车,捧上了一个大金锭:"拿着,这是左庶长给你的赏金。"

大汉愣住了:"这可是真的?"

百姓们也愣住了:"这左庶长真这么真诚守信?"

不久左庶长卫鞅颁布了改革变法的政令,百姓们没有一个怀疑其真实性。

[成功底蕴揭示]

通过想象,商鞅变法中这一个流传甚广的故事,就这么有血有肉,有意思了。想象即虚构,虚构不是说谎,而是建立在真实生活基础之上的想象。

虚构人物,比如"文士"和"大汉",还有场景中众多的人。

虚构场面,咸阳街头的场景真是栩栩传神。

虚构情节,比如"文士"的不屑、"大汉"搬木的曲折。

虚构细节,比如:"大汉大步来到木头跟前,紧了紧腰带,弓下腰,用力把木头扛到肩头。用力过猛,一个趔趄,大汉骂了一声:'妈的,这木头一点也不重。'"真有趣味。

二、构思一个出人意料的结尾

接女儿回家

他和她今天是来接女儿回家的。

一条铁路在崇山峻岭中穿行着,铁路修了三年,女儿就在大山里住了三年。

他是修铁路的。他俩答应女儿,等铁路修好了,就接她回家。

他和她轮流把女儿抱在怀里。女儿也知道就要第一次坐火车啦,女儿就一声不响的,女儿很听话。

他和她抱着女儿来到了一个车站。车站不大,上车的人却不少。大山里有了铁路,就把山里和外界的距离拉近,人们不用脚就可以走出大山,走进山外的多彩的世界里。

车上的人很多,他把女儿紧紧地抱在怀里。她也在一边护着,生怕有人碰着女儿。

女儿还没有坐过火车。没有铁路的时候,女儿成天叨咕着坐火车。他登山就许愿等铁路修好了,一定带女儿坐一次火车。可这次真正坐上火车啦,女儿却一句话也不说了。

他和她心里都感觉到,女儿坐上火车,女儿即使不说话,女儿的心情也是愉快的……

车上的人太多了,他和她想给女儿找一个座位。让女儿真正坐一坐火车。

他就问身边座位上的人,有一个坐外边的人说到前边的站就下车。他抱着女儿就在这个人身边耐心等着,她也在一边站着。

列车不停地在山间逶迤穿行着,一会儿上了桥梁,一会儿钻出了涵洞,列车勇往直前着。

前方的车站到了,那个人下车了。他就把女儿轻轻地放到座位上。女儿终于可以坐一坐火车啦,他和她心里都笑了……

车下又上来了一些人,列车上的人更多啦。她在座位边紧护着女儿,生怕拥挤的人们碰着座位上的女儿。

列车又继续前行了。一个年轻人挤过来,年轻人突然抱起他们的女儿,她忙护住女儿……

"你干什么!"他大声说。

"我坐这儿……"年轻人说。

"你没看这儿有孩子吗?"他说。

"什么孩子? 哪儿来的孩子? 你这人有毛病吧……"年轻人还要动他们的女儿。

"你才有毛病……"他急了,用握风枪的有力的大手抓住了年轻人的胳膊……

幸好列车长过来了。"怎么回事?"列车长问。

他说:"我女儿在座位上好好的,他却非要坐……"

年轻人也不示弱,"你女儿在哪? 哪个是你女儿? 我看半天了,拿个被子包个东西就占着座位……"

微型小说的结尾往往是出人意料之外,合乎情理之中,有时带给人以心灵的震撼。试补出结尾。

原文参考:

"这就是我的女儿……"他把裹着的被子一层层打开,一个骨灰盒就露了出来。骨灰盒上边,有一张小姑娘的照片。小姑娘正瞪着大眼睛,看着列车上的人们……

他的眼睛湿润了,"三年前,我在打前边的黑石山隧道时,隧道老塌方,我几天没下山。女儿上山来看我,遇上了山洪……"

列车长攥住了他的手,"你就是铁18局5处9队月掘进隧道超百米的风枪大王李师傅?! 这就是你们的女儿小花?! ……"

列车长把小花抱起来,亲吻一下,又轻轻地放到座位上:"就让我们共和国筑路工人的孩子,坐最后一回火车吧……"

四周的人都站起来了,都默默地看着小花……

光线暗下来了,列车驶进了黑石山隧道,车厢里一片啜泣……

[成功底蕴揭示]

1. 微型小说的构思要处理好擒与纵的关系,前文进行不动声色的铺垫,在结尾处突然抖开包袱,这会出乎读者的意料,造成一奇。其实这个突如其来的结尾又是意料之中的,作者在前面埋下了多处伏笔,所以写这类小说要学会埋伏笔。

2. 当然这篇小说结尾的处理还给人以情感的震撼,值得一读。列车长"亲吻"小花的细节,铁石心肠的人也会为之动容。值得一学。

三、如何在情节的推进中巧用细节描写

如何在紧张的情节进展中偷出闲笔来进行人物的神态描写和景物的细

节描写？以下文为例，请在横线上填写符合要求的句子。

雁　阵

狗娃冷冷地瞅着驼爷颤儿颤儿地晃来，双眼就变成两柄利剑。

他来了，他还算是条汉子！

下文和上文本来衔接很自然，可是作者却抽出空来描写现场景物，此所谓闲笔，试用30字以内进行景物描写　1　。狗娃分明感到，袖子里的刀已急不可耐蠢蠢欲动了。

驼爷在狗娃面前驻了足。许是走得急了些，额上竟排满了豆大的汗粒。

"好天！"驼爷歪起头，不无吃力地瞅着蓝空的日头。

狗娃没料到驼爷此刻还有雅兴评论天气的好坏，心就有些发躁。"你果真来了！"狗娃咬牙切齿，恶狠狠地吐出一句。

"哪能不来呢？"驼爷说，驼爷的厚嘴唇一个劲儿地抿动，"一接到你的信，我的心便踏实了。你总算出来了，且在城里找了份工作，这比啥都好！"

这个老狐狸，嘴倒甜！"行啊你，把我整进大牢里一呆就是五年，我狗娃真该好好报答报答你！"

用一句话描写驼爷的神态　2　。"你也真够狠的，一夜间毁了那么一大片林子。"驼爷把目光撒向湖畔，五年前倒下的松林，至今还在他的心头滴血。"呐，我又栽上了。"驼爷喃喃着。驼爷是个护林员。

"哼！"狗娃重重射出一口浓痰，蓦地从袖管里抽出那把长刀。用一句话对长刀进行描写　3　。

呵呵呵，驼爷笑了，笑得极坦然："好歹当过兵，打过仗，啥家伙没见识过？"

狗娃一愣，顿觉眼前这个驼背老人很有些不好对付，但还是大声吼道："你就不怕我一刀捅死你？"

驼爷仿佛什么也没听见一样，描写驼爷的神情　4　。"狗娃不是人？狗娃一点人味也没有？我不信！"说罢，描写驼爷的神情　5　。

怎么会是这样？其实，狗娃也没打算把驼爷咋样。狗娃只想让驼爷跪在地上求饶，然后狠狠地踢他一脚，再骂一句："滚吧，爷不跟你一般见识，你这条老狗！"可事情发展得令狗娃不知所措了。

"唉呀！"驼爷扔掉烟头，又歪起脖子看天。狗娃也扬起了头。

雁阵。作者在这里对雁阵进行了描写，很有诗意，也很有寓意，请你也来试一试　6　。

他呆了。他也呆了。

手中的刀陡地落到了地上。狗娃拾起刀，看了看，用力抛进湖里。沿着来路，狗娃大步而去。

"狗娃！"驼爷喊道，"你就忍心不回家看看你爹娘？这几年，他们想你快想疯了！"

狗娃没回头。不混出个人样来，绝不见爹娘！狗娃的双眼溢满浊泪。

原文参考：

1. 晚秋的野地死静死静，身后的湖水像面硕大无朋的镜子
2. 眯起眼，驼爷读狗娃脸上的那道月牙疤
3. 阳光兴奋地在刀片上一闪，又一闪
4. 款款地卷好一支烟，款款地抽
5. 驼爷又哑哑地笑，竟一脸的灿烂
6. 一群排成人字形的大雁，徐徐地朝南飞去。太阳赤灿灿，雁阵渐渐地融进那耀眼的光芒里。一首生命的诗，在蓝空中吟唱

[成功底蕴揭示]

1. 推进情节是小说写作必不可少的一个方面，即使是散文化很重的小说也要讲究情节的推进，所以写小说的人要学会说故事。

2. 写小说还要学会在紧张的情节推进中偷出"闲笔"来进行细节描写。细节描写不一定是繁复的文字描写，抓住人、物、景在此情此境之下的最细微的动态来描写才是细节描写的真谛。这6处的细节描写，文字最少处只有13个字，最多的也只有54个字。

3. 其实闲笔不闲，细节对于展示人物心理、表现人物性格、推动故事情节发展、渲染气氛起着至关重要的作用。不会细节描写的人很难成为一个出色的作家。

[专家点评①]

想象力对于一个人来说其重要性无论你怎样言说都不算为过，"体悟式"语文更离不开想象力的培养。但想象力培养要有载体，那种为想象而想象很难转化为血脉、内化为精神。小说写作训练通过人物、故事、环境、场面、细节等的虚构把生活真实与艺术真实勾连起来，过程之间想象力就会潜滋暗长起来。因此，从想象力培养的角度来进行小说写作训练，其立意不可谓不高。站在这样的高度来把握小说的写作训练，就可以走出为写作而写作、为技巧而技巧的误区了。反过来看，这样的训练对小说阅读与鉴赏能力的提高也会起到积极的作用。只是，这样的训练要扎实，要有几次反复才能形成能力，螺

---

① 点评专家为苏州大学教授、博导，江苏省高考命题专家，刘祥安。

旋式提升,所以设计要成序列。

第八节 从"小荷作文"看作文训练中的非智力因素

"小荷作文学校"是苏州市的一家民间作文培训机构,几年前还是一个并不起眼的训练班,现在已发展成为苏州市课外作文教育的品牌。市民追捧、教育界关注、学生热选,这在中小学生作文训练方面还是很难见到的风景,奥秘何在? 笔者深入这所"学校",感受它的"麻、辣",领受它的"另类",解读它的奥秘,品味它的得失。我们如实记下自己的见闻感受,希望它如一阵风能够吹皱作文教学改革的这一池春水。

一、作文教室很"另类"

小荷作文学校总部设在江南著名古镇——甪直。它既是一间作文教室,又是一座作文博物馆,还是一篇有趣的作文。

还没踏进大门,迎接我们的就是一座古怪的灶头。红砖砌成的灶台上放着两口锈迹斑斑的大铁锅。铁锅后原本应是安置灶神的神龛中却待着一个电饭煲。烟囱是一串煤炉砌成的。灶膛里没有柴火,都是书。这些浑然不搭界的东西硬是凑在了一起,就像一部喜剧一样每天在门口上演着。穿过民国式拱形大门,绕过一口塞满图书的古井,就来到了教室前的走廊,走廊的一头是一口铜钟,教务老师用它来敲响上课铃和下课铃。走廊两侧是书橱,里面陈列着各种文学书籍,学生可以随手翻阅。三个教室有三个名字,分别是"翰林院"、"登科轩"、"文心阁",皆因教室后悬挂着的古匾而得名。教室的地面装饰着一个错落有致的线条,线条边是一组趣味盎然的词语。

一所学校就是一篇内容丰富的作文,每一件古老的陈设都蕴含着一个有趣的故事。置身这现代文明和古代文化的撞击中,一种写作的冲动真的会油然而生。

二、班级设置很"特别"

为适应市场需求,小荷作文学校班级的设置以能力梯度训练为经,以学生写作需求梯度为纬,形成了名目繁多的班级。从能力梯度来看,训练内容分设"想象"、"描写"、"审美"三个层次。每个内容的层次根据学生水平的不同,组成"阶梯班"、"特色班"、"魔鬼训练营"三种班级。在此基础上,根据学生的特殊需要又开设了"中考特训营"、"小荷精品班"、"说写面试班"、"读写梦工场"、"少年作家班"等高端班级。

应当说,这种适应市场需求的班级设置,客观上体现了因材施教的科学性,满足了不同层次学生的需求,弥补了学校教育的不足。受到家长与学生的喜欢,也就不难理解了。

三、表扬激励很"夸张"

有句名言叫做:"好孩子是夸出来的。"表扬学生每个教师都会,但把表扬作为一个课题来研究,并成为制度,这可能就只有小荷学校了。小荷学校的老师相信学生的每篇习作都是学生花了不少时间和心血写成的,他们也承认每个学生的作文都有着这样那样的不足。但是,他们从不批评学生的作文,而是用热情夸张的鼓励去点燃学生们写作的激情。因为他们坚信,好作文是夸出来的,更是要通过不断地写,写出来的。

小荷的每节课是 1.5 个小时,而前面半个小时是雷打不动的讲评作业时间。与其说是讲评学生的作文,倒不如说是半小时的集中表扬。小荷要求老师在两三堂课中,必须把每个学生表扬一次,把每个学生的作文都范读一次,让每个学生都能及时获得写作的成就感。表扬的语言必须热情而富有感染力,表扬的程度必须在原有的基础上上浮 50%。遇到好的习作,应当像拜读大作家作品一样去品析。遇到进步特别大的学生,要不惜时间,不惜溢美之词,集中火力去"轰炸"……

很多孩子说,他们在这里得到了连想都不敢想的鼓励和表扬,他们获得的肯定和赞赏甚至超出自己的年龄和身份。

除掉口头的表扬,还会有意想不到的礼物。

圣诞节到了,老师会把头上戴的圣诞帽奖励给学生;中秋节到了,学生拿到的可能就是一个甜美的月饼。有的男同学可能会意外获得一个发卡,在其惊诧之余告诉他可以转送给妈妈;女同学可能会得到一个陀螺,告诉她为何不可以尝试一下。得到老师的著作,成为学生最心仪的奖品;与老师同享午餐,是对学生最亲密的奖赏。"薯条老师"会真的发给学生一人一包薯条,"苹果老师"兜中会出现好几个喷香的苹果,"泡菜老师"当然不能给学生吃韩国泡菜,但他会早晨驱车到东山,为下午的学生摘取最新鲜的橘子……

四、三大招数很"诡异"

当今学生的作文有三大顽疾——写不长、写不快、写不好！

为攻克这三大作文顽疾，小荷作文学校出了三个奇招，可谓剑剑封喉。

第一招，举行"万字写书比赛·作文大王评选"，解决写不长的问题。具体做法是，要求学生在一个月的时间内完成一万字的写作量，制作一本书。书的内容可以是纪实故事，也可以是想象故事。所有在规定时间内完成万字的学生都能获得一张"万字写书"荣誉证书，班级最高字数者可以授予"作文大王"称号。为使活动更富趣味性，小荷作文学校的老师不但要求学生把书制作精美，序言后记一个不落，而且在班与班之间，组与组之间进行对抗。把一次作文极限体验做成一个刺激非凡的游戏。

许多原本畏惧写作的学生，在老师的鼓励下，在同伴的带动下，突破了自我的写作极限，创造了一个个写作的奇迹。两年级学生把一个故事写满万字的比比皆是，班级作文大王往往都在四五万字，而最高纪录更多达10万余字。

第二招，举行600秒快写比赛，解决写不快的问题。

所谓600秒快写比赛，就是要求学生在10分钟内写尽可能多的字。为此，小荷作文学校专门印制了比赛用纸。具体做法是：在作文课上，老师先公布写作题目，学生默想构思三分钟，然后进行600秒的写作，时间到即结束比赛。根据学生年龄的大小，设定各年级的达标字数：二年级为100字，三年级为150字，四年级为200字，五年级为250字，六年级为300字。达标即获100分，多一字加1分。居于班级前列者，均能获得奖励。

由于时间紧、要求简单，所以，学生在比赛时，由不得他细细考量，必须把握每一秒钟，心中如何想，笔下就如何写，写出来就是成功。几次比赛后，学生的下笔速度自然快了许多。

第三招，通过美文赏析和彩图故事作业，解决写不好的问题。

小荷作文学校的学生是有家庭作业的，而且每次都得完成两篇作文。但这作文的要求却是非常独特的，那就是美文赏析和彩图故事。

何为"美文赏析"？就是要求学生阅读《姑苏晚报》的"怡园"版或《扬子晚报》的"繁星"版，从中挑选出自己喜欢的一篇散文剪贴在专门的作业本上，并对这篇散文进行不拘一格的品析。为什么要选成人散文呢？老师风趣地说："成人散文犹如鸡汤，可能不符小孩的口味，但营养丰富；同龄人的作文犹如蛋汤，味道虽然鲜美，但营养不足。"提早接触这些极富时代感的成人散文，对学生的语言积累大有裨益。

何为"彩图故事"？就是要求学生阅读《姑苏晚报》和《扬子晚报》时，挑选一幅自己喜欢的图片剪贴在专门的作业本上，并根据这幅图编写一个不同于原文的故事。目的是训练学生的观察能力和想象能力。

在小荷老师的积极推动下，学生对完成这两项作业都有着极大的热情，超额完成规定篇数的占绝大多数。这种极具自主性质的练笔活动，对学生写作综合能力的提高有着巨大的促进作用。

五、小荷老师很"麻辣"

小荷的学生说，我们老师好玩。

小荷老师最好玩的地方就是每个人都有一个奇怪的外号，包括校长在内的 20 多位老师，外号就有 20 多个，有"河马国王"、有"泡菜"、有"樱桃姐姐"、"苹果先生"、"芒果老师"，有"南瓜上校"、"香葱老师"、有"薯条"、"汉堡"、"饭团"。当然还有更有趣的，震耳欲聋的"大炮酋长"、风驰电掣的"子弹头老师"，甚至还有叫"压岁钱老师"的。

先不说这些老师上课怎样，光听老师的名字就足够让学生捧腹大笑了。在小荷还有这么一个不成文的规定，学生不必称呼教师为老师，而是直接叫老师的绰号即可。

每个小荷老师都必须开朗、幽默，这是小荷作文学校选拔教师的基本条件之一。这是由所施教的对象——小学生的心理特点所决定的。在每次 1.5 个小时的课堂教学中，只有一个能说会笑、爱唱敢跳的教师才能利用自己饱含深情的语言和夸张的肢体动作来吸引学生。同样，也只有这样的老师，才能用自己的人格魅力来召唤学生的写作勇气，并创造出生动活泼的课堂教学氛围来激发学生的写作灵感。亲其师，信其道，学生只有爱上你的课堂，才会爱上你所教授的内容。只有爱上你这个作文老师，才会爱上写作，提高写作的能力。

每个小荷老师必须有阅读与写作的爱好，这是小荷作文学校选拔教师的另一个基本条件。他们在招聘老师的时候，有一个必要条件，就是该位老师要有 10 万字的写作经历。只有热爱写作的老师，才能真正感受到写作时的酸甜苦辣，才能真正体会学生写作成长时的阵痛和迷茫。小荷作文学校里同样有着这么一批作家型老师，如科幻作家刘苗虎、儿童文学作家陈筠、散文作家江寒雪、青年作家冯英子、戴燕翔等。作家老师上课，课堂一定充溢着浓浓的文学味，举手投足都是最生动的作文。

每个小荷老师都要挂牌上课，这是小荷作文学校考核评价教师的法宝。

小荷的管理者并不会像普通学校一样去考核自己的教师,他们不会去听你的随堂课,他们也不会紧盯着你的备课和作业批改。但每个小荷的老师丝毫都不敢懈怠,因为他们都是挂牌上课的。在小荷的招生简章上,每个班级名称的前两个字就是所执教老师的名字或雅号。小荷的老师没有选择学生的权利,但每个小荷学生和家长都拥有着至高无上的选择老师的权力。哪个老师工作认真,哪个老师吸引学生,都会及时地反映在招生进程中。老师与老师之间,同样有着暗暗的较量。如果自己的班级招生情况不佳,那老师就要好好自我反思了,如果再三出现此类情况,老师自己也就不好意思再待下去了。而如果你的魅力足、人气高,受到家长和学生的追捧,那么,梯度层次很多的班级设置,为你提供了很多的发展空间。

试想一下,这样炼成的老师,叫"我"如何不麻辣?

［调查手记］

对于"小荷作文",人们有着不同的看法,我手头就有一则跟帖,说"这篇文章无聊啊。原因如下:作文如做人,快速教育教不出好作文。本身就是个盈利的商业机构而已,不值得吹嘘什么。再牛的新东方也不能挖掘出来什么深刻的意义来的。"我也有一个跟踪调查,"小荷作文学校"办了这么多年,学生的可持续发展似乎并未见出特别的势头。尽管这样,这所学校在学生的非智力因素的挖掘上是做足了功夫,恰恰可以与我们目前的作文教学构成鲜明对比。作文环境的创设、作文评价的办法、作文训练的策略、作文课程的设置、作文教师的要求都很值得探究与借鉴。其实对于写作来说,只要解决好了"乐写"的问题,还有什么困难克服不了呢? 只不过这种非智力因素的培养如果不能形成一种机制,却是"一傅众咻"的教育环境,"小荷作文学校"永远只能是一座"孤岛"。

第八章　写作训练"体悟"在场

第一节　点拨·接通①
——为作文"体悟"设置一个情境

　　这是一堂作文课。我把录音机轻轻放在桌上,转身板书"一弯新月天上挂"七个大字,然后对学生说:"今天作文课我们来个不务正业吧——根据黑板上的句子画一幅画。""风乍起,吹皱一池春水",讲台下顿时热闹起来,喜欢绘画者欢呼雀跃,不知丹青者愁眉苦脸,善深究者注目凝望,喜思考者眉飞色舞,他们猜想老师肯定又要做作文诱导了。

　　我并不多说,只是来往巡回着。两分钟过后我宣布停下笔来,然后拿起彩色粉笔来一边画一边说道:"看同学的画,有好几种类型。第一种只画一个弯'牛角'。第二种,月亮边画了十几颗明亮的星星。第三种烘云托月,月亮遮住了一片云彩。第四种,弯弯的月下有一道蜿蜒曲折的山脉,一条九曲十八弯的小河,河边有一行婀娜多姿的垂柳,河里隐约可见一叶扁舟。第五种,河边一只猴子悄悄下水,小心翼翼地用手去捧那弯弯的玉块,还有一只老猴站在河边手指着天空,似乎在说:'别捞啦,在天上。'"

　　我请大家品评一下这些画画得怎么样。经过十几分钟的讨论,大家一致认为:第一种太单调;第二、第三种用意很好但不符合生活实际;第四种充分利用背景烘托,有静、有动、有层次感;第五种构思巧妙,但只适宜于绘画,如果用于作文难免有"离题"之嫌。

　　那么,第四种是不是最好的呢? 我先让学生思考一下,然后,打开录音机,请同学欣赏。顿时优美婉转的音乐流泻了出来:

　　　　遥遥的夜空,有一个弯弯的月亮。
　　　　弯弯的月亮下面有一条弯弯的小河。
　　　　弯弯的小河上面有一只弯弯的小船。
　　　　弯弯的小船的旁边有我童年的迷惘。

---

① 本文收录于《语文课堂教学的艺术》,江苏教育出版社,1994 年。

......

音乐渐渐低了下去,学生们还没从浓浓的情思中走出来,我说:"这也是一幅画,又是一首诗呀。说它是画,因为它浓淡相宜,明暗对比适度;说它是诗,因为在这首歌的抒情韵律中流动着一股浓浓的情思。古人写诗作文乃至用于丹青,非常讲情与景融,意与境谐。"这时,我注意到台下的学生有的眼睛中闪出亮光,有的深深地点着头,有的脸上绽出笑容。于是我抓住时机引导大家说:"我们且来用一段文字描述这幅画吧,别忘记'意与境谐,情与景融'啊。"

不一会儿就有几只手举起来了。一个女生站起来说道:"天高云淡。瓦蓝瓦蓝的天空上一弯金黄色的上弦月徘徊在斗牛之间。一朵白云飘过来的时候,月牙儿隐在蒸腾蒙蒙的雾气之中,好像笼着轻纱的梦。月光朗照的时候,黑乎乎的树梢上、乡间的小路上铺了一层明明的霜,像是碧清碧清的水,似乎能听见淙淙的水声了。村边的小河上有一座青石砌成的拱桥,我站在桥上望着这皎洁的月亮,心儿飞到妈妈的身边。"

一个男生又站了起来,出语不凡:"'云破月来花弄影'。梧桐的院落里,一簇簇菊花泼泼辣辣地开着,阵阵清风吹来,花影婆娑,姗姗可爱。梧桐树下,小孙子趴在奶奶的膝头,瞪大眼睛凝视蓝天那一弯新月,月光如水,无声地漫洒在这一老一少的身上,秋虫在砖缝里节奏繁密地弹唱着。宝宝很安静,大概是刚刚听过奶奶讲的嫦娥奔月的故事吧,那他的思绪该飞到琼楼玉宇的月宫了。奶奶正幽幽地唱着:'月儿月儿像只船,小小的船儿两头尖,我在小小的船上坐,看见了闪闪的星星、蓝蓝的天。'她一边拍着孙儿,一边唱着,还以为孙儿早已睡着了呢。"

他的发言引来了同学们一阵热烈的掌声。我也激动不已,因为万万没有想到学生竟会有如此优美的文采、如此敏慧的审美情思,禁不住高声说道:"好,好一首《月光曲》,好一幅《月照图》,好一篇《月下文》。我想同学们都一定文思如泉涌了吧,那大家就展开想象的翅膀,让妙笔生花吧!下一堂课就写一段500字左右的《红杏枝头春意闹》。"

下课了,面对一篇篇作文我更激动不已。在"教后记"中这样写道:诱导是一块引玉之砖,是激发悟性的一枚石子,是引发高潮和结局的序幕,是引导思维方向的路标,是教师塑造学生灵魂的雕刻刀。孔子云:"不愤不启,不悱不发。"诱导是思维障碍处的巧妙点拨,诱导是在思维的断层处顺畅地接通。自己可要好好使用手中这般兵器呀!

第二节 移步换景看"庐山"①
——生活体系与思维训练

上课伊始,我在黑板上画一个"○",问:这是什么?学生齐答:圆形。我:"听到大家这异口同声的回答,我很悲哀。因为全班51人都用一个眼光去看问题,有着同一个声音。为什么不能换一种眼光呢?从语文的角度看,它是——(学生答:零),从化学的角度看——(学生答:氧的元素符号),从音乐的角度看——(学生答:休止符),从画家的角度看——(学生回答多样:太阳、月亮、大饼)。"我富有诗情画意地说:它可能是台湾老兵手中的一粒红豆,也可能是狩猎者手中受伤的鸟儿的一双哀怨的眼睛,也可能是荷叶上面一滴晶莹玉润的露珠,也许是忙碌在青绿稻田中的父亲的草帽。一千个人就有一千个'○',这让我想起了苏轼《题西林壁》——(学生一齐背诵:横看成岭侧成峰,远近高低各不同。不识庐山真面目,只缘身在此山中。)那么今天请大家与我一起'移步换景看庐山'"。(板书)

把同学引入对生活现象的思考后,我把话题很快地转到了作文上。我说:"社会生活中的一些现象常常是仁者见仁,智者见智。作文训练中的供料议论文也是这样,不同的读者往往会有不同的感受,会生发出不同的议论。我先出示了一段童话故事材料:

一匹小马驮一袋麦子要到河对岸去。河水哗哗地流着,小马为难了,心想:我能不能过去呢?如果妈妈在身边,问问她该多好啊!他看到一头老牛在河边吃草,就跑过去问:"牛伯伯,请您告诉我,这条河,我能趟过去吗?"老牛说:"水很浅,刚没过小腿,能趟过去。"小马听了老牛的话,立刻跑到河边,准备过去。突然,从树上跳下一只松鼠,拦住他大叫:"小马!别过河,别过河,你会淹死的!"小马吃惊地问:"水很深吗?"松鼠认真地说:"深的很哩!昨天,我的一个伙伴就是掉在这条河里淹死的!"小马连忙收住脚步,不知道怎么办才好,于是跑回家问妈妈。妈妈说:"那么河水到底是深还是浅,你仔

---

① 本次训练是学生进入高中以来第一次议论文训练,训练目标应定位在观点的确立上。从培养学生的素质上看,发散思维和聚合思维是创新思维的重要能力。本次作文训练需要抓住契机,着重训练学生的创新思维能力。同时论点的确立还要注意做到具有一定的针对性,这一点在课堂训练中也要予以强调。

细想过他们的话吗?"小马低下了头,说:"没……没想过。"妈妈亲切地对小马说:"孩子,光听别人说,自己不动脑筋,不去试试,是不行的,河水是深是浅,你去试一试,就知道了。"小马果真下了河,小心地趟到了对岸。原来河水既不像老牛说的那样浅,也不像松鼠说的那样深。

这个故事告诉我们什么道理?

学生甲:应该自己多去做。

学生乙:要多思考。

学生丙:要多想想。

学生丁:要多实践。

学生的思考凭的是一种感觉,如果用一种思考方法来指导,情形就大不相同了。下面一步,我把同学分成三组:小马、马妈妈、老牛伯伯和小松鼠。让每一组人分别从各自的身份来考虑这个问题。

"小马组"的学生说:"我非常好问,不贸然行事。不知能不能过河就问老牛和小松鼠,老牛与松鼠的回答截然不同,我感到迷惑就去问妈妈。其实还有不少方法可以解决过河的问题,比如自己试一试,摸着石头过河;还可以动脑筋想一想,深浅是相对的,牛大伯身高体壮,所以河水浅得很;小松鼠矮小,对它来说河水当然深浅莫测,而对于小马来说则不会太深。可以大胆过河,不必依赖于别人的结论。那么好问好不好?当然好,学问学问,一是学二是问。但问要和思考、尝试相结合。由此我们可以得出几点认识:(1) 要多动脑筋,善于分析、比较、鉴别;(2) 要勇于尝试;(3) 成功之道——问、思、试三者相结合。"

"老牛松鼠组"的同学们说:"其实我们的经验都是正确的,但结论都是危险的。条件变了,对象不同了,我们的经验对于我们来说是对的,用在小马身上可能说是毒药。所以衡量事物要具体问题具体分析,因人的条件变化而变化。"

"马妈妈组"的同学洋洋自得,他们说:"我是教育家。具体摆出了几条理由:(1) 不把"标准答案"直接告诉给小马,这样小马也可少费一些周折;(2) 不越俎代庖,直接代替小马背着麦子过河;(3) 没有大发脾气,对儿子训斥一番;(4) 鼓励儿子要勇敢去尝试。"

正在他们议论热闹的时候,这时"小马组"的一个同学站起来说:"我看妈妈不但有教育家的眼光,其实还有精明的判断。她知道小马过河不会有危险,所以才会大胆鼓励孩子自己去做去试。反之如果有危险,她也可能会越俎代庖,事情不可以一概而论。应该能够体会出妈妈的良苦用心。"

这边同学们在热烈交流着,另一边老师根据发言,整理出以下几条:

(1) 要授之以渔,不要包办代替;(2) 鼓励比训斥好;(3) 教育要着眼于未来,不要短视;(4) 教育,要带着爱出发,还要带着智慧。

正在同学们感到自得的时候,我又出示了一则自己改编故事。说的是——

> 一年后,小马长大了。妈妈开始让它做工。有一次小马举步维艰地驮着几百斤重的盐要过河,凭着经验这次它不再犹豫。可是水越走越深,盐泡在水里都溶化了。小马越走身上越轻松,心中大喜。又过了几个月,小马驮着沉重的棉包过河。他想:这鬼棉包压得我上气不接下气,这下可好了。它兴高采烈地走入水中,但是,水愈来愈深,背上也愈来愈沉重,到了河中心,它再也站不起来了。第二天,马妈妈在下游几里远的地方发现了小马的尸体。她痛哭失声:儿子,从小我就培养你遇事要多想想,不想你最后还是死在不动脑筋上。

我请同学们按照刚才教的办法,再来分析可以有哪些立论。

学生甲:从小马的角度看,要注意多思,善于分析、比较、鉴别。从小河、盐和棉包的角度看,客观外界的事物发生变化了,我们处事的方法也要随之变化。从马妈妈的角度看,(只有养成良好习惯,才能终生受用)教育不但要授之以渔,更要培养良好习惯。

学生乙:从小马的角度看,经验主义害死人,遇事要学会动脑筋思考,思考问题、处理问题要灵活多变;从马妈妈的角度看,注意了教儿子处事之法,却没有培养儿子处事之德。从小河、盐和棉包的角度看,情况不同了,处理的方法就要随之而变化。

学生的分析有点概念化,老师进一步点拨。

"刚才我们分别思考了《小马过河》与《小马之死》,从思维的角度看,运用的是发散思维,它的特点是无规则、无限制、无定向,灵活、多变、新颖。可是我们在认识客观世界的过程中还要更多地运用聚合思维。比如门捷列夫就用这种思维方法发现了元素周期律,海王星与冥王星的发现也是人们运用这种思维方式的结果。有时我们也很需要从多种生活现象中概括出人生的感悟。比如把《小马过河》与《小马之死》结合在一起考虑我们能得出怎样的人生的感悟呢?"

我发现学生面有难色,于是继续点拨。"对于有多则材料的供料作文,在思考问题的时候,要注意考察多则材料的内涵的同一区间,从数学的角度看就是取其'交集',从物理学的角度看就是'多维聚焦',从逻辑学的角度看也就是考察多则材料的内涵的重合之处。"

说到这里,我看到小吴同学在微微点头,知道应该让他发言了。

小吴:从小马的角度看,两则材料聚合在"要多动脑筋,善于分析、区别、比较和鉴别"。他的一句话,引来了同学们一个个的发言。

小王:从马妈妈的角度看,两则材料交集在"不但要培养能力和方法,还要培养思想品德"。

小李:两则材料还交集在"盐、棉包、小河、牛伯伯、小松鼠",从这方面看,对象变了,时间变了,物的特性变了,我们思考问题的角度,解决问题的方法和对策也要随之而改变。

小张:刚才小李同学的发言还可以概括为:换一种眼光看问题。

"发散思维、聚合思维,用这两种思维方法来思考问题常常会有新奇的发现。来看爱因斯坦的三个小板凳的故事,看看能确立哪些论点。我给大家10分钟的讨论时间。"

第一组学生代表:从爱因斯坦的角度看,不断实践就能进步。贵在坚持,要有锲而不舍的精神。

第二组学生代表:从这个角度还可以看出,成功不是一步登天,有进步就是成功。要相信自己的力量,不要轻易否定自己。(老师:"你说得好。这让我想起了爱因斯坦与卓别林的一段轶事,爱因斯坦对卓别林说:'我真羡慕你,有那么多人理解你的艺术。'卓别林却说:'我真仰慕你,世上只有一个半人懂得你的相对论。'爱因斯坦就是靠着这种顽强的自信,才使他成为举世公认的伟大的科学家"。)

第三组学生代表:从老师的角度看,教师只看结果不看过程,没有发现爱因斯坦身上的闪光点,随意否定,这是不足取的。不能"一俊遮百丑",也不能"一丑遮百俊"。(教师:这是一个沉重的话题,以后大家如果看到我对同学的评价"一俊遮百丑"或者"一丑遮百俊",大家就炒我的鱿鱼。)所以不能"以'一'定论"。

第四组学生代表:爱因斯坦对待作业的态度也值得称赞。我插嘴问:"他不能按时完成作业难道也值得称赞?"因为我发现有学生就持这种看法。学生和我争辩,爱因斯坦决不是拖延作业,他不是把作业当作差事来应付,而是当作培养自己素质的一次好机会,因此他能认真地对待。

第五组学生代表:我们还有两点补充。老师对爱因斯坦之所以"以'一'定论",主要原因是他只看到事情的结果,却没有看到"小爱"做板凳的过程。(这"小爱"的称呼引得全班大笑。)还有,爱因斯坦面对别人的嘲笑,不自馁、不自暴自弃,坦然以对,这一点很值得学习。我说:是的,我们有些人太过于在乎别人的评价了,受到表扬飘飘然,昏昏然;受到批评灰灰然,颓颓然,这些都不足取。应该做到宠辱皆忘。

第六组学生代表:成功可能要经过许多挫折和失败,面对这些挫折和失败,我们应该向爱因斯坦那样,不骄不躁,一步一个脚印地前进。

看到如此热烈的讨论,听到如此精彩的发言,我很激动。于是随手写下"识得庐山真面目,只要发散与聚合"。最后我又追加了两句:"白居易说'文章合为时而著,歌诗合为事而作'。我们的立论也不是为立论而立论,一定要有所为。也就是要瞄准社会的焦点,把准生活的脉搏,只有这样,我们的立论才会表现出它的价值。诚如是,说不定我们也会像巴尔扎克那样用笔锋征服天下呢!"

第三节 文章有"我"自风华
——"体悟"作文抒发性灵训练

学生作文"无我",一直是我最感头疼的问题。经过问卷调查,原因主要有三:一是不屑写,觉得都是鸡毛蒜皮的小事;二是不愿写,觉得这是个人隐私,写出来"丢人";三是不敢写,如果真实表达自己的喜怒,可能会惹老师、同学或家长生气。

作文"无我"这一关不过,就永远写不出有价值、有生命力的作文。为此,我设计了一节作文课,题目就是《文章有"我"自风华》。

一、导入:激活自我生命激情

学校有一次组织王国权感恩活动讲演,记得他当时与学生一起大吼《我是自然界最伟大的奇迹》一段文字,把学生的生命激情一下子调动起来了。我于是根据我的需要修改一下,随着上课铃响起,我们全班同学一起大声诵读。

我是自然界最伟大的奇迹

自从上帝创造了天地万物以来,没有一个人和我一样,我的头脑、心灵、眼睛、耳朵、双手、头发、嘴唇都是与众不同的。言谈举止和我完全一样的人以前没有,现在没有,以后也不会有。虽然四海之内皆兄弟,然而人人各异。我是独一无二的造化。我是自然界最伟大的奇迹。

我心中燃烧着代代相传的火焰，它激励我超越自己，我要使这团火燃得更旺，向世界宣布我的出类拔萃。没有人能模仿我的笔迹，克隆我的经历，偷走我的故事，夺走我的喜怒哀乐。从今往后，我要使自己的个性充分发展，因为这是我得以成功的一大资本。

我是自然界最伟大的奇迹。我不再瞧不起我自己，因为我是我自己的一笔最大财富。我不但要珍惜它，还要利用它，更要表现它，更更要培育它。我是独一无二的奇迹。物以稀为贵。我独行特立，因而身价百倍。我是千万年进化的终端产物，头脑和身体都超过以往的帝王与智者。但是，我的才能，我的头脑，我的心灵，我的身体，若不善加利用，都将随着时间的流逝而迟钝，腐朽，甚至死亡。我的潜力无穷，脑力无尽，智慧无限，只要充分挖掘，充分利用，就能超过以往的任何成就。

我的出生并非最后一个奇迹，为什么自己不能再创奇迹呢？我是自然界最伟大的奇迹。我不是随意来到这个世上的。我生来应为高山，而非草芥。从今往后，我要竭尽全力成为群峰之巅，将我的潜能发挥到最大限度。

我绝不忘记，诸如韩寒、郭敬明们，其实只是充分展现了自己的才情，这就使他们成为耀眼的明星。我也要不断滋养自己的才情，充分发掘自己的才情，因为这是走向成功的美德。我是自然界最伟大的奇迹。我是自然界最伟大的奇迹。我有双眼，可以观察；我有头脑，可以思考；我有两耳，可以听取八方；我有双手，可以创造。现在我已洞悉了一个人生中伟大的奥秘。

君子善假于物，我要借鉴他人，借助阅读，这些也都会成为我的经历。我的父母是世界上最伟大的父母，我的师友在这世界独一无二，我的亲朋在这世界上也没有第二种存在，我的同学举世无双。在我眼中飞禽走兽、花草树木、风雨山石、河流湖泊，都有别样的风采。我的财富天下无人匹敌。

我孕育在爱中，肩负使命而生。从今往后，它将塑造我的性格，引导我的人生。我是自然界最伟大的奇迹。自然界不知何谓失败，终以胜利者的姿态出现，我也要如此，因为成功一旦降临，就会再度光顾。我会成功，我会成为最成功的高中生，因为我举世无双。我的成功将无人能够争锋。

二、解说"有我"才是真文章的写作秘诀

此前,我们曾写了一篇《品说"随便"》的作文,这一次我把讲评内容定为文章有我自风华的"专题性讲评"。我说,"五四"时期文学革命的旗手胡适就响亮地提出了一句口号:我手写我口,我手写我心。这是文学界的一声响亮的春雷。

其实从写作规律来看,"我"确实是写作的一笔最大的财富。

有我自己的创意,叙我自己的故事,用我自己的表达方式,表我自己的真情,写我自己的感悟,发我自己的言论,显我自己的阅读,说我自己的"土话",扬我自己的个性。

叙我自己的故事,用我自己的表达方式,这是一种写作思维方式,是写作保证有"我"的关键,是写作有"我"之基。

(一)写我自己的生活

刚才,老妈走到我房间,看到书桌上的作文纸,便问:"写作文啊?什么题目?"我答道:"关于'随便'的,品评'随便'。"话音刚落,我妈表达了一通她对"随便"的种种不满。

"哎,我最讨厌的,就是听到'随便'这个词了。早上,问你早饭要吃什么,你说'随便',然后我就帮你准备了一下,结果你又这个不要吃,那个不要吃。周末买菜,问你和你爸想吃什么,你们'随便',到了菜场不知买什么好……"一边嘀咕着,一边走出我的房间。

(二)用我自己的语言

1. 将自己内心的想法表达出来,不给他人带来困扰,不让周围的人因我的"随便"而抓狂。

2. 你可以说"随便",但不能有一个随便的青春;你可以说"随便",但不能过着随便的生活;你可以说"随便",但不能有一个随便的未来。

3. 禅有静虑之意,我们静虑随便,思索随便,品评随便。

4. 随便的人,用随便的生活态度,过着随便的生活,却不知道自己正在走向无底的深渊。我想,这个社会的未来是不可以随便的,而随便的人是不可以存活在未来的。

(三)使用一些自己的小技巧

拆字法。随便的"随"是由"阝""辶""有"组成的,意思便是耳朵听别人已有之言,行动上也按照别人已有的做法,似乎不能够有自己的想法,这样便

没有了个性的纷呈,也便没有了自我,那么生命便缺少了独特的活力。泰戈尔说过"别踩住我的思想",是的,别让自己的思想被他人的言论所覆盖,别让自己的想法被他人所修剪。

看那"随便",经由一个"随"一个"便"字组成,随随大流,便宜行事。看似为简便哲学,实则是对自我的不肯定,缺少主见的表现。

(四)使用自己积累的新鲜材料

1．简简单单的"随便"二字却反映了一个人的思想。古有赵高指鹿为马,秦二世欣然应之,其实秦二世并非不识鹿,就连那些大臣也都识得。只因思想上的无主见,只要赵高不杀自己,那随便它是"鹿"也好,是"马"也好。鼠目寸光者们哪里知晓一时因"随便的态度"而要永久地毁灭。时至今日,历史的浪潮淘尽了无数污浊却保留着"随便"的劣根。在鲁迅的笔下阿Q靠着精神胜利法苦苦挣扎着,别人打他,他说"随便,反正是儿子打老子";当革命掀起,他要投降革命;当假洋鬼子不准自己革命,他又随便着要去"告密";当他被抓以后,自己又随随便便地招供,随便画圈,然后随便示众,随便地喊着"十二年又是一个"。他的一生就是在这样的随便中完结的。

2．罗斯福总统的夫人早年曾经想找一份电信工作,她父亲联系了一位朋友。朋友是无线电公司董事长萨尔洛夫将军。将军问"你想找什么工作?"当时大学刚毕业的总统夫人毫不犹豫地回答:"随便什么都可以!"但将军停下手中忙碌的工作,注视着她说:"年轻人,世界没有一类工作叫随便,成功的道路是目标铺成的。"

(五)自己的鲜活思想

1．不要误解随便,学学爱因斯坦,穿衣打扮随便一点,科学研究,认真一点。学学孔融对于物质随便一点,学习认真一点;学学拿破仑,选择敌人随便一点,制定法典认真一点……随便是要我们用心去分辨,哪些要随便,哪些一定不能随便。盲目随便,只能自食其果。

2．小处不可随便,国民党元老于右任幽默风趣,书法绝好。一党内新贵常缠索墨宝,于右任不胜其烦,遂提笔书"不可随处小便",窃以为计,然而新贵笑纳,几经剪拼成为"小处不可随便",便成了箴言,高悬中堂。其中的智慧令人称赞,然而更令人钦佩的是尊贵的为人态度,成大事者不拘小节,在小节中折射出的不仅是仔细的性格,更是成功的因素、人生的巨大财富。

3．一向注重整体的社会,而今更青睐于细节,喊出了细节决定成败的口号,这样的重要怎能以随便敷衍完事。

（六）反弹琵琶，拿出自己的立意

品评随便

他人都言，随便是不经心不在意的话；而我却说，随便是一生中半随流水半随风的旷达。

酷夏，小和尚指着荒芜的庭院说："师傅你看这些草都要枯死了，我们撒些籽吧！"师傅把手一挥："随时！"小和尚去庭院中，还未等他撒完，忽然秋风四起，小和尚大叫："不好啦，草籽都被风吹走了！"师傅说："吹走的都是空的，随性！"不久，又有许多鸟儿来吃食，小和尚急得直上火，师傅说："没事，草籽多得很，随遇！"半夜经了一场大雨，小和尚冲进房间向师傅哭诉，师傅笑言："冲到哪里算哪里，随缘。"

不久，庭院中真的有草发芽了。

随，是一种状态，而随便却是一种心态。

随便，是留一份沉默给自己。在无关乎关键时选择保持沉默，实际是给自己时间去思考去品读。在大型公司中，老板并不是参与其中大事者，而是选择倾听、选择做最后的决策者。

随便，其实更是留一个缺口给别人。性情丰富的小和尚衬托着的总是旷达的师傅，但为师表者，又何尝不是给予小和尚一个人生的缺口？

生活中，"随便"的应用更泛于交友中。当朋友之间需要意见统一时，一句"随便"由心而发，只是为了不让他人为难。

随便，只是面对命运一笑而过的选择。人生大海上，风高浪急，有人愿自恃扁舟搏击风浪，也有人愿随遇而安，望天空一抹湛蓝。随便，多的是随意，随性，少的是固执与执迷。

与此同时，我所提倡的，并不是那种"为失败买保"之流。在众人需要你之际，一句"随便"便是逃脱责任，无视他人的有效手段。如果你常常想取悦别人，就好好反省自己，是否有拜你推卸责任的倾向？明明不同意却口是心非，有意见却不说，只知忍耐。换来满腹委屈，这不是随便。

随便不是将他人的言语如沙漏漏过，不是过滤，不是不经意，更不是放任自流。

人生大事，并不在于是否随便，而在于你的最终抉择。随便是一种方式，一种心态，一种过渡。

境由心造，随便于人各有不同。但我可以说，我喜随便但我不是个随便的人。

最后,现场演练,以"好大一棵树"为题,充分展现"我"的思想、我的材料、我的创意。

第四节 再造的风景①
——"体悟"作文想象力的训练

苏教版高中语文必修四安排了两个单元的唐诗宋词,在一般背诵、理解、鉴赏的基础上,我安排两节课做一个很有趣味的阅读与鉴赏活动,通过丰富的想象,对古典诗歌进行散绎,再造古典诗词的场景、画面与故事。这对于形象思维的培养与锻炼极有好处。

第一,出示贺铸的《横塘路》,老师用散文化的句子散绎出来。

横 塘 路

凌波不过横塘路,但目送,芳尘去。锦瑟华年谁与度?月桥花院、琐窗朱户,只有春知处。飞云冉冉蘅皋暮,彩笔新题断肠句。试问闲愁都几许? 一川烟草,满城风絮,梅子黄时雨。

你迈着洛神一样的凌波微步却走不过我所退隐的横塘,对着你远去的芳尘,我只能目送,自己也不能过去。遥想你那美好的青春与谁共度,怕只怕会像我盛年不偶,必至"美人迟暮"。你的住处大概是月之桥花之院,有着紫朱色大门和绮户。可你这样的深居独处、虚度年华,除了一年一度的春光之外,无人能到,无人能寄予相思。一如我这样一个失意潦倒的文人。

在那生长着杜蘅香草的泽边,就是那一天我见到的你。今天暮色已临,碧云暗合,我徘徊了又停留,江淹梦中所得的那彩笔呢,让我给你写诗吧,可恐怕也只能是伤感的诗句,提起笔来,只能有令人断肠之句。都是由那万种闲愁引起的,你问那闲愁有多高、多深、多长、多大,就像这河边如烟茂草,一城的杨柳的风絮,还有就像这吴地淅淅沥沥连月不停的梅雨。

其实我这里所谓的散绎,还只是类似于翻译,只不过语言雅致一些罢了,在我们读诗的过程中还有一种融合着自己想象的创造,它会更具美的打击

---

① 本文发表于《高三语文优化设计》,南海出版社,2004 年。

力,我们看许淇先生对苏轼的《西湖》一诗的创造。

第二,典型引路。

西　湖

水光潋滟晴方好,山色空蒙雨亦奇。

若把西湖比西子,浓妆淡抹总相宜。

西子妆

"若把西湖比西子",着妆不着妆都一样。

若是雪黯天,山便昏昏,湖便洁净了。迷离的灯火映着孤山的题诗。

若是夕阳里荡舟,晚风水语阵阵,看岸边的树如人立,簪着半规新月嫣婉的侧影。

若是风萧萧淯漾恣纵,残荷的枝叶声声争响,影响怒于潮,便聆闻空山之瑟了。

若是一路石径上天竺,万竿雨竹。诗僧真能在韬光巢构坞,望见生命之海汹涌么?

多少次在湖滨徘徊,已不记得哪次更令我感动。我总是向游人少处行,我总是寻找独立和你相对的时刻。

你本来应是一个人的风景。

当我是你的风景,我老了,西子却年轻。

还是当年露湿的石凳上,等候朋友逃课出游的柳浪闻莺么?还是当年我辈少年相约买鱼而登的炊烟么?

还是淡妆!依旧淡妆!已非淡妆!

再没有波闲水淡的时候。"神飘忽而无所著"。据说西子终于傍大款陶朱公下海了,如今你浓妆艳抹,世俗红绿,总不相宜。

如将西子喻为中国的司芬克斯,我已是她谜中的三条腿的动物,还是赶快躲开,以免被难解的人生之谜吞噬。

我的西子是我记忆中的一个人的风景。

我爱淡妆。已非淡妆!

下面我们共同来分析这个散绎的秘诀:作者只是由苏轼诗的三个信息点展开联想:西湖、西子、浓妆淡抹。想到西子的装饰、关于她的传说、关于西湖的景象,在鉴赏中揉进了自己的生活经历与感情纠葛,又用现代生活来诠释古人的行为。这就实现了自己的创造。

第三,模仿,我也来试一试。

诵读《游子吟》,共同想象母亲缝衣时的情境、神态、动作、话语,游子耳闻目睹时情绪的流动。边想象边写——

游子吟

慈母手中线,游子身上衣。

临行密密缝,意恐迟迟归。

谁言寸草心,报得三春晖。

母亲拨亮了那昏暗的油灯,温暖顿时洒满了简陋的屋子。

灯光下,母亲又颤颤地瞄准了针眼。一次,又一次,一次,又一次。母亲就这样用那根细细的线、长长的线,串起了一个又一个艰辛的日子。

每一针,都仔仔细细;每一线,都饱蘸深情。看着母亲满头的银发和被岁月的风雨分割得沟壑纵横的脸,泪水禁不住淌满了我年轻的面颊。

缝好了,母亲又比试着,觉得满意了,才套到我的身上,把扣子一粒粒地扣好,就像打点一粒即将撒播的种子。母亲哽咽着,用有点哆嗦的手轻轻拍着我的肩:"儿呀,要记住回家的路……"

我知道,我是一根土生土长的小草,一根春天里的小草。母亲阳光般的注视,将把我的一生覆盖。

无论漂泊多远,黑暗中的那盏油灯,永远是我生活中唯一的方向,唯一的牵挂。

今生今世,我,明白了。

第四,演练,让我来。

对《山居秋暝》、《清明》、《登鹳雀楼》这三首诗进行风景再造。

山居秋暝

空山新雨后,天气晚来秋。

明月松间照,清泉石上流。

竹喧归浣女,莲动下渔舟。

随意春芳歇,王孙自可流。

雨说停就停了,村庄被冲洗得清清爽爽。袅袅娜娜的炊烟似山间某间寺院敲响的晚钟,在秋天微凉的空气中缓缓游动。

偶一抬头,月亮不知什么时候挂上了树枝。晶莹的光辉,在松针的锋芒下,碎得满地都是。一些清澈的声音,潺潺地淌过石头,然后又隐隐约约地流向远方。

溪边,竹林遥响了几声喧笑,月光下,一群长发飘扬的少女提着浣纱的竹篮,走进了各自的柴门。今夜,又有人会被梦中的王子拥进新房!

一阵渔歌牵动了莲荷,水波荡漾的河心,收网的汉子们,驾着满仓沉甸的收成穿过夜色,沿流而返。他们知道,无论何时踏进家门,总有一盏灯将温暖到天明。

时光如水,春芳消歇;滚滚红尘,风流总被雨打风吹去。

真的好想做一个隐者,从此万念皆寂,醉卧山间,不究世事。唯把这份淡泊,这份淳美,这份幽静而缥缈的景致,留在生命的最深处。

清　明
清明时节雨纷纷,路上行人欲断魂。
借问酒家何处有,牧童遥指杏花村。

也许是三月,也许是四月,在江南。

雨像位喋喋不休的老者,把一些纷纷扬扬的语言,洒进山村的每一个角落。乡间小路上,撑油纸伞的诗人,沉思的诗人,被几朵落花打醒。

披蓑戴笠的人们,在闲闷了一个冬季后,又满脚泥泞地开始了行色匆匆的耕耘。他们忧郁的神情,是被这场潇潇不息的雨搅得无可奈何,还是担心又一季没有把握的收成呢?活着真的不易啊!望着渐渐模糊的背影,诗人不觉轻轻喟叹。

远处的树阴下,避雨的牧童,骑在牛背上吹响了柳笛。断断续续的音符轻轻滴落在绿叶上、草丛中,宛如一些透明的、纯真的梦。

诗人连忙凑上去,慈爱地问:"孩子,这附近有酒家吗?"

少年抬起握着牧鞭的手,指向了前方。黄昏中,村廓朦胧,一家茅屋上有一面小旗在风雨中悄悄摇曳:杏花村。

这时候,酒店的灯突然亮了,像爱人温柔的眼睛。看着看着,诗人就有点醉了。

登鹳雀楼
白日依山尽,黄河入海流。
欲穷千里目,更上一层楼。

太阳像一枚熟透了的果子,终于缓缓地坠下。饥饿的山峦,长出了满面春风料峭的利齿,贪婪地吞噬着每天的晚餐。

夕照中,鹳雀楼如一位守卫母亲的战士,伫立着,目睹了血腥的一幕。

黄河咆哮着,奔涌着,这根大地的血管呵,跳动了几千年?还将跳动几万年?黄河没有想过,只知道这样日复一日、年复一年地一路流淌,静静滋润着两岸的土地和人们,永不停歇,最后又把剩下的乳汁依依不舍地注入大海宽阔的怀抱。

一些沉睡已久的梦想,被眼前壮丽的美景激活了。

诗人仿佛登上了更高的楼层,辽远的社稷——映入眼帘:庄稼在阳光下长势良好;小鸟在天空中自由飞翔;勤劳善良、默默无闻的乡亲,在土地上耕种每一个简单而生动的日子,生生不息!

第五,课后作业,下面两个写作要求,任选一个写作。

1. 对下面这首小现代诗,发挥想象,写成一篇散文。

一艘小小的纸船,在水中游荡。渐渐吸水沉没,它到了别人到不了的天堂。

2. 据说《雨霖铃》词牌是根据唐玄宗与杨贵妃的爱情故事而命意的。唐玄宗与杨贵妃相爱,安史之乱爆发后,玄宗西逃,三军不发,一致要求处死杨贵妃。玄宗只得忍痛赐死杨贵妃。可是他仍常常能听到栈道雨中铃铛的声音。白居易《长恨歌》中有"夜雨闻铃肠断声",后人遂以此作为词牌,由此展开联想创意一篇散文。

第六,附:习作。

彼　岸

这里是个很远很远的地方,有干净的溪流,有暖晴的日光,有风轻声柔唱。我抱着小草每日昏睡,每天醒来都将枕头打湿。不分雨露还是泪水。

我慵懒地抖动一下身躯,将自己抱成一团,望向那溪流的尽头,却望也望不断。

哦,我是那株从不迎阳的花朵,在静谧的小川上做着属于自己的美梦,看夏日夜晚,月,似玉盘;树,若舞娘;风,如轻囊,萤火虫在对岸的芦苇荡里捉迷藏。

在远处,有一座古老又陈旧的桥,散发着属于它的沧桑与不屑。我惊奇的是如此多年来,来往不绝的人们,脸上不尽相同的表情。

快乐的,不快乐的;释然的,不堪重负的……或许,嗯……这一切都与我无关。

偶尔有过路的旅人,询问我方向。我却只能迷茫地抬起头,无言以对。

那是我见到他的最后一次。昂首挺胸地走在那沉闷的大桥上,将它踩得发出一阵龇牙的声音。他对我说:"输了今生,不要来世。"

我叹息。

他已然遗忘多年前那个月明星稀的夜晚,而他,却也终究不过是个旅人。

他还是输了,依旧一无所有地空手而归,他望向我,口中嗫嚅。他记起了年少轻狂的他,对我大声地说:"我在寻找彼岸。"

我望向对岸那株株青葱的深林,那个只属于我的彼岸。

他抚着我的花瓣,那鲜红的蕊似乎要被他捏出血来,然后转身,不再重来。

他就好似那一个个与我擦身而过,满怀信心的年少的人们,大声呼喊着"彼岸",岁月的洪流冲刷洗净一切之后,却叹息着对岸的风景。

为什么一次次地又重来?我问他,在那几个月明星稀的夜晚。他却不言也不语。就好像这面前的溪流,流淌千万年而毫无怨言,不肯妥协,不住地向前。

他与他们,就好像传说中那只没有脚的鸟,只能一直飞,永不停歇,直到死去。

这亦言彼岸,那亦言彼岸,我却依旧不知那其中深厚或浅薄的存在。

人生来不停追逐留恋那彼岸,幸福的彼岸,生活的彼岸,一生蹉跎。

死亦为彼岸,生亦为彼岸。

我望着那古老桥梁,看见它千百年来的泪水,最终大雨滂沱。

我化身为一抹红衣的女子,踏上那久已老去的木板,一步,两步,坚定向前。我要去看看那属于我的彼岸——有青葱的森林,有萤光一现,有圆月弯钩,有流水潺潺……

我踏上了那神往的土地,嘴角轻轻扬起,心脏的频率似乎与这片大地同步……抬起头,望向溪水的另一端,却一片茫然——我的彼岸在哪里?

那沉闷的老桥轰然倒塌,那阵阵落水声成了它与我最后的道别。

忽然间,他给我的那艘纸船落入水中,我尖叫呼喊,跟随它向前跑去,却只能眼睁睁看着它吸水沉没。

——我想,我是回不去的。

我是一朵花,看眼前流水淙淙,明月清风。这条河有个好听的名字,叫忘川。有些人正在造一座新桥,决定取名奈河。

我其实一直在想,那纸船是幸福的,因为它到了别人到不了的天堂。

我是一朵花,人人都忘记问我名字——我生在奈何桥边、忘川河畔,我是血红娇艳的彼岸花。

雨霖铃 雨

潇潇。

灯下,稿纸惨白。绿色的小蛾扑来,一阵焦死的绿雨。

窗外夜雨,看不见、触不着,像盲者只听见自己的手杖在人生的道途、在光明的边沿,敲着跫音。

一声远又一声近。

潇潇、淅淅、渐渐、沥沥……

最初的一滴落在盲诗人的眼睫毛上,像昆虫的敏锐的触须,感知世间的冷暖,于是他看见故去了的母亲的容颜,和那温柔的泪光。

夜雨落在无人的深巷,如迟归的幽灵。

夜雨落在泊岸的乌篷,渔火朦胧,孤枕难眠。

夜雨落在金秋的桐叶上,吟笔哀弦谁听?

夜雨落在都会的街头,灯红酒绿……

夜雨落在江潮湿的起落消长里,雨曲急骤缓徐。

潇潇、淅淅、渐渐、沥沥……

夜雨落在心里。

灯下渗白的稿纸上滑动笔尖,犹如盲者的手杖探路,用紧锣密鼓全部的感知力量,升华人生坎坷。

第五节　点化——激活学生的思维①
——《在比较中发现》观课实录与点评

　　师：同学们，古今中外流传着很多经典的寓言故事，它们篇幅短小而意味深长，富有趣味且包含劝诫，比如《东郭先生和狼》这则寓言。谁来给大家简单说说这个故事？

　　生：东郭先生路遇一只被人追赶的受伤的狼，这只狼可怜巴巴地向东郭先生求救。东郭先生虽然知道狼很凶恶，但见它可怜，就动了恻隐之心，将狼藏在书袋里，使狼躲过一劫。等追赶的人远去后，狼从袋子里出来，却向东郭先生扑去。幸好一个智慧老人及时出现，设计杀死了恶狼，东郭先生这才保住了性命。

　　师：你记得真清楚。同学们看这个故事中一共有三个形象——东郭先生、狼和智慧老人。你能不能分别从这三个角度说说从这个故事中所获得的启示？

　　生：从东郭先生的角度看，兼爱也要分对象，不能善恶不分；从狼的角度看，我们不能像狼那样恩将仇报、忘恩负义；从智慧老人的角度看，我们应该像智慧老人那样学会智慧地解决问题。

　　师：你说得很好。这则寓言故事提醒我们不能像东郭先生那样善恶不分、滥施同情心，而应该像智慧老人那样机智勇敢。

　　师：你们从这则寓言故事中还能获得哪些启示呢？（学生沉默）是的，好像也只能作出这样的思考了。但是，当你看了下面一则材料之后，可能会有很多想法油然而生。先来看美国版的"东郭先生和狼"。

　　［节评］第一板块：单刀直入，引入本节教学内容。
　　此时学生的思维已被打开，但思考的质量尚嫌不高。高明老师的高明之处就在于，他能够用一种巧妙的办法，让学生的思维进一步活跃起来。
　　PPT 出示——

东郭先生和狼（美国版）
　　美国人设计的故事结局是：狼咬了东郭先生一口，东郭先生流

―――――――――――
　　① 本文是一堂作文教学课的课堂观察，执教者苏州大学附属中学徐飞2011年在绍兴全国"课堂艺术"研讨会上，上了这一节公开课，对体悟作文教学很有启示。

下了眼泪,说:"如果你真的要吃我,你就吃吧,你这种以怨报德的行为是不对的,但是我不后悔我救了你。"于是,奇迹发生了,狼飞也似的跑了。东郭先生摇摇头,忍着剧痛包扎伤口。一会儿,狼又戏剧般地回来,并且用嘴叼来了止血、消毒的草药。东郭先生的伤渐渐好了,准备将狼赶走,狼恳求说:"就让我永远留在你身边吧,我的同类都吃人,我可以保护你"。自此,狼一直留在东郭先生身边,直到他老死。

师:比较中、美两个版本的"东郭先生和狼",你有什么发现?

生:我觉得中国的这则寓言更加现实,而美国版本更适合小孩子看。

师:你是从对儿童影响的角度来比较。还有其他的看法吗?

生:在中国寓言中,东郭先生对狼的态度很凶恶,而在美国版本中,东郭先生对狼的态度很温和,而且狼最终转变过来了。

师:你说得很好。通过比较,我们发现,同样对待恶人,中国寓言的倾向是以恶制恶,而美国寓言宣扬的是以善化恶。在这种比较中,我们会对中国寓言所体现的人性观、教育观有新的认识。

我们在思考问题的时候,就事论事固然是一种方法,但如果能结合另一个事物来进行比较分析,往往会有新的发现。这堂课,我们一起研究这种重要的思维方法——"在比较中发现"。(板书课题)

师:刚才,我们对"东郭先生和狼"这个寓言在中、美两种不同情境下作了比较,属于事物内部的比较。除此之外,我们还可以进行事物之间的比较,就是将这一事物与另一事物进行比较。

下面,请同学们就"东郭先生和狼"这则寓言展开联想,从你的生活经历和阅读积累中,去寻找可比较的事物、现象,分析两者的异同处,并说说你的发现。

(学生思考、交流,约三分钟)

生:我想起了一件事。一只蝎子掉在水中,一位高僧伸手去救它,谁知却被蝎子蜇了一口,但高僧还是忍着痛继续救它。旁边有人觉得很奇怪,高僧说:"蜇人是蝎子的天性,而爱是我的天性,我怎么会因为蝎子有蜇人的天性而放弃我爱的天性呢?"这位高僧和东郭先生连恶人都去救,我觉得这种爱是值得我们学习的。

师:你再想想,这位高僧和东郭先生之间有区别吗?

生:东郭先生在狼要吃自己后,猛然醒悟,和智慧老人一同将狼打死。而这位高僧被蝎子蜇了以后，仍继续去救它。

师：你说得不错。东郭先生和高僧在被反咬一口的情况下的反应可以说是两种极端，一是将狼打死，一是牺牲自己。如果在现实中，你遇到这样的情况会怎么办？

生：我可能做不到高僧那样的境界，但也不会像东郭先生那样将狼打死，我会选择折中的做法，将狼交给司法部门解决。（学生笑）

师：你很诚实。还有其他同学愿意交流吗？

生：我想起了"农夫与蛇"的故事。蛇和狼有着共同点，它们恶的本性是难以改变的。因此，如果要以善化恶的话，善要足够强大才行。

师：你说得不错。找到了这两则故事的相同处，那你能不能发现这两则寓言故事的不同之处呢？

生：两则故事的结局不一样。农夫最终是被蛇咬死了，而东郭先生却因为有智慧老人的帮助而没有被狼吃掉。

师：你知道"农夫与蛇"是谁创作的？

生：伊索。

师：他是古希腊著名的寓言家。东西方这两则古老的寓言各自折射出怎样的观念？

生：西方人更加理性，而中国人更喜欢一个喜剧性的大团圆的结局。

[节评] 第二板块：引入比较，打开思路。

老师的方法是再引入一个美国版的同名故事，这两个故事有着不一样的结局，源自于人物的不同价值观。给人的心灵带来震撼，于是学生的思维就好像神舟九号得到长征号二级火箭的再次助推。

师：这里涉及文化观念的差异，如有兴趣，课后可以继续研究。我在课前也就这个寓言进行了联想，还写了两则提纲。我们一起来看。

PPT 出示——

提纲一

"撑腰体"走红，闪了谁的腰？

1. 校长撑腰体红极微博。（北大副校长说"你是北大人，看到老人摔倒了你就去扶。他要是讹你，北大法律系给你提供法律援助，要是败诉了，北大替你赔偿！"）

2. 智慧老人设计除掉恶狼,救了东郭先生。

分析:虽然这两件事一实一虚,一古一今,但北大副校长和智慧老人为正义"撑腰"都是作为民间力量出场的,而正义方又都处于弱势地位。

"撑腰体"的走红,折射出的是执法者的无能与道德的无奈。

提纲二

东郭先生和贾赦

1. 东郭先生虽然知道狼是害人的,但看到它的可怜,还是救下了它,谁知却差点送命。

2. 孙绍祖在街上调戏一女子,谁知那女子竟是忠顺王的宠妾。孙绍祖向贾赦求救,贾赦在孙绍祖写下五千两银子的欠条后,才出面化解此事。后来,贾赦将女儿迎春许配给孙绍祖。迎春嫁去后横遭摧残,最终凄惨死去。

分析:宝玉说"大老爷也真有点像东郭先生了",是被贾赦愚弱伪善的外表欺骗了。其一,东郭先生救狼,仅为救狼,没有其他企图;而贾赦救孙绍祖,却是为五千两白银。其二,东郭先生面临恶狼的迫害时,仅是一味苦求,并未想到拉别人替自己垫背;而贾赦为了与虎谋皮,不惜牺牲亲身女儿。

因此,最该提防和打击的倒是那些披着善良外衣的"伪东郭"。

师:通过这两则提纲中的分析性文字,你发现它们在思维方式上有什么不同?

生:提纲一先说不同再说相同,提纲二先说相同再说不同。

师:你很聪明。如果用简练的语言来概括,就是异中求同和同中求异。(板书:异中求同、同中求异)

师:提纲的最后一节都是在比较分析的基础上提炼出的观点,你们发现这两个观点句有什么共同的特点?

生:都写得比较精辟。

师:是的,最后提炼的观点应该有一定的深度和新颖度。(板书:深、新)

师:现在,同学们对"在比较中发现"这种方法应该有了更加清晰的认识了吧。我们可以先以参照物为圆点进行发散联想,寻找有可比性的事物、现象,然后异中求同或同中求异,进行比较分析,最后提炼出有普遍意义的观点来。

[节评] 第三板块:联系现实生活,深化思考。

教师亲自操刀,通过自己的写作来现身说法,这对老师是一个极大的挑战。经常见到有些语文老师不屑写,不敢写,不会写,指导写作云山雾罩、隔靴搔痒。如果这种现象不能改观,作文教学的瓶颈永远难以突破。

下面请同学们仍然就"东郭先生和狼"这则寓言,在刚才交流的基础上,选好比较对象,再度思考,写一段比较分析的议论性文字,不少于100字。时间6分钟。

(学生写作片段,写完后与周围同学交流。)

师:现在,我们全班交流。有愿意读自己的作品的吗?

生:我觉得东郭先生是有爱心的,但他的自我安全意识不够强烈。而智慧老人就不一样,他能运用自己的智慧,在敌强我弱的情况下,除去恶狼,保护了自己和东郭先生。所以,我认为,救人是好事,但我们必须在救人的同时保护好自己。

(学生鼓掌)

师:大家都鼓掌了,说明都很认同。我请一位同学来评价一下。

生:她的见解很独到。

师:她的见解是什么?

生:救人的时候也要增强安全意识。

师:再回忆下,她怎样得出这个观点?是将哪两个对象作了比较?

生:这……

师:谁来帮帮他?

生:将东郭先生与智慧老人进行比较。

师:回答正确,说明你刚才听得很认真。(看着前一位学生)看来,有时也不能盲目鼓掌啊。

师:这位女同学的发言是在这个寓言内部找出对象进行比较,这倒是我上课前没有想到的。谢谢你!

生:我是将狼与马加爵放在一起进行比较的。他们其实都是受害者,狼是想去害人然后自己被害,而马加爵是自己受害然后去害人。我觉得需要感化的不仅是狼,而且应该从源头上去思考,去感化那些使马加爵变成狼的人。(学生鼓掌)只有这样,整个社会才能向善的方面发展。

师:同学们都鼓掌了,谁来说说好在哪里?

生:他的观点很新颖。我们都没有想到从是什么使人变成恶狼这个角度去思考。

师:我也认可你的评价。刚才这位同学的比较角度很新,观点也很独到。

生:我想起了社会上经常发生的一些"彭宇案"。比如南通大巴司机救老太却被老太反咬一口,幸亏车上的摄像头还了司机一个清白。所以,现在很多人在面临摔倒的老太需要被搀扶时,往往选择明哲保身,大家都不愿成为东郭先生。

师:其实,东郭先生在救狼的时候倒没有想得太多。而我们现在面临需要帮助的对象时,往往要三思而后行,为什么会出现这种现象?

生:主要是担心被讹诈。

师:你有没有想过,为什么会有一些老人会成为恶狼,竟然反咬恩人?

生:可能是担心医药费太贵,家庭负担增加。

师:的确,老人难扶是一个需要我们正视的社会问题。而在一个良好的社会里,面临需要帮助的对象,我们不应该一思再思三思,最后,还是不行动。(学生笑)

[节评] 第四板块:激活思维,让学生走上前台。

学生的思维被送上他们自己的轨道之后,此时已经处于跃跃欲说的状态。老师及时脱身,让他们自己想,自己说,自己写。但老师要随时准备为学生提供帮助,且看执教老师在与学生对话过程中对学生的帮扶与引导。

师:还有一些同学想发言,可惜课堂时间是有限的。同学们可以课后继续交流。

师:俄国教育家乌申斯基说:"比较是一切理解和思维的基础,我们正是通过比较来了解世界上的一切的。"2500年前,孔子比较了夏、商、周的历史后,发现了周礼是最完美的,于是提出了"恢复周礼"的主张。80多年前,大哲学家罗素在比较了英国与中国的文化与社会现状后,预言"中国将给人类一个全新的希望!"

比较思维是一种重要的认知思维,我们在写作中,尤其是议论文写作中,也应该有意识地运用这种思维方法。在这堂课中,我们以一则寓言为原点进行了联想和比较,其实,大千世界任何事物都是有联系的,只要我们找到事物间的可比性,善作比较,就一定会有独到的发现。

[节评] 第五板块:课堂总结,余音绕梁。

[总评]

语文好课的评价标准有时很多很高,有的提出"知、情、意、趣、法"五字大法;有的提出要"玄虚"一些,要师生充满精、气、神,课堂是一个生命场;有的提出要预设与课堂生成和谐统一;还有的提出,"315"工程(老师讲30分钟,学生练15分钟)。我以为,一堂课的好坏就是看课堂中学生的思维有没有被激活,就要看老师为了激活学生的思维采取了什么方法,方法的效果如何。

激活学生思维的方法,我们姑且名之曰:点化法。

在这一节课堂上,听课人普遍感觉到学生的思维被激活了,学生有了崭新的思维体验。因此很有必要来探讨这节课的点化方法,庶几对整个作文教学改革不无裨益。

整节课的流程设计分五步走,环环相扣,一步一个台阶,拾级而上。第三板块尤为关键,由象及理的思考,有了这个环节思维才能精细起来,才能有品质的提升。读、写、思融合,有了这个环节,写作教学才能扎下根来。

教者的点化方法也值得探究,除了教学过程之中师生之间的对话生成之外,老师预设有两大环节,一是引入美国版寓言,一是自己根据写作材料和本课教学目标写作评论。点化教学中的预设性,往往是教者构思最为精细、最为巧妙的地方,也是课堂教学中的关键环节。术不可不慎。

一堂好课,就如一次美妙的旅行。目标是哪里、要经过几个地方,预设一定精准。那么,你就可以尽情享受游花看景之乐了。

第六节　穿透大千,操练心灵①
——"体悟式"作文真情实感的训练

叶圣陶说,写作只不过是"拿笔说话想心思",换句话话说,写作是心灵的需要。但是总有很多学生视写作为畏途,大叫"作文,作文,憋死本人",以为"作文难,难于上青天"。追究其原因,原来是有些作文题不能使学生心灵感动,他们只好搜索枯肠硬着头皮挤牙膏。于是,把文题命到学生心坎上,使他们有话可说、有事可写、有情可抒、有论可持就成了对课堂作文训练的共同呼声。

我以为得了一道非常好的作文题——"交往"(记叙文),哪个学生见了会

---

① 本文发表于《中学语文教学与研究》,1997年第6期。

不为之怦然心动？哪个学生会不为之心泉流泻而笔底喷珠溅玉？我就坐收好文吧。然而两个课时以后，面前的高二学生的作文却让我大吃一惊：这些作文有的矫揉造作；有的充斥着"假、大、空"的杜撰；有的文体四不像；有的以概述代替具体的描写，缺乏生动的细节，不疼不痒乏味苍白；有的不懂谋篇布局，不讲究艺术构思，粗陋寒碜，面目可憎；有的闭门造车，不切生活实际；有的刻意模仿，有抄袭之嫌……很难找到一篇像模像样之作。这是为什么？

学生说生活中根本没有令我感动的事，没有可写的东西，只得依靠编故事。有的说，写惯了，提笔就来："交往，来往也。国家没有交往就闭关锁国，民族没有交往就会落后挨打，个人没有交往就会成为'孤家寡人'……"有的说，我这是散文笔法，你看《读者》选的好文章有几篇是具体记叙的？有的说，我根本找不到骨鲠不吐不快的感觉。有的说，老师你知道一句顺口溜吗"要说作文难也不难，不抄就编，三下五除二就玩儿完"……

我说：好吧，今天我们来共同烹饪一桌"四个一"套餐，操练操练那"缺少感觉，近乎麻木"的心灵。

第一道菜：先想一大片。

唯物辩证法认为世界上万事万物都是联系的，有联系就有交往，交往可谓繁多矣。国与国、民族与民族、人与人、人与动物、人与自然，都有交往。即如人与人的交往吧，类型也是多种多样：萍水之交、忘年交、生死交、神交，等等。如果我们把题目具体化一点，变成"我与_____的交往"，我们的思考便有了附丽。我先让同学们填空，用五分钟的时间看谁填的内容最多。结果有的学生写出了 35 个，姑举几例：同桌、差生、痞子、尖子生、爸爸、妈妈、小侄女、书、篮球、祖父、外祖母、狗、猫、校花、语文老师、笔友、歌星、某经理、爸爸的朋友营业员……

第二道菜：再选一个点。

第二步要求学生选取一个合乎要求的、鲜活的切片。我问学生，在这许许多多的"交往"中哪一个是你自己最熟悉的？哪一个最有意趣？哪一个最有理趣？哪个最有情趣？请注意选择那些让你怦然心动的，让你黯然神伤的，让你情不自禁大哭大叫的，让你心中隐隐作痛的，让你欷歔感叹的，让人恼羞成怒的，让你歌哭笑闹的，总之是让人心动的、鲜活的切片。各人有自己的世界，生活环境不同，感受有异，情感有别，这个点的选取就会不同。

第三道菜：三想一条线。

选好的切片我们还只是朦朦胧胧的感受、模模糊糊的认识，要想写好它还必须想深想透，以发酵感情、缕析事理，就如同把切片放在显微镜下面去观察它的组织和内部结构。对于记叙文来说就是想清记叙要素，重现乃至加工一些生动的细节——最有表现力的人物的语言、动作、神态,最为生动的场面、环境,挖掘所有体现的道理与意义。为了强化"想深想透",我又进一步要求学生互相介绍自己的选材。等他们互相介绍之后,我给他们介绍了一位同学所经历的一件很有趣的事:今年暑假这位同学在南京的大表姐家过了两天,跟年纪刚刚四岁的小外甥玩得很熟。吃饭时小外甥用手抓饭给她吃,炎热的中午去公园游玩,外甥偏偏要表姨抱,小外甥还有咬人的习惯,愈是亲近咬得愈狠,她只好忍痛装出毫不在意的样子。通过这次交往她深深地体会到了作为长辈实在是不容易。

第四道菜:四赏一篇文。

郑板桥写画竹的经验时说:"……其实胸中之竹,并不是眼中之竹也……手中之竹又不是胸中之竹也。"想深想透的东西付之于笔往往要发生艺术变形,这是艺术创作的一般规律。但学生写作却往往是手中所写非心中所想,也就是内部语言与外部语言相差太大。主要的症结在于表达的笔力不够。怎样能最大限度地缩小想与写的距离呢? 人类的发明创造往往是从模仿起步的,作文也应该是这样。我于是上了第四道菜:给学生提供一篇例文。师生共同揣摩谋篇布局的技巧、精心构思的方法、语言运用的特点,强化学生对这些方面的重视,借鉴其成功之处,以提高作文的表达水平。我提供的是一篇发表在《扬子晚报》上的学生习作,写的正是刚才我所讲的故事。

当长辈的滋味

南方旅行的前夕,妈妈告诉我,旅行的第一站是南京,在那儿我有一个4岁的小外甥。一想到将有一个小外甥整天跟在我后面,还可以像司令官一样指挥他,我就禁不住在床上打两个滚,差点儿掉了下来。

汽车到了南京,大表姐抱着外甥在车站等候我,小外甥虽然只有4岁,但是他很懂礼貌,加上他本人长得也十分可爱,我见到他第一眼就十分喜欢他。

一到家,小外甥就缠着我给他搭积木。为了显示长辈的风度,我精心地给他搭了一幢"摩天大楼"。正当我十分自豪地欣赏我的杰作时,小外甥"噗"地一下笑了起来,伸出他那双胖乎乎的小手,"扑通"一下就把大楼推倒了。无奈我只得再给他搭一幢。吃饭时,可能是我白天陪他玩得太高兴了,他格外孝敬我,用他那双脏兮兮的小手抓了一把他最爱吃的菜放到我碗里。为了显示当长辈应有的雅量,我硬着头皮把菜咽了下去。

第二天上午,我们去玄武湖划船。一进公园,好动的小外甥就像脱缰的野马到处乱跑，为了尽到小姨的责任，我只得紧紧跟着他，这下可好，司令员没做成，倒当了个警卫员。划完船，我们便到长江大桥去拍照留念。拍完照之后，已将近中午，火辣辣的太阳照在身上，汗水都浸湿了衣服。正当我艰难地举步向前走的时候，突然小外甥叫了一声："小姨抱。"我的天哪，这不是要我的命吗？无奈我只好抱着他艰难地往前走，唉，这真比当警卫员还苦啊！

小外甥有一种特殊的表达自己感情的方式，就是咬人，这也许是因为他是狗年出生的缘故吧！我还发现了一个规律，那就是他咬你的狠劲与和你的亲密程度成正比。每当他想对人好时，常常把我的肩膀咬得火辣辣得疼，有时疼得我眼泪当场掉下来。当小外甥得知我要离开南京时，当场把嘴一撇，泪水涌了出来，他一边哭一边喊："不要让小姨走！"当时，我鼻子一酸，差点儿流下了眼泪。但是为了显示一个长辈应有的气魄，我强止住了泪，还去安慰他……

在南京当了三天的小姨，有甜、有苦，这让我认识到：当长辈的真难啊！

师生共同认为：这篇文章的结尾的点睛之笔与题目照应，点出了文章的理趣；而"我"的心理描写、外甥的几件小事又显得情趣洋溢；开头自己的得意与后面的记事形成的对比自然天成，语言运用朴素幽默，无丝毫的矫揉造作，这都是很值得借鉴的。同时这篇文章没有高远的立意，这是由素材决定的，不能苛求作者也不必作生硬的拔高；如何处理好叙述与具体描写的关系，这篇文章也给我们许多启示：一是叙述引线描写串珠，二是两者水乳交融。

到了这里，学生说："老师别讲了，让我们自己写吧。"我问他们能写好吗？一个学生幽默地说："小菜一碟。"一个学生颇有哲理地说："不问收获，只管耕耘。"又一个学生套用我经常说的话："我手写我心，管他优与差。"

作文是在课后完成的。通过前后两篇的对比，我欣喜地发现全班有 58 人（全员 64 人）表现出不同程度的进步，34 人可以提高三个档次，15 人可以提高二个档次，9 人可以提高一个档次。我还选出 4 篇优秀作文推荐到报刊上发表。

"体悟"教学理论告诉我们，真情实感是写作的催化剂，它可以快速地激活图式结构中的表象材料；迅速地抽绎事理，组合形象，调动思维；引发内心情感，从而流泻出真实感人、灵动的心泉。现在有很多学生用两套笔墨写文章，一方面日记、文学创作往往文质并茂，但课堂的作文训练却成另一番景象。问题的关键就在于有无真情实感以及能否抒发真情实感。既然我们的作文题目是那么贴近学生，为什么还有人身在宝山却叹无宝？这不能不说是长期以来课堂作文训练舍本逐末盯"棒"而转的应试教育所结的恶果,是"假大空"的写作习惯、千篇一律的模式、消磨个性的八股式的写作指导、不切合学生实际的范文,甚至是课文的影响把人的真情实感消磨殆尽!因此语文老师的任务就是要化以春风,沐以春雨,唤醒其沉睡了的、潜藏着的情感,催生其休眠状态下的性灵,优化其写作的思维品质,养成其我手写我心的良好写作习惯。

"四个一"作文指导课,"先想一大片"、"再想一个点",首先就是要挖掘写作者的真情实感,唤醒性灵,激活库存,调动表象;"三想一条线",想深想透有助于酝酿感情,左(半脑)右(半脑)开弓,聚(聚合思维)散(发散思维)两全,优化了学生的思维品质;"四赏一篇文"充分运用了从仿文到创新的原理,站在成功者的肩上,利用范文触发灵感,规范思路,美化语言,以提高作文训练的效率。

最后要说明的是"四个一"作文指导课只是作文指导中的一种课型,并不能也不是为了包治百病。它只适应于情感未唤醒时、思维阻滞未开通时。从实践效果看,它对于记叙文的写作指导和初学议论文的指导的效果较为明显。当学生的良好作文习惯已经养成或者学生作文上路之后,还需要一种更深入的专题指导课型。这一点不在本文阐述的范围之内,不赘。

第七节　学生腔　作家腔　老师腔①

学生每有好作文,我总是如获至宝。敲出来印出去,收起来,也算我的杰作。

为了整理"作文中的底层世界"写作专题,我把前几年的学生习作翻出来,看到了四年前为学生修改的作文,读来仍很有兴味。于是我萌发了把这作为一次作文指导课的想法。我希望这次活动能得到几个附加值:第一,让学生学会从自己的生活中选材;第二,记叙文一定要抓住感人的细节;第三,写作要自然,像小说家一样处理材料,千万不要一路学生腔。

前后两篇作文是这样的。

作文一

老　车

一草一木,一景一物,无论眼前的事物何等渺小,即使是一辆老

① 本文发表于《中学语文教学参考》,2010年第5期。

车,都会让人感动,感动它的背后。

那真的是一辆老车了,老得连刹车也断了,连踏脚也脱落了,骑上去也还要发出吱吱呀呀的声音,然而父亲仍然骑着它,而且骑着它已有了十几年。

父亲骑了车来接我,我坐了上去,这个时候我的双脚早已可以够到地面了,便便当当就坐了上去。忽然想起了儿时上车的情景来:面对这辆车时,它可是显得高大咧,高大得我必须由父亲抱着才能好不容易爬上了后座——就好像是当我还是个毛丫头时,爬上当年父亲高大而又坚实的后背,骑在他的颈脖(脖颈)里一般"费力"。然而坐在父亲的老车的后头,那真是一件快乐而幸福的事:老车载着我不知跑遍了苏城里多少地方,跑过了多少路程,他曾载着我去公园,曾载着我去石路,去观前,去虎丘……他载着我去上学,又接我回家,往返于学校与家十几个年头,历经了十几个春夏秋冬,都似乎不知疲倦。可那个时候呀,我就是这样的成天地坐在父亲老车的后头,任父亲载着"走南闯北",好不快乐!

老车很高,父亲的后背也很高,高而坚实的后背,挡住了小毛丫头的前方视线,于是我便只能看看两旁的景,看着悬空的双脚下飞过的路面,哼着小曲。而到了下雨的时候,罩在雨衣下,便只能看到父亲的后背了,而这时,父亲的后背也就显得愈加高大而坚实了。曾经尝试了好多回,却终无法让目光越过父亲宽阔的肩膀。它就一直这样为他的女儿挡了十几年的风和雨,而我当时却不知道,父亲也从不提起。

如今,我坐上了老车,虽然双脚能及地,却觉得不稳当了,父亲每踏一脚,车都会左右摇晃,老车吱吱呀呀响了一路,父亲也嘿嘿哟哟累了一路,累得连背也弯了,可他终究不提。现在我已完全可以越过父亲的后背看清前方了,可是脚下的地面已不再飞奔了。

老车晃晃悠悠,我看到了父亲的艰难和为女儿的付出,我感动;老车吱吱呀呀,我听见岁月的流逝,我感动。老车,满载了点滴记忆,也满载了点点滴滴的爱,我,感动。

老车老了,父亲老了,不老的是父女之情,我感动。

作文二(修改后的作文)

老 车

父亲骑了车来接我,那是一辆老车了。老得连刹车也断了,连踏脚也脱落了,骑上去也还要发出吱吱呀呀的声音,父亲常说,除了铃子不响,其他都响。

父亲似乎对它有着特殊的感情,总是不愿意换换,而且这一骑就是十几年。它伴着我长大。

我坐了上去,便便当当就坐了上去。让我的双脚擦着地面,发出"泼泼的"响声。逗得父亲夸张地弓起腰来"嘿哟嘿哟"地费力地踏着。

忽然想起了儿时上车的情景来:面对这辆车时,它可是显得高大咧,高大得我必须由父亲抱着才能好不容易爬上了后座——就好像是当我还是个毛丫头时,爬上当年父亲高大而又坚实的后背,骑在他的脖颈上一般"费力"。然而坐在父亲的老车的后头,那真是一件快乐而幸福的事:自行车载着我不知跑遍了苏城里多少地方,跑过了多少路程,他曾载着我去公园,曾载着我去石路,去观前,去虎丘……他载着我去上学,又接我回家,往返于学校与家十几个年头,历经了十几个春夏秋冬,都似乎不知疲倦。可那个时候呀,我就是这样的成天地坐在父亲老车的后头,任父亲载着"走南闯北",好不快乐!

老车很高,父亲的后背也很高,高而坚实的后背,就像一堵墙挡住了小毛丫头的前方视线,于是我便只能看看两旁的景,看着悬空的双脚下飞过的路面,哼着小曲。而到了下雨的时候,罩在雨衣下,便只能看到父亲的后背了,而这时,后背也就显得愈加高大而坚实了。曾经尝试了好多回,却终无法让目光越过父亲宽阔的肩膀。夏天骄阳胜火,父亲给我戴上遮阳帽,我看着汗水一点一点又一片片渗湿他的衣衫;冬天寒风刺骨,父亲把我包得像个棉花娃娃,而他自己任由寒风把他的头发吹得簌簌作响,往往回到家里,他的手脸冻得像个红萝卜……

如今,我坐上了老车,我的双脚已能及地,但却觉得不稳当了,父亲每踏一脚,车都会左右摇晃,老车吱吱呀呀响了一路,父亲也气喘吁吁地累了一路,累得连背也弯了。现在我已完全可以越过父亲的后背看清前方了,可是脚下的地面不再飞奔了。我看着父亲的花白的头发,鼻子一阵阵发酸。

老车晃晃悠悠,我看到了父亲的艰难和为女儿的付出;

老车吱吱呀呀,我听见岁月的流逝。

老车老了,父亲老了,父亲的爱,永远不老。

我先给学生 15 分钟的时间。告诉他们,这是他们的学姐在高一第一学期期末考试中所写的题为《感动》的一篇文章,后来老师看这篇文章很不错,但觉得只要稍加修改就可以提高一个等级,于是帮她进行了修改,请大家比较一下这两篇文章中哪一篇是老师修改的文章,学生更喜欢哪一篇。读读这篇文章,并做好批注。

15 分钟后,学生开始发言。很多同学说第二篇是修改后的,喜欢第二篇。我注意到赵明同学本想说第一篇好,但看大家的意见都与自己的意见相左,便不再作声。我有意卖了关子,"第二篇真的好?"尾音越来越高,是质疑的语气。"赵明有话说",我笑着说,"不用怕,有我支持你"。

"我喜欢第一篇,因为开头议论用得好,用排比句式,显得很有气势,很有文采,是作文中的亮点。这一篇中间部分写得较为简练,不像第二篇那么啰嗦,第一篇的结尾也很好,反复用"感动"点题,有画龙点睛的妙处。他说得头头是道,我也不住地点头。

很多学生都傻了,迟疑着,比较着,有的甚至再准备推翻自己原来的感觉,重新认识。

"第一篇真的好?"尾音越来越高,是质疑的语气。

几个同学马上掉转枪口,"第二篇是修改过的,我喜欢第二篇。"

理由先!

"第二篇开头好,那叫开门见山。""那叫朴素自然!""那叫最包孕式的开头!"几个人叫嚷着。

我开始表明自己的立场,批注第一篇的开头:"这种开头,一派学生腔。不像第二篇那是'作家腔'。不妨想想看,如果你是一个小说家,会拿哪个开头?""第二个。"大家叫了起来。

那么中间部分怎么样?

"第二篇中间部分也好于第一篇,因为作者加了很多细节,在记叙文中最生动的是细节,要有细节。"卓林辉说。

结尾部分的讨论最有意思。

我问,第二篇作文的结尾比起第一篇好在哪里?汪加慧说,不像第一篇那样机械地重复着"感动",显得含蓄一些。文章贵在含蓄,含蓄才有韵味。

如果是作家来写会怎么个写法?语文课代表被我称作"大作家",我说"让'大作家'来谈一谈。"

她却一下子把师傅颠覆了。"我认为第二篇的结尾也不好,其实写到'我看着父亲的花白的头发,鼻子一阵阵发酸'就够了,下面都是画蛇添足。是'老师腔'。"

好一个"老师腔",真的,第二篇后面那三句要它何用! 我们的老师写文章时也喜欢矫揉造作,装腔作势。总要来一点画龙点睛,殊不知画虎不成反类犬了。

但是王强却站起来说,我认为在"鼻子一阵阵发酸"的后面还要再加上一句"我感动!"

大作家当即表示反对,"'鼻子发酸'不就是感动吗? 多此一举!""又加了一只脚。"

王强却说:"如果你不加'我感动',老师改作文时看不懂,不知你是在写感动,容易判为跑题。我考试时就吃过几次亏。"

那么"我感动"也是老师腔了。可是为了学生语文分数考虑,我也就劝大家还是就加上这三个字吧。分数还是要紧的,"小民喻于利",我们是写作中的细民,分数是命根。作家腔不能完全要,那就退而求其次。

但是我指示给学生的只是"敲门术"啊,孩子们,但愿你们三年以后,弃掉"老师腔",改习"作家腔"。这是我临下课时的一句话。

第八节 好作文是"仿"出来的
——在"仿写"中体悟作文妙法

[说课]

高三第一学期第一篇作文,题目是:

有两只蚌,一只说:"我身体里面有许多沙子,我很痛苦。"另一只说:"我身体里面没有沙子,我很舒服。"螃蟹走过来说:"身体里有沙子,虽然痛苦,却在饱受磨难之后,变成一个美丽的珍珠。而身体里没有沙子,虽然舒服,但将来什么也不是。"请以"痛苦与美丽"为话题,写一篇 800 字的作文,文体不限。

作文收上来以后,我却更"痛苦",这些作文大多在三类卷第三档以下。下面一篇高考作文差强人意(照录如下),但也有很多地方需要修改润色,进一步提高。用什么办法来点化这些尚未入门的孩子? 我想应该先从"仿作"做起吧。

一、引入:从高考的成功仿作说起

心田上的百合花

在一个偏僻遥远的山谷里,有一个高达数千尺的断崖。不知道什么时候,断崖边上长出了一株小小的百合。百合刚刚诞生的时候,长得和杂草一模一样。但是,它心里知道自己并不是一株野草。它的内心深处有一个内在的纯洁的念头:"我是一株百合,不是一株野草。唯一能证明我是百合的方法,就是开出美丽的花朵。"有了这个念头,百合努力地吸收水分和阳光,深深地扎根,直立地挺着胸膛。终于在一个春天的清晨,百合的顶部结出了第一个花苞。

百合心里很高兴,附近的杂草却很不屑,它们在私底下嘲笑着百合:"这家伙明明是一株草,偏偏说自己是一株花,还真以为自己是一株花,我看它顶上结的不是花苞,而是头脑长瘤了。"公开场合,它们则讥讽百合:"你不要做梦了,即使你真的会开花,在这荒郊野外,你的价值还不是跟我们一样?"

百合说:"我要开花,是因为我知道自己有美丽的花;我要开花,是为了完成作为一株花的庄严生命;我要开花,是由于自己喜欢以花来证明自己的存在。不管有没有人欣赏,不管你们怎么看我,我都要开花!"

在野草的鄙夷下,野百合努力地释放内心的能量。有一天,它终于开花了。这时候,野草再也不敢嘲笑它了。

百合花一朵一朵地盛开着,花朵上每天都有晶莹的水珠,野草们以为那是昨夜的露水,只有百合自己知道,那是极深沉的欢喜所结的泪滴。年年春天,野百合努力地开花、结籽。它的种子随着风,落在山谷、草原和悬崖边上,到处都开满洁白的野百合。

几十年后,远在百里外的人,从城市,从乡村,千里迢迢赶来欣赏百合开花。许多孩童跪下来,闻嗅百合花的芬芳;许多情侣互相拥抱,许下了"百年好合"的誓言;无数人看到这从未见过的美,感动得落泪,触动内心那纯净温柔的一角。

不管别人怎么欣赏,满山的百合花都谨记着第一株百合的教导:"我们要全心全意默默地开花,以花来证明自己的存在。"

选择开花
2003届江苏高考一考生

玫瑰很小的时候就发现自己的周围都是些野草,但她知道自己是玫瑰,一株可以开出灿烂的花朵的玫瑰,而且玫瑰是高贵的。

于是,玫瑰努力地生长着。周围的野草开始嘲笑她了。

"你明明是一棵野草嘛,那么费力地生长干吗,怎么,还想开花呀,哈哈……"

嘲笑声淹没了玫瑰，但她还是咬了咬牙，坚定地说："我是玫瑰，一定可以开花！"

野草们笑得更欢了。从此，只要野草闲得无聊，便一齐嘲笑玫瑰。

"喂，你什么时候才会开花，是不是要到猴年马月呀？""你的身上怎么有刺，活像个刺猬，丑死了。""你的花是什么颜色的，是不是黑黑的，干枯的？……"

玫瑰在长久的嘲弄声中有些动摇了。她想："我这么努力地开花干吗？我的周围都是些野草，它们根本不会接受我，这里又是悬崖上，也没有人来欣赏我，算了吧，我只是一株野玫瑰，能不能开花还不一定呢！"玫瑰终于向野草们屈服了。

但野草们并不就此罢休，依然对玫瑰冷嘲热讽："嗨，自称玫瑰的家伙，你的花呢？"

玫瑰难过极了，同时也开始后悔就这么屈服，"野玫瑰也许能开花，但会不会像温室的玫瑰开出那样美丽的花，不试怎么就知道呢？可是万一开出的花不好看岂不又要遭受他们更多的嘲弄……"就这样，玫瑰徘徊在开花与不开花之间，无法选择。

最终，玫瑰下定决心："是玫瑰总是要开花的！"玫瑰选择开花。

玫瑰迎着春风傲然挺立，使周围的野草们不免肃然。渐渐地，玫瑰的头顶长出了第一个花蕾，野草们惊讶极了。当第二个、第三个花蕾长出来时，野草们再也不敢笑话玫瑰了。

春风继续轻抚着玫瑰，春雨不停地滋润着玫瑰……第一个花苞伸了伸懒腰，慢慢地舒展开来，接着第二个，第三个……

玫瑰开花了！野草们对她肃然起敬。再也没有嘲笑声，只有不绝于耳的称赞声。

"看，玫瑰站在悬崖上，迎风挺立，多像一位高贵的女神啊！"野草们美慕地说。

玫瑰开心地笑了，同时很庆幸当时选择开花！玫瑰也不由得欷歔："原来高贵与沉沦也只在选择的一刹那。"

这个天大的秘密你发现了没有？你也可能会感叹这两位作家的思维何其相似！告诉你吧，第一篇是台湾著名作家林清玄的散文，《读者》曾经刊载。第二篇是2003年某省的一篇高考满分作文，就刊发在报纸上。当年全国卷话题作文的题目是"心灵的选择"，这位考生从林清玄那里"偷"来妙笔开了花。事实上，我们的创作从仿写开始，不失为一条捷径。当然也要注意，学我者生,似我者死。模仿不要忘了创新。

他在临场上有哪些创新?

一是花名不机械照搬;二是故事的过程有所改变;三是改写的作文思路结构更好地扣合了"选择",题目用"选择开花",一开始就把玫瑰置于选择的情境,最后进一步点题,这就没有机械照抄的痕迹,因此蒙住了批阅者的眼睛。我们称这种写作方法叫"仿写",在写作的起步阶段,不妨仿仿看。

二、引路:点评仿作范文

找准位置　绽放光彩①
作者:高考考生　点评:邵统亮

[总评] 好的文章是思维开出的灿烂的花朵。立象以尽意,那是右脑之功;思路严密,气脉贯通,这是左脑之力。

虎啸深山,鱼翔浅底,驼走大漠,雁排长空。(四个排比,说明自然万物各自精彩。"啸"、"翔"、"走"、"排",让人眼睛一亮。)世间万物自有属于自己的一片天地,生命的玄机是找到自己的位置,(从生命的玄机入手,点扣"位置")绽放属于自己的光彩。("光彩"二字,与下文遥相呼应)

(60个字的开头,如朝花含露。两句话三个层次。既引入了话题,又统领下文。)

找准位置,需要认清自我,审视自我,用一颗平静的心聆听自我价值的呼唤,宠辱不惊,闲看庭前花开花落;去留无意,漫随天外云卷云舒。

如果我是山,就站成一种尊严,让山花灿烂山风拂面,让每一处角落都渗透梦的语言,让我的价值在太阳底下展现;如果我是水,就流成一种磅礴,让小船远航鱼儿欢畅,让每一股细流都一往无前,让我的价值,迎风吟唱。

(分析说理第一层:找准位置,认清自我,审视自我,这一层全用取象设譬的方法)

找准位置,需要肯定自我,相信自我,用一颗不屈的心擎起理想千斤。

也许我们"飘飘何所似,天地一沙鸥";也许我们"小舟从此逝,江海寄余生";也许我们"仰天大笑出门去",不同的人有不同的活法,但"天生我材必有用"中有几多豪迈与洒脱。真正的英雄是自我肯定自我相信中升起的伤痕累累的星。

找准位置,那是张骞"凿空"的驼铃阵阵,那是苏武牧羊的忠洁刚烈,那是

---

① 本篇括号内的文字为笔者的点评。

昭君出塞的黄沙漫漫,是卫青迎向大漠的旌旗猎猎,是岳飞拔剑戟地,仰天长啸,壮怀激烈,是郑和下西洋的浪花飞舞,雄心勃勃。

(分析说理第二层:找准位置,肯定自我,相信自我。这一层又换用了引用典故的办法。典故,可以是诗文名句,也可以名人的故事。但不详述,只是点化。因为大家都知道)

找准位置,不能让迷雾遮住双眼,不能任狂风吹散信念。即使我的紫葡萄化为深秋的露水,即使我的鲜花依偎在别人的情怀,我们依然固执地擦亮双眼,寻找生命的契机,等待机遇的光临。

绽放光彩,勇敢迎接生命的挑战,让生命像宝剑铿铿锵锵闪着寒光,让生命像寒梅的一缕暗香。居庙堂之高而心系苍生,处江湖之远而乐观豁达。

绽放光彩,即使我只是一只小小苍蝇,也要努力飞翔,努力张开翅膀去拥抱自己的梦想。

(分析说理第三层:找准位置,绽放自我)

没有人因为平凡而注定平庸,平凡的"雷锋"那是和谐社会的"螺丝钉",平凡的"焦裕禄"是两袖清风的丰碑,你和我只要找准自己的位置,平凡的岗位一样会有生命的亮色,平凡的付出一样可以汇聚成江海。每个人都是自己的英雄,找准位置你会像蛟龙掠过浅滩、小河到浩瀚海洋上击水三千,你会像大鹏飞越平地低空在苍茫天宇中扶摇直上。

(分析说理第四层:找准位置,每个人都是自己的英雄。扣住"平凡"来立论,分析说理又转了一层,因为"位置"平凡最让人看不起,扣住此来立论实为"解惑",很有意义)

(分析说理的四个层次,层层深入,表现了文章的条理性,思维的逻辑严密)

面朝大海,春暖花开。找准位置,绽放光彩。

(结得洒脱,海子的诗句,暗含题意,用得好)

三、仿范文修改提升的三类文

下面一篇文章的写作基础较好,但因为整体思路结构不明晰,语言文采也未得到强化,只能被评为三类卷。如果以上文为范本进行一次加工,就可以有较大的提升。

忍受痛苦,拥抱美丽

痛苦与美丽,这两种根本对立的东西,却又存在着必然的因果关系。一切美丽的事物的背后,都必然存在痛苦的历程。

蚌因能忍受海水、沙粒的侵蚀之苦,故能化为美丽的珍珠;蛹能忍受破茧之苦,故能化为美丽的蝴蝶;幼鹰能忍受摔击之苦,故能搏击于长空……由此可见,自然界的一切美丽背后,都必将存有痛苦,甚至包括人类自己。

常常看到这样的人,他们整天无所事事、嘻嘻哈哈地过日子。看到成功之士,心生美慕之时又抱怨上天不公。但试问,不经历痛苦,又怎能拥有成功? 不经历"衣带渐宽终不悔,为伊消得人憔悴",又怎能拥有美丽人生? 自暴自弃是没有用的。唯有奋斗,唯有忍受住奋斗时的痛苦,才能有所作为,品尝甘露。

一代伟大的动画大师、迪斯尼公司的创始人沃尔特·迪斯尼年轻时曾数次试着创办过动画公司,但都以失败告终。曾穷困潦倒到连外出的皮鞋都没有。然而这一切都没有阻止他为梦想而奋斗的步伐。终于,在饱尝痛苦之后,他迎来了新的美丽人生。

沃尔特成功了,他做到了名垂千古,甚至几百年后人们也不会忘记他。可试想,如果他当时没有忍受痛苦又会怎样? 无疑是穷困潦倒、碌碌无为地走完一生,而那痛苦也会伴他一生。这就好比是治病,我们只有忍受住治病所带来的一时痛苦,才会获得痊愈。

一代军事英才拿破仑曾说过:"人是从苦难中滋长起来的,唯有乐观奋斗,才能不断茁壮,反之则易埋没,默默终生。"是啊,人生何尝不是如此呢? 我们应真正理解"苦尽甘来"的含义,心存期望,忍受痛苦,等待美丽。正如现代诗人刘庸的诗那样:

熬尽长夜,你便能见到黎明;

饱受痛苦,你便能拥有快乐;

耐过寒冬,你便无需蛰伏;

落尽寒梅,你便能企盼新春。

总而言之,痛苦是美丽的根本,一个不愿忍受痛苦、只愿享乐的人是无法拥有美丽的,其灵魂无法升华,其心灵无法坚强,其人生平平淡淡,其存在毫无价值。

四、成果:优秀仿作点评

下面一篇是学生仿照范本的修改,被评为二类中卷,还可以再进一步对文字进行修改。因此老师对习作再一次进行点评,期待学生进一步修改。

忍受痛苦,拥抱美丽①

作者:苏大附中高三学生　　点评:邵统亮

(好题,扣话题,打开天窗说亮话)

痛苦与美丽,这两种根本("根本"二字不妥当,过于肯定,其实有很多不确定的因素)对立的东西,却又存在必然的因果关系。一切美丽事物的背后,都必然存在痛苦的历程。(说实在的,这样的开头我不太喜欢。欠灵动。一篇文章如凤头,如朝花含露。要"花",特别是语言的文采,思维的灵动。当然,也要切题。这个开头哲学味过足)

蚌因能忍受海水、沙粒的侵蚀之苦,故能化为美丽的珍珠;蛹能忍受破茧之苦,故能化为美丽的蝴蝶;幼鹰能忍受摔击之苦,故能搏击于长空……由此可见(这种省略号的用法正确)(排比式类比用得好,归纳论证,有力道),自然界的一切美丽背后,都必将存有痛苦。(这种语言有点儿板滞,这样改"都浸透着奋斗的泪泉"是不是更好些?)

人类也是这样。(单独立段有意义:一是因为下面都要围绕这一点来议论;二是单独立段后,比起跟在上段的后面空灵了一些)

一代伟大的动画大师、迪斯尼公司的创始人沃尔特·迪斯尼年轻时曾数次试着创办过动画公司,但都以失败告终。曾穷困潦倒到连外出的皮鞋都没有。然而这一切都没有阻止他为梦想而奋斗的步伐。终于,在饱尝痛苦之后,他迎来了新的美丽人生。

沃尔特成功了,他做到了名垂千古,甚至几百年后人们也不会忘记他。可试想,如果他当时没有忍受痛苦又会怎样? 无疑是穷困潦倒、碌碌无为地走完一生,而那痛苦也会伴他一生。这就好比是治病,我们只有忍受住治病所带来的一时痛苦,才会获得痊愈。

(把这两段文字调整到上面后,紧承上"人也是这样",例举。正面论证)

魑魅喜人过,美丽憎命达。经历了安史之乱的家国之痛,杜甫诗风抑扬顿挫起来,成就了千古诗圣。李清照饱尝了乱离之苦,晚年词风大改,那"寻寻觅觅,冷冷清清,凄凄惨惨凄凄"便是泣血的美丽。

(加上这一段以调和文章的文采,同时又有简略的例证,中国的例证)

不要奢想天上掉馅饼、美丽会自己撞进家门。连接痛苦与美丽的纽带是"拼搏"、"奋斗",是"扼住命运咽喉"的抗争。(添加这一句来过渡,同时把说理推向更深的一个层次)常常看到这样的人,他们整天无所事事、嘻嘻哈哈地过日子(这是一种口语化的语言,议论文最好用书面语体,典雅一些。改为

---

① 本篇括号内的文字为笔者的点评。

"他们无所事事,游手好闲,辜负了生命的本来意义")。到头来两手空空,但看到别人成功之后,却又怨天尤人。但试问(可删。有了这三个字,强硬的质问语气,反而不利于丝丝入扣的说理。当然年青人气盛些,也免不了的),俗话说,成人不自在,自在不成人。不经历痛苦,又怎能拥有成功? 不经历"衣带渐宽终不悔,为伊消得人憔悴",又怎能拥有美丽的人生? (这一段文字调整下来后,就构成反面论证。与上文结合起来,形成的对照式论证思路。这样论证思路就严密了)自暴自弃是没有用的。唯有奋斗,唯有忍受住奋斗时的痛苦,才能有所作为,品尝甘露。(自暴自弃有点儿脱靶,删去。把结尾一段调上来,加强这一段的说理)痛苦是美丽的根本,一个不愿忍受痛苦、只愿享乐的人是无法拥有美丽的,其灵魂无法升华,其心灵无法坚强,其人生平平淡淡,其存在毫无价值。

一代军事英才拿破仑曾说过:"人是从苦难中滋长起来的,唯有乐观奋斗,才能不断茁壮,反之则易埋没,默默终生。"是啊,人生何尝不是如此呢? 我们应真正理解"苦尽甘来"的含义,心存期望,忍受痛苦,等待美丽。

诗人刘庸说得好:(("正如……那样"的表述方式过于板滞)

熬尽长夜,你便能见到黎明;

饱受痛苦,你便能拥有快乐;

耐过寒冬,你便无需蛰伏;

落尽寒梅,你便能企盼新春。

是的,痛苦来了,美丽还会远吗?

(加上这一句结束全文。可能会比原来的结尾好一些。因为原来结尾议论的形式,显得沉闷了一些)

[自我反思]

仿写成功需要一种遇合,当要写的作文与胸中的积累碰撞出火花或产生共鸣时,此刻的仿写才是踏雪无痕,才最自然,才能成功。仿写训练要创造这样遇合的情境很难,最重要的是选好文,定准仿写目标,明确仿写要求。这一节尝试课让学生懂得了仿写的重要意义,明确了仿写的原则,高考的一篇选文及点评在仿写训练中对于学生的"体悟"发挥了很好的作用。点评的方法在仿写训练中有着重要的作用,因为写作素养较差的学生可能会把败笔作典范来模仿,却丢掉了最珍贵的东西。

参考文献

一、参考著作

[1] 王尚文:《语感论》,上海教育出版社,2000 年。

[2] 王尚文:《走进语文教学之门》,上海教育出版社,2007 年。

[3] 李海林:《言语教学论》,上海教育出版社,2000 年。

[4] 倪之锦:《高中语文新课程教学法》,高等教育出版社,2004 年。

[5] 倪文锦,欧阳汝颖:《语文教育展望》,华东师范大学出版社,2002 年。

[6] 刘国正,毕养赛,等:《叶圣陶语文教育思想研究》,江苏教育出版社,1990 年。

[7] 王荣生,李海林:《语文课程与教学理论新探》,上海教育出版社,2008 年。

[8] 王荣生,韩雪屏:《语言知识新视点》,华东师范大学出版社,2004 年。

[9] 徐云知:《语感和语感教学研究》,高等教育出版社,2004 年。

[10] 中华人民共和国教育部:《普通高中语文课程标准(实验)》,人民教育出版社,2003 年。

[11] 徐友渔,周国平,等:《语言与哲学》,生活·读书·新知三联书店,1996 年。

[12] 蒋成瑀:《读解学引论》,上海文艺出版社,1998 年。

[13] 陶伯华,朱亚燕:《灵感学引论》,辽宁人民出版社,1987 年。

[14] 朱光潜:《朱光潜美学文集》,上海文艺出版社,1982 年。

[15] 陈望道:《陈望道学术著作五种》,复旦大学出版社,2005 年。

[16] 汪裕雄:《意象探源》,安徽教育出版社,1996 年。

[17] 金圣叹:《金圣叹批才子古文》,湖北人民出版社,1986 年。

[18] [日]佐藤正夫:《教学原理》,钟启泉译,教育科学出版社,2001 年。

[19] [清]唐彪:《家塾教学法》,华东师范大学出版社,1992 年。

[20] [清]唐彪:《父师善诱法》,华东师范大学出版社,1992 年。

[21] [清]唐彪:《读书作文谱》,华东师范大学出版社,1992 年。

[22] 卫灿金:《语文思维培育学》,语文出版社,1994 年。

［23］赵建军:《美的代码与意蕴》,中国文联出版社,1999年。

［24］深圳大学国学研究所:《中国文化与中国哲学》,东方出版社,1986年。

［25］王越,等:《中国古代教育史》,吉林教育出版社,1988年。

［26］周庆元:《中学语文教育心理研究》,湖南师范大学出版社,1999年。

［27］朱绍禹,等:《语文教育辞典》,延边人民出版社,1991年。

［28］吕叔湘:《论语文教学》,山东教育出版社,1987年。

［29］曹明海,张秀清:《语文教育文化过程研究》,山东人民出版社,2005年。

［30］郭秀艳:《内隐学习》,华东师范大学出版社,2003年。

［31］席勒:《美育书简》,中国文联出版公司,1984年。

［32］石中英:《知识转型与教育改革》,教育科学出版社,2005年。

［33］［美］多尔:《后现代课程观》,教育科学出版社,2000年。

［34］［美］艾伦·C·奥恩斯坦:《课程:基础、原理和问题》,江苏教育出版社,2002年。

［35］陶行知:《陶行知全集》(第二卷),四川教育出版社,1991年。

［36］［瑞士］皮亚杰:《发生认识论原理》,王宪钿,等译,商务印书馆,1989年。

［37］骆小所,李浚平:《艺术语言学》,云南人民出版社,1992年。

［38］李其维:《论皮亚杰逻辑心理学》,华东师范大学出版社,1990年。

［39］郭绍虞,等:《中国历代文论选》,上海古籍出版社,1979年。

［40］毛礼锐,等:《中国古代教育史》,人民教育出版社,1979年。

［41］［美］韦勒克,沃伦:《文学理论》,三联书店,1984年。

［42］余光中:《逍遥游》,台湾文星书店,1965年。

［43］王宁:《汉语语言学与语文教学》,中国社会科学出版社,2000年。

［44］洪镇涛:《构建"学习语言"语文教学新体系——新世纪中学语文教育》,人民教育出版社,1999年。

［45］潘新和:《语文:表现与存在》,福建人民出版社,2004年。

［46］黄厚江:《黄厚江讲语文》,语文出版社,2008年。

［47］李霞:《语文体悟论》,湖南师范大学博士论文,2009年。

二、参考论文

［1］李海林:《论语感的心理特征》,《南京师大学报(社会科学版)》,1996

年第 1 期。

　　［2］程稀:《〈文心〉阅读教学方法论》,《上海师范大学学报(哲学社会科学版)》,2005 年第 1 期。

　　［3］王恒俭:《语感研究述评》,《江苏教育学院学报(社会科学版)》,1997年第 2 期。

　　［4］杨炳辉:《试谈语感的性质》,《中学语文教学》,1991 年第 12 期。

　　［5］李珊林:《语感训练的思考和作法》,《语文学习》,1990 年第 9 期。

　　［6］王尚文:《语感:一个理论和实践的热点》,《语文学习》,1993 年第3 期。

　　［7］熊成钢:《中学语文教学应训练直觉思维以培养语感》,《天津师范大学学报(社会科学版)》,1997 年第 4 期。

　　［8］王尚文:《更新语言意识,深化语文教改》,《北京师范大学学报(社会科学版)》,1994 年第 2 期。

　　［9］张协生:《语感能力培养的基本策略》,《语文教学通讯》,1996 年第12 期。

　　［10］吕叔湘:《学习语法与培养语感》,《语文学习》,1985 年第 1 期。

　　［11］余应源:《中小学语文教学轴心论》,《江西师范大学学报(哲学社会科版)》,1994 年第 2 期。

　　［12］李珊林:《语感及语感训练》,《语文学习》,1990 年第 9 期。

　　［13］王培光:《语言能力与语法教学》,《中国语文》,1991 年第 4 期。

　　［14］李海林:《语言的隐含意义、语感与语感教学》,《语文学习》,1992年第 10 期。

　　［15］王正:《论写作的语感培养》,《写作》,2001 年第 12 期。

　　［16］郭睿:《内隐学习——语文学习的新视野》,《语文建设》,2005 年第12 期。

　　［17］韩向东:《内隐学习:语文学习心理潜能的开发》,《语文建设》,2005年第 6 期。

　　［18］沈政:《脑科学与素质教育》,《教育研究》,1999 年第 8 期。

　　［19］庄锦英:《关于缄默知识的基本特征刍议》,《基础教育》,2005 年第9 期。

　　［20］郭秀燕:《内隐学习与缄默知识》,《教育研究》,2003 年第 12 期。

　　［21］林润生:《语感研究新思维》,《福建教育》,2004 年第 1 – 2 期。

　　［22］吴晓义:《国外缄默知识研究述评》,《外国教育研究》,2005 年第9 期。

［23］韩向东：《内隐学习：语文学习心理潜能的开发》，《语文建设》，2005年第6期。

［24］孙亚杰：《语感的本质探析》，《中文语文教学》，2003年第6期。

［25］侯伟康，秦启庚：《汉字特征内隐学习的初步实验研究》，《心理科学》，1996年第6期。

［26］杨金鑫：《内隐学习研究对我国语文教学的启示》，《课程·教材·教法》，2002年第3期。

［27］缪小春，杨金鑫：《语文教学中的内隐学习》，《心理科学》，2004年第3期。

［28］彭密萍：《试论内隐学习理论与汉语语感培养的关系》，《内江师范学院学报》，2007年第1期。

［29］贺建平：《实施新课标，倡导语感训练》，《内蒙古师范大学学报：教育科学版》，2005年第10期。

［30］何克抗：《论语文教育中的创造性思维培养》，中国教育和科研计算机网。

［31］李润平：《简析语文教学培养学生的"悟性"》，《中学语文教与学（高中读本）》，2007年第9期。

［32］陈晨：《由"整体感知"走向"个性点评"》，《中学语文教学参考》，2006年第5期。

［33］蒋念祖：《呼唤科学人文相互融合的教育——对语文教育现状的思考》，《中学语文》，2006年第Z1期。

［34］程少堂：《"语文味儿"理论构想》，《语文教学与研究》，2003年第13期。

［35］蔡伟：《走向"文感"：后"语感"时代语文教学的出路》，《中学语文教与学（高中读本）》，2008年第7期。

［36］洪镇涛：《新课标观照下的语感教学》，《福建教育》，2005年第10期。

［37］朱益群：《默会知识与语言感悟能力》，《语文建设》，2006年第6期。

［38］刘永康：《直觉性理论与语文教学》，《中学语文教与学（初中读本）》，2007年第7期。

［39］项香女：《课堂语文教学中的悟性培养》，《中学语文教学》，1996年第12期。

［40］徐健：《与文本智慧地对话》，《中学语文》，2009年第2期。

［41］胡涛海：《寻觅"切入点"探究，引领"个性化"阅读》，《中学语文教

学参考》,2009 年第 7 期。

［42］郑桂华:《讲授与提问的技巧》,《语文学习》,2009 年第 1 期。

［43］傅嘉德:《不要忽视隐性对话》,《中学语文教学》,2007 年第 6 期。

［44］傅嘉德,等:《点化:让学生进入阅读的新境界》,《中学语文教学》,2010 年第 5 期。

［45］黄厚江:《语文教师的智慧阅读》,《语文学习》,2007 年第 10 期。

［46］褚树荣:《全国首届"四方杯"语文教学观摩活动听课有感》,《语文学习》,2005 年第 10 期。

［47］王尚文:《对话型语文教学策略》,《课程·教材·教法》,2005 年第 12 期。

［48］褚树荣:《叙事主题:文言文教学的继承和创新》,《语文学习》,2007 年第 2 期。

［49］程杨木:《关于语文体验感悟学习的思考与实践》,《课程·教材·教法》,2005 年第 10 期。

［50］陈金明:《现代图式理论与语感教学策略》,《首都师范大学学报(社会科学版)》,2009 年第 6 期。

后 记

我曾在一篇文章中写道：

一棵树的价值绝不仅仅只是一根椽子、一架栋梁、一把椅子、一根拐杖、一块地板、也不只是一张餐桌、一扇大门……

树，可以坚守大地，夏日撑起一片绿荫，冬天抗拒着寒风，那是树啊。

树，千年不枯，春风又绿，使这个世界盎然生机的，那是树啊。

树，可以成为飞鸟的家园，让它们啁啾其间，呼朋引伴。

语文教学的价值就是种一棵树。

在我看来，要种好这棵"树"，莫过于以"体悟"来培植。"体悟"是语文学习的一种具有普遍意义的心理意识活动。具体表现为对语言文字、思想内容、表现手法、情感态度、艺术魅力有敏锐的感受，有新颖深刻的理解，有个体生动独特的表达。

"体悟式"语文教学有一个大视野：要对学生的终生负责。语文老师不能仅仅满足于姓"语"，更不能被考试"分数"蒙住双眼，还需要"以文化人"，给学生的精神打上底色，为学生的终生幸福奠基。我竭力主张语文老师要做到"三有三不"（胸中有道，目中有人，手中有法；不可无德，不可无才，不可无情），我把语文教育目标锁定为"人文情怀、科学态度、优秀习惯、敏锐语感"。"人文情怀"就是要有爱心、进取心、责任心。"科学态度"就是好奇探索，理性求真，质疑创新，求实存诚，客观公正。"优秀习惯"，主要表现在阅读与写作上，对于高中生来说，阅读上有摘录、批注、积累、质疑的习惯，写作上有自我表达和表达自我的习惯，有平时敏感观察，深刻分析、思辨的习惯，写作中有良好的文体感，写作后有认真修改的习惯。"敏锐语感"，即是对语言感受与表达要有广度、深度、美度和速度。

"体悟式"的语文教学在我的眼前展现了一片迷人的风光。像苏州园林，像阳朔山水，像行云流水，像无边落木萧萧下，像杂花生树草长莺飞。佛教传说有一个和尚在禅房里讲经，百鸟全飞来了，猛兽也驯服了，天花乱坠纷纷扬扬。

于是我面朝黄土，背负青天，弯下腰来在自己这片田地里不分晨昏地耕耘、播种、除虫，秋天来临的时候，也收获了橙红与橘绿。我就像《南村辍耕录》的作者陶宗仪，把一片片红叶掇拾起来，这就成了《"体悟式"语文教育研究》。

20 世纪 90 年代我按照学校的要求设计主持了一个省级研究课题,研究方向是高中生语感培养,从此以后就划定了我语文研究生涯的疆域。我在这里开疆拓土,在自己的园地里收获流云落叶还有果实。积于今已近 20 年,其间或发表或论文评奖或写后不满意文章 150 余篇。为了检阅自己课题研究的成果,我又对这些文章爬梳一过,去粗取精,去伪存真,得文 71 篇,按照"学理研究"和"叙事研究"分为两编,凡八章,力图成序列性的言说。也算是对我 30 多年语文教学的一个交代,更希望能为"体悟"式语文增添一块砖瓦。

一个教师的教学与研究是一条生命的河流,我见证了它由滴答而涓涓而淙淙,它也见证了我由青春而垂暮。我曾写过一首《青杏》的小诗:你送一枚青杏/我备尝它的涩酸/我欲扔弃/你说,熟了自然甜。这本书"悟"了 20 年,让我酸甜苦辣,又会怎样挑战别人的味蕾?

如果说这本书是一棵树的话,其实在他生命中遇合了很多贵人。王尚文先生把它栽在我的路畔,又有王松泉、顾德希、周永沛、傅嘉德、高万祥、王家伦、袁卫星等先生不时浇灌与除虫,更要感谢王荣生先生不因这本书的青涩亲自为序。安子(陈国安)小弟为这本书倾注的心血其实不少于我,苏大附中语文组诸同仁所给予的帮助更难尽述,本书责任编辑为了他能够顺利付梓比我还要细心周详……

其实,更要感谢我所认识和不认识的读者你。泰戈尔说:"你是谁,读者,百年之后读着我的诗?我无法从春天的财富里为你送去一朵鲜花,从远方的云里为你送去一缕金霞。"其实,读者何须辨何时何地?我就把那地平线上最漂亮的一朵云裁来悬挂在你窗前吧。

邵统亮
2012 年 6 月 30 日于两湖听风堂